»Damit bin ich noch längst nicht fertig«

IGNATZ BUBIS
MIT PETER SICHROVSKY

»Damit bin ich noch längst nicht fertig«

DIE AUTOBIOGRAPHIE

Campus Verlag
Frankfurt/New York

Ich danke Peter Sichrovsky, ohne den dieses Buch nicht hätte begonnen, und Karin Beiküfner, ohne die es nicht hätte vollendet werden können. *I. B.*

Die Deutsche Bibliothek – CIP-Einheitsaufnahme

Bubis, Ignatz:
»Damit bin ich noch längst nicht fertig«: die Autobiographie /
Ignatz Bubis. Mit Peter Sichrovsky. – Frankfurt/Main;
New York : Campus Verlag, 1996
ISBN 3-593-35556-6
NE: Sichrovsky, Peter [Bearb.]

Umschlaggestaltung: Guido Klütsch, Köln
Umschlagmotiv: © Karl-Bernd Karwasz, Hamburg
Satz: Fotosatz L. Huhn, Maintal-Bischofsheim
Druck und Bindung: Friedrich Pustet, Regensburg
Gedruckt auf säurefreiem und chlorfrei gebleichtem Papier.
Printed in Germany

Gewidmet meiner Tochter Ann Naomi,
um die ich mich in ihrer Kindheit zu wenig gekümmert habe,
und meiner Frau Ida,
die vieles erduldet und mir viel Verständnis entgegengebracht hat.

INHALT

KAPITEL 4
DIE WILDEN JAHRE
64

KAPITEL 5
FRANKFURT
79

KAPITEL 6
HÄUSERKAMPF
92

KAPITEL 7
IMMOBILIEN
106

KAPITEL 8
JÜDISCHE NORMALITÄT
121

KAPITEL 9
DER FASSINDER-KONFLIKT
134

KAPITEL 16
ISRAEL
226

KAPITEL 17
POLITIK IN DEUTSCHLAND
237

KAPITEL 18
VERGANGENHEIT UND GEGENWART
258

KAPITEL 19
SPURENSUCHE
277

PERSONENVERZEICHNIS
287

VORWORT

Das Haus in der Schumannstraße in Frankfurt ist nicht schwer zu finden. Ein Polizeiwagen steht in der Einfahrt, zwei Beamte sitzen darin. Die Jalousien vor den Fenstern im Erdgeschoß sind heruntergelassen, und kein Lichtschimmer dringt auf die Straße, als wären die Bewohner für längere Zeit verreist. Die Polizeibeamten mustern uns nur kurz, als wir an ihrem Wagen vorbei durch das Tor gehen, die wenigen Schritte bis zur Eingangstür. »Bubis Büro« steht auf dem Klingelschild, ein Summen – »Ja bitte?« –, wir sind angemeldet und zehn Minuten zu früh. Die Tür wird geöffnet, David Kamenetzki begrüßt uns, der persönliche Referent von Ignatz Bubis. Er geht voraus, den Flur entlang, vorbei an zwei Büroräumen, und geleitet uns in ein kleines Besprechungszimmer: an der Wand deckenhohe Bücherregale, zwei grüne Ledersessel, eine Couch, ein Tisch. Und ein großer weißer Telefonapparat mit vielen Tasten, wie er in jedem der Büroräume steht.

Während Ignatz Bubis uns an diesem und an anderen Abenden, Vormittagen und Nachmittagen von seinem Leben erzählt, wird immer wieder ein Telefon klingeln, in seinem Hotelzimmer in New York, im Auto auf der Fahrt nach Bonn genauso wie an diesem ersten Abend in Frankfurt. Mit seinen Gesprächspartnern am anderen Ende der Leitung spricht er mal englisch, mal jiddisch, mal deutsch, blättert immer wieder in seinem Terminkalender, einem kleinen schwarzen Buch, in das er mit Bleistift in winziger Schrift Daten, Namen und Verabredungen einträgt. Nach jeder Unterbrechung – und sei sie mitten im Satz – nimmt er seinen Gedankengang mühelos an der Stelle wieder auf, wo er ihn abgebrochen hat.

Wenn wir unser erstes Gespräch an diesem Montagabend kurz vor zehn Uhr beenden, wird Ignatz Bubis noch bis in die frühen Morgenstunden Papiere, Post und Vorlagen durchsehen, beantworten, unterschreiben, Termine vereinbaren und dazwischen immer wieder telefonieren. Er ist an diesem Tag seit 6 Uhr morgens wach, kam erst am Nachmittag aus London zurück. Sein täglicher Terminplan ist so dicht wie die Jalousien am Fenster seiner Villa in der Schumannstraße 65.

Ignatz Bubis, Unternehmer und seit 1992 Vorsitzender des Zentralrats der Juden in Deutschland, ist in den vergangenen Jahren zu einer Persönlichkeit des öffentlichen Lebens geworden, deren Bekanntheitsgrad dem internationaler Stars aus Politik, Wirtschaft und Showbusiness entspricht. Er berät Politiker, hält Vorträge, ist zu Gast in Talkshows und Schulen, in jüdischen Gemeinden und politischen Gremien. Er hat viele Freunde und Bewunderer im In- und Ausland gewonnen, er hat sich auch Feinde gemacht, wie jeder, der im Rampenlicht der Öffentlichkeit steht, noch dazu, wenn er so offen und kritisch seine Meinung äußert und sich nicht scheut, unbequeme Wahrheiten in klaren Worten auszusprechen. Die Liste seiner Auszeichnungen, national und international, ist lang: Er ist u.a. Ehrenbürger der Stadt Boston, Träger des Bundesverdienstkreuzes 1. Klasse – und hat unlängst den Theodor-Heuss-Preis zugesprochen bekommen. Ignatz Bubis ist in Deutschland zu einer moralischen Instanz geworden, nicht nur wenn es um die deutsch-jüdische Vergangenheitsbewältigung geht.

In diesem Buch erzählt Ignatz Bubis die Geschichte seines Lebens, in der sich gleichzeitig ein Stück deutsch-jüdisch-europäischer Geschichte widerspiegelt: von seiner deutsch-polnischen Kindheit, der Flucht vor den Deutschen nach Deblin in Polen, von den Jahren im Ghetto und im Arbeitslager, seiner Befreiung im Januar 1945, seinen Wirtschaftswunderjahren, der Karriere im Edelmetall- und Schmuckhandel, später im Immobiliengeschäft, von den Auseinandersetzungen mit Hausbesetzern, seinem politischen Engagement und der Jüdischen Gemeinde in Frankfurt.

Wie der Alltag von Ignatz Bubis heute aussieht, das ist bei der Vielzahl seiner unterschiedlichen Aktivitäten und Funktionen nicht einfach zu beschreiben. Zwei Beispiele sollen genügen – zwei völlig verschiedene Tage in verschiedenen Städten, wo er mit sehr verschiedenen Menschen zusammentrifft –, um einen Eindruck davon zu vermitteln.

EINE GERICHTSVORLADUNG NACH TRIER

An einem Montagmorgen im Oktober 1995 kurz vor neun Uhr wartet ein gepanzerter, schwarzer Mercedes vor dem Haus in der Schumannstraße in Frankfurt. Die Fahrtstrecke wird mit der Polizei abgesprochen. Seit Ignatz Bubis zu den potentiellen Zielen politisch wie auch rassistisch motivierter Attentäter zählt, wird er beschützt. Tag und Nacht, bei jedem Schritt, den er macht, ob zu Hause, im Hotel oder im Flugzeug. An jenem grauen Montagmorgen muß Bubis nach Trier zu einer Gerichtsverhandlung. Das örtliche Gericht hat ihn auf Antrag der Verteidigung für eine Zeugenaussage vorgeladen. Es geht dabei um einen Brief, der an Bubis gerichtet worden war. Verfasser und Absender des Briefes war der Angeklagte, dem an diesem Tag der Prozeß gemacht wird. Bubis sitzt im Mercedes rechts hinten, trägt wie fast immer einen dunkelblauen Anzug (manchmal ist es auch ein dunkelgrauer), der Kragen des Hemdes ist geschlossen, aber locker wegen der 18 Kilo, die Bubis in den letzten Wochen abgenommen hat. Übrigens eines seiner Lieblingsthemen: Wie nimmt man ab und hält das Gewicht? Jetzt, in diesem Herbst 1995, paßt ihm sogar jener Teil seiner Garderobe wieder, den er schon Jahre zuvor verärgert in den Kleiderschrank verbannt hatte. Neben sich auf die Sitzbank legt er einen Stapel Papier: Zeitungsausschnitte, Akten, Briefe und andere Unterlagen. Er hat es sich längst angewöhnt, auf seinen vielen Reisen im Auto zu arbeiten, zu schlafen und zu telefonieren. Pünktlich zu jeder Stunde hört er die Nachrichten und kommentiert sie. Wie der Zufall es will, wird diesmal über den schweizer Polizisten Grüninger berichtet, der während des Krieges jüdischen Flüchtlingen geholfen hatte und deshalb aus dem Dienst entlassen wurde. Erst heute, mehr als 20 Jahre nach seinem Tod, soll er rehabilitiert werden. Bubis ärgert sich, daß es erst jetzt dazu kommt, spricht von einem Skandal. Dann lauscht er konzentriert den Nachrichten über Bosnien und fügt hinzu, daß er immer schon für den Einsatz der Bundeswehr in diesem Krisengebiet gewesen sei. Der Wagen fährt mit 200 Stundenkilometern über die Autobahn, und Bubis erzählt Witze, dazwischen klingelt immer wieder das Autotelefon. Es geht um den Gedenktag für die Opfer des Nationalsozialismus. Das Büro des Bürgermeisters von Berlin meldet sich, der Zentralrat der Juden und dazwischen ein alter Freund, der ihn bittet, sich ein Grundstück in Trier anzusehen, das dieser eventuell verkaufen möchte. In den Pausen zwischen den Telefonaten erzählt mir Bubis von seiner Kindheit in Breslau und sucht aus dem Stoß Akten neben sich den Brief des Angeklagten, der der Grund für seine Vorladung ist. An der Autobahnabfahrt Trier wartet bereits ein Polizeiwagen. Er geleitet Bubis Mercedes zum Gerichtsgebäude. Im Gerichtssaal wartet der Angeklagte mit zwei Verteidigern, keine Zuhörer, Bubis nimmt Platz in der Mitte des Saales, der Richter tritt ein.

Bubis wurde auf Antrag der Verteidiger vorgeladen. Er soll bestätigen, diesen vom 16. September 1993 datierten Brief erhalten zu haben, in dem der Angeklagte Bubis gute Beziehungen zum israelischen Geheimdienst unterstellt und ihn um Unterstützung bittet. Er würde nämlich verfolgt, so schrieb der Angeklagte, von einer französischen, faschistischen, islamischen Terrorgruppe. Und so ging es weiter: eine wirre Ansammlung von Verdächtigungen und Verfolgungsängsten.

»Haben Sie diesen Brief bekommen?«, fragt der Richter. »Nein, ich glaube nicht. Und wenn, dann wäre er im Papierkorb gelandet«, antwortet Bubis. Es entwickelt sich zwischen dem Richter und Bubis ein Gespräch über all die absurden, kuriosen und auch beleidigenden Briefe, die ihn erreichen und die ihm, auch wenn er sie nicht weiter beachtet, doch immerhin darüber Auskunft geben, was in den Köpfen der Menschen vorgeht. Bubis versucht, nicht ohne Humor, den Richter davon zu überzeugen, daß er weder Kontakte zum israelischen Mossad noch zu anderen Geheimdiensten habe. Wer immer ihn um entsprechende Hilfe bitte, den müsse er enttäuschen.

Dann beginnt die Verteidigung mit der Befragung des Zeugen. Einer der beiden Anwälte macht gleich zu Beginn einen entscheidenden Fehler und räumt Bubis damit die Möglichkeit ein, ihm eine Lektion in Fragen der Identität deutscher Juden zu erteilen. Der Anwalt fragt ihn, ob es denn überhaupt einen engen Kontakt zwischen Bubis und »seiner« Botschaft gebe? »Ich habe keine Botschaft in Deutschland, sondern nur in über hundert anderen Ländern«, antwortet Bubis. »Ich verstehe nicht, was Sie meinen«, unterbricht ihn der Anwalt, »es gibt doch in Bonn eine israelische Botschaft, das können Sie mir doch nicht erzählen, das weiß doch jeder!« »Und wieso kommen Sie auf die Idee, das sei *meine* Botschaft?« Noch immer begreift der Anwalt nicht, welchen Fehler er gemacht hat, und muß es sich schließlich gefallen lassen, von Bubis belehrt zu werden: Es sei ein leider üblicher, dummer Fehler vieler Deutscher, von einem Juden in Deutschland zu erwarten, daß dieser sich von einem israelischen Botschafter vertreten fühlt.

Die Gerichtsverhandlung artet mehr und mehr in eine absurde Komödie aus. Im Laufe der Verhandlung stellt sich heraus, daß sich der Angeklagte – der sich übrigens wegen Waffen- und Mädchenhandels, illegaler Prostitution und Vergewaltigung verantworten muß –, deshalb hilfesuchend an Bubis wandte, weil er sich selbst als einen konvertierten Juden bezeichnet, ohne jedoch sagen zu können, wo dieser Übertritt zum Judentum stattgefunden hat. An dieser Stelle greift Bubis leicht ironisch ein: »So ein Brief wie dieser hier kann nicht von einem Juden stammen, denn die Juden wissen, daß ich nicht der Vertreter des Mossad in Deutschland bin, und sie verwechseln den Zentralrat der Juden in Deutschland auch nicht mit der israelischen Botschaft.«

Die Vernehmung des Zeugen dauert etwa eine halbe Stunde. Ziel der Verteidigung in dieser Verhandlungsrunde scheint es zu sein, den Angeklagten als nicht zurechnungsfähig und seine verrückten Briefe als Ausdruck von Verfolgungswahn darzustellen. »Diese Verrücktheit hat mich einen Tag Fahrerei gekostet! Aber das ist halt der Rechtsstaat«, meint Bubis, als er das Gerichtsgebäude verläßt.

Das Mittagessen nimmt er mit drei Vertretern einer Immobiliengesellschaft ein, die ein Grundstück erwerben möchten, das einem Freund von Bubis gehört. Schon während er die Speisekarte studiert, erklärt Bubis den ihm gegenübersitzenden, etwas übergewichtigen Herren seine neue Methode der Gewichtsreduzierung. Diese lauschen aufmerksam seinen Worten – und bestellen dann Bier, Suppe, einen Braten mit Gemüse und Bratkartoffeln, Kaffee und Kuchen zum Abschluß. Bubis begnügt sich mit Salat und einem gegrillten Stück Fleisch.

ZUM NEUEN PRÄSIDENTEN VON POLEN

Etwa drei Wochen später begibt sich Bubis auf eine Reise nach Polen. Der neugewählte polnische Staatspräsident Aleksander Kwasniewski hatte ihn zu einem Gespräch eingeladen, um mit Bubis über die Rückgabe jüdischen Vermögens in Polen zu sprechen sowie über seine Erfahrungen bei der Finanzierung von sozialem Wohnungsbau.

Die Wohnungsversorgung vor allem für junge Familien zu verbessern, war im Wahlkampf eines der größten Versprechen Kwasniewskis gewesen. Beide hatten sich schon vor einiger Zeit bei einer Veranstaltung in Berlin und während eines Informationsbesuches des polnischen Politikers in Deutschland kennengelernt. Ignatz Bubis ist nun einer der ersten, die ihn nach der Wahl besuchen.

Sein Empfang am Flughafen in Warschau ist mit dem eines Staatsgastes vergleichbar. Vertreter des Präsidenten empfangen ihn direkt am Gate, geleiten ihn in den VIP-Raum, die Paßkontrolle wird diskret erledigt, und die Koffer der Mitreisenden erscheinen umgehend in der Empfangshalle. Der Direktor des Jüdischen Theaters in Warschau, Szymon Szurmiej, ein Freund seit vielen Jahrzehnten, ist zur Begrüßung erschienen, ein ehemaliger Minister und einige Herren in dunklen Anzügen, die schweigend mit ihren Tellern am Büffet stehen. Vom Flughafen geht es in das ehrwürdige Hotel Bristol, das erst vor kurzem originalgetreu restauriert und wiedereröffnet wurde.

Nach einer kurzen Erfrischung wird Bubis mit seinen Begleitern vom Direktor des Hotels begrüßt, der sich nach dem Wohlbefinden seines Ehrengastes erkundigt. Bubis, offenbar unzufrieden mit dem Zimmer und dem Preis, löst diesen Konflikt auf elegant-humorvolle Weise: »Alles ist wunderbar!«, sagt er zu dem Direktor, »das letzte Mal hatte ich ein großes Eckzimmer und einen Korb Obst. Diesmal ist es ein kleines Zimmer, und das Obst fehlt. Und es kostet fast das Doppelte, sonst aber ist alles in bester Ordnung.« Der Hoteldirektor verspricht sogleich Abhilfe und daß selbstverständlich der Preis des letzten Besuches gelten würde. Bubis lächelt, bedankt sich und fügt noch hinzu, daß man bei der Korrektur des Zimmerpreises auch seine Begleiter nicht vergessen sollte. »Selbstverständlich nicht«, versichert der Direktor. Kurze Zeit später hört man von weitem seine Stimme. Er steht an der Rezeption und versucht, die versprochenen Korrekturen zu veranlassen.

Das Treffen mit dem neuen polnischen Präsidenten findet nicht in dessen offiziellen Amtsräumen statt, sondern im Büro seiner Partei, in einem kleinen Besprechungszimmer mit einem großen, rechteckigen Tisch, der eher für einen Speisesaal geeignet scheint. Kwasniewski erscheint, jugendlich strahlend mit braungebranntem Gesicht, ein polnischer Kennedy, und begrüßt Bubis wie einen alten Freund. Er entschuldigt sich wegen des einfachen Raumes, aber sein Vorgänger, Walesa, sei eben dabei, seine Koffer zu packen und die offiziellen

Büros zu verlassen. Es folgen Scherze über Walesa, über den Bubis nicht die beste Meinung hat. Es wird polnisch gesprochen, eine Sprache, die Bubis ebenfalls fließend beherrscht; ein Dolmetscher übersetzt für die Begleiter aus Deutschland. Das Gespräch mit dem Präsidenten dauert etwa eine Stunde, man verabschiedet sich herzlich.

Am nächsten Tag fährt Bubis nach Deblin, die Stadt, in die er mit seinen Eltern 1935 vom damaligen deutschen Breslau aus geflüchtet ist. Er findet die Spuren einer Vergangenheit, die nicht die sonst üblichen romantischen Kindheitserinnerungen hervorrufen, wenn ältere Menschen die Orte ihrer Jugend besuchen. Deblin bedeutet für Bubis die Erinnerung an Ghetto und Arbeitslager. Als er im Januar 1945 von der Roten Armee in Tschenstochau befreit wurde, wo er die letzten sechs Monate in einem Zwangsarbeiterlager verbracht hatte, war er eben erst 18 Jahre alt geworden.

Einige Häuser aus dem damaligen Ghetto stehen noch. Wo sich allerdings einst die Synagoge befand, leuchten jetzt die Lichtreklamen eines Supermarktes. Ignatz Bubis zeigt auf die Häuser: Hier war der koschere Fleischer, hier das Badehaus, hier eine Synagoge. Nichts deutet mehr darauf hin. Es leben hier keine Juden mehr, es gibt keine Gedenktafeln und keine restaurierten Gebäude. Selbst die Grabsteine des jüdischen Friedhofes sind verschwunden. Sie wurden zum Teil während des Krieges, aber auch noch nach dem Krieg als Pflastersteine in den Straßen der Stadt bzw. zum Häuserbau verwendet. Ein einziger großer Grabstein fällt auf dem leeren jüdischen Friedhof auf. Bubis hat ihn zur Erinnerung an seine Mutter errichten lassen. Ein weiterer Gedenkstein auf dem Friedhof, der ebenfalls von Bubis errichtet wurde, erinnert an 300 während der Deportation im Oktober 1942 erschossene Juden, die hier in einem Massengrab beerdigt wurden.

Am nächsten Tag verläßt Bubis Polen. Er fliegt zurück nach Deutschland, seit mehr als 50 Jahren seine Heimat.

Die Autobiographie von Ignatz Bubis ist die Geschichte eines Mannes, dessen Leben einst weniger als nichts wert war und der heute zu den bedeutendsten Persönlichkeiten in Deutschland zählt.

Peter Sichrovsky
März 1996

KAPITEL 1

DEUTSCH-POLNISCHE KINDHEIT

BRESLAU

Ich wurde am 12. Januar 1927 in Deutschland als siebentes und letztes Kind meiner Eltern Jehoshua und Hannah Bubis geboren. In der Stadt Breslau – heute heißt sie Wroclaw und liegt in Polen. Damals war es eine preußische Industriestadt mit einer halben Million Einwohnern, darunter etwa 15.000 Juden und damit die drittgrößte jüdische Gemeinde in Deutschland.

Wie bei vielen jüdischen Familien läßt sich die Geschichte meiner Vorfahren nicht so leicht dokumentieren. Nach dem letzten Krieg war nichts mehr übrig, keine Papiere, keine Dokumente und auch keine Familienmitglieder, die mir etwas aus der Vergangenheit hätten erzählen können.

Die Familie meines Vaters lebte vor meiner Zeit in Rußland, im ukrainischen Krementschuk und im weißrussischen Witebsk sowie in Brjansk. Mein Vater hatte einen einzigen Bruder, David. Mit ihm zusammen verließ er das Elternhaus, als mein Großvater nach dem Tod seiner Frau ein zweites Mal heiratete, und zog zu einem Onkel, dem Bruder meiner Großmutter. David blieb in Krementschuk, während mein Vater später mit meiner Mutter nach Witebsk zog, als es in der Ukraine Pogrome gab. Beide hielten engen Kontakt bis 1936, als in der Sowjetunion die Säuberungen stattfanden. Danach haben wir nie wieder etwas von David gehört.

Erst vor kurzem habe ich zufällig das Geburtsdatum meines Vaters erfahren. Ich bekam im Februar 1996 einen Brief vom Heimatmuseum in Berlin-Hohenschönhausen mit der Nachfrage, ob ein gewisser Juda Leib Bubis, der bis 1938 in Berlin-Weißensee lebte, ein möglicher Verwandter von mir sei. Als Geburtsort wurde Kurow genannt, das im damals russischen Polen lag. Ich bin nach Kurow gefahren und habe festgestellt, daß der Berliner Bubis ein Halbbruder meines Vaters war und mein Großvater mit seiner zweiten Frau drei Söhne und drei Töchter hatte. Jedenfalls erfuhr ich in Kurow auch das genaue Geburtsdatum meines Vaters: 15. Juli 1883.

Ich wußte schon von seinen zwei Halbschwestern, die den Krieg nicht, und von zwei Brüdern, die ihn überlebt hatten. Mit diesen beiden stand ich in Verbindung, ohne daß sie jemals ihren Berliner Bruder erwähnt hätten. Dieser Juda Leib Bubis hatte 1938 Berlin verlassen und war nach Argentinien emigriert. Seine Existenz ist mir ebenso unbekannt geblieben wie die der dritten Halbschwester, über deren Schicksal ich bis heute nichts weiß. Eine Tochter einer der Schwestern lebt heute in Israel. Auch sie wußte nicht, daß sie einen Onkel Juda Leib hatte, der in Berlin gelebt hat. Daß ich das alles erfahren habe, verdanke ich einem Herrn Waffner, bei dessen Mutter Juda Leib zur Untermiete wohnte und der mit der Familie Bubis in Rosaria, Argentinien, bis 1974 in Verbindung stand.

Meine Mutter wurde 1887 geboren, ihre Familie kam zum Teil aus Polen, aus der Stadt Deblin, wo wir nach den Jahren in Breslau hinzogen. Diese Familie war streng religiös. Der Vater meiner Mutter putzte sich zu Jom Kippur nicht einmal die Zähne, weil er Angst hatte, dabei etwas Wasser zu verschlucken. (Jom Kippur ist Fastentag, und es ist an diesem Tag weder erlaubt zu essen noch zu trinken.)

Meine Mutter war eine sehr ernste Frau, die ich kaum jemals lachen sah. Auf dem einzigen Foto, das ich von ihr habe, fallen ihr schmales Gesicht und ihre traurigen Augen auf. Sie hatte kein einfaches Leben: Drei meiner Geschwister waren schon im Kindesalter gestorben, bevor ich geboren wurde, und ein weiterer Bruder, Chil, starb mit 21 Jahren, kurz nachdem wir von Breslau nach Deblin gezogen waren.

Meine Eltern kamen 1919, kurz nach dem Ende des Ersten Weltkrieges, aus Rußland nach Breslau. Ich habe also schon meine ersten Jahre in Deutschland verbracht. Für meine Eltern ist Breslau nie zu einer richtigen Heimat geworden. Warum sie sich damals ausgerechnet in dieser Stadt niedergelassen hatten, weiß ich nicht genau. Ich kann mich auch nicht erinnern, daß sie jemals davon sprachen. Auch ihre Zeit in Rußland war nie ein Thema. Wie alle jüdischen Familien in diesen unruhigen Jahren wechselten auch meine Eltern öfter Städte und auch Länder, immer auf der Suche nach Sicherheit und einem Ort, wo man als Jude nicht ständig um sein Leben fürchten mußte.

Unser Leben in Breslau war denkbar einfach und unsere Familie alles andere als wohlhabend. Mein Vater arbeitete bei einer Schiffahrtsgesellschaft, und wir wohnten in einem Stadtteil namens Zimpel, eher ein Vorort mit zwei- und dreistöckigen Häusern, in dem kaum Juden lebten und in dem es auch keine großen Synagogen gab. In einer kleinen Betstube trafen sich höchstens zwanzig bis dreißig Leute und zu den Feiertagen kamen vielleicht fünfzig, ganz anders als in anderen Stadtteilen, wo die Synagogen oft größer waren als die Kirchen. Vor allem die Synagoge der Reform-Juden war besonders prächtig, Breslau war ein Zentrum des deutschen Reform-Judentums.

Unsere Wohnung war winzig, und wahrscheinlich habe ich sie heute noch größer in Erinnerung, als sie tatsächlich war. Ich hatte nicht einmal ein eigenes Zimmer. Meine Eltern teilten das Schlafzimmer mit meiner neun Jahre älteren Schwester Hadassa, und ich schlief mit meinem dreizehn Jahre älteren Bruder Chil zusammen. Das Zentrum war das Eß- und Wohnzimmer. Hier saß die Familie zusammen und hielt sich tagsüber auf, hier wurde gegessen, geredet, geklagt und entschieden.

Die Zimmer waren einfach eingerichtet, ich kann mich dunkel an das Schlafzimmer mit den beiden großen Holzbetten und den Nachtschränkchen erinnern. Zentralheizung gab es natürlich keine. Die Kohle wurde durch ein vergittertes Fenster in den Keller geschüttet, und im Winter mußte man sie vor jedem Einheizen kübelweise hinaufschleppen. Fleisch gab es nur am Sabbat und sonntags die Reste davon. Die übrigen Tage aß ich am liebsten Kartoffeln und saure Milch, die meine Mutter selbst machte. In der Küche standen immer die verschließbaren Gläser mit Milch, und langsam wurde saure Milch daraus. An diese Jahre in Breslau habe ich nur vage Erinnerungen. Wir lebten sehr zurückgezogen und isoliert, alles Leben spielte sich in unserem Haus ab, Freunde hatten meine Eltern kaum.

Für meine Mutter war Arbeit der eigentliche Inhalt des Lebens. Sie putzte das Haus, ging einkaufen, kochte, versorgte die Kinder und wusch die Wäsche. Angeblich schrubbte sie noch eine Stunde, bevor ich zur Welt kam, den Boden. Sie war damals schon 40 Jahre alt und hatte sechs Geburten hinter sich. Ich würde sie als die typische jiddische »Mame« bezeichnen: gütig, nie besitzergreifend, liebevoll und immer in Sorge, oft auch etwas schwermütig und sehr religiös.

Die Zeit in Breslau kann keine sehr fröhliche Zeit für mich gewesen sein, sonst hätte ich andere Erinnerungen. Aber es ist, als sähe ich diese ersten acht Jahre meines Lebens wie durch eine Nebelwand. Vielleicht fehlen mir auch die Erzählungen aus der Zeit von damals. Nach 1939 wollte niemand mehr von vergangenen Zeiten erzählen, und nach 1945 konnte mir niemand mehr Anekdoten aus meiner Kindheit erzählen. Meine Eltern, meine Großeltern und meine älteren Geschwister waren tot. Bei allem, was ich weiß, bin ich auf mein eigenes Gedächtnis angewiesen, und obwohl ich sonst ein sehr gutes Erinnerungsvermögen habe, fehlen mir diese Jahre in Breslau.

Ich war acht Jahre alt, als wir Breslau verließen. Das war 1935, zwei Jahre nach der Machtergreifung Hitlers. Obwohl ich mich an keine direkten antisemitischen Übergriffe erinnern kann, waren meine Eltern hellsichtig genug, aus Deutschland auszuwandern und nach Polen überzusiedeln. Soweit ich mich erinnern kann, verließen wir Breslau sehr schnell. Wir packten unsere paar Habseligkeiten, die Möbel ließen wir zurück, sie waren ohnehin nicht besonders wertvoll, und fuhren mit dem Zug nach Deblin.

DEBLIN

In Deblin lebte die Familie meiner Mutter. Der Großvater konnte meinem Vater eine Stelle bei der Schiffahrtsgesellschaft Vistula besorgen, die seinem Arbeitsplatz in Breslau entsprach. Wir fühlten uns sicher in Deblin. Die Stadt war wie eine Festung, mit dem größten Militärflughafen Polens, einer Offiziersschule und der Garnison des 15. Infanterie- und 28. Artillerieregiments.

Ich hatte zu Beginn ein wenig Schwierigkeiten mit der polnischen Sprache, aber das ging schnell vorüber. Meine Muttersprache, so würde man das heute sagen, war ja eigentlich Jiddisch. Schon mit drei Jahren ging ich zum Religionsunterricht, lernte dort die Bibel und damit auch jiddisch schreiben. Erst als ich fünf war, unterrichtete mich meine Schwester auf Deutsch. Ich sprach also Jiddisch, bevor ich Deutsch konnte. Dazu kam noch ein wenig Russisch, weil meine Eltern oft untereinander Russisch sprachen. Mit mir redeten sie Jiddisch und nur ganz selten Deutsch. Mit diesen vier Sprachen – Jiddisch, Deutsch, Russisch und Polnisch – bin ich aufgewachsen.

Die Schule ging mir leicht von der Hand, so daß ich fast immer beste Noten bekam. Ich saß nie stundenlang über meinen Aufgaben, die hatte ich längst während der Pausen gemacht oder in der darauffolgenden Unterrichtsstunde. Später einmal wollte ich Rechtsanwalt werden. Es galt als sicher, daß ich auf die Universität gehen würde. Meine Mutter hätte mich wahrscheinlich mit der üblichen Bescheidenheit einer jiddischen Mame beschrieben: »Er ist ein durchschnittliches jüdisches Kind, ein Genie!« Ausgesprochen schlecht war ich nur im Singen, und Noten lesen konnte ich überhaupt nicht. Auch im Turnen war ich kein großes Talent. Wenn der Turnlehrer von uns verlangte, einen Kopfstand zu machen, wurde mir sofort schwindlig.

Deblin war im Vergleich zu Breslau eine winzige Stadt mit ein paar tausend Einwohnern, die Hälfte davon Juden – eine eigenartige Mischung von jüdischem Stedtl und moderner Kleinstadt. Aufgrund der wichtigen strategischen Lage gab es eine Reihe von größeren Verwaltungsgebäuden, Schulen und militärischen Einrichtungen, die nicht in das Bild des üblichen jüdischen Städtchens paßten. Dadurch war auch die jüdische Bevölkerung vielfältiger als in anderen polnischen Kleinstädten. Der Anteil der, heute würde man sagen: Reform-Juden war in Deblin sehr klein. Aber obwohl es hier nicht das sonst in Polen übliche Bild einer christlich-polnischen Mehrheit und daneben einer schwarz gekleideten orthodox-jüdischen Minderheit gab, obwohl die Atmosphäre fast großstädtisch war, hatten es Juden schwer, in öffentliche Ämter oder höhere Positionen zu kommen. Ich kann mich an keinen jüdischen Beamten, Lehrer oder etwa ein jüdisches Mitglied in der Stadtverwaltung erinnern. Fast alle schlugen sich irgendwie als Ladenbesitzer oder Handwerker durch. Der Grund dafür war nicht das vielzitierte Vorurteil, daß Juden so gut mit Geld umgehen könnten, sondern der schwierige Weg, in andere Ämter und Positionen zu kommen. Dazu kam, daß durch das viele Militär und die Offiziersschule sich in der Stadt überdurchschnittlich viele Geschäfte niedergelassen hatten. Es gab in dem kleinen Ort zum Beispiel mindestens sechs Delikatessengeschäfte, in denen die Offiziere sich versorgten, damals die höchste gesellschaftliche Kaste in Polen.

Unser Leben schien zu Beginn wenigstens sicher zu sein, aber einfach war es nicht. Die Wohnsituation hatte sich verschlechtert. Lebten wir in Breslau zu fünft in drei Zimmern, so hier nur noch in zwei. Die Eltern meiner Mutter hatten eine eigene Wohnung in derselben Straße, nicht weit von uns. Später, als mein Vater etwas mehr verdiente, konnten wir umziehen.

Mein Vater arbeitete am Fluß, an der Weichsel. Mit seiner Anstellung bei der Schiffahrtsgesellschaft war er fast schon eine Ausnahme unter den Juden Deblins. Er war Leiter der Station Deblin, einer kleinen Station, an der zweimal am Tag ein Passagierdampfer anlegte. Mein Vater war dort für alles zuständig, vom Verkauf der Fahrkarten bis zur Abfertigung der Passagiere und des Frachtguts.

Jeden Tag fuhr er mit dem Fahrrad zur Arbeit. Er war ein sehr gutmütiger, sensibler Mensch. Fast ein wenig zu weich. Er trug einen gestutzten Bart, keine Schläfenlocken und hatte ein rundes, freundliches Gesicht. Sein Lieblingsbuch war der Roman *Der Stille Don* von Michael Scholochow. Er hat diese vielen Bände immer wieder gelesen, und wenn er damit fertig war, fing er wieder von vorne an. In religiösen Fragen konnte man ihn im Vergleich zu meiner Mutter eher als einen Liberalen bezeichnen. Er lebte zwar streng nach den Regeln, verließ nie das Haus, ohne zuvor die Gebetsriemen angelegt zu haben, tat dies alles jedoch mehr aus Rücksicht auf meine Mutter. Das vermute ich zumindest heute. Ich kann mich an keinen Freitagabend oder Samstag erinnern, an dem wir nicht in der Betstube waren. Das Morgengebet, das Abendgebet, die Feiertage, Fasten zu Jom Kippur und der Sabbat waren Selbstverständlichkeiten in unserem Leben, und keiner wäre auf die Idee gekommen, diese in Frage zu stellen.

Mein Großvater, der Vater meiner Mutter, lebte in einer noch früheren traditionell-jüdischen Welt: Für ihn war das Gebet der eigentliche Sinn des Lebens, und gearbeitet wurde im Grunde genommen nur, um zu überleben, nicht um irgendwelche irdischen Güter anzuhäufen. Er hatte einen kleinen Laden, in dem man fast alles bekommen konnte. Morgens nach dem Frühstück ging er in die Synagoge, erst danach schloß er sein Geschäft auf. Wenn er genügend eingenommen hatte, sperrte er seinen Laden zu und ging wieder in die Synagoge. Im Grunde genommen war für ihn jede Stunde, die er in seinem Geschäft verbringen mußte, verlorene und vergeudete Zeit. In dieser Atmosphäre war meine Mutter aufgewachsen, und so ähnlich hatte auch sie gefühlt und gelebt.

Religion war auch der einzige Bereich, über den nicht diskutiert werden durfte. Bei den Regeln des täglichen jüdischen Lebens gab es kein Pardon. Das einzige Mal, an das ich mich erinnern kann, als ich mir von meinem Vater eine Ohrfeige einhandelte, war an einem Sabbat. Ich war vielleicht elf Jahre alt und kam an diesem Tag mit grünem Gesicht nach Hause, weil ich zum ersten Mal eine Zigarette ausprobiert hatte. Nach nur einem einzigen Zug war mir bereits kotzübel. Zu Hause fragten mich meine Eltern, was denn mit mir los sei. Zuerst dachten sie, ich hätte etwas Verdorbenes gegessen. Ich wäre gar nicht auf die Idee gekommen, sie anzulügen, und ich sagte sofort, daß ich einen einzigen Zug gemacht hätte und diesen schon jetzt bereuen würde. Ob die Ohrfeige meines Vaters eine Reaktion auf das Rauchen oder die Verletzung des Sabbats war, weiß ich nicht. Vielleicht beides.

Eine andere Situation, die typisch für die Autorität meiner Eltern war, begab sich, als ich vielleicht zehn Jahre alt war. Ich hatte als kleiner Junge eigentlich nur eine Leidenschaft, das Fußballspielen, und ich besaß auch einen eigenen Lederball. Wir hatten einen alten Kachelofen, der im Sommer nicht beheizt wurde. In diesem lag immer mein Fußball, auf den ich sehr stolz war. Natürlich durfte ich am Sabbat nicht spielen, und jeden Samstag hielt ich mich an das Verbot, obwohl es nicht einfach war, denn ich wußte, daß etliche meiner Freunde trotzdem kickten. An einem Samstag jedoch holte ich heimlich den Fußball und schlich mich aus dem Haus, kam zurück und legte ihn wieder in den Ofen. Ich war mir sicher, daß mich keiner entdeckt hatte. Und weil es so gut geklappt hatte, versuchte ich es am nächsten Samstag wieder. Doch der Fußball war weg. Am Sonntagmorgen lag er wieder im Kachelofen. Danach versuchte ich nie wieder, mich am Sabbat mit dem Fußball davonzuschleichen.

Das war eine Erziehung, die ohne Drohungen und Strafen auskam und dennoch sehr effektvoll war. Ich habe solche erzieherischen Signale meiner Eltern nie in Frage gestellt und hätte mich auch nie dagegen aufgelehnt. Das wäre undenkbar gewesen. Vater und Mutter waren unantastbare Autoritätspersonen, und ich sprach sie beide auch nur in der dritten Person an. Man hörte mir zu, ließ mich aussprechen, respektierte meine Meinung, aber machte sie sich kaum je zu eigen.

Anders war dies bei meinem ältesten Bruder Jakob, der 1906 zur Welt gekommen und damit 21 Jahre älter war als ich. Seit dem 8. Juli 1996 weiß ich, daß ich einen noch älteren Bruder hatte, der 1905 geboren wurde und Leib hieß. Er war einer der drei Brüder, die schon vor meiner Geburt verstorben waren. Jakobs Wort galt etwas in unserer Familie. Er wurde geachtet von meinen Eltern, weil er ein hochintelligenter, sehr gebildeter Mann war, und Bildung war meinen Eltern immer sehr wichtig. Mein anderer Bruder Chil hatte das Malerhandwerk erlernt. Ich kann mich nicht erinnern, daß meine Eltern darauf sehr stolz gewesen wären.

Jakob war wie alle jungen jüdischen Intellektuellen damals ein Kommunist. Es gab kurz vor dem Krieg bei den polnischen Juden nur zwei extrem unterschiedliche Positionen: Man blieb entweder orthodox religiös wie der Vater, Großvater und alle Generationen zuvor, oder man wendete sich dem Kommunismus zu, der die neue Freiheit versprach. Dennoch darf man dies nicht mit einer antireligiösen Haltung gleichsetzen. Ich glaube, nur ein Jude war imstande, seine traditionellen Feste zu feiern, den Sabbat einzuhalten und trotzdem ein Kommunist zu sein.

Jakob, der mit seiner eigenen Familie in Warschau lebte, respektierte die religiösen Traditionen, aber ich glaube nicht, daß er je in eine Synagoge ging außer an hohen Feiertagen. Es waren mehr die Familienfeste wie Pessach, an denen er mit seiner Frau Dina und seiner Tochter Rachel zu uns zu Besuch kam, und sie sahen diese Feste wahrscheinlich eher als kulturelle Tradition denn als Ausdruck von Religiosität. Bei mir ist da ein wenig mehr Tradition übriggeblieben, und der Kommunismus hat mich nicht so heftig beeindruckt wie meine Geschwister Jakob und Hadassa. Zwar schwärmte ich damals vorübergehend für die Verheißungen von Gleichheit, Brüderlichkeit und Solidarität, aber einer politischen Gläubigkeit verfiel ich nicht. Und dennoch: Bei allem Widerwillen gegen den Stalinismus empfinde ich eine tiefe Dankbarkeit gegenüber der Roten Armee, die mich ja schließlich befreit hat. So etwas vergißt man nicht.

Die letzte Erinnerung an Jakob im Kreise der Familie ist das Pessach-Fest 1939, an dem er uns besuchen kam. Er hatte noch in Rußland die Schule besucht, war dann nur kurz in Breslau geblieben und schon 1925, zwei Jahre vor meiner Geburt, nach Polen gegangen. Er war damals 19 Jahre alt. In Warschau hatte er studiert – was genau er studierte, weiß ich nicht. Aber er arbeitete als Buchhalter. Komischerweise hatte ich immer geglaubt, daß Jakob erst 1933 nach Warschau gegangen war. Erst vor wenigen Monaten habe ich erfahren, daß er jedoch schon am 15. Oktober 1930 in Warschau geheiratet hat.

So sehr meine Eltern ihren Sohn verehrten, so wenig konnten sie sich mit der Wahl seiner Frau anfreunden. Sie stammte ebenfalls aus Deblin, war einige Jahre älter als er, und es gab ein paar Gründe, die ich gar nicht so genau kenne, warum meine Eltern diese Verbindung als nicht standesgemäß betrachteten. Auch ihre Eltern waren, glaube ich, nicht sehr begeistert von dieser Ehe, denn sowohl sie als auch meine Eltern kamen nicht zur Hochzeit. Später hatte sich das alles beruhigt, und Jakob kam uns natürlich mit seiner Frau besuchen. Es entwickelte sich ein herzliches Verhältnis. Dazu hat gewiß die Geburt des ersten Enkelkindes beigetragen.

Wenn Jakob nach Deblin zu Besuch kam, wurde er immer überall herumgereicht, er galt als Respektsperson mit einer großen Zukunft. Alle, die ihn kannten, sagten später – vor allem, als in der letzten Phase des Krieges die Lubliner Regierung gebildet worden war: »Wenn er heute noch am Leben wäre, wäre er ein berühmter Mann, sicherlich ein Minister in der Regierung!« Er war ein echter Intellektueller, beherrschte mehrere Sprachen fließend und übersetzte Ilja Ehrenburg aus dem Russischen ins Jiddische.

Ich kann mich dunkel an seine Wohnung in Warschau erinnern. Jakob lebte damals mit Frau und Tochter in einer winzigen Wohnung, in der alle Zimmer von oben bis unten voller Bücher waren. Ich war einmal bei ihm zu Besuch, um mich dort von einer Blinddarmoperation zu erholen. Meine Eltern hatten mich nach Warschau zur Operation gebracht, weil sie kein Risiko eingehen wollten: Mein älterer Bruder Chil war, kurz nachdem wir von Breslau nach Deblin gezogen waren, an einer Blinddarmentzündung gestorben, die nicht richtig behandelt worden war.

Der jüdische Arzt in Deblin, er hieß Wajnapel, hatte ihm zu Beginn nur Rizinusöl verschrieben, weil er die eigentliche Erkrankung nicht erkannt hatte. Er war eine anerkannte Persönlichkeit im Ort, und niemand zweifelte an seinem Wissen. An manchen Tagen standen Dutzende von Pferdewagen vor seiner Praxis, die aus der ganzen Umgebung kamen. Die Bauern, die meistens keine Juden waren, vertrauten ihm und besuchten ihn lieber als seine nicht-jüdischen Kollegen, während die Juden Deblins eher zu einem polnischen Arzt namens Sochacki gingen. Viel zu spät brachte man meinen Bruder damals ins Kreiskrankenhaus nach Pulawy, das 22 Kilometer von Deblin entfernt ist. Mein Vater besuchte ihn dort täglich, weil Pulawy an der Weichsel liegt und er als Angestellter der Schiffahrtsgesellschaft morgens hinfahren und am Nachmittag wieder zurückkommen konnte. Nach einer Woche war Chil tot. Er wurde auf dem Friedhof in Deblin beerdigt, wie später auch meine Großeltern mütterlicherseits und der Vater meines Vaters. Nach den schrecklichen Erfahrungen meiner Eltern mit Chil und seiner Blinddarmerkrankung gingen sie bei mir kein Risiko ein und schickten mich sofort bei den ersten Anzeichen in ein Krankenhaus nach Warschau.

Wie das Schicksal oft spielt, werde ich ausgerechnet an diesen Arzt, der mehr oder weniger den Tod meines Bruders zu verantworten hatte, jedes Mal erinnert, wenn ich den jüdischen Friedhof von Deblin besuche. Als ich in den 80er Jahren zum ersten Mal zurück nach Deblin kam, ließ ich einen Grabstein für meine Mutter auf diesem Friedhof errichten. Der Friedhof war völlig verwüstet. Dort, wo die Grabsteine einst dicht gedrängt nebeneinander standen, befand sich nur noch ein einziger Grabstein auf einem leeren Feld. Und dieser einzelne Stein war der Grabstein dieses Arztes Wajnapel.

Unser Leben in Deblin hatte sich mit den Jahren normalisiert. Mein Vater verdiente gerade genügend, um seiner Familie ein halbwegs gesichertes Leben zu garantieren. Ich war ein guter Schüler, hatte zahlreiche Freunde, mit denen ich mir die Nachmittage vertrieb, und freute mich aufs Gymnasium. Dennoch spürte ich bereits die Unruhe, die die Erwachsenen beschäftigte. 1939 war ich zwölf Jahre alt, und die Politik begann mich zu interessieren. Deutschland war natürlich das wichtigste Thema. Meine Mitschüler sprachen die Sätze der Erwachsenen nach wie: »Von Saufen kriegt man rote Nasen und von Essen Krupps Kanonen!« Andere prahlten mit der militärischen Stärke der Polen und sagten: »Laß sie nur kommen, die Preußen, wir werden sie gebührend empfangen!« Sie sprachen immer nur von den Preußen, nie von den Deutschen.

Vielleicht war ich von der Stimmung zu Hause beeinflußt, aber ich konnte mich an diesen Scherzen nicht beteiligen. Durch unsere Flucht von Breslau nach Deblin wußte ich, was die Veränderungen in Deutschland für uns bedeuteten, und ich hatte Angst, daß wir wieder weiterziehen müßten. Auch die antisemitische Stimmung in Polen in den Jahren vor dem Ausbruch des Krieges schaffte eine Atmosphäre der Verunsicherung und Furcht. In den Jahren zwischen 1934 und 1939 gab es immer wieder antisemitische Übergriffe, und in fast allen Fällen verzichtete die polnische Polizei darauf, die angegriffenen Juden zu schützen.

Bekannt wurde vor allem der Fall von Przytyk, einer kleinen Stadt im Bezirk Radom. Dort ermordeten wild gewordene Polen am 9. März 1936 drei Juden und verwundeten zweiundzwanzig. Keiner von ihnen wurde vor Gericht gestellt, obwohl das ganze Dorf wußte, wer daran beteiligt war. Angeklagt wurde jedoch ein Jude, der sich verteidigt und dabei einen der Polen getötet hatte. In zwei Instanzen an verschiedenen Gerichtsorten wurde der Mann schuldig gesprochen, und die Richter nahmen damit den Juden das Recht, sich selbst zu verteidigen. Dieses Urteil war ein Schock für die ganze jüdische Bevölkerung in Polen.

In dieser Zeit traten nur die Vertreter der Arbeiterorganisationen gegen faschistoide und antisemitische Gruppierungen und Parteien auf. Das war sicherlich mit ein Grund, warum der Sozialismus und Kommunismus eine solche Anziehungskraft auf die jüdische Bevölkerung ausübten.

Zu den Verteidigern der Juden gehörte insbesondere der polnische *wódz* (»Führer«) Jozef Pilsudski. Unter den Antisemiten kursierte damals der Spruch: »Laßt den Alten erst mal sterben, dann werden wir mit den Juden schon abrechnen.« Gegen Pilsudski wagte jedoch niemand etwas zu sagen, er war der Held der Schlacht gegen die Rote Armee und seit 1920 Marschallek der Polen, oberster Militär und Führer, vor dem alle großen Respekt hatten. Am 12. Mai 1935 starb Pilsudski, zwei Monate zuvor war mein Bruder Chil gestorben – und es ist bezeichnend, daß ich das genaue Datum gar nicht kenne. Als Pilsudski starb, mußten die Schüler schwarze Trauerzeichen tragen. Ich erinnere mich noch daran, weil dies bei den Juden nicht üblich war. Ich trug auch einen solchen Trauerflor und sagte, daß ich ihn wegen meines verstorbenen Bruders trüge.

KAPITEL 2

IM GHETTO

KRIEGSBEGINN

Am 1. September 1939 begann der Krieg. Es war ausgerechnet mein erster Tag im Gymnasium. In Polen galt damals das altösterreichische Schulsystem. Nach sechs Klassen Volksschule konnte man eine Prüfung machen, und wer sie bestand, wurde ins Gymnasium aufgenommen. Nach vier Jahren hätte ich die kleine und nach weiteren zwei Jahren die große Matura machen können.

Die letzten Jahre vor Ausbruch des Krieges wohnten wir im ersten Stock eines Hauses, in dessen Erdgeschoß die Schule untergebracht war. Als ich viele Jahre später das Haus wiedersah, konnte ich nicht verstehen, wie dort Platz für mehrere Klassen und auch noch unsere Wohnung sowie eine weitere gewesen war. In jede Klasse gingen 15 bis 20 Schüler, die Hälfte von ihnen Juden. Ich sprang immer erst beim ersten Läuten aus dem Bett und saß dennoch rechtzeitig in meiner Schulbank.

Die Prüfung fürs Gymnasium war kein Problem für mich. Ich hatte Französisch anstatt Deutsch als Fremdsprache ausgewählt und ging an diesem ersten Tag voller Vorfreude ins Gymnasium. Wegen des Kriegsausbruchs schickte man uns wieder nach Hause, und das war im Grunde genommen auch das Ende meiner schulischen Ausbildung. Ich besuchte nach dem Einmarsch der Nazis noch einige Wochen die 7. Klasse der Volksschule, bevor auch diese für Juden verboten wurde. Ich war immer ein erstklassiger Schüler, der gerne gelernt hat, aber in dieser Zeit war das Interesse verschwunden. Es wich den täglichen Problemen.

In den Wochen unmittelbar vor Ausbruch des Krieges hatte sich die Situation in Polen geändert. Als würden die Polen plötzlich der tatsächlichen Gefahr inne werden, konzentrierten sie sich weniger auf ihre Aversionen gegen die Juden im eigenen Land als vielmehr auf die Abwehr des gemeinsamen Feindes im Westen. In der polnischen Armee hatten Juden jedoch keine Chancen: Das Offizierskorps war mehr oder weniger rein katholisch. Juden waren die Ausnahme.

Bereits am 1. September 1939 wurde Deblin von der deutschen Luftwaffe bombardiert. Die extreme Konzentration von militärischen Einrichtungen, der Flughafen und die hohe Präsenz von Soldaten machten Deblin zu einem wichtigen militärischen Ziel. Dieser Tag bedeutete das Ende meiner Kindheit. Die nächsten fünf Jahre wurde ich gezwungen, wie ein Erwachsener zu denken und zu handeln und für mich selbst verantwortlich zu sein. Jeder Fehler hätte das Leben kosten können, jede Unachtsamkeit vielleicht auch noch das Leben eines anderen Menschen.

Als die Bomben auf Deblin fielen, flüchteten wir zu Fuß in das zehn Kilometer entfernte Ryki. Dort übernachteten wir. Am nächsten Morgen sahen wir, daß die Straßen voller Militär waren. Mein Bruder Jakob flüchtete schon am 3. September 1939 mit Frau und Tochter aus Warschau und begab sich in Richtung des von den Sowjets besetzten Teils Polens. Er wählte aber nicht den direkten Weg, sondern kam zunächst nach Ryki, um sich von uns zu verabschieden. Dabei entschloß sich meine Schwester Hadassa, mit ihm zu gehen. Jakob gab uns dann den Rat, von Ryki 15 Kilometer nach Zelechow weiterzuziehen, weil Ryki ein Knotenpunkt an der Straße Warschau-Lublin war und man dort mit einem Bombardement rechnen mußte, was auch geschah.

Der Widerstand der polnischen Armee dauerte nicht lange, die Wehrmacht besetzte Polen, und wir zogen zurück nach Deblin. Von nun an verschlechterte sich die Situation fast täglich, von überall her erreichten uns schreckliche Nachrichten über Ausschreitungen gegen Juden. Der Mob auf der Straße sah seine Chance gekommen, und es gab niemanden mehr, der von polnischer Seite für die Juden Partei ergriff – weder die offizielle polnische Polizei noch die Widerstandsbewegung, die zunächst hauptsächlich aus der nationalistischen *Armia Krajowa,* der Heimatarmee, bestand.

Schon in den ersten Tagen nach Kriegsausbruch sperrten ein SS-Mann und ein Angehöriger der Geheimen Feldpolizei in irgendeiner kleinen Ortschaft abends 50 Juden, die tagsüber zu Reparaturarbeiten an einer Brücke eingesetzt waren, in einer Synagoge ein und schossen sie einfach nieder. Ende September trieb in Turck eine Horde von SS-Leuten eine Anzahl von Juden ebenfalls in einer Synagoge zusammen, hieb mit Peitschen auf sie ein und zwang sie, singend durch die Bänke zu kriechen. Ein Jude, der sich vor Angst in die Hosen gemacht hatte, mußte den Kot seinen Leidensgenossen ins Gesicht schmieren. Deutsche Soldaten ergriffen in den jüdischen Vierteln wahllos Männer, die sie zum Arbeitsdienst abtransportierten. Während dieser Aktionen wurden sie von Polen begleitet, die »Zyd, Zyd!« brüllten und auf jeden Juden zeigten, der gerade auf der Straße vorbeilief. Innerhalb weniger Wochen waren die Juden ohne jeden Schutz. Ihre Geschäfte wurden geplündert, ihre Wohnungen ausgeräumt, sie wurden auf den Straßen aufgehalten und ausgeraubt, nicht selten auch noch verprügelt.

Am 12. Dezember 1939 verlangte die Verwaltung in Warschau vom Judenrat eine Liste der reichen Juden, ihre Wohnungen wurden aufgebrochen und ihr Hab und Gut in Lastkraftwagen abtransportiert. Bereits am 18. Dezember wurde eine Verordnung erlassen, die es Juden verbot, ihren Immobilienbesitz zu verkaufen, und ihre Bankkonten wurden eingefroren.

Bei all den Plünderungen und Diebestouren arbeiteten immer die Gestapo und die lokalen Behörden Hand in Hand. Insbesondere die polnische Polizei war voller Demut und Unterwürfigkeit gegenüber den Deutschen. Vor allem auf die orthodoxen Juden hatten sie es abgesehen. Sie wurden auf der Straße aufgehalten, ausgelacht und verspottet, und nicht selten schnitt man ihnen die Bärte mit alten rostigen Messern ab, so daß sie tiefe Wunden davontrugen.

Durften die Juden zunächst nur bestimmte Wagen der Straßenbahn benutzen, machte sich bald darauf der Pöbel einen Spaß daraus, die Wagen zu stürmen und alle Juden hinauszuwerfen, wobei es oft Verletzte gab. In vielen Fällen erschossen die Deutschen die jüdischen Fahrgäste einfach. Im Februar 1940 kam es zum ersten organisierten Pogrom in Warschau. Zu Hunderten zogen Polen durch das jüdische Viertel und brüllten: »Tötet die Juden!« und »Lang lebe das unabhängige Polen ohne Juden!«

Jakob zog mit seiner Familie damals in die Nähe von Bialystok nach Wolkowisko und arbeitete dort wieder als Buchhalter in einer Zementfabrik, meine Schwester Hadassa blieb bei ihm. Wir korrespondierten mit beiden bis zum Überfall der deutschen Truppen auf die Sowjetunion. Danach bekamen wir nur noch eine einzige Postkarte von Hadassa, die schrieb, daß Bruder, Schwägerin und Nichte gerade nicht zu Hause seien. Das war das letzte Lebenszeichen, das wir von meinen beiden Geschwistern, meiner Schwägerin und meiner Nichte bekommen haben.

Nach dem Krieg erfuhr ich von einem Freund meines Bruders namens Nudelfaden, der ebenfalls in die Sowjetunion geflüchtet war, was damals geschehen ist: Nach 1940 hatten die Sowjets verlangt, daß die aus Deutschland und Polen geflüchteten Juden entweder die sowjetische Staatsbürgerschaft annehmen oder das Land wieder verlassen müßten. Mein Bruder und seine Familie akzeptierten den neuen Paß und durften in Wolkowisko bleiben. Damit war ihr Schicksal besiegelt. Jakobs Freund Nudelfaden hatte sich dagegen wie viele andere auch geweigert, die sowjetische Staatsbürgerschaft anzunehmen, und wurde dafür nach Sibirien verbannt. Das war sein Glück: In Sibirien lebten sie zwar unter sehr schwierigen Umständen, aber ihr Überleben war gesichert. 1946 durften sie die Sowjetunion wieder verlassen.

MIT OFFIZIELLER ARMBINDE

Im Februar 1941 wurden die Juden in Deblin gezwungen, ihre Wohnungen zu verlassen und in das Gebiet des Ghettos zu ziehen. Von meiner Familie lebten zu diese Zeit nur noch mein Großvater väterlicherseits, mein Vater und ich. Die Eltern meiner Mutter waren kurz vor dem Krieg gestorben, und meine Mutter starb wenige Wochen, bevor wir ins Ghetto übersiedeln mußten.

Schon Anfang 1940 hatte sich bei einer Untersuchung herausgestellt, daß meine Mutter an Brustkrebs litt. Sie wurde nach Warschau gebracht und dort operiert. Doch selbst die Brustamputation half nicht mehr. Es ging ihr zwar ein paar Monate etwas besser, dann verschlechterte sich ihr Zustand jedoch. Wieder fuhr sie nach Warschau, aber es war zu dieser Zeit für Juden bereits fast unmöglich, eine entsprechende medizinische Versorgung zu bekommen, und die Ärzte hatten sie bereits aufgegeben. Sie starb im Dezember 1940, am 3. Tag von Chanukka. Ich werde diese Nacht nie vergessen. Als sie starb, lag ich neben ihr in ihrem Bett. Sie hatte schreckliche Schmerzen. Auch mein Vater hielt sich im Schlafzimmer auf, wir beteten und weinten, und ich hätte alles dafür gegeben, sie zu retten.

Sie wurde auf dem Friedhof von Deblin beerdigt. Ich kann mich an ihr Begräbnis noch genau erinnern. Es war eiskalt, der Boden war hart. Die wenigen, die gekommen waren, froren fürchterlich. Ich habe den ersten Sand hinunter auf den Sarg geworfen. Noch Jahre später stiegen mir die Tränen in die Augen, wenn ich an meine Mutter dachte. Es gibt ein Lied »Mein jiddische Mame«, wenn ich das hörte, empfand ich wieder all die Traurigkeit, den Schmerz und die Verzweiflung, die der Tod meiner Mutter für mich bedeuteten.

Ihren Grabstein habe ich später nicht mehr gefunden und deshalb auf dem Friedhof in Deblin einen neuen errichten lassen. Durch diesen Stein habe ich mich irgendwo innerlich mit ihr versöhnt, danach mußte ich nicht mehr weinen, wenn ich an sie dachte. Es war eine symbolische Handlung, und wahrscheinlich hatte ich, wie jeder jüdische Jüngling, immer ein schlechtes Gewissen gegenüber meiner Mutter. Ihr Tod war wie ein Signal für den Anfang des Endes.

Im Ghetto fanden wir Unterschlupf bei einer Familie, die in einer Zweizimmerwohnung lebte. Mein Vater und ich, bald darauf auch mein Großvater väterlicherseits, kamen in einem Raum unter, den sie uns vermieteten. Unsere Wohnung lag außerhalb des Ghettos, so daß wir sie gezwungenermaßen aufgeben mußten. Mein Großvater starb bald nach seiner Ankunft im Ghetto, so daß nur noch mein Vater und ich übrigblieben. Was waren wir doch noch ein paar Jahre zuvor für eine stolze Familie gewesen!

Ich bin 1985 zum ersten Mal wieder nach Deblin gekommen, konnte jedoch das Haus, wo wir im Bereich des ehemaligen Ghettos wohnten, nicht mehr finden. Einige Häuser stehen heute noch, so das Domizil des Judenrates, das früher ein sehr kleines Bankgebäude und eines der wenigen Steinhäuser war. Meist lebten die Menschen im Bereich des Ghettos in kleinen, muffigen Holzhäusern, oft mußten sich zwei Familien einen einzigen Raum teilen. Der Fußboden wurde jeden Freitag geschrubbt und mit Sand bestreut, der die Feuchtigkeit aufsog. Das Wasser mußte man sich vom Brunnen holen, und im Hof gab es Plumpsklos. Alle paar Tage wurde deren Inhalt von einem Wagen abgeholt.

Insgesamt kamen zunächst etwa 3.000 Juden ins Ghetto. Zu Beginn wohnten auch noch ein paar polnische Familien dort, sie bezogen jedoch bald die leerstehenden Wohnungen der Juden, die man ins Ghetto gezwungen hatte. Von den rund 4.000 Juden, die ursprünglich in Deblin lebten, konnten ein paar hundert fliehen, und viele wurden auch schon zu Beginn abtransportiert. Mitte 1941 mußten dann auch die Juden aus der näheren Umgebung Deblins ins Ghetto, danach kam eine Gruppe Juden aus Wien und eine weitere Gruppe aus dem slowakischen Presov.

Mit der Einrichtung der Ghettos begann eine neue Phase in den Beziehungen zwischen Juden und Nicht-Juden in Polen. Das Ghetto Deblin war relativ spät gegründet worden, die ersten Ghettos gab es bereits im Oktober 1939; in Lodz, der zweitgrößten jüdischen Gemeinde in Polen, wurde das Ghetto im Februar 1940 eingerichtet.

Sinn und Zweck der Ghettos war die totale Erfassung und Isolierung der jüdischen Bevölkerung einer Stadt. Diese Ausgrenzung geschah nicht über Nacht, so wenig wie die Ermordung der Juden in den Konzentrationslagern eine plötzliche Aktion war, die von einem Tag auf den anderen angeordnet wurde. Es war vielmehr so, daß es jeden Tag neue Gesetze gab, die Juden mehr und mehr aus dem normalen Leben hinausdrängten. Zu Beginn wurden alle Juden aus öffentlichen Ämtern und Berufen verbannt, kein jüdischer Lehrer, Rechtsanwalt, Arzt oder Verwaltungsbeamter durfte mehr seiner Arbeit nachgehen. Später wurden die Umzugsmöglichkeiten der Juden auf die Grenzen ihres Wohnbezirks beschränkt und eine Ausgangssperre von 9 Uhr abends bis 5 Uhr morgens verhängt. Wenige Wochen später wurde dann eine Verordnung erlassen, die Juden die Eisenbahnbenutzung nur noch mit Sondergenehmigung erlaubte.

Die Ghettos ermöglichten es der deutschen Verwaltung nicht nur, die Juden zu erfassen, sondern auch die Kommunikation zwischen Juden und Nicht-Juden zu kontrollieren. Jeglicher Kontakt zwischen jüdischen und nicht-jüdischen Polen sollte unterbunden werden. Um ihre Anordnungen besser durchsetzen zu können, setzten die Nazis Judenräte ein. Diese Judenräte waren zum Beispiel dafür verantwortlich, die angeforderten Arbeiter bereitzustellen, die dann teilweise innerhalb, teilweise auch außerhalb des Ghettos verschiedene Zwangsarbeiten verrichten mußten.

Im Februar 1941 war ich eben 14 Jahre alt geworden. In die Schule durfte ich nicht mehr gehen, aber ich konnte wenigstens lesen und schreiben, und so bekam ich im Ghetto eine Arbeit als Postbote. Irgend jemand im Judenrat hatte mir diese Stelle verschafft, und wer es auch immer war, er hat mir dadurch eine Chance zum Überleben gegeben. Erstens verlieh mir diese Arbeit eine offizielle Armbinde, und zweitens ermöglichte sie es mir, das Ghetto zu verlassen, denn wir hatten keine eigene Poststelle wie die größeren Ghettos in Lodz oder Warschau. Ich mußte also die Post im Debliner Postamt außerhalb des Ghettos abholen. Bevor mir die Briefe und Postkarten übergeben wurde, kamen sie jedoch nach Lublin zur Zensur.

Der Leiter des Postamtes war ein Deutscher, aber kein Soldat, sondern ein Zivilangestellter. Es ging das Gerücht, daß er mit dem örtlichen Befehlshaber der deutschen Sicherheitspolizei, die wir Gendarmerie nannten, verwandt gewesen sei. Mir gegenüber benahm er sich sehr anständig: Bevor die Post zur Zensur geschickt wurde, gab er sie mir immer zum Durchsehen, und ich konnte die gefährlichen Sendungen gleich herausnehmen. Wenn es sich um Postkarten handelte, versuchte ich mir den Empfänger und den Inhalt zu merken, falls die Zensur die Sendung zurückhalten sollte. Später erzählte ich den Leuten, wer ihnen was geschrieben hatte. Vor allem die aus Wien deportierten Juden bekamen oft Briefe mit Geld. Ich mußte sie nur gegen das Licht halten und konnte dies gleich erkennen. Auch diese Briefe hab ich aussortiert. Ich durfte immer einige Briefe unzensiert mitnehmen. Das hat der Dienststellenleiter inoffiziell geduldet. Nach der Zensur brachte ich die Post zum Judenrat ins Ghetto.

Das Leben im Ghetto kann sich jemand, der es nicht erlebt hat, wahrscheinlich kaum vorstellen. Wir lebten immer nur für den einen Tag, und wenn der vorüber war, für den nächsten. Wir haben nicht richtig gehungert, es lagen keine Skelette auf den Straßen, und im Vergleich zu den Häftlingen eines Konzentrationslagers ging es uns noch relativ gut. Aber für mich als 14jährigen Jungen war der Alltag unter diesen Bedingungen dennoch nur zu überleben, indem ich mich vor allem emotionell gegen das Grauen schützte. Ich sah damals fast täglich, wie man Menschen wegen einer Nichtigkeit verprügelte, erschoß oder aufhängte. Ich sah Menschen, die alles taten, um zu überleben. Ich sah Menschen, die ich als stolze, ehrwürdige Bürger in Erinnerung hatte und die nun gedemütigt und gebrochen ohne Hoffnung auf ihr Ende warteten.

Das wichtigste Problem der Deutschen in Deblin und Umgebung war es, genügend Arbeitskräfte zu rekrutieren. Durch die vielen militärischen Einrichtungen hatten sie einen großen Bedarf an Zwangsarbeitern, und daran lag es wahrscheinlich, daß die Verantwortlichen die geplante Vernichtung der Juden noch ein Weilchen aufschoben. Man brauchte uns noch.

Im Dezember 1941 wurde das erste Arbeitslager außerhalb des Ghettos eingerichtet. Es lag in der Nähe des Flughafens, und vor allem die Juden aus Wien und dem slowakischen Presov wurden dort stationiert. Ein Teil der Leute aus Presov wohnte allerdings weiterhin im Ghetto. Sie hatten eigene Erkennungsmarken, die ihnen jedoch nicht den Aufenthalt außerhalb des Ghettos erlaubten, sondern nur den gemeinsamen Anmarsch zur Arbeitsstelle und wieder zurück gestatteten.

Auf dem Fliegerhorst wurden Zwangsarbeiter für die Reparaturen der Rollbahnen eingesetzt oder auf dem Bauhof, wo es eine Schlosserei, eine Tischlerei und eine Elektrowerkstatt gab. Als ich in dieses Lager kam, war ich in der ersten Zeit in einer Kolonne, die Gleisbauarbeiten verrichten mußte. Wir reparierten die Gleise, die zum Flughafen führten. Ähnliche Arbeiten waren es auch, für die die Zwangsarbeiter in der Zitadelle eingesetzt wurden.

Ich hatte damals eine besonders enge Beziehung zu meinem Vater. Er arbeitete als Verwalter in der Krankenstube des Ghettos. Das war, wie sich bald herausstellte, keine sichere Arbeitsstelle, denn nichts war für die Besatzer so wertlos wie ein kranker Jude. Ich hatte täglich Angst, ob ich ihn am Abend wiedersehen würde, und trotz meiner 14 Jahre fühlte ich mich aufgrund der privilegierten Arbeit, die ich bei der Post hatte, für ihn verantwortlich.

DIE ERSTE DEPORTATION

1985 sah ich diesen Platz im Zentrum von Deblin zum ersten Mal wieder. Er erschien mir, wie so vieles in dieser Stadt, winzig klein, und ich konnte mir nicht vorstellen, wie damals, an diesem schrecklichen 6. Mai 1942, mehr als tausend Menschen hier zusammengetrieben wurden – alle, die sich im Ghetto aufhielten und nicht gerade bei der Arbeit am Fliegerhorst oder in der Zitadelle außerhalb der Stadt waren. An diesem Tag begann die erste Teilräumung des Ghettos. Die Juden von Deblin wurden in Eisenbahnwaggons zusammengepfercht und kamen nach Sobibor.

Sobibor war neben Chelmno, Belzec, Treblinka, Majdanek und Auschwitz-Birkenau eines der sechs reinen Vernichtungslager. Eine

Selektion der Ankommenden in Arbeitsfähige und Todeskandidaten wie in Auschwitz gab es dort nicht mehr. Der einzige Zweck dieser Lager war die Ermordung von Menschen. Sobibor wurde erst im April 1942 fertiggestellt, und die Debliner Juden waren unter den ersten, die hier vergast wurden. Nur etwa 60 Menschen haben Sobibor überlebt, darunter aber, soweit ich weiß, kein Jude aus Deblin.

Mein Vater und ich wurden von der ersten Deportation verschont, doch vor allem für ihn war es ein sehr knappes Entkommen. Zur gleichen Zeit, als die Juden auf dem Marktplatz zusammengetrieben wurden, wurde jeder, der sich in der Krankenstube des Ghettos aufhielt, erschossen – nicht nur die Patienten, sondern auch die Betreuer und Pfleger. Mein Vater, der dort in der Verwaltung arbeitete, war glücklicherweise gerade nicht dort, weil er – wie an jedem Tag – die Mittagspause zu Hause verbrachte.

Der Leiter des Postamtes wußte von der geplanten Deportation und sagte mir, ich solle unbedingt in der Post bleiben. Ich lief trotzdem zum Sammelplatz – und sah dort meinen Vater in der Gruppe stehen, die zum Abtransport bestimmt war! Er trug noch die Armbinde der Krankenstube, ohne zu ahnen, daß dieses Abzeichen ihn dem sicheren Tod auslieferte. Es gelang mir, ihn an der Hand zu nehmen, ihn unbemerkt ein paar Schritte beiseite zu führen und ihm rasch eine meiner Postboten-Armbinden umzubinden. Ich hatte immer eine Reservebinde bei mir. So dachte die SS, er sei ein Offizieller, und sie ließen ihn zurück. Damit rettete ich meinem Vater wahrscheinlich das Leben. Leider nur für ein paar Monate.

Diese Erinnerungen verfolgen mich bis heute. Und ich fühle mich allen Menschen, die Ähnliches mitgemacht haben, tief verbunden. Eine dieser Geschichten, die mich immer wieder in die damalige Zeit zurückversetzen, will ich an dieser Stelle einfügen.

Mehr als 50 Jahre nach Kriegsende erreichte mich ein Brief von Benjamin Sztamler, einem 81jährigen Israeli, der aus Deblin stammte und damals einige Zeit mit mir gemeinsam im Ghetto und im Lager gewesen war. Die Verbindung zwischen uns ist nie abgerissen, und wir haben uns nach dem Krieg oft gesehen. Nun schrieb er mir, er habe erfahren, daß in Deblin Grabsteine des jüdischen Friedhofs für Bürgersteige verwendet worden seien. Er bat mich, dem nachzugehen und die Möglichkeit zu prüfen, diese Steine wieder auf den Friedhof zurückzubringen. Auf diesem Friedhof Deblin-Bobrowniki waren auch meine beiden Großeltern mütterlicherseits, mein Großvater väterlicherseits und mein Bruder Chil beerdigt worden. Er schrieb weiter, daß er wegen der Grabsteine in Kontakt mit dem Vorsitzenden des Gemeinderats in Deblin stand; dieser habe eine Prüfung zugesagt.

Ich habe mich mit Benjamin Sztamler in Tel Aviv verabredet und ihn dort im Januar 1996 getroffen. Wir haben natürlich über die Polen gesprochen, und ich erwähnte bei unserer Unterhaltung auch die Geschichte der Familie Luxemburg, einer in Deblin sehr bekannten Familie. Der Vater war Vorsitzender der Jüdischen Gemeinde, er hatte drei Söhne und drei Töchter. Der älteste Sohn wurde 1942 deportiert. Mit einer der Töchter war Benjamin Sztamler verheiratet, sie hat wie der Vater und zwei ihrer Brüder den Krieg nicht überlebt. Von dieser Familie kamen lediglich die Mutter, zwei Töchter und der Sohn Adam mit dem Leben davon. Alle vier kehrten nach dem Ende des Krieges nach Deblin zurück. Eines Nachmittags ging Adam spazieren, und als er nach Hause zurückkam, fand er seine Mutter und seine beiden Schwestern tot – sie waren von Polen umgebracht worden. Adam wanderte nach Schweden aus und lebt noch heute dort.

Als ich über diese Geschichte seiner Schwiegermutter und seiner beiden Schwägerinnen sprach, warf Benjamin Sztamler ein: »Das war doch nicht in Deblin, sondern in Siedlce!« Als er kurz aus dem Zimmer ging, rief ich schnell seinen Schwager, Adam Luxemburg, in Schweden an und fragte, wo das damals war. »In Deblin, daß weißt du doch!«, sagte er mir. »Eben, aber dein Schwager redet was von Siedlce!« In diesem Moment kam Benjamin wieder. »Ich geb' dir deinen Schwager«, sagte ich, aber Benjamin zuckte zusammen und wollte zunächst nicht ans Telefon kommen. Ich spürte, daß es eine große Spannung zwischen den beiden gab. Sie sprachen dann doch miteinander. Ich hörte bewußt weg, weil mir etwas unbehaglich zumute war. Auf meine anschließende Frage, ob ich etwas falsch gemacht hätte, indem ich ihm den Hörer übergab, meinte Benjamin: »Seit drei Jahren hat Adam nicht mehr mit mir gesprochen, aber ich bin froh, daß ich jetzt mit ihm geredet habe.«

Und dann erzählte er mir diese Geschichte, die er bis zu diesem Tag noch nie jemandem erzählt hatte, auch nicht seiner jetzigen Frau oder seinen Kindern. Er brauchte eine Stunde, um diese Geschichte zu erzählen, und es fiel ihm sehr schwer.

Zusammen mit seiner Frau wurde Benjamin 1942 aus Deblin deportiert – mit demselben Transport, in dem auch mein Vater war.

Kaum, daß der Zug ins Rollen gekommen war, stiegen ein Pole und ein Ukrainer in den Waggon und raubten die Leute aus. Sie nahmen ihm seine Uhr und Stiefel weg. In Siedlce stiegen der Pole und der Ukrainer aus. Sie hatten aber die Waggontür nicht richtig zugemacht, und als der Zug wieder anfuhr, merkten die Insassen, daß der Waggon nicht verschlossen war, und rüttelten an der Tür. Fünf Leute sprangen aus dem fahrenden Zug, darunter auch er und seine Frau. Seine Frau schlug unglücklich auf, stolperte, kam unter die Räder des Zuges und wurde in zwei Hälften geteilt. Benjamin war völlig verzweifelt. Und er konnte sie nicht einmal begraben, denn er mußte so schnell wie möglich versuchen, zurück ins Arbeitslager zu kommen. Nur dort war er vorläufig noch sicher. Zufällig stieß er auf einen Bahnbeamten, dem er sein letztes Geld, fünf Silberzloty, gab und den er bat, seine Frau zu beerdigen. Er irrte herum und gelangte schließlich in das Arbeitslager, in dem wir alle untergebracht waren. Zu dieser Zeit befanden sich noch seine Schwiegereltern, zwei Schwager und zwei Schwägerinnen dort. Er erzählte der Familie Luxemburg, daß seine Frau vor ihm aus dem Zug gesprungen sei und er sie aus den Augen verloren habe. Zwei Tage sei er herumgeirrt, habe sie gesucht, aber nicht gefunden.

Mit dieser Geschichte hatte er 53 Jahre gelebt, ohne sie mit irgend jemandem zu teilen und obwohl ihm seine Ausflüchte nie so recht geglaubt wurden. Vor drei Jahren habe ihm sein Schwager Adam zum letzten Mal vorgeworfen: »Du erzählst mir nicht die Wahrheit! Ich möchte von dir endlich hören, was mit meiner Schwester damals wirklich geschehen ist!« Aber Benjamin hatte es ihm nicht sagen können, weil er bis heute nicht damit fertiggeworden war.

Am 15. April 1996 war ich in Deblin, um mich wegen der Grabsteine zu informieren. Der Gemeinderatsvorsitzende von Deblin erzählte mir, daß man tatsächlich gleich nach dem Krieg die Steine gefunden und sie alle zum Friedhof zurückgebracht habe, aber die Anwohner in unmittelbarer Nachbarschaft des Friedhofs hätten die Steine dann zum Bau ihrer Häuser verwendet.

Das ist nur ein Beispiel von vielen, das zeigt, wie schwer es den Überlebenden fällt, mit ihrer eigenen Geschichte aus dieser Zeit zu leben. Ich begegne bis heute immer wieder Menschen, die ihre Erlebnisse nicht zur Ruhe kommen lassen. Wenn ich mich mit ihnen unterhalte, entwickelt sich sofort eine Nähe, auch wenn ich sie noch nie zuvor gesehen habe. Für mich ist das erschreckend und anrührend zugleich: Die Erlebnisse, die sie schildern, erinnern mich an meine eigenen, die ich manchmal gerne vergessen würde; gleichzeitig fühle ich mich diesen Menschen verbunden, als wären nur jene fähig zu verstehen, was damals geschah, die Ähnliches erlebt haben. Für alle anderen ist diese Zeit zwar eine Epoche des Grauens und der Schrecken, aber sie bleibt ihnen doch auf gewisse Weise fern.

Als besonders unangenehm empfinde ich es, wenn manche Leute versuchen, jedes grausame Detail aus mir herauszuquetschen, und mich befragen, als ginge es nur um ein interessantes Erlebnis von mir und eine kriminalistische Beschreibung eines Verbrechens. Es hat etwas Sensationelles und Vojeuristisches, wenn mich die Fragenden – zwar mit Anteilnahme – dazu zu bringen versuchen, alle Einzelheiten zu beschreiben, und sich darauf stürzen, weil sie glauben, damit ein interessantes Interview zu bekommen. So zum Beispiel die Journalistin Edith Kohn, die inmitten ihres Interviews anfing, mich nach Treblinka zu befragen: Wo war das Lager? Wo waren die Gaskammern? Ich war selbst damals nicht in Treblinka und kenne es nur vom Hörensagen, aus Beschreibungen und, Jahrzehnte später, von kurzen Besuchen her.

Manchmal steht hinter solchen Fragen wirkliches Mitgefühl, aber auch dann fällt es mir schwer, darüber zu sprechen. Bei allem Verständnis für zumindest ernstgemeinte Anteilnahme merke ich doch, wie wenig Sensibilität die meisten Menschen für uns Überlebende aufbringen und wohl auch nur aufbringen können. So etwas ärgert mich und macht mich traurig zugleich.

DEBLIN WIRD JUDENFREI

Ende September/Anfang Oktober 1942 erfolgte die zweite Deportation und kurz danach die dritte und letzte. Danach gab es kein jüdisches Ghetto mehr in Deblin, und Juden hatten außerhalb des Arbeitslagers keine Chance mehr zu überleben. Während der zweiten Deportation kam es mitten in der Stadt zu einem regelrechten Massenmord: Das ganze Ghetto wurde von Soldaten der Luftwaffe umstellt, und auf jeden, der fliehen wollte, sofort geschossen. Im Ghetto selbst wütete die SS bzw. die Sicherheitspolizei. Es spielten sich unvorstellbare Szenen ab. Die Menschen versuchten verzweifelt, sich irgendwo zu verstecken, auf Dachböden, in Kellern, in Kästen und

Schränken, um dem Massaker und der Verschleppung zu entkommen. Doch es war sinnlos. Mit einer unglaublichen Brutalität wurde jeder Winkel des Ghettos durchsucht, und wer sich nicht freiwillig auf den Sammelplatz begeben hatte, wurde sofort erschossen. In wenigen Stunden wurden mehr als 300 Menschen ermordet und, wie ich 1984 erfahren habe, in ein Massengrab auf dem jüdischen Friedhof geworfen.

Ich rannte an diesem Oktobertag 1942 mit anderen in Richtung Lager, die Soldaten schossen hinter mir her, und ich weiß bis heute nicht, ob sie mich nicht trafen oder nicht treffen wollten. Ich habe mich nicht umgesehen und bin einfach nur gerannt und gerannt. Eigentlich wollte ich zu meinem Vater. Ich wußte, daß er sich Gott sei Dank nicht im Ghetto, sondern in der Zitadelle befand, wo er mit 300 anderen Juden arbeiten mußte. Anders als die Zwangsarbeiter im Lager waren die Arbeiter an der Zitadelle nicht kaserniert und gingen abends in das Ghetto zurück. Eine ähnliche Gruppe arbeitete auch in der Nähe des Bahnhofs.

Der einzige vorläufig sichere Platz war bloß das Arbeitslager. Dort lebten noch jene, die man für die Arbeit brauchte und die deshalb darauf hoffen konnten, nicht abtransportiert zu werden. Doch selbst diese Sicherheit war relativ, da bei der ersten Deportation nicht genügend Menschen zusammengetrieben worden waren und man noch eine Gruppe aus dem Lager dazuholte.

Um zur Zitadelle zu gelangen, mußte ich am Lager vorbei, wo eine große Gruppe verzweifelter Menschen versuchte, sich durch das Tor zu drängen, das von der jüdischen Polizei bewacht wurde. Wie durch einen Sog zog es mich plötzlich auch ins Lager. Aufhalten durfte man sich dort aber nur, wenn man eine Arbeitsbescheinigung hatte – ein Stück Papier, das zumindest vorläufig über Leben und Tod entschied. Ich und einige andere bekamen sofort für 200 Zloty von einem Volksdeutschen namens Wischniewski, dem Arbeitseinsatzleiter Fliegerhorst, eine Arbeitsbescheinigung für den Flughafen.

Vermittler zwischen Wischniewski und uns war übrigens Moses Gurfinkel, der den Krieg überlebte und sich später Marian Gorski nannte. Er rettete auf diese Weise mindestens 100 Menschen das Leben. Gurfinkel war mit einer Schwester meiner Schwägerin verheiratet. Er nahm nach den Krieg Kontakt zu in São Paulo lebenden Verwandten auf, die aber nichts von ihm wissen wollten: Man hatte ihnen gesagt, daß er mit den Nazis zusammengearbeitet hätte. Dabei bestand seine »Zusammenarbeit« aus nichts anderem als der Vermittlung von Arbeitsbescheinigungen, die damals Menschenleben gerettet haben.

Aber zurück. Ich hatte nun zwar eine Bestätigung, daß ich arbeiten und mich deshalb auch hier aufhalten durfte, aber ich machte mir große Sorgen um meinen Vater, denn der hatte keine Arbeitszuweisung. Und die Situation verschlimmerte sich, als man wenig später alle Arbeiter von der Zitadelle fortschickte. Jetzt arbeitslos zu sein, war gleichbedeutend mit einem Todesurteil. Es durfte kein Jude mehr im Ghetto sein, und ins Lager durften nur jene, die eine Bewilligung hatten. Jeder Jude, der außerhalb des Lagers entdeckt wurde und keine entsprechenden Papiere hatte, wurde sofort erschossen. Allerdings waren an diesem Abend keine Arbeitsbescheinigungen mehr zu bekommen.

Meinem Vater gelang es dennoch, ins Lager zu kommen. Er versteckte sich zunächst im Badehaus, einer Baracke, die außerhalb des Lagers untergebracht war. Als es dunkel wurde, näherte er sich vorsichtig dem Tor. Es gab zwar eine jüdische Polizei, die niemanden ohne Papiere ins Lager ließ, aber an diesem Abend hatte ein Polizist Wache, der entfernt mit uns verwandt war – er war der Bruder meiner jetzigen Schwiegermutter, einer Cousine meiner Mutter – und ihn hineinließ. Wir saßen auf meiner Pritsche und überlegten, was wir noch tun könnten. Wir sprachen lange miteinander, als wüßten wir, daß es vielleicht die letzte Möglichkeit war, zusammen zu sein.

Am Morgen mußte ich zum Appell antreten und zur Arbeit gehen. Mein Vater sollte zurückbleiben, und wir verabredeten, daß er so lange versuchen sollte, sich in der Badebaracke zu verstecken, bis ich eine Arbeitsbescheinigung für ihn besorgen konnte. Der jüdische, aus Wien stammende Bademeister Walter Apel hat damals vielen geholfen.

Vor dem Appell kam es plötzlich zu einem Streit zwischen meinem Vater und dem jüdischen Lagerleiter Hermann Wenkart. Wenkart gehörte zu den Wiener Juden, denen ich die Briefe mit Geldscheinen illegal aushändigte. Er hatte meinen Vater bemerkt, als dieser vom Lager in die Badebaracke wechseln wollte. Wenkart brüllte meinen Vater an und warf ihm vor, alle anderen Lagerinsassen zu gefährden, wenn er sich hier ohne Papiere aufhalte. Wenkart wußte natürlich, daß ich auch im Lager war, aber wen kümmerte es damals schon, ob ein Vater mit seinem Sohn zusammen war oder nicht. Jeder dachte nur an das eigene Überleben. Mein Vater versuchte sich zu verteidigen, daß er sich doch bloß noch eine Weile außerhalb des Lagers verstecken wollte, bis ich ihm die Arbeitsbewilligung besorgt hätte, doch Wenkart schrie herum und drohte, ihn auch mit diesem Papier nicht mehr ins Lager zu lassen. Alle seine Bemühungen, den tobenden Wenkart zu besänftigen, schlugen fehl.

Ich hatte inzwischen das Lager mit den anderen Arbeitern verlassen müssen und wollte meinem Vater die notwendige Bescheinigung durch einen jüdischen Polizisten, der den Kesselwagen mit dem Essen brachte, zukommen lassen. Wegen der Drohungen Wenkarts verließ mein Vater jedoch das Lager – ohne daß ich davon wußte – und schloß sich einer Gruppe von Arbeitern an, die bei der Zitadelle versuchten, eine Arbeitsbescheinigung für die Zitadelle zu bekommen und dort kaserniert zu werden.

Bis zum Mittag hatte ich die Arbeitsbescheinigung für meinen Vater besorgt, und wollte sie nun doch selbst ins Lager zurückbringen. Während ich ihn dort suchte, sah ich plötzlich, wie alle Arbeiter von der Zitadelle zum Abtransport vorbeigeführt wurden. Darunter mein Vater. Ich wollte zu ihm, doch die anderen, die um mich herumstanden, hielten mich zurück. Es war das letzte Mal, daß ich meinen Vater gesehen habe. Dieses Bild, wie er an mir vorbeigeht und ich bleibe zurück, dieses Bild hat mich seit damals nicht mehr losgelassen. Es hieß zwar noch, daß die ganze Gruppe zu einer Baustelle am Bahnhof gebracht würde – doch das waren vergebliche Hoffnungen.

Ich weiß heute, daß mich niemand hätte zurückhalten können, wenn ich ihm wirklich hätte folgen wollen. Es war meine eigene Entscheidung, zu bleiben und nicht mit ihm zu gehen, und es war rein logisch sicherlich der richtige Entschluß. Sonst wäre ich genauso ermordet worden wie er. Doch fertiggeworden bin ich damit bis heute nicht. Später erfuhr ich, daß die Gruppe zu Fuß nach Konskowola gehen mußte, einem kleinen Ort etwa 20 Kilometer von Deblin entfernt. Von dort wurden sie direkt nach Treblinka gebracht.

Wir wußten damals nicht, was Treblinka bedeutete. Einer der wenigen, denen die Flucht aus Treblinka gelang – ein Mann aus Deblin namens Hochberg (genau kann ich mich an den Namen nicht mehr erinnern) –, kam zusammen mit einem anderen Anfang 1943 ins Lager nach Deblin zurück. Sie blieben nur eine Nacht, dann versuchten sie weiterzufliehen. Er erzählte, was in diesem Vernichtungslager passierte, und nahm natürlich uns allen die Hoffnung, daß vielleicht doch einer unserer Angehörigen oder Freunde eine Chance gehabt hatte zu überleben. Er sagte: »Treblinkas gibt es viele. Der Zug kommt an, man muß sich entkleiden, ein paar Kräftige werden zur Seite genommen, und die anderen gehen sofort in die Gaskammer.« Da habe ich zum ersten Mal in meinem Leben das Wort »Gaskammer« gehört. Aber wir haben diesem Mann nicht geglaubt – wahrscheinlich, weil wir ihm nicht glauben wollten.

Er arbeitete bei den Verbrennungsöfen und konnte sich auch an einige Debliner erinnern, deren Leichen er beseitigen mußte. Meinen Vater sah er jedoch angeblich nicht. Nach seinen Erzählungen mußte ich allerdings annehmen, daß auch mein Vater nach Treblinka transportiert worden war. Er war einer der ganz wenigen, denen die Flucht aus Treblinka gelungen war.

1993 erschien ein Buch von Richard Glazar über Treblinka, *Die Falle mit dem grünen Zaun*. Einer der 56 Überlebenden von Treblinka beschreibt dort die Geschichte des Lagers und erwähnt an einer Stelle, daß im Oktober 1942 ein Transport aus Deblin eintraf, in dem sich auch ein Mann namens Zelomir Bloch befand, der aus dem slowakischen Presov stammte, aber mit dem Transport aus Deblin kam. Der Autor wunderte sich darüber, wieso ein Jude aus Presov sich in einem Transport aus Deblin befand.

Ich habe später diesen Mann besucht, der aus Tschechien stammt und seine Erlebnisse gleich nach 1945 aufgeschrieben hatte. Ich konnte ihm erzählen, daß eine ganze Gruppe Juden aus Presov ins Debliner Ghetto deportiert worden war. In seinem Buch beschreibt Glazar auch die Flucht der beiden Männer, die uns damals von Treblinka erzählt hatten. Während Mithäftlinge die SS-Wachen ablenkten, konnten zwei von ihnen sich in einem der Waggons zwischen den Kleidungsstücken verstecken. Aus Treblinka wurden die Kleidungsstücke verpackt abtransportiert. Der Autor versicherte mir, daß dies die einzige derartige Flucht aus Treblinka war, von der man weiß. Dieser Mann war in dem Transport, in dem auch mein Vater war. Das ist für mich eine indirekte Bestätigung, daß mein Vater dort ermordet wurde.

Treblinka blieb durch den Verlust meines Vaters bis heute das eigentliche Symbol des Schreckens für mich. Erst 1989, mit 62 Jahren, bin ich zum ersten Mal hingefahren. In den Jahren zuvor hatte ich viele Konzentrationslager besucht, manche sogar mehrere Male. Treblinka konnte oder wollte ich, bewußt oder unbewußt, nicht besuchen. Der Gedanke, den Ort zu sehen, an dem mein Vater ermordet wurde, war mir unerträglich. Ich mußte mich dann regelrecht zwingen, denn ich hielt es für meine Pflicht, Treblinka aufzusuchen.

In Treblinka selbst war dann eigentlich nichts zu sehen. Die Nazis hatten alles abgerissen, sogar die Bahngleise waren verschwunden. In nur zehn bis zwölf Monaten waren dort fast 800.000 Menschen ermordet worden. Es bleibt bis heute unvorstellbar. Mich haben damals zwei Kollegen aus dem Zentralrat begleitet. Ich wollte jedoch alleine sein, und sie verstanden mich auch. Sie blieben zurück, und ich ging mit schweren Schritten über das Gelände des ehemaligen Vernichtungslagers. Damals begriff ich auch, wie harmlos meine eigenen Erlebnisse im Lager waren im Vergleich zu dem, was mein Vater hier durchgemacht hatte. Den Vater zu verlieren ist eine der normalsten Situationen im Leben eines Menschen, auch wenn sie noch so traurig ist. Doch mich an dem Ort zu befinden, wo ich ihn verloren habe, und zu wissen, wodurch ich ihn verloren habe, das war fast mehr, als ich ertragen konnte. Seit dieser Reise nach Treblinka spreche ich mit weniger Emotionen über meine eigene Vergangenheit. Gern tue ich es immer noch nicht.

Hermann Wenkart, den Mann, der meinen Vater aus dem Lager vertrieben hatte, traf ich zwanzig Jahre später in Frankfurt wieder. Ich versuchte ihm aus dem Weg zu gehen und vermied jeden Kontakt. Andererseits: Was sollte ich ihm vorwerfen? Er war selbst in einer schwierigen Lage, und wem konnte man schon zur Last legen, daß er einfach nur überleben wollte. Dennoch konnte ich meine Gefühle ihm gegenüber nicht kontrollieren. Er versuchte dann 1965 in den Gemeinderat der Jüdischen Gemeinde in Frankfurt gewählt zu werden; er kam eines Tages mit einem Papier zu mir und sagte, er hätte schon 300 Unterschriften für eine Liste gesammelt, die er und ich anführen sollten. Ich antwortete ihm, daß ich keinesfalls mit ihm zusammen kandidieren würde, was er doch wohl verstehen müßte. Danach versuchte er es allein und wurde gewählt. Bei der nächsten Wahl, zwei Jahre später, wollte ich das verhindern. Ich schrieb an alle Gemeindemitglieder einen Brief und bat sie zu verhindern, daß jemand, der drei Jahre Lagerkommandant war, als Vertreter der Juden in Frankfurt aufträte. Ich meinte, daß solche Leute nicht wieder das Judentum vertreten sollten. Fast alle Überlebenden aus Deblin, egal wo sie lebten, haben diesen Brief unterschrieben, und Wenkart wurde nicht wieder gewählt. Er hat sich immer damit gerühmt, vielen das

Leben gerettet zu haben. Das stimmt wahrscheinlich auch, aber es war die Willkür dieses Mannes, die mich erschreckte. Er führte sich in Deblin als der König des Lagers auf, und es war nicht seine Menschlichkeit oder sein korrektes Verhalten, das einigen das Leben rettete, sondern der reine Zufall.

Dazwischen hatte ich in Frankfurt eine Auseinandersetzung mit ihm, als er mich bei irgendeiner Gelegenheit anfuhr, ich solle mit ihm anders umgehen, er könne schließlich mein Vater sein. Das war mir dann doch zuviel, und ich schrie ihn an, daß ich so jemanden wie ihn nie als Vater hätte haben wollen und er außerdem meinen Vater auf dem Gewissen habe. Er hat mich daraufhin verklagt, aber die Klage später wieder zurückgenommen.

Die nächsten Monate im Lager in Deblin verliefen relativ ruhig. Ich war 16 Jahre alt und der letzte Überlebende unserer Familie. Es gab niemanden mehr, um den ich mich hätte kümmern können, und auch niemanden, der sich um mich gesorgt hätte. Aus meiner Verwandtschaft lebten noch mein Onkel Leib Bronspiegel, ein Bruder meiner Mutter, mit seiner Frau und drei Söhnen im Lager, seine zwei Töchter waren nach Sobibor deportiert worden und kamen dort um. Auch eine entfernte Cousine von mir, Ester Tennenbaum, geborene Spiro, lebte noch im Lager, und sie hatte da ein Kind zur Welt gebracht. Dieser Junge, Jacques, wurde versteckt und überlebte. Er wohnt heute in Paris. Ein solcher Fall ist sehr selten, wenn nicht überhaupt einmalig.

Wir waren fast so etwas wie ein »vergessenes Lager«. Wenn ich heute darüber nachdenke, dann lebten wir dort, in den Baracken in der Nähe des Fliegerhorstes in Deblin, fast wie in einem Schindler-Lager. Zwar mußten wir täglich zur Arbeit, aber niemand verhungerte und keiner erfror. Der Fliegerhorstkommandant – er hieß Hönig oder so ähnlich –, muß ähnlich gedacht haben wie Schindler, denn es gab mehrere Fälle, in denen er sich als außergewöhnlich milde erwies.

Zehn Häftlinge hatten zum Beispiel Waffen aus mehreren Flugzeugen gestohlen und flüchteten zu den Partisanen in die Wälder. Hönig meldete sie daraufhin alle als verstorben. Hätte er in seinem Bericht vermerkt, daß zehn Juden ein halbes Flugzeug demontiert hätten, dann wäre das ganze Lager geräumt und alle Insassen erschossen worden. Mit Sicherheit wäre er auch schwer bestraft worden.

In einem anderen Fall gab es sogar einmal eine Belohnung für zwei Häftlinge. Am Rande des Flugplatzes stürzte eines Tages ein Flugzeug ab. Die beiden Häftlinge rannten von ihrer Arbeitsstelle aus sofort zu dem brennenden Wrack und zogen die Offiziere heraus, kurz bevor das Flugzeug explodierte. Sie bekamen dafür eine Sonderration Lebensmittel. Mehr war das Leben der Offiziere anscheinend nicht wert. Die beiden Häftlinge, die den Offizieren das Leben gerettet hatten, waren später dann unter den zehn, die mit den gestohlenen Waffen aus dem Lager flüchteten. Die meisten der Geflüchteten haben nicht überlebt.

Wir hatten auch großes Glück mit unseren Bewachern. Einer von ihnen, ein deutscher Luftwaffen-Unteroffizier namens Kattingel oder Kattinger, hatte trotz der scharfen Gesetze gegen die Rassenschande eine jüdische Freundin, eine bildhübsche Frau. Wenn nicht gerade eine Inspektion angesagt war, lebte sie ständig bei ihm. Er benahm sich uns gegenüber nicht wie die typischen SS-Schergen, und er war vielleicht nicht einmal ein Nationalsozialist.

Später wurde er von einem Mann namens Duse abgelöst, der ständig betrunken war. Wir waren alle ein wenig verwöhnt von seinem Vorgänger, aber es stellte sich bald heraus, daß auch Duse verhältnismäßig umgänglich war. Manchmal beteiligte er sich sogar an unseren Spielen im Lager. Eines dieser Spiele bestand darin, daß einer die Hände nach hinten ausstreckte, während ihm ein anderer die Augen zuhielt. Dann schlug ihm ein dritter auf die Handflächen, und er mußte erraten, wer es gewesen war. Duse sah uns zu, als wir einmal dieses Spiel spielten, und lachte. Dann wollte er auch mitmachen. Er stellte sich hin, streckte die Hände nach hinten, und einer von uns hielt ihm die Augen zu. Ein anderer ging hin, zog seinen Schuh aus und schlug richtig zu. Duse drehte sich langsam um, und wir dachten, jetzt sei unser Ende gekommen. Doch er deutete nur auf einen und sagte: »Das kannst nur du gewesen sein.« Er hatte recht.

Duse und Kattingel haben sich relativ fair verhalten. Wenn man bedenkt, welche Macht sie über uns Häftlinge hatten, ist es ihnen hoch anzurechnen, daß sie diese Macht nicht ausnutzten. Sie verteilten bestenfalls ein paar Ohrfeigen, aber verprügelten nie jemanden. Wenn es eine Razzia gab, waren Kattingel oder Duse zwar immer dabei, sie beteiligten sich jedoch nicht daran.

Nicht nur, daß ich den beiden dankbar bin für ihr Verhalten – sie haben auch bewiesen, wie sehr es die persönliche Entscheidung jedes einzelnen war, sich wie ein Mensch oder wie ein Tier zu benehmen. Trotz des nationalsozialistischen Programms der Judenvernichtung und aller dazugehörigen grausamen Maßnahmen gegen Juden gab es doch weder einen Befehlszwang noch detaillierte Anweisungen von oben, wie und ob man die Menschen drangsalieren und quälen sollte, bevor man sie umbrachte. Es waren vielmehr die einzelnen Soldaten und Mitglieder der Wachmannschaften, die entweder versuchten, die Häftlinge menschlich zu behandeln, oder Spaß und Vergnügen daran fanden, zu morden, zu quälen und den Menschen nicht nur das Leben, sondern auch ihre Würde zu nehmen.

Tagtäglich kam es zu Situationen, in denen es Zufall war, ob man mit dem Leben davonkam oder nicht. Einmal wurde zum Beispiel eine Razzia durchgeführt, bei der nach Geld gesucht wurde. Es war den Juden unter Todesandrohung verboten, Geld zu besitzen. Trotzdem gingen viele dieses Risiko ein, denn nur mit Geld hatte man eine Chance, sich zusätzliche Lebensmittel zu besorgen. Ich gehörte nicht zu denjenigen, die Geld hatten. Bei dieser Razzia fand man bei Jakob Feith, einem Juden aus dem slowakischen Presov, ein paar Münzen. Er wurde sofort gehängt. Danach wurde nicht mehr weitergesucht, obwohl jeder genau wußte, daß man auch bei anderen Häftlingen wahrscheinlich noch Geld gefunden hätte. So war das Leben damals – der Tod des einen für die anderen die Rettung.

Mit dem Stehlen war es ähnlich wie mit dem Besitz von Geld. Es war manchmal notwendig, um zu überleben. Wir stahlen auf dem Fliegerhorst immer wieder Strohsäcke, um uns daraus Kleidungsstücke zu machen. Ein Halbblinder hätte erkannt, daß ein Teil der Kleidung, die wir Lagerinsassen trugen, aus gestohlenen Strohsäcken hergestellt war, doch keiner sagte etwas. Bis eines Tages zwei Häftlinge beim Stehlen auf dem Fliegerhorst erwischt wurden. Man sperrte sie erst dort ein und brachte sie später ins Lager. Dort erhängte man sie und ließ sie zur Abschreckung zwei Tage lang hängen. Die meisten Toten wurden direkt im Lager begraben, und wir versuchten zumeist, sie nach jüdischem Brauch zu ehren.

Dennoch darf man sich nicht vorstellen, daß die Gefangenen im Lager nur noch stumm ihren Tod erwartet hätten. Unsere große Hoffnung war das Näherrücken der Front, und es gab kaum ein anderes Gesprächsthema als den Kriegsverlauf. Da ich als einer der wenigen aus Deutschland stammte und auch »zwischen den Zeilen« etwas herauslesen konnte, versuchten wir so oft wie möglich, deutsche Zeitungen zu organisieren. Abends saßen wir zusammen und lasen Wort für Wort, in der Hoffnung, aus den Propagandatexten etwas über den tatsächlichen Kriegsverlauf zu erfahren. Meistens fanden wir alte Nummern des *Völkischen Beobachters* auf dem Flughafen, die wir sorgfältig studierten; in der Wochenzeitung *Das Reich* lasen wir vor allem den wöchentlichen Kommentar von Goebbels zur politischen Lage. Wenn dort Worte wie »erfolgreicher Rückzug« standen, machte uns das ganz glücklich, da wir genau wußten, was darunter zu verstehen war.

Zu meinen wenigen Freunden – wenn es so etwas überhaupt im Lager gab – gehörten Vater und Sohn Rozenfeld, die einst in Frankfurt in der Max-Eyth-Straße gewohnt hatten. Der Vater, Abraham Rozenfeld, war ein Schachgenie und wußte Tausende von Partien auswendig. Er war außer mir der einzige, der die gotische Schrift des *Völkischen Beobachters* lesen konnte. Mit seinem Sohn Nathan besuchte ich dieselbe Schule.

Wenn die Rozenfelds und ich abends auf der Pritsche saßen und über die politische Lage diskutierten, hatten wir immer ein paar Zuhörer. Obwohl ich erst 16 Jahre alt war und Vater Rozenfeld schon ein älterer Herr, entspann sich immer eine lebhafte Diskussion über ein und dasselbe Thema: Wo ist die Front, und wie lange dauert es noch, bis die Rote Armee Deblin erreicht? Daß der Krieg für die deutschen Truppen verloren war, wollten wir gerne glauben, denn das war unsere einzige Hoffnung. Nur Vater Rozenfeld war immer Pessimist.

Im Juni 1944 konnte man an manchen Tagen schon aus der Entfernung die Kanonen hören. Das Lager befand sich nicht weit von der Weichsel, und wir rechneten jeden Tag damit, daß die Rote Armee den Fluß erreichen würde. Doch kurz bevor die Rote Armee dann wirklich Deblin erreichte, wurden wir Lagerhäftlinge in zwei Transporten nach Czestochowa gebracht, das etwa 150 Kilometer westlich von Deblin liegt.

Die zweite Deportation, zu der außer mir zufälligerweise auch meine zukünftige Frau und ihre Familie gehörten, erfolgte nur drei Tage vor dem Eintreffen der Roten Armee. Wir wußten damals alle, wie nahe die Russen waren, und viele versuchten zu fliehen. Die wenigen, denen es gelang, wurden meist entweder von Deutschen oder von den Polen, sei es der Landbevölkerung oder Teilen der Heimatarmee erschossen oder an die Deutschen ausgeliefert.

In diesen letzten Wochen schien es, als wollten die deutschen Besatzer, wenn sie schon den Krieg gegen die alliierten Armeen verloren hatten, wenigstens den gegen die Juden zu Ende führen. Die meisten Juden, die zunächst von Deblin nach Czestochowa überführt wurden, kamen später ums Leben. Wiederum wenige Tage vor einer möglichen Befreiung wurden sie deportiert: Die meisten kamen nach Bergen-Belsen, Buchenwald bzw. Mittelbau Dora, und nur wenige von ihnen überlebten.

KAPITEL 3

HUNGRIG NACH LEBEN

CZESTOCHOWA

In Czestochowa, dem damaligen Tschenstochau, gab es mehrere Arbeitslager. Die Stadt war längst »judenrein«, das Ghetto liquidiert, und kaum einer der 30.000 Juden, die einst in der Stadt gelebt hatten, war noch am Leben.

Die 16 Kinder, die mit dem ersten Transport aus Deblin ankamen, wurden sofort ausgesondert. Keines überlebte. Erst einige aus dem zweiten Transport durften nach langen Verhandlungen und der Bestechung des Lagerleiters Bartenschlager im Lager bleiben. Der damalige Chef der jüdischen Lagerpolizei, Juda Frenkel, spielte eine hilfreiche Rolle.

Die Ankömmlinge wurden auf die verschiedenen Lager verteilt, und ich kam mit den beiden Rozenfelds in das Warta-Werk, eine Munitionsfabrik. Dort habe ich von morgens bis abends an einer sogenannten Bördelmaschine gearbeitet, mit der Kugeln für Karabiner hergestellt wurden. Das Arbeitslager in Czestochowa war nicht mit dem in Deblin zu vergleichen, und wir merkten bald, wie relativ gut es uns zuvor ergangen war. Wir bekamen zwar nicht weniger zu essen als in Deblin, doch viele Häftlinge litten unter schwerer Gelbsucht, die durch die Arbeit mit dem Munitionspulver hervorgerufen wurde. Es gab keinerlei Schutzvorkehrungen, und das ständig eingeatmete Pulver setzte sich in Lunge und Leber fest.

Auch in Czestochowa bewachte eine jüdische Polizei das Lager, aber nur im Inneren. Von außen war das Lager mit Wachtürmen umstellt, auf denen hauptsächlich ukrainische SS-Freiwillige Dienst taten. Sie nutzten jede Gelegenheit, um Schläge auszuteilen oder einen Häftling halbtot zu prügeln. Es gab auch die offizielle Prügelstrafe, oft 25 Schläge oder mehr.

Der Leiter der jüdischen Polizei war ein Mann namens Juda Frenkel; er lebt heute in Israel. Seine Hände sind nach außen verdreht: Die SS-Leute hatten ihn acht Stunden an den Händen aufgehängt, weil er niemanden verraten wollte, als ein Diebstahl entdeckt wurde. Hätte er einen Namen genannt, wäre derjenige sofort erschossen worden. Frenkel sagte nichts und blieb dennoch Polizeikommandant. Auch solche Menschen gab es unter den Kapos.

Gingen wir in Deblin, nur von der jüdischen Polizei bewacht, jeden Morgen etwa einen Kilometer zu Fuß zur Arbeit und zurück, wobei wir Polen begegneten und auch Meinungen und Nachrichten austauschen konnten, so war Vergleichbares in Czestochowa nicht möglich. Auch bei der Arbeit selbst kamen wir in Deblin mit nichtjüdischen Arbeitern zusammen, Deutschen wie Polen oder auch Russen, und es gab manchmal so etwas wie menschliche Kommunikation. In Czestochowa hingegen waren, mit Ausnahme der deutschen Kapos, die Häftlinge unter sich.

Mir gelang es in Czestochowa, mich völlig unauffällig zu verhalten. Ich arbeitete von morgens bis abends zunächst im Transport, später an einer Bördelmaschine. Ich hatte nur ein Ziel: ja nicht aufzufallen. Außer ein paar Ohrfeigen, die ich erhielt, weil ich zu lange auf der Toilette blieb, ist mir nichts geschehen.

Wir warteten und warteten jeden Tag, jede Nacht, wann endlich die Rote Armee das Lager befreien würde. Die größte Angst hatten wir davor, daß es noch gelingen würde, auch dieses Lager zu deportieren. Und so kam es auch. In den ersten Tagen des Jahres 1945 begannen die Wachmannschaften, kleine Gruppen von Häftlingen zu deportieren. Am 15. Januar wurde eine größere Gruppe abtransportiert, und am 16. Januar sollte der Rest folgen.

Erst viel später erfuhr ich, wie es jenen ergangen ist, die das Lager am 14., 15. und am Morgen des 16. Januar mit einem Teil der Wachmannschaften hatten verlassen müssen: Von den aus Czestochowa am 14. Januar 1945 Deportierten kamen die Männer nach Buchenwald und Mittelbau Dora, die Frauen nach Bergen-Belsen und Ravensbrück. Für viele war dies noch nicht einmal die Endstation. Von Bergen-Belsen wurden sie quer durch das Reich, zum Teil in Fußmärschen, Richtung Österreich geschickt. Die meisten dieser Deportierten, darunter viele meiner Freunde, Bekannten und entfernten Verwandten, haben diese Transporte nicht überlebt – soweit sie nicht gleich in die Vernichtungslager kamen.

Mein späterer Schwiegervater und mein späterer Schwager waren unter den Häftlingen, die in der letzten Minute, am Morgen des 15. Januar, fortgeschafft wurden. Beide kamen nach Buchenwald und mußten noch schreckliche Qualen erleiden, bevor sie befreit wurden. Für meinen Schwiegervater kam jedoch die Befreiung zu spät. Er starb drei Wochen später. Er konnte keine Nahrung mehr zu sich nehmen. Zuvor hatte er Teile seiner Essensrationen gegen Zigaretten eingetauscht.

Ida Rosenmann, meine spätere Frau, und ihre Mutter wurden von Czestochowa nach Bergen-Belsen deportiert, von dort mit dem Zug in Viehwaggons weitertransportiert und mußten dann zu Fuß über Burgau zunächst nach Türkheim marschieren. Dort wurden sie getrennt, und dort ist meine spätere Schwiegermutter auch befreit worden. Für Ida war der Marsch damit noch nicht zu Ende: Sie mußte noch bis nach Dachau laufen, wo sie dann am 29. April in Freiheit kam. Meine spätere Schwägerin blieb wie ich in Czestochowa zurück, und wir wurden beide dort befreit.

Das alles geschah zwischen Januar und Mai 1945, als Deutschland bereits zerbombt und militärisch am Ende war. Während Kinder militärisch unausgebildet als letzte Reserve an die Fronten und damit meistens in den sicheren Tod geschickt wurden, gab es genügend ausgebildete SS-Bewacher, um sie für die Juden-Transporte in die Vernichtungslager einzusetzen.

Für die Rozenfelds nahm das Schicksal einen bitteren Lauf. Beide kamen im Juni 1944 mit mir in das Arbeitslager der Hasag-Werke nach Czestochowa. Ich und Vater Rozenfeld arbeiteten draußen beim Transport, Nathan Rozenfeld im Fabrikgebäude an der Bördelmaschine. Im Herbst, als es anfing, kalt zu werden, bot mir ein Mithäftling namens Prajs, der ebenfalls an der Bördelmaschine arbeitete, einen Tausch an – ein Angebot, das ihm ein halbes Brot wert war. Er wollte lieber zum Transport, weil das die leichtere und weniger stupide Arbeit war, und draußen arbeiten, während ich lieber drinnen arbeiten wollte, weil ich weder einen Mantel noch andere warme Kleidung besaß. So kam ich in die Gruppe, in der Nathan Rozenfeld arbeitete.

Als am 14. Januar 1945 feststand, daß die Gruppe beim Transport, in der Abraham Rozenfeld und Prajs arbeiteten, deportiert werden würde, während Nathan Rozenfeld und ich zunächst im Lager bleiben konnten, wollte der Sohn mit jemandem aus der Transportgruppe tauschen, um mit dem Vater zusammen deportiert zu werden. In der Nacht vom 14. zum 15. Januar habe ich versucht, die beiden Rozenfelds zu überzeugen, daß doch Nathan noch bleiben möge und der Vater alleine deportiert werden solle. Mein Überredungseifer rührte vermutlich daher, daß ich sehr wohl wußte, nur deshalb noch am Leben zu sein, weil ich damals in Deblin meinem Vater nicht gefolgt war – und ganz unterbewußt wollte ich jetzt wohl Nathan retten. Möglicherweise hat auch mein schlechtes Gewissen gegenüber meinem deportierten Vater in meinem Unterbewußtsein eine Rolle gespielt, und ich suchte nach jemandem, der sich ähnlich verhielt. Aber beide blieben bei ihrem Entschluß. Am 15. Januar, morgens um 6 Uhr, wurden unter anderem Prajs, Vater und Sohn Rozenfeld sowie viele Freunde deportiert, die schon mit mir zusammen in Deblin im Lager gewesen waren. Aus einer Transportliste, die ich kürzlich von der Gedenkstätte Buchenwald erhalten habe, geht hervor, daß Vater und Sohn Rozenfeld am 23. Januar in Buchenwald angekommen sind.

Abraham überlebte, Nathan nicht. Der Vater konnte das nicht verwinden, er beging im Sommer 1945 Selbstmord. Er fühlte sich schuldig am Tod seines Sohnes, weil er darauf bestanden hatte, daß Nathan mit ihm komme. Dabei war es nichts anderes als väterliche Fürsorge, die ihn bewog, seinen noch nicht 18jährigen Sohn damals nicht alleine zurückzulassen.

BEFREIUNG

Am 16. Januar 1945 wurde das Lager von der Roten Armee befreit. Schon in der Nacht davor hörten wir wieder Geschützdonner im Osten, und wir wußten, daß die Gefechte diesmal nicht mehr weit entfernt sein konnten – die Rote Armee stand vor den Toren der Stadt. Am Morgen des 16. Januar sollten die noch im Lager verbliebenen Häftlinge zum Abtransport antreten. Gegen 5 Uhr morgens kamen die SS-Wachen in die Schlafbaracken und trieben die Leute zum Appell. Während die meisten den Befehlen folgten und hinaus auf den Appellplatz gingen, versteckte ich mich unter den Strohsäcken und blieb einfach liegen. Viele taten das gleiche. Die Wachen waren so nervös, daß sie kaum nachschauten, sie entdeckten mich jedenfalls nicht.

Ich blieb etwa eine Stunde lang liegen und rührte mich nicht. Dann stand ich auf und ging hinaus. Es war niemand mehr da, weder die Häftlinge noch die Wachmannschaften. Der Krieg war für mich zu Ende, ich hatte ihn überlebt.

An jenem Morgen am 16. Januar 1945 lag eine fast unheimliche Stille über dem Lager. Kein Gebrüll, keine Schreie, keine Schüsse, keine Lautsprecher mehr. Nach und nach tauchten weitere Häftlinge auf, die sich ebenfalls versteckt hatten. Fünf von ihnen kannte ich. Wir sechs standen auf dem Appellplatz und sahen auf die leeren Wachtürme. Dann fingen wir an zu laufen. Wir rannten und rannten immer weiter Richtung Osten, weil wir glaubten, daß von dort die Russen kommen würden.

Kaum waren wir aus der Stadt, sahen wir den ersten Panzer. Es war wirklich ein russischer Panzer. Wir umarmten einander, während die Soldaten etwas verwundert über unsere Freude waren und sich nicht weiter um uns kümmerten. Sie fuhren einfach weiter, und wir standen alleine auf der Straße.

Nach diesen ersten Minuten der Freude überkam mich eine merkwürdige Einsamkeit. Ich stand mitten auf einer Straße, in Lumpen gehüllt, abgemagert, in Holzschuhen ohne Socken. Wohin sollte ich gehen? Woher sollte ich zu essen bekommen? Wo sollte ich schlafen? Nach diesen vielen Jahren, in denen mir jede Entscheidung abgenommen worden, Tag und Nacht organisiert und eingeteilt war, mußte ich plötzlich für mich selbst eine Wahl treffen.

Ich hatte im Lager mit Hunderten von Menschen zusammengelebt, von denen ich jeden zweiten kannte. Auch wenn es jeden Tag ums nackte Überleben ging und der Tod etwas Alltägliches bekam, gab es dort doch wenigstens eine lauwarme Suppe, ein Stück Brot, ein bißchen Marmelade, ein paar tröstende Worte von einem Freund, eine Hoffnung, einen Traum. Es mag vielleicht fast pervers klingen, aber es gab sogar so etwas wie, wenn auch unsichere, Sicherheit, solange wir im Lager waren. Nun gab es nichts mehr. Nur noch die totale Freiheit, die uns in den ersten Stunden völlig überforderte.

In diesem Augenblick quälten mich zum ersten Mal nach langer Zeit die Erinnerungen an meinen Vater. Das Bewußtsein, alleine auf dieser Welt zu sein, als einziger überlebt zu haben, war nicht einfach zu ertragen. Und plötzlich konnte ich auch wieder weinen, was ich mir in all den Jahren zuvor verboten hatte. Ich hatte mich vor jedem emotionalen Ausbruch geschützt, meine Gefühle wollte ich für mich behalten, tief vergraben in mir, um dem Feind ja keinen Zugriff zu erlauben. Sie, die sie mich behandelten wie ein Stück Vieh, sollten mich nicht leiden sehen, sollten keine Tränen sehen und sollten meine Angst nicht sehen. Diesen Gefallen wollte ich ihnen nicht tun.

Da standen wir nun alleine auf der Straße außerhalb von Czestochowa und hatten eigentlich nur einen Gedanken: Vielleicht ist irgend jemand von der Familie noch am Leben? Ich wollte zurück nach Deblin und hoffte, vielleicht den Bruder meiner Mutter, meinen Onkel Leib, zu finden oder irgendeinen anderen Verwandten. Ich hoffte, ohne es zu glauben, daß mein Bruder Jakob mit seiner Frau und Tochter und auch meine Schwester Hadassa vielleicht überlebt hätten. Wir liefen weiter in Richtung Osten und folgten den Straßenschildern nach Radom, das etwa 100 Kilometer östlich von Czestochowa liegt, auf dem Weg nach Deblin, und ich dachte mir: Wenn du erst einmal in Radom bist, findest du auch nach Deblin.

Wir übernachteten bei einem Bauern. Am nächsten Tag hatten wir Fahrräder. Ich kann heute nicht mehr sagen, ob wir sie gestohlen haben oder der Bauer sie uns freiwillig überlassen hat. Wir hatten weder Geld noch etwas zum Tauschen, und wir blieben auch nicht lange genug, um für die Fahrräder zu arbeiten. Jedenfalls kamen wir jetzt viel schneller voran.

Auf dem Weg nach Radom hörten wir, daß es in Lublin eine provisorische polnische Regierung gab. Wir änderten daraufhin unseren Plan und radelten über Radom direkt weiter nach Lublin. Dort sammelten sich Tausende von Juden, die aus den Lagern befreit worden waren, sich in Wäldern versteckt oder den Partisanen angeschlossen hatten. Alles bewegte sich in Richtung Lublin. Es gab dort ein Komitee amerikanischer Hilfsorganisationen, das Suppen und andere Verpflegung an die Überlebenden ausgab.

Wir sechs ließen uns registrieren und bekamen alle zusammen ein Zimmer in einer Wohnung zugewiesen. Wir lebten auf engstem Raum in einem Zimmer, aber wir waren frei. Und langsam gewöhnte man sich an diese Freiheit und begann wieder, wie ein freier Mensch zu denken und zu handeln.

Ich versuchte schon in Lublin herauszufinden, ob meine Schwester Hadassa und mein Bruder Jakob, seine Frau Dina und Tochter Rachel bzw. mein Vater registriert waren. Das Gebiet in der Sowjetunion, wohin sie geflüchtet waren, war schon im Sommer 1944 von der Roten Armee zurückerobert worden, und wenn sie noch am Leben gewesen wären, hätte ich sie finden müssen. Doch so sehr ich mich auch bemühte, wo ich auch suchte, es gab keine Spuren von ihnen.

Vom Roten Kreuz aus der Sowjetunion, wo ich auch nach dem Bruder David meines Vaters suchte, der im ukrainischen Krementschuk gelebt hatte, erhielt ich keine Antwort. Bis 1936 hatte mein Vater mit ihm in brieflichem Kontakt gestanden. Als die Säuberungen in der Sowjetunion begannen, hörten wir nichts mehr von ihm. Damit stand fest, daß er – sei es durch die Sowjets, sei es durch die Nazis – umgebracht worden war, denn auch Krementschuk hatte zum besetzten Teil der Sowjetunion gehört. Es ist nicht anzunehmen, daß David eines natürlichen Todes gestorben ist.

KEIN ENDE DER MORDE

In diesen ersten Monaten nach der Befreiung ereigneten sich in Polen die bis dahin vielleicht grausamsten Verbrechen an Juden der ganzen Nachkriegszeit. Der Haß vieler Polen auf die Juden war mit dem Rückzug der deutschen Truppen nicht geringer geworden. Auch nach dem Einmarsch der Roten Armee glaubten manche Polen offenbar, immer noch einen Freibrief zum Morden zu haben. Viele Überlebende, die die schlimmsten Jahre in den Lagern überstanden hatten, wurden nun in Freiheit von Polen ermordet. Das Vorhaben der Deutschen, ganz Europa »judenfrei« zu machen, wurde nach ihrem Abzug aus Polen dort von manchen Polen weitergeführt.

Ich hatte schon das Schicksal der Familie Luxemburg in Deblin erwähnt. Dies war keinesweges ein Einzelfall. Die Anzahl der nach dem Krieg in Polen ermordeten Juden wird auf 2.000 geschätzt. In Krakau wurden im Mai 1945 aus den Konzentrationslagern zurückkehrende Juden erschlagen, weil sie ihre Wohnungen wieder betreten wollten. Pogrome fanden in Parzewo, Czestochowa, Radom und anderen Städten statt. Ultranationalistische Banden griffen Züge mit 1945 aus der Sowjetunion repartriierten Juden an und töteten dabei

200 Menschen. Sie ermordeten in den beiden Nachkriegsjahren auch Polen, die Juden während des Krieges versteckt hatten.

Grausamer Höhepunkt dieser Nachkriegsmorde war das Massaker von Kielce am 4. Juli 1946. Ein kleiner Junge war verschwunden und behauptete nach seiner Rückkehr, er sei von Juden festgehalten worden. Daraufhin sammelte sich eine tobende Menschenmenge vor dem Haus der Jüdischen Gemeinde. Obwohl inzwischen feststand, daß sich der Junge nur im Nachbardorf bei seinen Verwandten aufgehalten hatte, stürmte die Menge das Gemeindehaus und erschoß den Vorsitzenden. Innerhalb weniger Stunden wurden 42 Juden in Kielce ermordet, darunter mehrere Kinder, eine Gruppe von Jugendlichen, die gerade nach Palästina aufgebrochen war und zwei Männer, die als Offiziere in der polnischen Armee gegen die Deutschen gekämpft hatten. In den Wochen nach dem Massaker von Kielce verließen etwa 150.000 Juden Polen. Ein Überlebender von Kielce, der selbst nur durch Zufall dem Tod entkam, ist Moritz Gertler. Er lebt heute in Frankfurt und war mehrere Jahre mein Kollege im Vorstand der Jüdischen Gemeinde in Frankfurt. 1966 war er die treibende Kraft zur Errichtung der jüdischen Schule. Aber nicht nur deshalb verbindet uns eine enge Freundschaft.

EIN LEBEN IN FREIHEIT

Meine Versuche, in Lublin Informationen über meine Geschwister und meinen Vater zu bekommen, blieben ohne Erfolg. In der ganzen Stadt wurde über nichts anderes als über vermißte Verwandte und Freunde gesprochen. Jeder fragte jeden, ob er nicht vielleicht den Bruder, die Freundin, die Mutter, den Vater, den Ehemann oder den vermißten Sohn gesehen hätte. Menschen fielen sich in die Arme, die nicht mehr an ein Überleben des anderen geglaubt hatten. Anderen wurde jede Hoffnung genommen, weil der Tod eines Angehörigen oder Freundes seine Bestätigung fand.

Ich fand nur noch meinen Onkel Leib Bronspiegel. Er war ein Bruder meiner Mutter – der einzige ihrer vier Geschwister, der überlebt hatte. Mitsamt einiger meiner Freunde aus dem Lager brach ich mit ihm und seiner Familie nach Lodz auf, wo ich vorerst blieb, während mein Onkel nach Berlin weiterzog. In Lublin hatten wir ein wenig Geld und etwas zu essen bekommen, doch jetzt mußten wir versuchen, selbst auf die Beine zu kommen. Ich war inzwischen 18 Jahre alt und, von den Jahren im Lager geprägt, viel erwachsener als jeder 18jährige heute.

In Lodz begannen wir zunächst, mit Pferden zu handeln. Ich bot den Russen Wodka an, und sie gaben mir dafür ihre Militärpferde. Die Pferde tauschte ich wiederum bei den Bauern gegen Lebensmittel ein. So hatten wir genug zu essen und verdienten nebenbei auch noch ein wenig Geld. Geld war damals allerdings nicht so wichtig, weil es nichts wert war. Alles wurde in amerikanischer Währung oder mit Lebensmitteln verrechnet.

Im März 1945 gerieten mein Freund Cyril Stamfater und ich in eine brenzlige Situation, die uns beinahe Kopf und Kragen gekostet hätte. Bei einem unserer Streifzüge in der Nähe von Danzig entdeckten wir zufällig ein Lager mit Strohsäcken, Leinenstoffen und verschiedenen Vorräten. Als wir abends hingingen und uns bedienten, erwischten uns Soldaten einer Feldtruppe. Sie nahmen uns mit, übergaben uns einem Offizier, und wir wurden quasi vor ein Standgericht gestellt. Ich erzählte, daß wir vor zwei Monaten erst aus dem KZ befreit worden waren und in dem Lager nach Brot gesucht hätten. Wir hatten Glück: Die Russen ließen Gnade vor Recht ergehen und uns wieder laufen. Wir sollten aber nie wieder nach Danzig kommen! Als wir weggingen, sah uns derselbe Offizier, der uns an das Standgericht überstellt hatte, und hielt uns gleich wieder fest – er wollte gar nicht glauben, daß wir freigelassen worden waren. Als er die Bestätigung bekommen hatte, bot er uns sogar an, eine Vereinbarung mit ihm zu treffen, er würde uns die Ware liefern.

Als das Tauschgeschäft in Lodz nicht mehr so gut lief, zog ich mit meinen Freunden weiter Richtung Westen. Wir kamen nach Breslau, in meine alte Heimatstadt. Sie war inzwischen an Polen gefallen, die deutsche Bevölkerung war zu einem großen Teil geflüchtet. Diejenigen, die nicht flüchteten, wurden in der Folgezeit vertrieben. Auch dabei ließen viele Polen oft ihrem aufgestauten Haß gegen die Nazis und gegen alles, was deutsch war, freien Lauf. In dieser Beziehung waren viele Polen von einer Schizophrenie befallen, in dem sie gleichermaßen gegen Deutsche wie gegen Juden brutal vorgingen.

Breslau war zerstört, allerdings war der Vorort Zimpel, in dem wir gewohnt hatten, völlig heil geblieben. In unserer alten Wohnung lebten Flüchtlinge, und ich fühlte mich nicht besonders wohl hier. Die

Stadt war mir fremd geworden. Meine Freunde – inzwischen waren es nur noch zwei, Cyril Stamfater und Stasiek Steinfeld – und ich machten uns wieder auf den Weg, diesmal nach Berlin, auf die Spur meines Onkels Leib Bronspiegel, der von Lodz direkt nach Berlin gegangen war.

Mein Onkel ließ sich in Berlin in einem Lager für sogenannte *displaced persons* registrieren. 1950 ist er mit seiner ganzen Familie in die USA ausgewandert. Solche DP-Lager waren die Orte, in denen sich die aus den Konzentrationslagern oder Zwangsarbeiterlagern Befreiten – sowohl Juden als auch Nicht-Juden – sammelten, um von dort aus entweder in ihre Heimat zurückzukehren oder auszuwandern. Vor allem in der amerikanischen Besatzungszone gab es diese Lager, weniger in der britischen und nur vereinzelt in der französischen. Etwa 250.000 bis 300.000 Juden sind nach dem Krieg dorthin gekommen, vor allem Juden aus Osteuropa, um von dort aus nach Amerika, Kanada, Australien und hauptsächlich in das damalige Palästina und spätere Israel auszuwandern. Die meisten Juden wanderten auch tatsächlich aus. Als Anfang der 50er Jahre die DP-Lager aufgelöst wurden, waren nur noch 15.000 Juden geblieben, die hauptsächlich in größere Städte wie Berlin, Frankfurt oder München zogen. Die Lager bildeten von 1945 bis 1952 einen wichtigen Abschnitt jüdischen Nachkriegslebens in Deutschland. Ihre Geschichte wird zur Zeit wissenschaftlich aufgearbeitet von Rachel Salamander in München, die selbst in einem DP-Lager geboren worden ist, und von Jaqueline Giere vom Frankfurter Fritz-Bauer-Institut.

Von Breslau aus kamen wir zunächst in das zerbombte Dresden. Das war im November 1945. Ein halbes Jahr nach Kriegsende roch es noch immer verbrannt. Als ich in Dresden den Zug verließ und die deutschen Polizisten sah, die die alten Uniformen trugen, dachte ich mir: Was machst du eigentlich hier? Sind das nicht dieselben Nazis? An den Uniformen konnte man noch die hellen Stellen sehen, an denen vorher die Hakenkreuze aufgenäht waren.

In Berlin gingen meine Freunde und ich ins DP-Lager Schlachtensee, in dem schon mein Onkel Leib untergekommen war. Nach ungefähr drei Tagen überkam mich jedoch der Gedanke: »Jetzt bist du wieder im Lager!« Zwar standen draußen die Amerikaner, die aufpaßten, daß keiner hereinkam. Und täglich gab es Weißbrot, Milch, Butter, Marmelade und Fleisch, und von allem mehr, als wir essen konnten. Und natürlich Zigaretten, die ich immer gleich verkaufte, weil ich ein leidenschaftlicher Nichtraucher war (und es bis heute geblieben bin).

Aber trotz dieses »Luxuslebens« – ich konnte nach all den Jahren nicht mehr hinter Stacheldraht schlafen, ich konnte kein Lager mehr ertragen, auch wenn es völlig offen war wie dieses. Mein Onkel, der kein deutscher Staatsbürger war, mußte im Lager leben. Bei mir war das einfacher: In Breslau als Deutscher geboren, war es mir freigestellt, im Lager oder in der Stadt zu wohnen. Mein Onkel gab mir hundert Dollar Starthilfe, dafür bekam ich auf dem Schwarzmarkt 30.000 Reichsmark, und so konnte ich nach Westberlin ins Hotel National ziehen und mein Zimmer drei Monate im voraus bezahlen. Meine Freunde Cyril und Stasiek blieben zunächst in Schlachtensee. Stasiek folgte mir kurz darauf nach, während Cyril ständig pendelte und schließlich nach Brasilien auswanderte.

Eigentlich war ich nur deshalb nach Deutschland gekommen, weil es von hier aus die besten Möglichkeiten gab auszuwandern. Mir war nur nicht klar, wohin ich wollte. Israel gab es noch nicht, viele jüdische Auswanderer versuchten sich damals illegal nach Palästina durchzuschlagen. Wenn die Schiffe aufgegriffen wurden, hat man die Passagiere auf Zypern interniert – keine verlockende Aussicht. Andere gingen nach Amerika, Kanada oder Australien. Mein Onkel wollte natürlich, daß ich ihn nach Amerika begleite, doch daran lag mir nicht. Ewig der Neffe zu sein, der bei seinem Onkel lebt, schien mir keine Zukunftsperspektive zu sein. Ich wollte mich alleine durchschlagen, und damit begann ich Schritt für Schritt – ausgerechnet in Deutschland.

Den Zeitpunkt, an dem ich mich entschlossen habe, endgültig in Deutschland zu bleiben, kann ich heute nicht mehr bestimmen. Im Lauf der Zeit habe ich mein Vorhaben, ins Ausland zu ziehen und dort neu zu beginnen, immer wieder verschoben. In den ersten Nachkriegsjahren sagte ich mir immer wieder: Zuerst mußt du etwas Geld verdienen, dann studieren, und erst dann solltest du auswandern.

Ich kann nicht sagen, daß ich mich richtig wohl gefühlt hätte in diesen ersten Jahren in Deutschland. Es war wohl eher so, daß ich meine Gefühle und Empfindungen nicht wahrhaben wollte. Ich wich der Frage aus, ob es richtig sei, hier ein neues Leben zu beginnen. Dann *war* es eben plötzlich ein neues Leben, und ich wollte es nicht mehr ändern. Ich verdrängte meine Zeit im Lager und sprach nie darüber, selbst mit meinen engsten Freunden nicht. Die Zeit des Krieges war tabu. Selbst viele Jahre später, als meine Tochter Naomi schon auf der Welt war, schwieg ich, wenn es um die Erfahrungen aus dem Lager ging. Das erste Mal erzählte ich ihr 1979 davon, als der Film *Holocaust* im Fernsehen lief. Sie war damals 15 oder 16 Jahre alt. Danach brachen die Gespräche über dieses Thema wieder ab.

Heute weiß ich, daß mir diese Verdrängung nur teilweise gelang. Das Schweigen darüber war vielleicht damals eine notwendige Lösung des Problems für mich. Doch heute, wenn ich hinten im Auto sitze und eine Viertelstunde lang abschalten kann, drängen sich mir manchmal die Erinnerungen an damals auf. Ich sehe Freunde, die erschossen wurden, ich sehe Häftlinge, mit denen ich monatelang zusammen lebte und die wegen einer lächerlichen Kleinigkeit ihr Leben verloren, ich sehe meinen Vater, wie er vor meinen Augen abgeführt wird. Ich sehe Fotos von Verwandten, die nicht mehr am Leben sind, Kinder und Frauen, die in das Objektiv der Kamera lachen und wenige Monate später grausam ermordet wurden. Es ist, als ob diese Erinnerungen mit dem größer werdenden Zeitabstand immer näher kommen. Je älter ich werde, desto schwerer ist es, nicht daran zu denken.

Doch damals ging das Leben einfach weiter. Nazis gab es angeblich keine. Niemand hatte etwas gesehen oder gehört, keiner war dabei, keiner hatte etwas getan. Man war damit beschäftigt, sich eine neue Existenz aufzubauen, und letzten Endes habe ich nicht anders gehandelt als alle anderen Deutschen. Ich wollte nicht darüber nachdenken, was geschehen war. Ich war hungrig nach Leben, hungrig nach Selbständigkeit, vielleicht auch hungrig nach Wohlstand. Ich hatte ein fast unersättliches Bedürfnis, meine neu erworbene Freiheit nach allen Richtungen hin abzusichern. Unabhängigkeit war besonders erstrebenswert, und die Grundlage hierfür war Erfolg. So wurde ich Unternehmer, und der Drang zu studieren ist mehr und mehr verblaßt.

KAPITEL 4

DIE WILDEN JAHRE

»LEGALER« SCHWARZHANDEL IN DER SBZ

Ich lebte nun in einem Land, das mit der organisierten Ausrottung des größten Teils des europäischen Judentums, der Vernichtungspolitik gegen Polen und Russen und der Unterdrückung vieler Völker Europas jede moralische Achtung in der Welt verloren hatte. Deshalb hielt sich auch das internationale Mitleid in Grenzen angesichts der knapp acht Millionen deutscher Toten, der 15 Millionen deutscher Flüchtlinge und der zerbombten Städte. Die grausamen Bilder aus den befreiten Konzentrationslagern, die um die Welt gingen, prägten das Bild des »häßlichen Deutschen«.

Deutschland war von den vier Siegermächten aufgeteilt worden, und das deutsche Volk, noch vor kurzem mit dem »Endsieg« beschäftigt, versuchte aus den Trümmern seines alten Regimes eine neue Perspektive aufzubauen. Doch wer wußte schon, was in den Köpfen wirklich vor sich ging? Bis heute hält die Diskussion um die Definition des Kriegsendes an: War es eine Niederlage oder die Befreiung? Doch all das interessierte mich damals nicht besonders. Es war eine hektische, ungewisse Zeit, und wer die richtigen Ideen hatte, konnte sich rasch auch in diesem zerstörten Land eine Existenz aufbauen.

Es war sicher auch kein Zufall, daß ich damals am liebsten mit Russen zusammen war und viele russische Freunde hatte. Ich versuchte mir zwar einzureden, daß nicht alle Deutschen an meinem Schicksal Schuld hätten und daß wahrscheinlich die meisten echten Nazis im Gefängnis und die Soldaten in Gefangenschaft seien. An die Hunderttausende von Mitläufern und Schreibtischtätern wollte ich damals nicht denken. Rachegefühle hegte ich nur gegen jene, die meine Familie auf dem Gewissen bzw. sich am Morden und Quälen beteiligt hatten. Ich stellte mir oft vor, was ich tun würde, wenn ich einen von ihnen zufällig mal persönlich träfe.

Erst später, als ich mich mehr mit der Geschichte und dem System des Naziregimes beschäftigte, mußte ich erkennen, daß nur eine Minderheit der Deutschen nicht begeisterte Anhänger des Nationalsozialismus oder doch zumindest gleichgültig gewesen war, und daß es ohne die Mithilfe eines großen Teiles der Bevölkerung wahrscheinlich auch keinen Holocaust gegeben hätte. Einen gewissen Anteil an der Vernichtung des europäischen Judentums hatten auch die Kollaborateure der Nazis in den von Deutschland besetzten Ländern. Aber ich könnte nicht sagen, daß ich damals unter der Vergangenheit gelitten hätte. Natürlich suchte ich die Nähe zu anderen Juden, vor allem der gemeinsamen Vergangenheit wegen. Geschäftlich hat sich das nicht immer als Vorteil für mich erwiesen.

Mein erstes Geld verdiente ich, indem ich dem Besitzer des West-Berliner Hotels, in dem ich Quartier bezogen hatte, beisprang. Der steckte seinerseits in Geldnöten und mußte ab und zu Brillanten verkaufen. Das erledigte ich für ihn – meine erste Bewährung im Schmuckhandel.

Die Zeit des »legalen« Schwarzhandels hatte begonnen. Die sowjetischen Militärbehörden hatten Tauschzentralen eingerichtet, in denen man fast alles, was man noch besaß, zu Eß- und Trinkbarem machen konnte – aus einem Goldring wurde Schokolade, aus einem Porzellanservice Kaffee oder Reis und aus ein paar alten Münzen Tee oder Zigaretten. Wertvolles war wertlos geworden, weil man es nicht essen konnte, und der eigentliche Luxus damals waren nicht Besitztümer, sondern Lebensmittel aller Art.

Die Zentrale dieser »Tauze«, wie sie genannt wurden, befand sich in Berlin-Weißensee. Ich bewarb mich dort um die Lizenz einer Tauze, und mir wurde erlaubt, zunächst einen, später drei weitere solcher Läden in Dresden einzurichten, die ich zusammen mit meinen beiden Freunden Cyril Stamfater und Stasiek Steinfeld betrieb. In diesen Läden verrechnete ich alle möglichen Wertgegenstände gegen die Lebens- und Genußmittel, die sonst in der SBZ nicht zu haben waren. Jedes Wochenende fuhr ich nach Berlin-Weißensee, um die eingetauschten Waren dort abzuliefern und dafür Tee, Kaffee, Kakao, Schokolade, Zigaretten und ähnliches in Zahlung zu nehmen.

Hauptsächlich handelte es sich dabei um Zigaretten der Marke Drug, russisch »Freund«, mit einem Hundekopf auf der Packung, die in Dresden produziert wurden. Die Sowjets legten Wert darauf, diese Zigaretten besonders in West-Berlin gegen Devisen zu verkaufen. Ich wohnte in West-Berlin und hatte mir eine Zweitwohnung in Dresden genommen.

Geholfen haben mir in dieser Zeit meine, wenn auch spärlichen, Kenntnisse der russischen Sprache: Ich konnte mit den sowjetischen Offizieren auf einer ganz anderen Ebene verhandeln. Sie waren mir auch sympathisch, und das spürten sie wahrscheinlich. Bei allen Problemen, die eine Militärverwaltung mit sich bringt, sah ich in ihnen immer die Befreier und nicht, wie viele andere Deutsche, die Sieger und Besatzer. Auch wenn ich weder vergessen konnte, daß meine Eltern, obwohl mein Vater eher links war, die Sowjetunion wegen des kommunistischen Systems 1919 verlassen haben, noch, daß mein Onkel David den Krieg nicht überlebt hat und wahrscheinlich schon 1936 von den Sowjets zumindest verbannt wurde.

In der Dresdner Kommandatur gab es einen Oberst namens Woischnitz. Als er das erste Mal in meinen Laden kam, muß ich ihn wohl an seinen eigenen Sohn erinnert haben, der als 18jähriger kurz vor Ende des Krieges gefallen war. Der Oberst nannte mich immer nur »Synok«, »Söhnchen«, und behandelte mich, als ob ich zu seiner Familie gehörte. Er hat mir einige Zeit später auch wirklich geholfen.

1948, kurz nach dem Wechsel von der Militär- zur Zivilverwaltung, wurde ich von der deutschen Polizei verhaftet, jedoch von den Russen verhört. Sie holten mich aus meinem Laden, und ich wurde zwei Wochen im Gefängnis am Münchner Platz in Dresden eingesperrt, das von den Sowjets kontrolliert wurde. Niemand sagte mir, weshalb ich verhaftet worden war und was man mir vorwarf. Als ich mich bei meiner Vernehmung auf Oberst Woischnitz berief, sagte mir der Offizier, der mich verhörte, daß mein Freund täglich vorbeikam und sich nach mir erkundigte. Ohne meine guten Kontakte zur Stadtkommandatur wäre ich sicherlich nicht so schnell entlassen worden.

Warum sie mich damals verhaften ließen, konnte ich bloß vermuten: Ich fuhr damals jedes Wochenende mit dem Auto nach West-Berlin und nahm russische Juden, Offiziere der Roten Armee, die nach Israel weiter wollten, nach West-Berlin mit. Ich tat das aus reiner Gutmütigkeit, ohne mir sonderlich Rechenschaft über mein Tun abzulegen – ob ich dasselbe auch getan hätte, wenn mir bewußt gewesen wäre, daß ich damit sowjetischen Soldaten oder Offizieren zur Desertion verhalf, weiß ich nicht.

Mein Wagen wurde nie kontrolliert, da mir die russische Militärverwaltung einen besonderen Passierschein ausstellte, der auch nicht auf ein bestimmtes Fahrzeug beschränkt war. Ich konnte damals mit jedem Wagen fahren, es kümmerte sich nie jemand darum, wer sonst noch im Auto saß.

Das hing damit zusammen, daß ich gute Kontakte nach Berlin-Weißensee hatte und mit vielen russischen Offizieren befreundet war, beispielsweise mit dem Militärdirektor der Horch-Werke Zwickau. Dort ließ ich mir auch einen DKW umbauen. Nach meinen Wünschen montierten die Arbeiter eine neue Karosserie aus Horch-Teilen auf das DKW-Chassis. Was ich dabei allerdings nicht bedacht hatte: Der DKW-Motor war viel zu klein und konnte die schwere Karosserie gar nicht schleppen. Der Motor kochte immer schon nach kurzer Fahrt, und ich mußte ständig kanisterweise Kühlwasser nachfüllen, bis er nach kurzer Zeit ganz kaputt war. Sechs Monate hatte der Umbau gedauert, vier Wochen bin ich das Auto gefahren.

Eine Zeitlang fuhr ich sogar den Wagen des früheren Nazi-Außenministers Joachim von Ribbentrop. Der Militärdirektor von Horch lieh mir den Wagen. Der Oberbefehlshaber der Roten Armee in der DDR, Marschall Sokolowskij, wollte ein Modell dieses Fahrzeugs dem russischen Außenminister Molotow zum sechzigsten Geburtstag schenken. So brachte man das Original nach Zwickau, um es dort nachbauen zu lassen, da die alten Konstruktionspläne nicht mehr existierten. Ich schmuggelte also im Wagen des ehemaligen Nazi-Außenministers russische Juden, die ihre Einheit verlassen hatten, nach West-Berlin.

Mit meiner Selbstsicherheit gehörte ich allerdings zu einer Minderheit unter den Juden. In den ersten Monaten nach dem Krieg hielten sich vielleicht 200.000 bis 300.000 Juden in Deutschland auf. Die meisten waren eher verängstigt, und soweit sie außerhalb der DP-Lager lebten, gaben sie sich kaum als Juden zu erkennen.

Als Erkennungszeichen untereinander benutzten sie damals das Wort »amchu«, das soviel bedeutet wie »mein Volk«. Im Laufe eines Gesprächs mit einem Unbekannten ließ ein Jude dieses Wort mehr oder weniger zufällig einmal fallen. Wenn der andere nicht reagierte, dann war er auch kein Jude. So haben sich zum Beispiel die russischen Juden mir zu erkennen gegeben, um mit nach West-Berlin zu kommen. Juden finden immer einen Weg, um sich ausfindig zu machen – das haben sie in der zweitausendjährigen Geschichte der Vertreibung und Zerstreuung in alle Welt gelernt.

WODKA, FUSSBALL, FLUCHT

In der Zeit, in der ich meine Tauze betrieb, wurde eifrig gefeiert und getrunken. Im Dresdner Hotel Schloß Albrechtsberg feierten die sowjetischen Offiziere Partys, die von Freitagabend bis Montagfrüh dauerten. Mit vielen von ihnen habe ich dabei Freundschaft geschlossen. In diesen Kreisen war es üblich, die Flasche anzusetzen und erst wieder abzusetzen, wenn sie leer war. Schloß Albrechtsberg war damals ein Hotel für Ausländer, in dem man nur mit Devisen bezahlen konnte, als einzige der Ostwährungen war bloß die tschechische Krone anerkannt. Im Hotel wurde alles in Dollar umgerechnet. Dort berechnete man 20 tschechische Kronen für einen Dollar, während in West-Berlin für einen Dollar 2.000 Kronen bezahlt wurden. Auf diese Weise konnte ich aus einem Dollar über den Umweg Berlin 100 machen und war natürlich auf dem Schloß ein gern gesehener, gut zahlender Gast.

Ich erinnere mich an einen Offizier, der einen Kopfschuß überlebt hatte. Der Arzt hatte ihm jeglichen Alkoholgenuß verboten und ihn gewarnt, daß jedes Glas Wodka ihn das Leben kosten könnte. Diese Warnung bewirkte jedoch genau das Gegenteil: Der Offizier wollte nun jeden Tag ausprobieren, wieviel Wodka er vertrug, und er amüsierte sich darüber, daß der Arzt nicht recht hatte. Bei jedem Fest war er dabei, und wenn es an einem Wochenende keines gab, so hat er selbst eines organisiert.

Erst vor ein paar Jahren hat mir der damalige Hausmeister von Schloß Albrechtsberg, er hieß Herwig, geschrieben, weil er meinen Namen irgendwo gelesen hatte. Er wollte wissen, ob ich der Bubis sei, der die Fußballmannschaft der SG Friedrichsstadt nach West-Berlin gebracht hat? Ja, antwortete ich ihm.

Ich war während meines Aufenthalts in Dresden aktives Mitglied der SG Friedrichsstadt, dem Nachfolgeverein des Dresdner Sportclubs. Dort trainierte ich ab und zu zusammen mit den alten Fußballgrößen wie Helmut Schön oder Richard Hoffmann. Die SG Friedrichsstadt war in der damaligen SBZ und späteren DDR der einzige Verein, der nicht als Betriebssportgemeinschaft organisiert war.

1950, ich war damals 23 Jahre alt und lebte schon nicht mehr in Dresden, wurde das letzte Saisonspiel der Oberliga zwischen Horch Zwickau und der SG Friedrichsstadt in Dresden ausgetragen. Bei einem Sieg wäre die SG Friedrichsstadt DDR-Meister geworden – eine Blamage für den sogenannten »Betriebssport«.

Zu diesem Spiel kamen etwa 50.000 Zuschauer ins Dresdner Stadion. Auf der Tribüne saß, neben vielen anderen Parteigrößen, auch Walter Ulbricht. Da die Spiele der DDR im Westen nicht übertragen wurden, fuhr ich in Stuttgart auf den Killesberg, von wo aus es möglich war, im Autoradio die Übertragung aus der DDR zu hören. Nachdem der Schiedsrichter drei Spieler der SG Friedrichsstadt innerhalb kurzer Zeit vom Platz gestellt hatte und Horch Zwickau das Spiel mit 5:1 gewann, tobte das Dresdner Publikum im Stadion. Es pfiff und buhte auch vernehmlich gegen die Tribüne, auf der Ulbricht saß. Noch am selben Tag wurde die SG Friedrichsstadt aufgelöst. Die Mannschaft sollte nicht zusammenbleiben, nur jeweils zwei Spieler durften sich gemeinsam einem anderen Sportverein anschließen.

Ich habe gleich am nächsten Tag mit dem Vereinsvorsitzenden Schulz Kontakt aufgenommen und mit Hilfe von Herwig einen großen Wagen von der Derutra, der Deutsch-Russischen Transport AG, besorgt. Ob es ein Lastwagen war oder ein Omnibus, weiß ich nicht mehr. Mit diesem Wagen haben wir die ganze Mannschaft nach Westberlin geholt. Lediglich der damals bereits 40jährige Richard Hoffmann wollte nicht mitkommen; später ist auch Hans Kreische in die DDR zurückgegangen – sein Sohn Hansi wurde Jahre darauf Nationalspieler in der DDR.

Die Mannschaft schloß sich zunächt Hertha BSC Berlin an, nach der Fusion hieß der Verein deshalb eine Zeitlang Hertha BSC/DSC; DSC stand für Dresdner Sportclub. In der DDR wurde die aufgelöste SG Friedrichsstadt kurz danach in Dynamo Dresden umbenannt – heute heißt sie wieder Dresdner Sportclub.

Aber zurück zu meiner Zeit in Dresden. Ich wohnte mit Herbert Teich, meinem Buchhalter und Freund, sowie dessen Frau und Kind zusammen in einer Wohnung in der Hermann-Prell-Straße 6b. Eines Tages, Anfang 1949, rief mich ein russischer Freund an und riet mir, sofort die Stadt zu verlassen. Er war Chef des KGB in Sachsen gewesen, hatte bereits seinen Dienst quittiert und stand kurz vor der

Rückreise in die Sowjetunion. Als Geschenk hatte er mir seinen Mercedes 220 Cabrio überlassen. Er wußte sehr wohl, daß ich eine Wohnung in West-Berlin hatte, und nun drängte er mich, in den Wagen zu steigen und schnellstens in meine zweite Wohnung zu fahren. Auf meine Frage, was denn nun eigentlich los sei, er müsse doch wissen, um was es gehe, sagte er: »Hier kannst du nicht einmal deinen Bruder fragen.«

Ich packte sofort meine Tasche und ging wirklich hinunter zum Wagen. Doch irgendetwas sträubte sich in mir, wieder auf und davon zu laufen. Anstatt nach Berlin fuhr ich zu Helmut Schön. Dort bekam ich wenig später einen Anruf von Herbert Teich. Er sagte mir, daß ein paar Herren bei uns zu Hause aufgetaucht wären und nach mir gefragt hätten. Diese Herren ließen mir ausrichten, ich solle wegen irgendeiner Meldeangelegenheit im 18. Polizeirevier vorsprechen. Nur: Es war kein Geheimnis, daß das 18. Polizeirevier der verlängerte Arm des KGB war und daß viele Systemgegner von dort aus an die Russen überstellt wurden. Die Agenten kamen um Mitternacht ein zweites Mal, nur um Herbert Teich mitzuteilen, daß sich die Sache aufgeklärt hätte und ich nicht zu kommen bräuchte. Als ich das erfuhr, wurde mir klar, wie gefährlich die Lage geworden war. Schließlich klingeln Geheimpolizisten nicht mitten in der Nacht, nur um über eine Meldeangelegenheit zu informieren, die sich noch dazu erledigt hat. Ich machte mich sofort auf den Weg in den Westen und wählte dabei eine andere Route als die, die ich sonst benutzte. Danach bin ich bis zum 2. Dezember 1989 nicht mehr in der DDR gewesen.

Schon 1947 oder Anfang 1948 war Cyril aus der Tauze ausgeschieden und betrieb seine Geschäfte auf eigene Rechnung, während Stasiek mein Partner geblieben war. Ende 1948 ging Cyril, der inzwischen geheiratet hatte, nach München und wanderte kurze Zeit später nach Brasilien aus. Bevor er nach München ging, räumte er allerdings noch mein Tauze-Lager leer. Ich hatte dann jahrzehntelang keinen Kontakt mehr mit ihm und hörte erst 1995 von seiner Frau, daß er gestorben war. Im Februar 1996 habe ich sie in São Paulo besucht und dabei den Eindruck gewonnen, daß sie von den Vorgängen in Dresden keine Ahnung hatte und auch nicht wußte, daß Cyril damals die Waren aus dem Lager mitgenommen hatte.

Als ich damals Dresden verließ, befand sich Stasiek zufällig in Frankreich, wo er Verwandte besuchte. Von West-Berlin aus verständigte ich ihn über die Situation und warnte ihn davor, nach Dresden zurückzukehren. Er glaubte mir nicht, fuhr nach Dresden und wurde prompt verhaftet. Erst nach einigen Monaten gelang es mir mit Hilfe von Anwälten, ihn nach West-Berlin zu holen. Als ich nach Stuttgart ging, bezog er meine Berliner Wohnung.

Was geschehen wäre, wenn ich damals in Dresden geblieben wäre, habe ich erst viel später erfahren. 1993 bekam ich von einem Abgeordneten des Europa-Parlaments einen Zeitungsausschnitt zugeschickt. Er hieß Harald Neubauer und saß für die Republikaner im EU-Parlament, hat sich jedoch später von ihnen abgespalten, weil Schönhuber ihm zu links war. Der Zeitungsartikel stammte aus der *Sächsischen Zeitung*, die in Dresden erschien, und datierte aus dem Jahr 1952. Darin stand, daß ich wegen Wirtschaftsdelikten zu zwölf Jahren Zuchthaus verurteilt worden sei. Neubauer ließ in meinem Büro anfragen, ob ich mit dem Bubis, von dem im Artikel die Rede ist, identisch sei. Ich hatte bis zu diesem Zeitpunkt keine Ahnung von meiner Verurteilung, bin von den DDR-Behörden nie darüber informiert, geschweige denn je zu einem Prozeß vorgeladen worden. Seither steht alle paar Wochen in der *National-Zeitung* und anderen rechtsextremen Publikationen, daß ich ein verurteilter Krimineller sei.

Wie ich inzwischen aus den Akten erfahren habe, wurde ich beschuldigt, tonnenweise Kaffee schwarz verkauft zu haben. Dabei geht es nicht um die Zeit der Tauze selber, aber die Anklage behauptet, daß ich nach der Liquidation der Tauze 1948 in den Jahren 50 und 51 diesen Handel illegal weiter betrieben hätte. Tatsächlich aber lebte ich zu dieser Zeit längst in Stuttgart und betrieb dort einen Edelmetallhandel. Ich versuche übrigens eine Wiederaufnahme des Verfahrens.

Viele meiner Bekannten haben sich damals gewundert, warum ich nicht sofort in den Westen gefahren bin, nachdem mich mein russischer Freund gewarnt hatte. Mein Verhalten war jedoch typisch für meinen psychischen Zustand nach den Jahren des Krieges und des Lagers. Ich hatte seitdem nie wieder Angst um mein Leben und verhalte mich völlig gleichgültig, wenn es um meine eigene Sicherheit geht.

Man darf diese »Härte« der Überlebenden sich selbst gegenüber jedoch nicht mit Gefühlskälte verwechseln. Wir mußten uns damals schützen, sonst wären wir an den eigenen Tränen erstickt. Erst nach dem Krieg holten wir tausendmal nach, was wir zuvor nicht hatten weinen können.

Als ich zwischen West-Berlin und Dresden hin- und herpendelte, lernte ich in West-Berlin einen gewissen Eberhard Stern kennen, der Inhaber einer Stahlbaufirma war. Ich hatte zwar vom Stahlbau keine Ahnung, aber es reizte mich, an einem Industrieunternehmen beteiligt zu sein; als Stern mir anbot, Partner in seinem Unternehmen zu werden, stieg ich tatsächlich ein. Mit einer Kapitaleinlage im Gegenwert von ganzen 130 Dollar wurde ich 50prozentiger Gesellschafter der Stern Stahlbau GmbH.

Stern, dessen Name nicht sonderlich arisch klang, tat immer so, als ob er jüdischer Herkunft sei. Er erzählte mir lange Geschichten, daß er sich habe taufen lassen, und ich glaubte sie ihm alle und habe mich sogar ein wenig mit ihm angefreundet. Er war in der Wehrmacht gewesen und konnte mich mit immer neuen Ausreden überraschen, warum er als Jude keiner Verfolgung ausgesetzt war.

Den ersten Auftrag, nachdem ich Partner geworden war, erteilten uns die russischen Militärbehörden: Wir sollten eine Eisenbahnbrücke bauen – ich glaube, es handelte sich um eine Brücke über die Oder. Die Firma wickelte den Auftrag ab, baute die Brücke, und als der erste Zug darüber fuhr, senkte sie sich. Plötzlich wurde Eberhard Stern, der als einziger Geschäftsführer eingetragen war, zu einem von den Sowjets gesuchten Kriminellen. Er blieb in West-Berlin, und die Firma wurde auf Schadensersatz verklagt. Da die GmbH nur 50.000 Reichsmark besaß, mußte sie liquidiert werden. Ich selbst zog es vor, mich nicht nach den Ursachen zu erkundigen, weshalb die Brücke sich gesenkt hatte. Es war ohnehin ein Wunder, daß die Sowjets nicht von sich aus darauf kamen, daß ich in der Firma 50prozentiger Partner war, und mich in Dresden nicht ausfindig machten. Von meinen 130 Dollar sah ich zwar keinen Pfennig mehr, aber das schmerzte mich nicht weiter.

Den Kontakt zu meinem ehemaligen Partner habe ich wegen meines Wegzugs nach Stuttgart bald verloren. In den 60er Jahren las ich dann in der Zeitung, daß derselbe Eberhard Stern in West-Berlin nicht nur Vorsitzender der NPD war, sondern später auch wegen Bildung einer rechtsextremen Vereinigung verurteilt wurde.

Die Geschäfte, die man damals machte, waren alle kurzlebig. Man hatte eine Idee und versuchte, sie schnell zu verwirklichen. Das war auch der Grund, warum ich 1950 zunächst nach Stuttgart, dann nach Pforzheim und später nach Frankfurt ging. Was von meiner Dresdner Zeit bis heute geblieben ist, ist meine Liebe zu Meißner Porzellan, das mich seither immer wieder fasziniert.

DAS EDELMETALLGESCHÄFT

Nach der Gründung der BRD im Mai und der DDR im Oktober 1949 wurde West-Berlin zu einer Insel, und meine Kontakte im Osten waren nutzlos geworden. Ich hatte genügend Ersparnisse, und so machte es mir wenig aus, eine Zeitlang einfach nichts zu tun. Ich traf mich mit Freunden, ging abends lange aus, schlief bis zum Mittag und überlegte, wie es mit mir weitergehen sollte. Anfang 1950 meldete sich ein Freund, Henry Rakowski aus Stuttgart, bei mir, den ich noch aus dem Lager in Deblin kannte, und bot mir an, zu ihm zu kommen: Er und einige Freunde hatten dort einen Handel mit Edelmetallen begonnen, der hervorragend lief. Da mich in Berlin nichts hielt, nahm ich das Angebot an und stieg mit sieben Prozent in ihre Firma ein. Ich wurde schon nach kurzer Zeit gleichberechtigter Partner und entwickelte mich zu einem Spezialisten für den Edelmetallhandel – es war sogar so, daß die Firma später, als ich zum eigentlichen Motor des Geschäfts geworden war, in Ignatz Bubis Edelmetalle umbenannt wurde. Rückblickend war dies wahrscheinlich der wichtigste Schritt hin zu meiner späteren beruflichen Laufbahn: Der Edelmetallhandel und dann der Handel mit Schmuck bildeten die Grundlage für meinen späteren Immobilienbesitz.

Für die deutsche Schmuckindustrie gab es damals keine Möglichkeit, in Deutschland Gold zu kaufen, denn der Handel mit Feingold war nach Artikel 3 des Militärregierungsgesetzes Nr. 53 für Deutsche verboten. Unsere Firma übernahm in München Gold, das vermutlich illegal aus der Schweiz kam, und leitete es an Scheideanstalten in Pforzheim weiter, die daraus Bleche und Drähte fertigten. Diese wiederum wurden an Firmen weiterverkauft, die Schmuck herstellten, oder auch für Zahngold verwendet.

Es war eine verhältnismäßig simple Angelegenheit: Ich fuhr mit dem Auto von Stuttgart nach München, holte dort das Gold ab, das meine Partner gekauft hatten, brachte es im Kofferraum nach Pforzheim und fuhr wieder zurück nach Stuttgart. In Stuttgart hatte ich eine Wohnung und in Pforzheim ein ständiges Hotelzimmer gemietet, und ich war jede Woche mit dem Auto zwischen Stuttgart, München und Pforzheim unterwegs.

Bei einer meiner Touren hatte ich einen schweren Unfall. Es hatte geregnet, die Straße war naß, und in einer Kurve geriet ich ins Schleudern. Mein Wagen rutschte eine Böschung hinunter, überschlug sich, blieb liegen, und ich konnte mich nicht mehr bewegen. Ich hatte großes Glück, daß der Wagen nicht in Brand geriet. Die Hupe ging ständig, und ich hatte keine Möglichkeit, sie abzustellen. Ein Lkw-Fahrer sah dann wohl die Bremsspur, hielt an, ging zur Böschung zurück und hörte die Hupe. Er holte mich aus dem Auto, und ich sagte ihm, daß ich 20 Barren Feingold, jeder ein Kilogramm schwer, geladen hätte, die nun teilweise aus dem Auto gefallen waren. Er suchte die einzelnen Barren zusammen, fand allerdings nur 19 Kilo. Der 20. Barren blieb unauffindbar. Dann brachte er mich in ein Krankenhaus nach Nürtingen, nicht weit von Stuttgart, wo ich mehrere Wochen bleiben mußte. Ich hatte schwere Rippenprellungen, einige Rippen hatten sich von der Wirbelsäule gelöst. Seit diesem Unfall hatte ich vom ständigen Herumfahren genug und suchte mir eine Wohnung in Pforzheim. Meine Freunde blieben in München und besorgten weiterhin den Transport.

Das Geschäft lief am Anfang fast wie von allein: Die Edelmetallindustrie, die auf das Gold angewiesen war, setzte sowohl im Wirtschafts- als auch im Finanzministerium durch, daß ich ganz persönlich eine Ausnahmegenehmigung bekam und Gold besitzen durfte, ohne angeben zu müssen, woher es käme. Zuständig dafür war im Bundesfinanzministerium ein Ministerialrat namens Gurski. Er erteilte die Erlaubnis und informierte die zuständige Oberfinanzdirektion, und kein Mensch kontrollierte mich, obwohl aufgrund der Bilanzen ersichtlich war, womit ich einen Handel trieb, der eigentlich untersagt war. Wir hatten damit ein Monopol, und die Industrie behandelte uns sehr gut, weil sie uns brauchte.

Das blieb so bis 1953. In diesem Jahr wurde das Gesetz, das den Edelmetallhandel verbot, aufgehoben. Damit fiel unsere Monopolstellung weg. Ich bekam zu dieser Zeit auch Probleme mit der Steuerbehörde. Bislang war ich ja von der Pflicht entbunden, einen Nachweis beizubringen, woher das Gold stammte. Nach dem Umsatzsteuergesetz war Feingold allerdings nur dann von der Umsatzsteuer befreit, wenn ein lückenloser Nachweis der Herkunft und des Abnehmers vorhanden war. Ich hatte aber nur Nachweise der Abnehmer, nicht der Lieferanten. Plötzlich sollte ich vier Prozent Umsatzsteuer für etwa drei Jahre nachzahlen. Das ergab eine derart immense Summe, ca. acht Mio. DM, daß ich wahrscheinlich heute noch zahlen müßte. Die Firmen Degussa und Heraeus, mit denen ich zusammenarbeitete, erreichten schließlich, daß ich davon befreit wurde, und die

Steuerbehörde sah das Gold als schon versteuert an, wenn es in meine Hände geriet. Weil Hanau der Hauptsitz von Heraeus war und auch Degussa dort eine Niederlassung hatte, verlegte ich schließlich den Firmensitz ebenfalls nach Hanau, obwohl ich weiterhin in Pforzheim wohnte. Ich wickelte meine Aufträge allerdings in erster Linie über die Degussa Pforzheim bzw. Frankfurt ab.

Nach der Aufhebung des Militärregierungsgesetzes wurde für mich der Edelmetallhandel uninteressant, denn nun konnte die edelmetallverarbeitende Industrie in der Schweiz oder England das benötigte Edelmetall direkt einkaufen. Zwar habe ich die Firma noch eine Zeitlang behalten, aber ohne große Aktivitäten mehr zu entfalten. Meine Stuttgarter Partner waren bereits 1952 nach Kanada ausgewandert; ab diesem Zeitpunkt war ich alleiniger Inhaber der Firma, und ich fing an, Goldschmuck, für den es zu dieser Zeit eine große Nachfrage gab, aus Italien zu importieren.

EINE EIGENE FAMILIE

Ein großer Wunsch von mir war schon seit Ende des Krieges, möglichst bald eine eigene Familie zu haben. Ich hatte verschiedene Beziehungen, aber so richtig sicher für eine Ehe fühlte ich mich nicht. Eine Freundin, zu der ich nur ein rein platonisches Verhältnis hatte, ging nach Amerika. Sie kam aus einer sehr orthodoxen Familie, und wäre ich mit ihr zusammen geblieben, hätte ich in einem streng religiösen Haushalt leben müssen. Ich wäre bereit gewesen, das auf mich zu nehmen, aber ihretwegen nach Amerika zu gehen, das wollte ich nicht.

Eine andere gute Freundin, die mich auch hätte heiraten wollen, war keine Jüdin. Sie wollte zwar mir zuliebe zum Judentum übertreten, aber da blieb natürlich ein Vorbehalt. Auch mein Onkel Leib – mein einzig verbliebener Verwandter, an dessen Rat mir sehr gelegen war – sprach sich heftig gegen diese Verbindung aus, denn gerade nach dem Krieg war eine Heirat mit einer deutschen Nicht-Jüdin problematisch – da spielte die eigene Vergangenheit doch eine Rolle. Eine dritte, die ich vielleicht gerne geheiratet hätte, zog mir einen Freund vor. Beide leben heute in Toronto, und wir sind im ständigen Kontakt geblieben. Ich bin sogar Patenonkel des erstgeborenen Sohnes.

Ich erinnerte mich schließlich an eine Frau, mit der ich zusammen im Lager gewesen war. Sie lebte jetzt, im Jahre 1951, in Israel, und ich war fest davon überzeugt: Die muß es sein! Kurz entschlossen fuhr ich hin. In Israel besuchte ich zuerst die letzten noch lebenden Angehörigen. Das war die Familie der sehr früh verstorbenen Mutter meines Vaters, die ihn dann, noch in Witebsk, aufgenommen hatte. Diese Familie war bereits nach dem Ersten Weltkrieg nach Palästina ausgewandert, etwa zu der Zeit, als mein Vater nach Breslau übersiedelte.

Ich suchte die Frau, die ich aus dem Lager in Erinnerung hatte, und ich fand sie auch. Sie war über Berlin nach Israel gekommen und eine Zeitlang in Zypern interniert worden. Sie gab mir einen Korb. Wenn wir geheiratet hätten, wäre ich sicherlich in Israel geblieben. Allerdings übersiedelte sie später, nachdem sie einen anderen Ehemann gefunden hatte, nach Amerika. Auch mit dieser Familie stehe ich bis heute in freundschaftlicher Verbindung.

So entfiel für mich der entscheidende Grund, in Israel zu leben, und ich ging zurück nach Deutschland. Mein Idealismus alleine reichte nicht aus, in diesem schwierigen Land zu bleiben. Ein wenig drückt mich das schlechte Gewissen wegen dieser Entscheidung heute noch. Damals jedoch, nach den schweren Jahren im Lager, wollte ich unter den Bedingungen dort nicht neu beginnen.

Es war schon eigenartig, irgendwie trieb mich mein Schicksal in die Arme meiner Frau Ida. Ich hatte sie schon 1935 kennengelernt, als wir nach Deblin zogen, wo Ida lebte. Bei einem Familientreffen – unsere Mütter waren Cousinen – habe ich sie zum ersten Mal gesehen. Sie trug ein rotes Mäntelchen, das mich faszinierte. Ob ich mich damals in Ida oder in das Mäntelchen verliebte, kann ich heute nur schwer sagen. Beide blieben mir jedoch im Gedächtnis haften. Wir waren später zusammen im Ghetto und auch in den Lagern in Deblin und Czestochowa.

Nach dem Krieg besuchte ich sie zum ersten Mal 1949 im DP-Lager Landsberg am Lech, wo sie sich bis zur ihrer Auswanderung nach Paris aufhielt. Ida ist vier Jahre jünger als ich, und in diesem Alter spielen vier Jahre eine große Rolle. Ich betrachtete sie als die kleine Cousine, während ich mir mit meinen 22 Jahren und meiner Lebenserfahrung schon alt und weise vorkam. So kam es, daß ich damals in Landsberg kaum Notiz von ihr nahm. Ich erzählte ihr aber von dem roten Mäntelchen und welchen Eindruck sie damals auf mich gemacht hatte – und stellte fest, daß sie sich an unsere erste Begegnung gar nicht erinnerte und mir auch ihrerseits kaum Beachtung schenkte.

Das änderte sich Jahre später, als ich sie und ihre ganze Familie in Paris besuchte, wo sie mittlerweile lebte. Im Spätherbst 1951, als sie ihren 22. Geburtstag feierte, haben wir schon ganz schön miteinander geflirtet. Ich lud sie dann zu Silvester 1951 nach Stuttgart ein, und bei einer Art Vorhochzeitsreise im Dezember 1952 nach Spanien beschlossen wir zu heiraten. Im März 1953 heirateten wir standesamtlich in Paris, und die jüdische Hochzeit war zu Lag ba Omer, damals der 3. Mai, dem einzigen Tag zwischen Ostern und Pfingsten, an dem ein Jude sich verehelichen darf. Gefeiert wurde – auf offizielle Einladung meines Onkels Leib, der es sich nicht hatte nehmen lassen, extra nach Paris zu kommen – im koscheren Restaurant Eden, und es war keine kleine Gesellschaft, die da zusammenkam. Als ich die glückliche Mutter meiner Frau und all die anderen Mitglieder ihrer Familie sah, wurde mir wieder bewußt, wie alleine mich der Krieg zurückgelassen hatte. Was hätte ich dafür gegeben, wenn meine Eltern das noch hätten erleben dürfen.

Es war damals keine Seltenheit, daß Bekannte bzw. entfernte Verwandte untereinander heirateten. Auch in Israel haben viele Männer und Frauen deshalb zusammengefunden, weil sie dasselbe Lager überlebt hatten. Das Gefühl, daß das gemeinsame Erlebnis von anderen, die das alles nicht erlebt hatten, nur schwer nachempfunden werden kann, schuf eine besondere Nähe. Dabei haben Ida und ich nie über diese Zeit miteinander gesprochen. Es ging nicht darum, ein gemeinsames Thema zu haben, vielleicht im Gegenteil: das Erlebte nicht ansprechen zu müssen, nicht erklären zu müssen und dennoch verstanden zu werden.

Nach unserer Hochzeit wohnten wir zunächst in Pforzheim, aber alsbald begann natürlich die Diskussion, wo wir in Zukunft leben wollten. Meine Frau war von Deutschland alles andere als begeistert und wollte am liebsten nach Paris in die Nähe ihrer Familie zurück.

Ida war in Dachau befreit worden und hatte dort auch über das Rote Kreuz ihre Mutter und ihre Schwester Hadassa gefunden. Idas Vater war in Buchenwald gestorben, ihr Bruder Izio als 10jähriger im selben Lager befreit worden. Er wußte zu diesem Zeitpunkt nicht, daß seine Mutter und zwei Schwestern überlebt hatten. Als kleiner Junge hatte er jedoch gehört, daß entfernte Verwandte in Paris lebten.

Deshalb wurde er nun zusammen mit anderen jüdischen Kindern in ein Waisenhaus nach Paris geschickt.

Einige Monate später lernte Idas Mutter zufällig den Mann kennen, der diese Fahrt organisiert und begleitet hatte. Er erzählte ihr, daß unter diesen Kindern auch ein Junge gewesen sei, der den gleichen Namen trug wie sie. Er nannte auch den Vornamen: Izio. Daraufhin fuhr meine spätere Schwiegermutter sofort nach Paris. Sie fand dort ihren Sohn, besuchte ihre Angehörigen und entschloß sich, mit den beiden Töchtern nach Paris zu ziehen.

Kurz nach meiner Hochzeit fuhr ich nach Amerika und Kanada. In Toronto besuchte ich meinen Freund Henry Rakowski, der in Stuttgart mein Partner im Edelmetallgeschäft gewesen war. Henry riet mir, nach Toronto umzuziehen und meine Frau einfach anzurufen, um ihr zu sagen, sie solle sofort die Koffer packen und nachkommen. Ich war sogar geneigt, tatsächlich nach Toronto umzusiedeln. Als ich einwandte, daß das mit einem Telefonat nicht getan sei und ich erst einmal wieder zurückfahren würde, antwortete er, dann würde ich nie kommen. Und er sollte recht behalten.

Zurück in Pforzheim machte mir meine Frau unmißverständlich klar, daß sie ohne ihre Familie Europa keinesfalls verlassen würde – und ihre Familie bliebe in Paris. Ida und ich einigten uns darauf, nun ebenfalls nach Paris zu ziehen. Ich packte alles zusammen, Bücher, Geschirr und Möbel, und schickte die Sachen los. Wir suchten schon eine Wohnung, doch irgend etwas in mir sträubte sich. Vielleicht war es die mir fremde Sprache, vielleicht waren es auch meine ersten geschäftlichen Erfolge in Deutschland. Ich hatte im Grunde keine Lust, schon wieder von vorne zu beginnen, und so blieben wir vorerst doch in Pforzheim. »Wenigstens ist Pforzheim näher zu Paris als Amerika«, sagte meine Frau damals. Eines stand allerdings fest: daß wir nicht auf Dauer in Pforzheim bleiben würden.

KAPITEL 5

FRANKFURT

SCHMUCKGESCHÄFTE

Nachdem der Edelmetallhandel seine Exklusivität verloren hatte, wechselte ich in die Schmuckbranche. Mitte der 50er und in den 60er Jahren gab es in der Bundesrepublik einen regelrechten Goldrausch. Es begann mit den Touristen, die nach Italien fuhren und in den Schaufenstern sahen, daß Gold und echter Schmuck dort sehr viel billiger angeboten wurde als in Deutschland. Sie kauften grammweise 18karätiges Gold und brachten es mit nachhause. Die bayerischen Zollämter schätzten damals, daß sich hier der größte Schmuggel in diesem Jahrhundert ereignete. Ertappt wurden nur wenige.

Die italienischen Fertigwaren waren um rund drei Mark pro Gramm billiger als deutsche Erzeugnisse. Das lag am geringeren Arbeitslohn in Italien – damals etwa 1,80 DM pro Stunde gegenüber 5 DM pro Stunde hierzulande – und der niedrigeren Schwundquote bei der Produktion. Die Preise waren derart unterschiedlich, daß die deutschen Goldschmiede sich vor Zorn sogar weigerten, italienischen Schmuck zu reparieren, doch gab es genügend Geschäfte vor allem in Berlin und im Ruhrgebiet, die italienische Ware anboten. Bald entwickelte sich ein ganz normaler Handel zwischen Italien und Deutschland. Obwohl ich zunächst vom Schmuckhandel ebensowenig Ahnung hatte wie einst vom Edelmetallhandel und später vom Immobiliengeschäft, lernte ich schnell, worauf es ankam, und wurde zu einem der größten Importeure italienischen Schmucks. Nachdem ich jahrelang Gold an die Schmuckindustrie in Pforzheim verkauft hatte, machte ich nun dieser Industrie selber Konkurrenz. Nach kurzer Zeit hatten sich die Pforzheimer Schmuckfabrikanten auf die neue Situation eingestellt und ließen ihren Schmuck ebenfalls in Italien produzieren bzw. kauften dort Teile, die sie in Deutschland montierten. Insbesondere Pforzheimer Versandfirmen boten italienischen Schmuck an.

Zu Beginn pendelte ich noch zwischen Frankfurt und Pforzheim hin und her, bis wir schließlich ganz nach Frankfurt zogen. Das war im Jahre 1956. Wir wohnten zunächst zur Untermiete in einer Villa in der Lilienthalallee, weil meine Frau immer noch hoffte, daß wir demnächst nach Paris übersiedeln würden. Später zogen wir in eine größere Wohnung in der Bettinastraße um.

Wo und wie ich wohnte, war mir nach dem Krieg immer sehr wichtig. Nach Jahren auf einem Strohsack in engen, kalten, dunklen Baracken ohne Bad und ohne Toiletten genoß ich es, in großen und hellen Räume zu leben, mit schönen Möbeln, einer Bibliothek und Bildern an der Wand. Ich gehörte nicht zu den Juden, die meinten, sie würden nicht mehr lange in Deutschland bleiben, und ständig das Gefühl vermittelten, als ob sie auf gepackten Koffern säßen. Einige wenige leben nunmehr seit über fünfzig Jahren so.

Wir zogen abermals um, als es uns finanziell besser ging, aber auch weil unsere Tochter unterwegs war. In der Bettinastraße wohnten wir im dritten Stock ohne Aufzug. Von dort fuhr meine Frau ins Krankenhaus, und zurück kam sie schon in eine neue Wohnung in der Freiherr-vom-Stein-Straße, die im ersten Stock lag und ein Zimmer mehr hatte.

Ich versuchte immer, Büro und Wohnung räumlich zusammenzuhalten. Das gibt mir die Freiheit, jederzeit arbeiten zu können, sei es mitten in der Nacht oder am Wochenende. Ich brauche diese Beweglichkeit, und der Gedanke, daß ich nur von Montag bis Freitag zu bestimmten Zeiten in meinem Büro sitzen könnte, würde mich nervös machen.

In meinen ersten Frankfurter Jahren dachte ich manchmal noch an meine alten Pläne, mit einem Studium zu beginnen und auszuwandern. Ich hatte nach dem Krieg davon geträumt, Anwalt zu werden und eine große Kanzlei zu gründen. Doch nach und nach sind diese Wünsche immer mehr verblaßt. Ich war geschäftlich erfolgreich, lebte gut und wohnte zusammen mit meiner Frau in einer schönen Wohnung – warum also noch einmal ganz von vorne beginnen?, fragte ich mich.

Mein Schmuckgeschäft ließ sich so gut an, daß ich bald nach neuen Möglichkeiten suchte, mein Geld anzulegen. Nach dem Bau der Mauer stürzten die Immobilienpreise in Berlin ins Bodenlose. Mietshäuser, Fabriken und vor allem Grundstücke verloren über Nacht ihren Wert. Für etwas über 300.000 Mark kaufte ich 1963 ein wunderschönes Haus direkt am Kurfürstendamm. Die Banken machten bei der Finanzierung keine Probleme, und ich benötigte relativ wenig Eigenkapital. Durch die regelmäßigen Mieteinnahmen waren die Kredite gut abgesichert.

Von hier aus entwickelte sich mein Engagement im Immobilienbereich. Ich kaufte später mehrere Häuser in Berlin dazu, dann in Hamburg und mehrte von da an stetig meinen Immobilienbesitz. Im Lauf der Zeit trennte ich mich völlig vom Schmuckhandel, während meine Frau sich diesem immer mehr zuwandte. Sie hat längst ihre eigenen Kunden, und in ihr Schmuckgeschäft durfte und darf ich mich heute nicht mehr einmischen.

Ich lebte in Frankfurt als ein typisch liberaler Jude, der jedoch seine Tradition ernst nimmt. Die Feiertage waren wesentliche Fixpunkte im Ablauf eines Jahres, und zu diesen Tagen ging ich auch in die Synagoge. Doch lebten wir nie streng nach den jüdischen Eßregeln und hielten auch den Sabbat nicht streng ein. Wie schon in Berlin und später in Stuttgart war ich in Frankfurt ganz selbstverständlich Mitglied der Jüdischen Gemeinde.

Ich wollte mich aber nicht nur unter meinesgleichen bewegen. Die wenigen Juden, die noch in Deutschland lebten, machten keine vielfältige Gemeinde aus, in der jeder seine Freunde hätten finden können. Ich hatte oft auch zu Nicht-Juden gute freundschaftliche Beziehungen, wenngleich ich manchmal eine gewisse Distanz auf der nicht-jüdischen Seite spürte, weil viele meinten, mit Juden müsse man einen besonderen Umgang pflegen. Ob jemand Jude war oder nicht, das war für mich nie entscheidend, um ihn sympathisch zu finden.

Mit Helmut Schön verband mich in diesen Jahren eine besondere Freundschaft, die bereits in Dresden begonnen hatte, als ich noch aktives Mitglied der SG Friedrichsstadt war. Als Helmut mich 1949 bat, mit Sepp Herberger Kontakt aufzunehmen, weil er in den Westen wollte, war es eine Selbstverständlichkeit für mich, das zu tun – dabei war das damals gar nicht so einfach.

Ich fuhr nach Köln, um Herberger aufzusuchen. Als ich ankam, war es 5 Uhr morgens, und alles schlief noch. Ich mußte im Auto übernachten und ging dann zu Herberger in die Sportschule. Ich kannte ihn gar nicht, aber er empfing mich freundlich, als er hörte, daß ich von Helmut käme: »Helmuts Freunde sind auch meine Freunde.« Herberger sagte mir damals, Helmut Schön sei ihm immer willkommen, und er würde für ihn bestimmt eine passende Beschäftigung finden. Helmut kam aber erst nach dem Spiel der SG Friedrichsstadt gegen Horch Zwickau mit der ganzen Mannschaft in den Westen.

Meine Kontakte zu Helmut Schön sind nie abgebrochen, ganz egal, ob er als Trainer beim Sportverein Wiesbaden oder im Saarland oder später Bundestrainer war. Begünstigt war das auch dadurch, daß er in Wiesbaden, nicht weit von Frankfurt entfernt, wohnte. Diese Freundschaft hat sich auch auf seine Frau und seinen Sohn übertragen, und wir pflegen heute noch, wenn auch nur selten, Kontakt miteinander.

Als ich noch in Pforzheim lebte und ein Teil der Fußballer von Berlin nach Heidelberg kam und dort den DSC Heidelberg gründete, blieb ich auch mit ihnen ständig in Verbindung. Ich besuchte sehr oft meine Freunde Hövermann, Ullrich, Saftig, Keßler, Pohl und andere. Inzwischen sind diese Kontakte, die ich auch noch von Frankfurt aus pflegte, völlig abgerissen, und ich muß sagen, daß ich das manchmal bedauere.

JÜDISCHE GEMEINDE

Ich begann mich erst stärker für das Gemeindeleben zu interessieren, als ich durch Zufall mit einem Vorstandsmitglied der Jüdischen Gemeinde in Frankfurt in einen Konflikt geriet. Es ging dabei um ein Grundstück im Westend. Ich wollte dieses Grundstück zwischen Barckhausstraße und Ulmenstraße unbedingt kaufen, da es inmitten eines großen Areals lag, das ich in Partnerschaft mit einem Freund bereits erworben hatte. Um dort unser geplantes Projekt realisieren zu können, mußten wir unbedingt noch das kleine Mittelgrundstück erwerben.

Wir machten dem – übrigens nicht-jüdischen – Besitzer ein Angebot, er stimmte zu, und wir vereinbarten einen Termin beim Notar, um den Kaufvertrag zu unterzeichnen. Wer allerdings beim Notar nicht erschien, das war der Grundstückseigner. Er rief statt dessen an und sagte, er habe ein besseres Angebot, das fast viermal so hoch sei wie das unsere. Mein Partner und ich ahnten sofort, daß an der Sache etwas faul war: Niemand konnte Interesse an einem Stück Land haben, auf dem sich gar nichts bauen ließ, weil es inmitten anderer Grundstücke lag und keinen Zugang zur Straße hatte. Es wäre nur durch die Luft zu erreichen gewesen – einen »Hubschrauberlandeplatz« nannten wir es damals. Aber uns waren die Hände gebunden, denn das neue Angebot konnten und wollten wir nicht überbieten.

Kurz darauf boten uns die neuen Eigner – zwei jüdische Immobilienbesitzer – ihre frisch erworbene Parzelle zum zehnfachen Preis an. Das winzige Stück Land, das wir ursprünglich für rund 100.000 Mark erwerben wollten – und das auch nicht mehr wert war –, sollte plötzlich eine Million kosten! Uns war nun klar, daß sich nicht der Vorbesitzer, sondern diese beiden unangemessen bereichern wollten, und daß sie die ganze Sache eingefädelt hatten, um unsere Notlage auszunutzen.

Das Dumme war nur, daß wir absolut nichts dagegen machen konnten. Ich hätte damit nie vor ein ordentliches Gericht gehen können, denn es war nichts Ungesetzliches dabei. Aber die Angelegenheit ließ mir keine Ruhe, und ich beschloß, den Fall vor ein Rabbinatsgericht zu bringen. Das Rabbinatsgericht hätte feststellen können, daß dieses Verhalten zwar juristisch nicht anfechtbar, aber sittlich nicht zu veranworten sei. Und als Schiedsspruch erwartete ich insgeheim, daß die Käufer uns das Grundstück wenigstens zu ihrem Einstandspreis überlassen sollten – das wäre immer noch das Vierfache unseres ursprünglichen Angebots gewesen.

Bei einem Rabbinatsgericht ist es üblich, daß die beiden Kontrahenten sich jeweils einen Vertreter suchen, der, vergleichbar einem Anwalt, ihre Interessen vertritt und dem Rabbiner den Fall vorträgt. Im Unterschied zu einem normalen Anwalt soll dieser jedoch eine gewisse Distanz zum Streitfall bewahren. Es ist beispielsweise durchaus möglich, daß einer der Vertreter seinem eigenen Mandanten empfiehlt, nachzugeben, weil er sich von den Argumenten der Gegenseite überzeugen ließ. Wird ein Konflikt vor das Rabbinatsgericht gebracht, dann soll neben der geschäftlichen eine moralische Frage geklärt werden; es geht nicht nur um Recht oder Unrecht im juristischen Sinne.

Im Zuge der Vorbereitungen stellte ich plötzlich fest, daß das Vorstandsmitglied der Gemeinde, das mein Partner und ich um die Vertretung unserer Interessen gebeten hatten, zugleich mit unseren Kontrahenten verhandelt und auch ihnen zugesagt hatte, sie vor dem Rabbinatsgericht zu vertreten. Daraufhin verzichteten wir auf ein weiteres Verfahren.

Das Verhalten dieses Mannes ärgerte mich fürchterlich, es war moralisch und juristisch unmöglich. Ich war weniger wütend darüber, daß er offensichtlich versuchte, mich hinters Licht zu führen, als vielmehr, daß er sich überhaupt auf so ein Verhalten einließ. Also fing ich an, mich für dieses Vorstandsmitglied der Jüdischen Gemeinde zu interessieren – das führte dazu, daß ich mich entschloß, selbst bei der nächsten Gemeinderatswahl zu kandidieren.

Wie so manches Mal in meinem Leben entschied auch in diesem Streitfall das Schicksal gegen meine Gegner: Wir mußten für das Grundstück, daß zuvor gerade 100.000 Mark gekostet hätte, zwar in der Tat viel mehr bezahlen – doch wenig später kamen dieselben Herren, die uns diesen Wucherpreis abverlangt hatten, zu uns, weil sie eine Nachbarschaftszustimmung benötigten, um auf einem ihrer Grundstücke in der Bockenheimer Landstraße ein Haus mit 25 Stockwerken zu bauen. Uns gehörte ein Grundstück nebenan, mit dem wir sonst nicht viel anfangen konnten. Wir haben ihnen diese Zustimmung auch gewährt – gegen den Verkauf unseres halben Grundstücks für den ursprünglich ihnen bezahlten Preis.

EIN JÜDISCHER FUNKTIONÄR

Für mich war dieser Streitfall der Beginn eines neuen Lebensabschnittes. Ich kandidierte 1965 zum ersten Mal zunächst für den Gemeinderat der Jüdischen Gemeinde und wurde auf Anhieb gewählt. Nach der Wahl kam mein Freund Simon Preisler zu mir und sagte, er lebe nun seit 15 Jahren in Frankfurt, und jeder kenne ihn. Aber er hätte drei Wahlgänge benötigt, um in den Gemeinderat gewählt zu werden. Mich würde hier keiner kennen, und ich sei dennoch schon im ersten Versuch erfolgreich gewesen. Ich antwortete damals, daß sei eben der Unterschied: Manchmal ist es ein Vorteil, unbekannt zu sein.

Gleich nach der ersten Wahl wurde ich stellvertretendes und

zwei Jahre später ordentliches Vorstandsmitglied. Heute sind es mehr als dreißig Jahre, daß ich eine Funktion in der Jüdischen Gemeinde bekleide. Doch dieser für mich sehr schöne, persönliche Erfolg, eine einflußreiche Verantwortung für die Juden in Frankfurt übernehmen zu dürfen, hat mich nie die Realität verkennen lassen. In Frankfurt lebten Anfang der 60er Jahre rund 5.000 Juden. Es gab damals weder eine jüdische Schule noch ein Kulturzentrum, und das Altenheim der Jüdischen Gemeinde war nur ein Provisorium – es befand sich im früheren jüdischen Krankenhaus, das weitgehend zerstört war.

In den ersten Jahren meiner Vorstandstätigkeit beschäftigten wir uns zuallererst mit der Gründung einer jüdischen Grundschule in Frankfurt. Sinn der Schule war nicht etwa eine »Ghettoisierung« der jüdischen Kinder, sondern das Bestreben, unseren Kindern jüdische Geschichte, jüdische Tradition und jüdisches Wissen zu vermitteln. Um eine solche »Ghettoisierung« zu vermeiden, haben wir von Anfang an auch nicht-jüdische Kinder aufgenommen.

Besonders mein Freund und damaliger Vorstandskollege Moritz Gertler, der der zuständige Vorstandsdezernent in der Jüdischen Gemeinde war, engagierte sich sehr stark in diesem Projekt. Er gewann auch die Unterstützung von Rabbiner Lichtigfeld, der einer jüdischen Schule zunächst skeptisch gegenüberstand, sich später aber voll hinter das Projekt stellte. Die treibende Kraft blieb aber Moritz Gertler, der sich leider kurz nach Gründung der Schule 1966 aus dem Vorstand zurückzog und nicht mehr kandidierte.

Unsere jüdische Schule hat sich später hervorragend entwickelt: Waren es in den ersten Jahren 60 Kinder, die die Schule besuchten, so sind es mittlerweile über 300 geworden. Der Ruf der Schule war von Anfang an gut, und daran hat sich bis heute nichts geändert. Dabei spielte es sicher auch eine Rolle, daß die Durchschnittsgröße einer Klasse in staatlichen Schulen bei 35 Kindern lag, während es in unserer Schule 15 Kinder waren. Sobald eine Klasse mehr als 20 Schüler zählte, wurde diese geteilt. Das hat auch zu einer erheblichen Kostenbelastung der Gemeinde geführt, und diese besteht heute noch. Da die staatliche Förderung von Grundschulen sich nach der Zahl der Kinder richtet, aber der Lehrerbedarf für die gesamte Schule bei kleinen Klassen größer ist, reichen unsere Einnahmen trotz des Schulgeldes bei weitem nicht aus, um die Kosten zu decken. Vor einigen Jahren haben wir die Grundschule um eine Förderstufe erweitert, gegenwärtig planen wir einen Neubau der Schule – die bestehende ist längst zu klein geworden.

Man kann die Bedeutung der jüdischen Gemeinden in Deutschland in den 60er Jahren und damit auch ihrer Vertreter jedoch nicht mit der vergleichen, die sie vor den Nationalsozialisten hatten. Die wechselhafte Geschichte der Juden in Deutschland begann mit der Gründung der ersten jüdischen Gemeinde am 11. Dezember des Jahres 321. Mit dem Edikt des preußischen Königs Friedrich Wilhelm von 1812 bekamen die Juden zum ersten Mal die Bürgerrechte verliehen. Über die Revolution von 1848 und insbesondere die Reichsgründung 1871 kam es zur völligen Emanzipation der Juden. In dieser Epoche entwickelte sich jenes Phänomen, das später als deutsches Judentum bezeichnet wurde. Viele Juden auch aus anderen Ländern, vor allem aus dem Osten Europas, sahen Deutschland als gleichsam gelobtes Land, als Ersatz für Palästina.

In diesen hundert Jahren der Freiheit und relativen Gleichheit bis hin zur Shoa lebten die Juden in Deutschland wie ganz normale Deutsche, waren stolz auf ihre Heimat und auch bereit, ihr Leben für ihr Vaterland zu opfern. Tausende von Freiwilligen kämpften im Ersten Weltkrieg in der Deutschen Armee, und 12.000 Soldaten jüdischen Glaubens fielen.

In diesen Jahren entwickelte sich eine Vielfalt unter den Juden, wie man sie heute nur in Israel und den USA kennt: Sie waren – in allen Abstufungen – streng religiös oder total assimiliert, lebten im jüdischen Viertel oder mitten unter den Christen, blieben dem Judentum kulturell verbunden oder ließen sich taufen. Sie sprachen teilweise gar kein Deutsch und brachten zugleich die wichtigsten deutschsprachigen Schriftsteller hervor wie Franz Kafka und Joseph Roth. Alles war möglich, und jeder definierte sein Judentum selbst. Ludwig Börne und Heinrich Heine ließen sich taufen, Walter Rathenau wandte sich vom Judentum ab, ohne allerdings zu konvertieren.

Die Shoa vernichtete das deutsche Judentum. Etwa 400.000 Juden emigirierten, und von jenen, die zurückblieben, wurden 170.000 umgebracht. Nur 12.000, die im Land blieben, haben – untergetaucht oder als Häftlinge in Konzentrationslagern – den Krieg überlebt. Die allerwenigsten ahnten vor 1933, was auf sie zukommen würde. Sie wollten nicht glauben, daß ausgerechnet Deutschland, das sie so verehrten und an das sie sich mit so vielen Hoffnungen klammerten, sie als ganzes Volk auslöschen wollte. Sie lebten so normal unter den

Deutschen, daß die Antwort auf die heikle Frage, was sie gemacht hätten, wenn die Nationalsozialisten keine Antisemiten gewesen wären, nur heißen kann: Sie hätten sich genauso verhalten wie alle anderen Deutschen auch. Unter den Juden gab es nicht weniger Nationalisten als unter den Nicht-Juden.

Anfang der 30er Jahre lebten in der Weimarer Republik knapp 600.000 Juden – nicht eingerechnet die Assimilierten, die Getauften und all die anderen, die nichts mit den Jüdischen Gemeinden zu tun haben wollten. Die Gesamtzahl könnte bei nahezu einer Million gelegen haben. Allein in Frankfurt zählte vor 1933 die Jüdische Gemeinde 30.000 Mitglieder. Heute sind es in ganz Deutschland nur knapp 60.000 Mitglieder – die Hälfte davon Zuwanderer aus der früheren Sowjetunion, die in den vergangenen sechs Jahren eingewandert sind. 5- bis 10.000 kommen noch dazu, die sich nicht als Juden fühlen oder keinen Kontakt zu den Gemeinden suchen. Fast 40 Prozent der Gemeindemitglieder leben in den Großstädten Berlin, Frankfurt und München. Einschließlich noch einiger weiterer Großstädte wie Hamburg, Düsseldorf, Köln und Dortmund sind es bereits zwei Drittel der Mitgliederschaft, während der Rest sich auf etwa 80 Gemeinden verteilt.

Die Jüdischen Gemeinden heute unterscheiden sich sehr stark von den Gemeinden, wie sie bis 1933 existierten. Nach dem Krieg glaubte niemand daran, daß es in Deutschland wieder ein jüdisches Leben geben könnte. Unmittelbar nach Kriegsende lebten 80.000 Juden in Deutschland, Ende der 40er Jahre waren es bis zu 300.000. Die stammten – abgesehen von den 12.000 überlebenden deutschen Juden – ganz überwiegend aus Osteuropa und hatten entweder im Konzentrationslager überlebt oder waren in Deutschland befreit worden; sie wollten nicht mehr in ihre Heimat zurückkehren und kamen in die DP-Lager, um von hier aus auszuwandern. Die meisten von ihnen verließen Deutschland und gingen in die USA, nach Kanada, Australien, Palästina und später Israel. Eine Zu- und Auswanderung von osteuropäischen Juden hat es in den Nachkriegsjahren in Deutschland ständig gegeben.

Nach 1955 lebten etwa 25.000 Juden in der Bundesrepublik, in der DDR nur einige hundert. Es entwickelte sich allmählich wieder ein Gemeindeleben, das in der Nachkriegszeit bestimmt wurde vom Denken und Handeln der Überlebenden und sich auf die Vergangenheit konzentrierte. Selbst die jüngere Generation, zu der ich ja damals zählte, bestand aus Überlebenden, die als Jugendliche die Zeit des Nationalsozialismus erlebt hatten. Niemand hätte damals daran gedacht, daß es notwendig sein könnte, sich um die Jugend zu kümmern, Kindergärten und Schulen zu planen und ein aktives jüdisches Kulturleben zu organisieren. Das Gemeindeleben spielte sich eher zurückgezogen ab, in der Öffentlichkeit sind Vertreter der jüdischen Gemeinden kaum besonders aufgetreten.

Die Kinder der Überlebenden hatten sich in den Jüdischen Gemeinden noch nicht zu Wort gemeldet. Sie kamen eben erst aus den Gymnasien, machten Abitur, begannen mit dem Studium und schlossen sich in den 60er Jahren sehr bald verschiedenen linken Gruppen an. Die gaben ihnen die Hoffnung, in einer neuen demokratischen, antifaschistischen Bewegung aufgehen zu können, in der es weder Juden noch Nicht-Juden und daher auch keine Diskriminierung und keinen Antisemitismus gab.

Die Nachkriegsgeneration der Juden vor allem in Frankfurt und Berlin interessierte sich weniger für die Belange der jüdischen Gemeinschaft. Die Intellektuellen, Studenten und alle anderen, die sich für gesellschaftliche Veränderungen einsetzten, fanden es uninteressant, sich in den jüdischen Gemeinden zu engagieren. Mittlerweile hat sich das völlig verändert.

Es begann damals eine Periode des Widerstandes gegen das Establishment, die sogenannte 68er Bewegung, in der überall in Europa auch die junge Generation der Juden eine Rolle spielte. Doch vor allem in Deutschland endete diese Begeisterung nicht selten in einer großen Enttäuschung: Diese neue Bewegung war leider nicht so demokratisch und liberal, wie es sich viele erwartet hatten.

Die 68er Bewegung entwickelte eine eigenartige Distanz zu Israel und eine nahezu peinliche Verherrlichung der palästinensischen Terroristen. Sogenannte »Alternative« trugen schwarzweiß gemusterte Tücher um den Hals, wie sie es im Fernsehen bei den Arabern gesehen hatten, und Vertreter der Linken verglichen den Überlebenskampf des israelischen Staates gegen arabische Terrorgruppen mit dem Kampf der Deutschen Wehrmacht während des Zweiten Weltkrieges. Nicht selten fiel der perverse Vergleich, daß ja die Juden dort in Israel die Palästinenser nicht viel anders behandeln würden als die Deutschen damals die Juden. Ihre Ansichten waren dabei nicht weit von denen erklärter Nazis entfernt.

Was in ihnen vorging, ist für mich schwer nachzuvollziehen. Waren sie noch 1965 und Anfang 66, als die arabischen Staaten die Vernichtung Israels proklamierten und die Juden »ins Meer werfen« wollten, eifrige Verteidiger des Staates Israel, so kehrte sich das nach dem von den Arabern provozierten Sechstagekrieg im Juni 1967 ins Gegenteil – man konnte fast den Eindruck haben, daß sie es den Israelis nicht verziehen, den Sechstagekrieg ohne ihre Hilfe gewonnen zu haben. Ihre Gunst gehörte nunmehr den Arabern. Möglicherweise sahen sie darin eine Entlastung für die von den Deutschen begangenen Verbrechen während der Zeit des Nationalsozialismus, auch wenn sie selbst daran nicht beteiligt waren. Sie glaubten offenbar, den damaligen Opfern jetzt eine Täterschaft vorhalten zu können, die sie aus eigenem Erleben nicht kannten. Sie begriffen nicht, daß sie dadurch die Verbrechen der Nazis – ob gewollt oder ungewollt – verharmlosten.

Die jungen Juden aus dieser Bewegung entdeckten schließlich die Jüdische Gemeinde und wollten diese revolutionieren. Sie traten bei den Frankfurter Gemeinderatswahlen 1969 als geschlossene Gruppe auf und erlangten tatsächlich die Mehrheit. Sie stellten den Vorstand, bis sie merkten, daß das jüdische Gemeindeleben nichts, aber auch gar nichts mit den revolutionären Ideen ihrer Generation zu tun hatte. Noch im Laufe der Legislaturperiode wählten sie mich, ihren eigentlichen Gegner, in den Vorstand. Die meisten dieser jungen Juden haben nach Ablauf der Amtszeit auch nicht wieder kandidiert. Ihr Interesse am Engagement in der Jüdischen Gemeinde war völlig erloschen und sollte erst viele Jahre später wieder erwachen.

DIE FDP

Die politischen Entwicklungen Ende der 60er Jahre – und dazu zähle ich in erster Linie die Bildung der sozialliberalen Koalition – bewogen mich, mich politisch zu engagieren. Dabei haben sicherlich mehrere Faktoren eine Rolle gespielt, aber ausschlaggebend dafür, warum ich anfing, FDP zu wählen, und später, 1969, in diese Partei eingetreten bin, war ein beeindruckendes Erlebnis, das ich viele Jahre zuvor im Vorzimmer des Oberbürgermeisters von Pforzheim hatte.

Es war kurz vor meiner Heirat, und ich wartete in diesem Vorzimmer auf meine Papiere. Vor mir war ein Mann an der Reihe, der nicht gut Deutsch konnte und daraufhin von dem Beamten als »Zigeuner« beschimpft wurde. Ich hörte dann, wie sich der Oberbürgermeister Johann-Peter Brandenburg, der bei der FDP war (sie nannte sich in Baden-Württemberg damals FVP) und später Vizepräsident des Baden-Württembergischen Landtags wurde, fürchterlich darüber aufregte und den Beamten zur Rede stellte: »Sind wir wieder so weit, daß Sie es sich erlauben, so etwas zu sagen?!« schrie er ihn an. Dieser Mann hat mich damals sehr beeindruckt, weniger, weil er den Beamten wegen seiner Aussagen kritisierte, sondern vielmehr, weil er offenkundig erschüttert war darüber, daß man überhaupt so denken konnte nach allem, was passiert war. Ähnlich empfinde ich heute noch, wenn ich Menschen begegne, die eine besondere Sensibilität für Ungerechtigkeit haben. Vielleicht ist es die Erfahrung mit so viel Unmenschlichkeit, daß ich Menschlichkeit nicht als eine Selbstverständlichkeit ansehe, obwohl sie es sein sollte.

Natürlich war ich auch von der Erziehung meiner Eltern beeinflußt, ich bin in einem liberalen Geist aufgewachsen. Ich konnte mir damals nicht vorstellen, mich einer anderen Partei als den Liberalen anzuschließen; Persönlichkeiten wie Thomas Dehler, in den 50er Jahren erst Bundesjustizminister und dann Vorsitzender der FDP, und Reinhold Maier, der ehemalige Ministerpräsident von Baden-Württemberg, haben mich sehr beeindruckt.

Eine ebenso wichtige Rolle hat meine spätere persönliche Freundschaft mit Heinz-Herbert Karry gespielt. Karry, der uneheliche Sohn eines jüdischen Vaters und einer christlichen Mutter, hat mit viel Glück überlebt und war nur die letzten drei Monate in einem Arbeitslager interniert. Sein Bruder, Eric Karry, war während der Nazizeit nach England emigriert und kam unmittelbar nach Kriegsende nach Frankfurt zurück. Karry wurde später hessischer Wirtschaftsminister.

Schon in den ersten Jahren meiner Parteizugehörigkeit wollte Karry, daß ich mich über die einfache Mitgliedschaft hinaus für die FDP engagiere. Wenn es nach ihm gegangen wäre, wäre ich schon Anfang der 70er Jahre Stadtverordneter in Frankfurt, Landtagsabgeordneter oder gar Bundestagsabgeordneter geworden. Auch als Staatssekretär für sein Wirtschaftsministerium hätte er mich gern gehabt.

Ich sah meine Zukunft aber nicht in einem politischen Funktionärstum. Ich wollte meine Unabhängigkeit bewahren und, soweit es um politisches Engagement und die Übernahme von Ämtern ging, nur ehrenamtlich tätig werden. Das konnte ich zu diesem Zeitpunkt aber bloß in begrenztem Umfang tun. So beschränkte sich meine FDP-Arbeit zunächst auf den Frankfurter Kreisverband, nur bedingt auf die Landesebene, und die Bundesebene war zunächst ausgeschlossen. Da ich nie etwas werden wollte und keiner in mir einen Konkurrenten für ein politisches Amt sah, hatte ich dadurch allerdings an Einfluß gewonnen.

KAPITEL 6

HÄUSERKAMPF

DER BUHMANN

Fünfundzwanzig Jahre nach dem Ende des Krieges hatte ich eine Familie und eine ökonomische Basis, die man als abgesichert bezeichnen konnte. Aus einem halb verhungerten jüdischen Jungen war ein halbwegs erfolgreicher Unternehmer geworden. Alles schien gut zu laufen, und ich hatte die Idee längst aufgegeben, Deutschland zu verlassen und in den USA oder in Israel eine neue Existenz aufzubauen.

Nach meinen ersten Erfolgen mit Immobilien in Berlin interessierte mich diese Kapitalanlage immer mehr. Im Immobilienbesitz sah ich eine wesentliche Zukunftssicherung: Grund und Boden sind nicht beliebig vermehrbar, und Wohnungen werden immer gebraucht.

In den folgenden Jahren kaufte ich Häuser und Grundstücke in Frankfurt, Berlin, Hamburg und anderen deutschen Städten. Doch was ich als eine reine Anlagetätigkeit ansah, führte in den 70er Jahren zu einer politischen Konfrontation vor allem mit der studentischen Linken. Ich wurde in Auseinandersetzungen verwickelt, auf die ich nicht nur nicht vorbereitet war, sondern für die ich auch kein Verständnis hatte.

Der sogenannte Häuserkampf in Frankfurt gehört zu meinen unangenehmsten Erinnerungen. Nicht weil sich hier Vertreter einer jungen Generation im Recht fühlten in ihrem Kampf gegen das Establishment. Das sind Spiegelbilder eines normalen Generationskonflikts, und der tritt manchmal stärker und manchmal weniger stark in Erscheinung. Deprimierend für mich waren die antisemitischen Erfahrungen, die ich im Umfeld des Häuserkampfes machen mußte. Das galt nicht nur für die studentischen Vertreter und jugendlichen Demonstranten, sondern vielleicht sogar noch mehr für einen Teil der Presse, die damals mit einer ungewöhnlichen Wut auf mich und auf andere Frankfurter Juden, die sich als Bauherren betätigten, reagierte. Daß es dabei auch nicht-jüdische Bauherren gab und gerade Banken und Versicherungsgesellschaften in Frankfurt besonders aktiv waren, spielte für die linke Presse in diesem Zusammenhang keine Rolle – zu den erklärten Buhmännern wurden die jüdischen Bauherren.

Mein Engagement im Immobilienbereich in Frankfurt begann mit dem Grundstück in der Ulmenstraße 37-39, das ich zusammen mit einem Partner erworben hatte. Nachdem wir das gesamte Areal, einschließlich des teuren Mittelgrundstücks, von dem bereits die Rede war, erworben hatten, bauten wir dort 1968 bis 1971 ein knapp 67 Meter hohes Bürogebäude. Ich kam aus der Schmuckbranche und hatte damals keine Ahnung von Häusern und Grundstücken. Wir engagierten Architekten – in diesem Fall Richard Heil – und Baufirmen und hatten dabei vielleicht Glück, die richtigen ausgesucht zu haben. Mein Partner und ich kümmerten uns um die Finanzierungen, und die Fachleute bauten die Häuser.

Noch während das Hochhaus in der Ulmenstraße im Bau war, kaufte ich mit zwei anderen Partnern, Chaim Landschaft und Roman Singer, einige Grundstücke an der Ecke Bockenheimer Landstraße Schumannstraße. Wir bekamen die Bewilligung für den Abriß der gründerzeitlichen Blockrandgebäude, um dort ein zweites Bürohaus zu errichten.

Die politischen Vertreter der Stadt verfolgten damals den Plan, die Erweiterung der City in Richtung Westend voranzutreiben. Das Westend war ursprünglich ein vornehmes Wohnviertel, aber jetzt lagen Bürohochhäuser ganz auf der Linie des städtebaulichen Konzepts: Frankfurt sollte zu einer Metropole für Banken und Versicherungen ausgebaut werden und ein attraktives Angebot an citynahen Büroflächen die Zentralen der Branchengrößen hierher locken. Diese Grundidee hat bis heute Bestand. Es wurden später noch viele Hochhäuser im Westend gebaut, und sie wurden höher und höher. Von einer Erhaltung des Westends kann heute nur noch bedingt die Rede sein.

Wir planten damals ein Hochhaus mit 16 Stockwerken, doch die

Stadtverwaltung machte uns einen Vorschlag, der sehr viel weiter ging: Wir sollten ein Bürohochhaus mit 36 Geschossen bauen und, um dieses Projekt zu realisieren, weitere Grundstücke dazukaufen. Uns gehörten bereits – als zusammenhängende Blockecke – die Häuser Nummer 67, 69 und 71 in der Schumannstraße sowie 111 bis 115 in der Bockenheimer Landstraße. Dazu sollten wir die Häuser Nummer 61, 63 und 65 in der Schumannstraße, die gegenüberliegenden Häuser Nummer 62 und 64 sowie das Eck Bockenheimer Landstraße/Senckenberganlage erwerben. Der Vorschlag der Stadt war eindeutig: Kaufen Sie, sagte man uns, und wir geben Ihnen die Genehmigung für den Abriß und den Neubau eines 36stöckigen Hochhauses. Dabei sollten die gegenüber dem eigentlichen Baugrundstück liegenden Häuser Schumannstraße 62 und 64 ebenfalls abgerissen werden und unbebaut bleiben, um dem Hochhaus einen Freiraum zu verschaffen.

Den ersten Antrag für den Bau des Bürohauses stellten Landschaft und Singer, bevor ich ihr Partner wurde, bereits im November 1969, den Bauantrag für den erweiterten Vorschlag im April 1971. Im Juni 1972 wurde der Antrag vom Bauausschuß genehmigt. Nachdem wir die Abrißgenehmigung für die alten Gebäude erhalten hatten, machten wir jedoch den entscheidenden Fehler: Wir bewogen die alteingesessenen Mieter mit großzügigen Abfindungen zum Verlassen ihrer Wohnungen, aber ließen die zum Abriß freigegebenen Häuser nicht sofort abreißen, sondern vermieteten die leerstehenden Wohnungen mit kurzfristigen Verträgen an Studenten.

Die Mieten, die wir verlangten, waren minimal, eine Drei-Zimmer-Wohnung vermieteten wir für 150 DM, eine Fünf-Zimmer-Wohnung für etwa 700 DM. Später stellten wir fest, daß einige der Studenten ihrerseits die einzelnen Zimmer für 300 Mark weiter vermietet hatten.

Ab 1969 kam es zu einem Stimmungsumschwung in der Bevölkerung und dadurch etwa 1972 auch bei den Politikern. Im Herbst 1970 verschaffte sich eine gutbürgerliche Aktionsgemeinschaft Westend Gehör mit Demonstrationen unter dem Motto: »Es ist ein Skandal, was im Westend geschieht!« Und zur Kommunalwahl im November 1972 trat die SPD unter ihrem Spitzenkandidaten (und dann gewählten OB) Rudi Arndt mit der Parole an: »Nur weil Büropaläste mehr Gewinn bringen, können Menschen nicht auf die Straße gesetzt werden. Und Häuser leerstehen, wenn Wohnungen fehlen.« Die Politiker hatten die Cityerweiterung gewollt – nun wollten sie den Preis nicht mehr zahlen, der darin bestand, daß zwischenzeitlich 50 zum Abriß bestimmte Häuser leerstanden. Plötzlich also sprach man von der »Verödung« des Westends durch die Büroneubauten, und vor allem in der Agitation der Studentenbewegung erschien jedes Hochhausprojekt als »soziale Ungerechtigkeit«. Hochhäuser wurden zum negativen Symbol für die Auswüchse des Kapitalismus. Die revolutionäre Linke entdeckte die Schönheit des bürgerlichen Lebens, und der Büroturm wurde zum Aggressionsobjekt.

Im September 1971 kam es zu den ersten Besetzungen, die uns betrafen. Eine Gruppe von Leuten marschierte vom Grüneburgweg, wo sie bereits ein Haus von Ali Selmi in Beschlag genommen hatten, zur Schumannstraße 65 und 67. Die Mieter und Untermieter hängten eine rote Fahne aus dem Fenster und erklärten unsere Häuser für besetzt. Bis heute verstehe ich nicht, was die Erhaltung der alten Bürgerhäuser in Frankfurt mit einer roten Fahne zu tun hatte. Ständig zogen neue Leute ein, und weder ich noch meine Partner oder sonst jemand aus unserem Unternehmen hatte einen Zugang zu dem Haus.

Ich wurde tyrannisiert mit nächtlichen Anrufen, mit Maschinengewehrgeknatter via Telefon und wegen einer einzigen Baugenehmigung, die wir von der Stadt für den Bau eines einzigen Hauses bekommen hatten, zum »Volksfeind« erklärt. Die Namen der politischen Feinde des Volkes – damit waren natürlich die »Spekulanten« gemeint mit ihren angeblich so unsozialen Methoden – wurden mit Dias an die Hauswände projiziert. Es gab ein Transparent an unserem Haus mit der Aufschrift »Spekulanten, Banken, Magistrat sind ein Gangstersyndikat«, das den *Spiegel* später veranlaßte zu schreiben, ich sei »unwidersprochen als Mitglied eines Gangstersyndikats bezeichnet« worden. Für meine Partner interessierte sich keiner, denn sie waren unbekannt. Da war ein Vorstandsmitglied der Jüdischen Gemeinde schon vielversprechender.

Die Besetzer wechselten von Zeit zu Zeit. Ein Teil hatte eigene Wohnungen und in den besetzten Häusern eine Art Protest-Zweitwohnsitz. Ihnen ging es in erster Linie um den sogenannten »revolutionären Kampf«. Zu den Besetzern der Schumannstraße gehörte unter anderem auch der im Juni 1976 an der Entführung einer Air-France-Maschine nach Uganda beteiligte Terrorist Wilfried Böse.

Nach den Besetzungen entdeckten auch die Politiker plötzlich ihre Liebe zu den alten Häusern, die sie jahrelang völlig vernachlässigt hatten. Die Stadtverwaltung trat unversehens gegenüber uns Investoren auf die Bremse, um so ihr neuentdecktes schlechtes Gewissen zu beruhigen.

Man fand plötzlich heraus, daß unser geplantes und bereits bewilligtes Hochhaus für die Anrainer eine unzumutbare Belastung sei, und forderte uns auf, als »Planungswertausgleich« einen »Sozialtopf« zu bestücken. Isidor Herskovitz, Simon Preisler – zwei Investoren, die gleich mir in die Schußlinie geraten waren – und ich wurden 1972 gedrängt, eine Stiftung »Soziale Wohnhilfe« zu gründen und in diese Stiftung drei Grundstücke am Zimmerweg sowie fast 1,5 Millionen DM einzubringen, wovon 500.000 DM allein auf mich entfielen (später, bei der Rohbau- und dann noch einmal bei der Schlußabnahme, hätte ich jeweils weitere 500.000 DM zahlen sollen). Niemand teilte mir so recht mit, was damit geschehen sollte, aber man signalisierte mir, daß man sich nach diesen »Bußgängen«, wie selbst einmal die *Frankfurter Rundschau* zugestehen mußte, gegenüber den Kritikern leichter täte. Am Ende mußten wir dann diese Summe doch nicht aufbringen: Aufgrund einer Klage Dritter wurde Jahre später dieser »Sozialtopf« vom Gericht als nicht zulässig erklärt. Aber man entdeckte noch während der heftigen öffentlichen Auseinandersetzungen weitere Methoden, um meine Partner und mich zu Zahlungen zu bewegen: Für die Baubewilligung des Hochhauses sollten wir 35 Sozialwohnungen in der Altkönigstraße 12 – 16 errichten, wo die hohen Grundstückspreise so etwas fast unmöglich machten, und sie dann der Stadt zur Verfügung stellen. Ich sah keine andere Wahl, als im Dezember 1973 für diese Grundstücke einen Kaufvertrag über 2,6 Millionen DM zu unterzeichnen und mich zum Bau von 3.500 Quadratmetern Wohnraum zu verpflichten, die mich weitere Millionen kosteten. – Und all das, obwohl wir eine positiv beschiedene Bauvoranfrage über die Errichtung des 36geschossigen Gebäudes aufweisen konnten!

Vielleicht dachten sich die politisch Verantwortlichen, ich würde nun lieber davon Abstand nehmen, die umstrittenen Häuser auch abzureißen. Doch sie irrten sich. Ich hatte meine Abriß- und meine Baugenehmigung, und für mich blieben diese Bescheide auch gültig.

RÄUMUNG UND REZESSION

Im Februar 1974 wurden, nach vielen erfolglosen Aufforderungen, die besetzten Häuser geräumt. Nach einem monatelangen Nervenkrieg zwischen Hausbesetzern und Polizei war die ganze Stadt auf einen Krieg vorbereitet, der durch die Räumung ausgelöst werden konnte. Doch es kam ganz anders.

Um zwei Uhr nachts fuhren einige Mannschaftswagen in der Schumannstraße vor, und die Polizisten leuchteten mit Suchscheinwerfern in die Wohnungen. Die etwa 80 Bewohner reagierten mit Sprechchören. Farbbeutel, Knallkörper und Flaschen wurden geworfen. Kurz darauf zogen sich die Polizisten wieder zurück, und in die Häuser kehrte Ruhe ein. Die Bewohner waren diese Aktionen der Behörden gewohnt und vermuteten keine Räumungsversuche. Zwei Stunden später, gegen 4.20 Uhr, rückte die Polizei jedoch mit einem Großaufgebot an. Aus den Autos sprangen Polizisten mit Leitern und Brechwerkzeugen. Gleichzeitig kamen Mannschaftswagen, Wasserwerfer, Materialwagen mit Schweißgeräten, Motorsägen und Kompressoren. Die ganze Straße war von mobilem Flutlicht hell erleuchtet. Die Beamten brachen die Türen auf, zerstörten die Barrikaden und waren in wenigen Minuten in den vier besetzten Häusern.

Der erwartete Widerstand blieb aus – erst drei Tage später kam es während einer Demonstration, die an den mittlerweile teilabgerissenen Häusern vorbeiführte, zu heftigen Auseinandersetzungen zwischen der Polizei und den Sympathisanten des Häuserrats, denen 50 Verletzte auf beiden Seiten zum Opfer fielen. In der Nacht der Räumung selbst wurden jedoch die Bewohner im Schlaf überrascht und relativ reibungslos zur erkennungsdienstlichen Behandlung abgeführt. Eine halbe Stunde später begannen die Vorbereitungen für den Abriß. Bei einer anschließenden Pressekonferenz der Besetzer verlas ein Vertreter des sogenannten Häuserrats eine Erklärung, in der als »Bürgerkriegseinsatz« bezeichnet wurde, was nichts anderes als eine gut vorbereitete und völlig berechtigte Aktion zur Räumung unserer Häuser war, die ich nicht nur begrüßte, sondern auch schon seit langem erwartet hatte. Als besonders verwerflich wurde bei derselben Pressekonferenz herausgestellt, daß ich gegen die Besetzer eine Anzeige wegen Hausfriedensbruchs erstattet hatte. Ich möchte wissen, was Hausbesetzungen sonst sind.

Unter den Besetzern befanden sich auch zwei Studenten, die noch laufende Mietverträge für eine der Dachgeschoßwohnungen hatten. Ihnen mußte ich eine Abfindung zahlen, damit sie die Wohnungen räumten. Die Abfindung belief sich auf etwa das Zehnfache dessen, was sie mir in der gesamten Mietzeit als Miete gezahlt hatten. Und drei Doktoranden, an die ich vorübergehend den 2. Stock in der Schumannstraße 65 vermietet hatte, kosteten mich 50.000 DM zuzüglich die Rechnung für ihren Umzug.

Die Gebäude, um die es bei den Besetzungen und den Räumungen ging, waren nie zur Gänze in meinem Besitz. An den Häusern in der Bockenheimer Landstraße war ich nominell mit 40 Prozent beteiligt, 20 Prozent davon hielt ich jedoch bloß treuhänderisch. Von den vier umkämpften Häusern gehörten mir also zu diesem Zeitpunkt nicht mehr als 20 Prozent. Der langjährige Frankfurter Planungsdezernent Hans Kampffmeyer mußte, nicht zuletzt dieses Konfliktes wegen, schon im September 1971 seinen Hut nehmen, und sein Nachfolger Hanns Adrian, ebenfalls von der SPD, nannte unser Bauvorhaben an der Bockenheimer Landstraße die »lästigste Bauleiche, die noch aus dem Keller zu holen ist«.

Was heute viele Jahre später als eine rein politische Auseinandersetzung mit einer überkritischen jungen Generation dargestellt wird, hatte damals schwerwiegende wirtschaftliche Konsequenzen für mich. Anfang der 70er Jahre verdüsterte sich die wirtschaftliche Lage in Deutschland. Während ich auf die Räumung der besetzten Häuser wartete, schnellten die Zinsen in die Höhe. Da ich die Grundstücke mit Hypotheken beliehen hatte, wurde die Überbrückung bis zum Baubeginn immer schwieriger. Ich hatte das Projekt mit 7,5 Prozent Zinsen kalkuliert, inzwischen lagen sie bei 15 und 16 Prozent.

Meine beiden Partner Singer und Landschaft gaben nach der Räumung ihre Anteile an eine französische Gesellschaft namens Opinco mit Sitz in Luxemburg weiter. Meinen Anteil aber wollte die Opinco nicht kaufen. Da an dieser Gesellschaft auch die amerikanische Oppenheimer Bank beteiligt war, hatte ich allen Grund, die Opinco für einen solventen Käufer und Miteigner zu halten, zumal ich wußte, daß unter den Partnern der Opinco sich auch der Besitzer des Sheraton und des Hilton in Paris befand. Die französischen Geschäftsführer der Opinco machten auch persönlich einen guten Eindruck auf mich. Mein Fehler war jedoch, nicht darauf zu achten, in welcher Eigenschaft sie als Käufer für die Hausanteile in Frankfurt auftraten: Sie kauften nicht als Privatpersonen, auch nicht als Bevollmächtigte der Oppenheimer Bank, sondern für die Opinco – und diese Gesellschaft erwies sich als bei weitem nicht so kapitalkräftig, wie ich angenommen hatte. Sie war bloß mit drei Millionen DM Kapital ausgestattet.

Die wirtschaftliche Lage verschlechterte sich weiter. Es gab eine Rezession in den Jahren 1972 bis 1976, Unternehmen und Banken verloren Geld, und viele wollten aus Projekten, die sich anders entwickelten als erhofft, einfach aussteigen. Auch meine Partner aus Frankreich und Luxemburg. Ich versuchte vergeblich zu verhindern, daß sie sich 1974 zurückzogen. Die drei Millionen Mark waren zum größten Teil aufgebraucht, und meine Partner waren nicht bereit, weiteres Geld nachzuschießen. Sie haben mir zwar das noch in der Gesellschaft vorhandene Geld zur Verfügung gestellt, wollten aber keine weiteren Risiken eingehen. Da sie gegenüber den Hypothekengläubigern im Gegensatz zu mir nie persönlich gebürgt hatten, blieb mir nichts anderes übrig, als ihre Anteile zu übernehmen. Mir gehörten schließlich 100 Prozent der Grundstücke und auch 100 Prozent der Schulden.

Die Besetzer waren geräumt, die Häuser abgerissen – und dennoch konnte ich mit dem Bau nicht beginnen. Nachdem die Baugrube ausgehoben worden war, mußte ich alle weiteren Arbeiten einstellen lassen. Die Banken wollten mir, der ich ja jetzt alleiniger Besitzer war, keine weiteren Kredite mehr geben, die aber notwendig waren, um das Gebäude fertigzustellen. Die Vermietungssituation wurde schwieriger in Frankfurt, es standen 300.000 Quadratmeter Büroraum leer, hinzu kam das schlechte Image des umkämpften Grundstücks. Es war eine besonders schwierige Situation für mich, da ich auch noch ein anderes Grundstück in Bergen-Enkheim besaß, das für Wohnungsbau vorgesehen war und das ich nun in der Rezession weder verkaufen noch bebauen konnte. Für die beiden Grundstücke zusammen mußte ich etwa 4 Millionen Mark Zinsen im Jahr bezahlen, und das war zuviel für mich.

Diejenigen, die mir einst vorgeworfen hatten, Bürohochhäuser im Westend zu bauen, warfen mir nunmehr vor, das Bauvorhaben nicht durchzuführen. Ich mußte fast meinen gesamten übrigen Hausbesitz in Berlin, in Hamburg und in Bonn verkaufen, um die Zinsen der Jahre 71 bis 76 bezahlen zu können – und das zu einer Zeit, als meine Häuser entweder noch besetzt oder bereits abgerissen waren und ich als der millionenschwere »Spekulant« hingestellt wurde.

Per saldo hat mir diese Geschichte mehrere Millionen Mark an Verlusten eingebracht. Schließlich, im Mai 1982, hat – trotz diverser Bedenken im Vorstand, wo befürchtet wurde, daß es bei Baubeginn zu neuen Krawallen kommen könne – die Kreditanstalt für Wiederaufbau das Projekt erworben, eine modifizierte Baugenehmigung eingeholt und anstelle eines Hochhauses ein langgestrecktes, siebengeschossiges Gebäude an der Ecke Bockenheimer Landstraße/Schumannstraße gebaut, allerdings unter voller Ausnutzung der früher schon genehmigten Geschoßfläche.

Als meine Häuser besetzt wurden und ich durch mein Beharren auf Räumung und Abriß in politische Auseinandersetzungen verwickelt wurde, legte ich mein Amt in der Gemeinde nieder und habe erst fünf Jahre später wieder für den Gemeinderat und Vorstand kandidiert. Es gab unter den Hausbesitzern nie diese Einheitsfront, wie sie von den Besetzern und ihrem Umfeld immer unterstellt wurde. Die »Spekulanten« waren einzelne Unternehmer, die jeder auf seine Weise mit den Problemen fertig werden mußten. Einige jüdische Hausbesitzer forderten damals von unserer Gemeinde, sie solle intervenieren. Diese Kollegen beklagten zu Recht, daß sich die Kritik, die sie sich gefallen lassen mußten, vor allem auf antisemitische Vorurteile stützte. Ich – zu Beginn der Auseinandersetzungen noch im Vorstand – stimmte ihnen zwar zu, war jedoch entschieden dagegen, die Gemeinde in diesen Konflikt eingreifen zu lassen.

Während der Auseinandersetzungen mit den Hausbesetzern kam der Antisemitismus aus der Richtung der politischen Linken, die sich für völlig immun gegenüber dieser Erscheinung hielt.

Ich wurde zum Buhmann der linken Presse, und diese fand nichts dabei, 25 Jahre nach dem Holocaust in einer offen antisemitischen Sprache und Diktion auf die angeblich Schuldigen an sozialen Mißständen hinzuweisen. Ein Unternehmer, der mit Genehmigung der Verwaltung und mit Billigung der demokratisch gewählten Kommunalpolitiker im Sinne ihrer stadtplanerischen Konzeption ein Bürohaus bauen wollte, wurde zum Feind der Gesellschaft erklärt, zum Verantwortlichen für kommunale Fehlplanung und Wohnraumnot. Es war unfaßbar, mit welch gefährlicher Naivität und mit welchem Haß gegen mich und andere (fast ausschließlich jüdische) Unternehmer vorgegangen wurde. In den Kreis der jüdischen »Westendzerstörer« wurde sogar ein Unternehmer namens Selmi aufgenommen, von dem niemand wußte bzw. wissen wollte, daß er Moslem war. Es genügte, daß sie in ihm keinen Deutschen sahen.

Am 23. Januar 1975 konnte man in der *Frankfurter Rundschau* lesen: »Und nun wird er nicht gebaut: Der 29-geschossige Büroturm des Ignatz Bubis an der Ecke Bockenheimer Landstraße/Schumannstraße. Seinetwegen gab es in Frankfurt die brutalsten Straßenschlachten. Politikern und Verwaltung wurde vorgeworfen, mit Grundstücksspekulanten gemeinsame Sache zu machen. Wegen ihm kam es zu spektakulären Hausbesetzungen und Räumungen!« Daß damit, wie die *Frankfurter Rundschau* heute behauptet, der Turm und nicht ich gemeint gewesen sei, wage ich zu bezweifeln. Und am 16. September 1976 schrieb zum Beispiel der *Stern*: »Die Straßenschlacht, die es gab, als Bubis seine besetzten Häuser von der Polizei räumen ließ, ging als die blutigste in Frankfurts Geschichte ein.«

War das wirklich die Schuld des (jüdischen) »Spekulanten«, wie er hier bezeichnet wurde, daß Frankfurt eine derart gewaltsame Auseinandersetzung erleben mußte? Konnte eine sogenannte liberale Zeitschrift einen solchen Satz schreiben, nachdem gute dreißig Jahre zuvor Tausenden von Frankfurter Bürgern ihr Besitz weggenommen und sie selbst verschleppt und ermordet worden waren – offensichtlich ohne blutige Straßenschlachten? Warum hat denn stattdessen niemand bedauert, daß gegen einen jüdischen Unternehmer jene Demonstrationen stattgefunden haben, die es leider gegen die Nationalsozialisten nie gegeben hatte? Dabei habe ich zu keinem Zeitpunkt gegen geltende Gesetze verstoßen und hatte für alles Genehmigungen.

Für manche gab es deutliche Unterschiede: Zum Beispiel wurde der Bau eines Hauses durch die Firma Hochtief zwar auch kritisiert, doch kam dabei niemand auf die Idee, in der Firma einen »bösen Spekulanten« zu sehen. Gleiches galt für Bauten von Banken.

Nach meinem Empfinden waren hier alle antijüdischen Vorurteile latent vertreten: der bösartige, geldgierige, geizige, rücksichtslose Hauseigentümer, dem jedes Gefühl für Recht und Unrecht fehlt und der nur eines im Sinn hat – auf jede nur mögliche Art und Weise schnell zu Geld zu kommen. Der Unterschied zwischen anständigem und unanständigem Hauseigentümer wurde geradezu inszeniert. Und der Jude war wie immer der Unanständige.

Die Presse ließ keine Gelegenheit aus, genau zu zeigen, wer unter den Hausbesitzern Jude war und wer nicht. Bei typisch jüdischen

Vornamen wurde meist der Name ganz ausgeschrieben, bei christlichen Namen war nur ein Buchstabe mit einem Punkt zu lesen. Wenn von mir die Rede war, stand meist meine Funktion bei der Jüdischen Gemeinde in Frankfurt dabei. Ich kann mich nicht erinnern, daß das Glaubensbekenntnis eines nicht-jüdischen Hausbesitzers oder seine Funktion in einer christlichen Gemeinde erwähnt wurde. Dann hieß es wieder: der »Schmuckhändler« oder »Schmuck- und Uhrenkaufmann«, wobei diese Bezeichnung manchmal mehrere Male in einem Artikel vorkam. Ich wüßte nicht, daß bei einem verantwortlichen Manager einer Bank, die im Zuge der Errichtung eines neuen Bürogebäudes alte Häuser abreißen ließ, sein beruflicher Werdegang beschrieben worden wäre.

Viele Ereignisse gab es damals, die keine Logik hatten. So parkte zum Beispiel vor einem leerstehenden Haus, das der Deutschen Bank gehörte, Tag und Nacht ein Polizeiwagen. Es wurde ständig bewacht, um eine Besetzung zu verhindern. Später hat die Deutsche Bank davon Abstand genommen, es abzureißen und ein Bürohaus zu bauen. Es entstanden dort Wohnungen. An anderer Stelle wurden Häuser abgerissen, um ein Bürohaus zu errichten. Auch dort war ständig Polizei anwesend, um eine Besetzung zu verhindern. Eigenartig war, daß die Deutsche Bank nicht einmal einen zivilen Bewachungsdienst beauftragen mußte, sondern die Polizei diese Aufgabe übernahm. Ein ähnliches Verfahren zum Schutz von Häusern anderer Bauherren war undenkbar.

POLITISCHE VERANTWORTUNG

Die eigentlich Verantwortlichen an der ganzen Misere waren die politischen Vertreter der Stadt. Erst ihre Absicht, die Position Frankfurts als wirtschaftliche Hauptstadt Deutschlands zu festigen, führte zu der Entscheidung, den in die Stadt drängenden Verwaltungszentren auch den notwendigen Büroraum zur Verfügung zu stellen.

Im Stadtzentrum war kein Platz mehr, so verfiel man auf das nahe Westend, für das auch noch ein U-Bahn Anschluß vorgesehen war. Nach dem sogenannten »Fingerplan« des damaligen Planungsdezernenten Hans Kampffmeyer sollten vor allem entlang der Bockenheimer Landstraße und des Kettenhofwegs ganze Hochhausketten entstehen. Die Politiker sahen sich schon als die Begründer eines deutschen New York mit der entsprechenden Skyline. Daß im Westend 30.000 Menschen wohnten, die das Viertel als ein vitales Gebiet am Leben erhielten, war den Verantwortlichen entweder nicht wichtig, oder sie wußten es nicht. Man war hier besonders großzügig mit Genehmigungen aller Art. Wer eine bestimmte Fläche zusammengekauft hatte, konnte sicher sein, daß er auch die notwendigen Bewilligungen für Abriß und Neubau bekam.

Aus dieser Situation heraus entstand ein unternehmungsfreudiges Verhalten von Investoren und Bauherren, die, ganz im Sinne der Stadtplanung, ihre eigenen Ziele definierten. Als die Folgen dieser Planung bei der Bevölkerung allmählich Widerstand hervorriefen, änderten die politisch Verantwortlichen ihre Meinung um 180 Grad. Was gestern gut war, war heute schlecht, was gestern selbst geplant worden war, wurde nun zu verhindern versucht. Damals wurden ganze Straßenzüge im Westend als Wohngebiete rechtlich neu verankert, und der Bürobau kam zum Erliegen. Natürlich sahen sich viele Investoren als Geprellte, denn es war nicht ihre Idee gewesen, aus dem Wohnviertel ein Cityerweiterungsgebiet zu machen.

Als dann Mitte der 70er Jahre wegen der Wirtschaftskrise der gesamte Hochbau zum Stillstand kam, reagierte der damalige Frankfurter Oberbürgermeister Rudi Arndt mit der eigenartigen Bemerkung: »Die Spekulanten sind auf die Nase gefallen.« Er schlug damit genau in die Kerbe jener Demagogen, die den Bauunternehmern immer wieder vorwarfen, auf unsoziale Art und Weise das schnelle Geld machen zu wollen.

Die Stimmungsmache fand ihren Höhepunkt in dem Brandanschlag gegen das Hochhaus des Privatbankiers Ali Selmi, das heutige Cityhaus am Platz der Republik, im Jahre 1975. Weder konnte man die Verantwortlichen für den Anschlag jemals ausfindig machen, noch fand man etwas dabei, daß Demonstranten vor dem brennenden Haus tanzten und sangen: »Heute verbrennen wir dem Selmi sein klein' Häuschen!« Wer solchen Haß schürt, darf sich nicht wundern, daß es irgendwann auch Verletzte gibt. Nach der Methode »Haltet den Dieb!« versuchten die Politiker in Frankfurt davon abzulenken, daß es ihre Fehlplanung war, die zu der Konfrontation mit einem Teil der Bevölkerung geführt hatte.

Hauptnutznießer der ganzen Krise um das Westend waren die Alteigentümer, die hohe Preise für ihre ehedem vornehmen, jetzt meist heruntergekommenen und verfallenen Häuser kassierten. Jahrelang hatten sie sich nicht um diesen wertvollen Hausbestand gekümmert, und niemanden schien es zu stören, daß hier wunderschöne alte Wohnhäuser langsam zu Ruinen wurden. Nicht die Stadtverwaltung, keine private Organisation und keine Studentengruppe hielt es für nötig, sich für den Erhalt des traditionellen Stadtviertels einzusetzen. Nachdem sie ihren vernachlässigten Besitz gut verkauft hatten, scheuten sich viele der neuen Reichen nicht, in Bürgerinitiativen für die Erhaltung des Westends aufzutreten. Viele der nicht-jüdischen Häuserbesitzer, die ihre Grundstücke und Häuser an Banken oder andere Bauherren veräußert hatten, haben sich anschließend der Aktionsgemeinschaft Westend angeschlossen, um gegen die Bebauung mit Hochhäusern zu protestieren. So kassierte beispielsweise ein Architekt, der dann im »Forum für Stadtentwicklung« noch eine führende Rolle spielte, für ein Grundstück nahe dem Palmengarten 5.000 DM pro Quadratmeter und erzählte jedem, der es hören wollte, er sei ein »Opfer der Spekulation« geworden.

Ebenso gut verdient haben jene Eigentümer, deren Grundstücke neben einem geplanten Hochhaus lagen. Die sogenannten »Nachbarschaftszustimmungen«, die für Bauprojekte bestimmter Größe eingeholt werden müssen, ließen sie sich allzuoft mit klingender Münze abkaufen. Die Investoren mußten fast jeden Preis akzeptieren. Jeder zusätzliche Meter kostete eine Menge Geld, und wenn schon der Begriff des »Spekulanten« einen Sinn haben soll, dann wäre er am ehesten auf jene anzuwenden, die ohne jedes Risiko versuchten, an fremden Projekten einfach kräftig mitzukassieren. Dem Besitzer des Hauses Schumannstraße 64 mußten wir das Haus Nr. 62, das wir für 1,2 Millionen erworben hatten, schenken, damit dieser seine Nachbarschaftszustimmung zu den von uns geplanten 36 Stockwerken gab. Er wurde nie in der Presse erwähnt. Auch nicht, daß es bei der Schenkung blieb, obwohl das Hochhaus nie gebaut wurde.

Doch all das sahen die kritischen Studenten, die engagierten linken Demonstranten und die sogenannte kritische Presse nicht. Sie hatten ein Feindbild, und sie übersahen dabei, daß sie das Feindbild ihrer Eltern ohne nachzudenken einfach übernommen hatten: Der Feind, das war der Jude. Der Häuserkampf und die Auseinandersetzungen um die Besetzungen und Räumungen meiner Häuser waren meine erste direkte Konfrontation mit dem Antisemitismus nach dem Ende des Krieges. Und so beurteile ich die ganze Situation auch heute noch: Ich hatte das Recht, die Häuser räumen zu lassen. Die Besetzer handelten widerrechtlich und, wie sich später herausstellte, auch ohne persönliche Not. Es war vielen lieber, sich als Besetzer zu betätigen, als sich ein Zimmer zu suchen. Nach der Räumung nahm keiner von ihnen das Angebot des Sozialamtes in Anspruch, sich in eine Sozialwohnung einweisen zu lassen. Es ging ihnen in erster Linie darum, die Gesellschaft zu verändern. Als die Wogen des Häuserkampfes am heftigsten tobten, schrieb die *Welt*: »Jetzt ist die Frage gestellt: Wer übt in Frankfurt eigentlich die Macht aus? Wessen Gesetz gilt, wer bestimmt über Recht und Unrecht?«

Ich habe nie unsoziale oder gar kriminelle Methoden angewandt, um meine Interessen zu verteidigen. Entgegen aller Vorwürfe drehte ich keine Heizungen ab oder sperrte die Wasserzufuhr, um die Mieter zum Verlassen ihrer Wohnungen zu zwingen. Ich hatte jedoch die Verpflichtung mir selbst gegenüber, meine Investitionen im Rahmen von Recht und Ordnung zu sichern und zu verteidigen. Ich würde heute nicht anders handeln, sondern mit der gleichen Konsequenz mein Eigentum verteidigen. Sehr viel später haben die Frankfurter Politiker Joschka Fischer und Daniel Cohn-Bendit, die damals zu den tonangebenden Hausbesetzern und Kämpfern gehörten, deutlich gemacht, daß sie sehr wohl einsähen, sich mir gegenüber damals im Unrecht befunden zu haben.

In den Jahren 1972 bis 1976 verlor ich fast alles, was ich in den 15 Jahren zuvor aufgebaut hatte. Nach diesem Debakel kaufte ich keine Grundstücke mehr, auf denen ich erst noch bauen wollte. Erst Anfang der 90er Jahre habe ich zum ersten Mal wieder, zusammen mit einem Partner, ein unbebautes Grundstück erworben, an dem ich allerdings auch nur wenig Freude habe, weil uns die Baugenehmigung mit bürokratischen Erklärungen verweigert wurde. Jedoch spielt das heute für mich und meinen Partner (ich bin nur mit 25 Prozent daran beteiligt) keine große Rolle.

KAPITEL 7

IMMOBILIEN

SOZIALER WOHNUNGSBAU

Es waren nicht allein die langwierigen Auseinandersetzungen um meine Häuser im Westend, die in den 70er Jahren mein Immobilienunternehmen in eine schwere Krise stürzten. Auch mit dem bereits erwähnten unbebauten Grundstück in Bergen-Enkheim sollte ich schlechte Erfahrungen machen.

Ich erwarb das Grundstück im März 1973, als Bergen-Enkheim noch eine selbständige Gemeinde war. Für das rund 30.000 Quadratmeter große Areal lag bereits eine Baugenehmigung für ein Wohn- und ein Bürohochhaus vor sowie eine positiv beschiedene Bauvoranfrage für den Bau eines weiteren Bürohochhauses. Der damalige Bürgermeister der Gemeinde, Alfred Schubert, hatte dem Vorbesitzer, Karlheinz Pepper, sowohl schriftlich als auch mündlich eine Zusage gegeben. Doch nachdem ich das Grundstück gekauft hatte und dort auch bauen wollte, wollte er davon plötzlich nichts mehr wissen.

Als 1977 Bergen-Enkheim nach Frankfurt eingemeindet wurde, setzten sich die Schwierigkeiten fort. Einer der Gründe für die ablehnende Haltung, die mir entgegenschlug, war die Auffassung sowohl des damaligen Frankfurter Oberbürgermeisters Rudi Arndt als auch Schuberts, daß der soziale Wohnungsbau ausschließlich Sache gemeinnütziger Gesellschaften sein dürfe. Im Magistrat hatte unter anderem Ewald Geißler, Geschäftsführer der Nassauischen Heimstätte, heftig dagegen opponiert, daß Privatpersonen sich im sozialen Wohnungsbau betätigen dürften.

Nach den Plänen der Stadt Frankfurt sollte auf dem Gelände ein

Sportplatz angelegt werden – das hätte eine massive Entwertung des Grundstücks bedeutet, das ich für viele Millionen Mark erworben hatte und das mit Hypotheken in Millionenhöhe belastet war. Die jährlichen Zinsen, die ich aufzubringen hatte, betrugen rund 1 Million Mark.

Auf den Bau eines Bürohochhauses verzichtete ich schon zu Beginn der Verhandlungen aus freien Stücken, stattdessen sollten dort nur noch Sozialwohnungen entstehen. Aber selbst dafür bekam ich zunächst keine Genehmigung. Es dauerte fast zehn Jahre, bis die Stadt, nun unter Führung der CDU, dann endlich doch bereit war, mir eine Baugenehmigung zu erteilen. 242 Sozialwohnungen entstanden im Riedpark, und diese Wohnanlage gilt heute wegen ihrer parkähnlichen Gestaltung mit vielen Grünflächen, Bäumen und Sträuchern als eine der schönsten des sozialen Wohnungsbaus in Frankfurt. Die Tatsache, daß für den Bau damals einige Bäume auf dem Gelände gefällt werden mußten, hatte in der Öffentlichkeit großes Aufsehen erregt und heftige Proteste ausgelöst. Als Ersatz für die wenigen Bäume habe ich auf dem Gelände fast 100.000 Sträucher und Bäumchen gepflanzt.

In den 70er und Anfang der 80er Jahre konnte ich machen, was ich wollte: Ich blieb der »Buhmann«, der »Spekulant« und »Westendzerstörer«. Die wenigsten wissen, daß ich lediglich an einem einzigen Bürohochhaus mit 14.000 Quadratmetern Fläche – dem in der Ulmenstraße – beteiligt war und daß ich mir lediglich ein einziges zweites Projekt als Teilhaber aufgehalst habe, daß dann nach den zermürbenden Konflikten und Krawallen schließlich nicht zustande gekommen ist – während ich in Frankfurt und Umgebung mehr als 600 Sozialwohnungen errichtet habe.

Abgesehen davon, daß mich das Riedpark-Abenteuer mehrere Millionen Mark gekostet hat, habe ich damals auch die bittere Erfahrung machen müssen, daß verbindliche Zusagen von Politikern zuweilen nicht das Papier wert sind, auf dem sie stehen. Besonders geärgert habe ich mich darüber, daß ich für das Grundstück in Bergen-Enkheim auf das Grundstück der früheren Filmbühne auf dem Kudamm verzichtet habe. Ich hatte dieses Grundstück bereits gekauft, bin aber zugunsten von Karlheinz Pepper vom Kaufvertrag zurückgetreten, um von ihm im Gegenzug das Grundstück in Bergen-Enkheim zu erwerben.

PERSISCHES ABENTEUER

Nach der wirtschaftlichen Krise, die ich in den Jahren 1972 bis 1976 zu bewältigen hatte, konnte ich in der zweiten Hälfte des Jahrzehnts mein Unternehmen wieder stabilisieren. Schon Anfang der 70er Jahre hatte ich begonnen, auch außerhalb Deutschlands in Immobilien zu investieren, vor allem in Hotelbauten in Israel. Doch das interessanteste Projekt, an dem ich in jenen Jahren beteiligt war, war der Bau mehrerer Wohnanlagen in Persien.

Zwischen Israel und dem Iran gab es zwar keine diplomatischen, aber doch sehr erfolgreiche wirtschaftliche Beziehungen. Viele israelische Firmen bekamen Aufträge im Iran oder arbeiteten mit persischen Unternehmen zusammen. Ein israelisches Unternehmen, die Firma Rasco Rura Suburban Settlement Company Ltd., bot mir 1972 an, mich an einem Bauprojekt zu beteiligen, das sie im Iran zusammen mit zwei persischen Partnern betrieb. Sie hatten zu dritt ein Unternehmen gegründet, die Sherkate Sakhtemani Hadish, an der die Israelis zur Hälfte beteiligt waren, und ich sollte ihnen nun von ihrem 50-Prozent-Anteil 20 Prozent abnehmen. Ich nahm das Angebot an und gründete in Frankfurt eine Firma unter dem Namen Frankfurter Baugesellschaft für Bauvorhaben im Südiran mbH, die sich an dem persischen Unternehmen beteiligte.

Als ich in das Unternehmen einstieg, hatten meine neuen Partner das Hotel Intercontinental in Teheran bereits fertiggestellt und waren mit dem Bau zweier weiterer Großprojekte befaßt: eines neuen Verwaltungsgebäudes für das Postministerium sowie einiger tausend Soldatenunterkünfte an verschiedenen Orten im Südiran. Später kam noch ein weiterer Großauftrag der Armee hinzu: der Bau einer Wohn- und Kasernenanlage in Bandar-Abas und Bandar-Busher sowie auf der Insel Kharg. Je nach militärischem Rang sollte es verschiedene Unterkünfte geben: für die einfachen Soldaten sechsstöckige Kasernen, für die Unteroffiziere dreistöckige und für die Offiziere Reihenhäuser oder Villen.

Die Bauarbeiten konnten nur unter schwierigsten Bedingungen durchgeführt werden, denn im Südiran und besonders auf der Insel Kharg gibt es überhaupt kein Wasser, das für den Bau hätte verwendet werden können. In der Nähe von Bandar-Abas baute damals die Firma Krupp eine riesige Meerwasserentsalzungsanlage, um auf diese Weise neue Ressourcen zu erschließen. Ich selbst brauchte mich um die Bauarbeiten allerdings gar nicht zu kümmern. Das besorgten die israelischen Partner, die auch einen großen Mitarbeiterstab von Ingenieuren und Technikern in Teheran unterhielten.

Dennoch mußte ich häufig in den Iran fliegen, um an den technischen Besprechungen und »Krisensitzungen« teilzunehmen. Der Anlaß für diese »Krisensitzungen« war in den meisten Fällen, daß unsere persischen Partner immer wieder meinten, hohe Beträge an eine Stiftung abführen zu müssen, die dem Schah bzw. seinem Bruder unterstellt war. Die Summen, von denen sie sprachen, waren jedoch so enorm, daß sie auf Dauer die wirtschaftliche Grundlage des gesamten Projekts in Frage stellten. Aus deutschen Unternehmerkreisen hörte ich, daß mit solchen Forderungen im Iran auch andere deutsche Firmen konfrontiert waren.

Noch bevor sich die fundamentalistischen Bewegungen in der Öffentlichkeit bemerkbar machten, boten mir die israelischen Partner 1978 ihre restlichen Anteile an. Sie fürchteten – nicht ohne Grund –, daß sich der Schah nicht mehr lange halten würde. Und bei aller Kritik an seiner Politik wußten sie, daß mit der Machtübernahme der Fundamentalisten ihre Tage als Geschäftspartner der Perser gezählt waren. Bei den guten Beziehungen zwischen der Bundesrepublik und dem Iran hatten deutsche Unternehmer keinen Grund, ähnliches zu fürchten. Als ich 1977 oder 78 mit einer deutschen Wirtschaftsdelegation unter der Leitung des damaligen Bundeswirtschaftsministers Hans Friderichs im Iran gewesen war, hatte ich mich selbst von den guten Beziehungen auf wirtschaftlichem Gebiet überzeugen können.

Ich übernahm tatsächlich die israelischen Anteile und wurde damit plötzlich 50prozentiger Partner in einem Bauunternehmen, das Aufträge im Wert von rund 1 Milliarde Dollar durchführen sollte. Die Beteiligung war ohne großes eigenes finanzielles Engagement möglich, denn zum einen bekamen wir von unserem Auftraggeber, dem iranischen Verteidigungsministerium, immer genügend Vorauszahlungen, um die anstehenden Arbeiten zwischenfinanzieren zu können; zum anderen hatte unsere Firma bei mehreren persischen Banken unbeschränkten Kredit, für den ich allerdings persönlich mithaften mußte.

Bald wurde die politische Situation zunehmend gespannter, und ich merkte, daß die Zusammenarbeit mit meinen persischen Partnern Framarz Pahlavan und Cyrus Samrad sich nicht sehr positiv entwickelte. Als wir Mitte 1978 für den Bau der Unterkünfte eine weitere Vorauszahlung in Höhe von 50 Millionen Dollar benötigten, machte mich einer meiner Partner darauf aufmerksam, daß wir die nur dann erhalten würden, wenn wir von der Summe einen Betrag in Höhe von 20 Millionen Dollar als Spende der Schah-Stiftung zukommen ließen.

Damit war ich unter keinen Umständen einverstanden. Ich schlug stattdessen vor: Sofern denn die Liquidität unseres Unternehmens überhaupt eine Entnahme von 20 Millionen Dollar zuließe, dann sollten bloß 10 Millionen an die Stiftung gehen, aber die anderen 10 Millionen als Gesellschafterausschüttung verwendet werden. Zwar hatten wir am Ende gute Aussichten auf hohen Gewinn, jedoch hatte es während meiner bisherigen Beteiligung lediglich eine einzige Gewinnausschüttung an die Gesellschafter gegeben, bei der 175.000 Dollar auf meinen Anteil entfielen und dieser Betrag auch noch als Eigenkapital in Persien verbleiben sollte.

Um meinem Vorschlag den gebührenden Nachdruck zu verleihen, ließ ich Pahlavan und Samrad wissen, daß unsere Zusammenarbeit beendet wäre, wenn sie ihn nicht akzeptierten. Ich bot ihnen an, daß dann entweder sie meine oder ich ihre Anteile übernehmen könnte. Außerdem drang ich darauf, künftig mit den Auftraggebern im Verteidigungsministerium selber über die Vorauszahlungen verhandeln oder doch zumindest bei diesen Verhandlungen zugegen sein zu wollen.

Ich vermutete, daß meine Partner den größten Teil der angeblich für die Stiftung bestimmten Gelder für sich selber einbehalten wollten, denn von Quittungen über die bereits geleisteten Spenden war niemals die Rede gewesen. Genährt wurde mein Verdacht dadurch, daß sich in dieser Zeit einer meiner Partner, Cyrus Samrad, ein unverhältnismäßig luxuriöses Domizil errichten ließ. Allein der Salon des Hauses hatte eine Größe von 600 Quadratmetern, die gesamte Wohnfläche für seine sechsköpfige Familie betrug 2.000 Quadratmeter. Überall glänzte nur der allerfeinste, aus Italien eingeflogene Marmor, die Decken wurden aufwendig mit Stuck verziert, und auch ansonsten waren die edelsten Materialien gerade gut genug, um bei diesem Bau Verwendung zu finden. Wie es sich gehört, lag das Haus am Hang und war von einem riesigen, parkähnlichen Garten umgeben, der sich sage und schreibe auf rund 100.000 Quadratmeter belief.

Ich war selbstverständlich zur »House-Warming-Party« eingeladen. Unter den geladenen Gästen befand sich die halbe Regierung, zahlreiche Verwandte des Schah, kurz: alles, was im Iran Rang und Namen hatte. Die Party selbst war ein Fest wie aus 1001 Nacht. Bauchtänzerinnen, Feuerschlucker, Gaukler und Musikanten unterhielten die Gäste, die sich an Kaviar und erlesenen Köstlichkeiten labten; das einzige, was fehlte, war der fliegende Teppich.

Ich hatte also gute Gründe, auf meinem Vorschlag zu bestehen. Mein Partner Samrad, der immer zugleich auch im Namen von Pahlavan sprach, hatte nichts dagegen, daß ich künftig die Vorauszahlungen selbst aushandeln wollte. Doch von seiner Geldforderung nahm er keinen Abstand – ich allerdings von meiner auch nicht. Während all unserer Verhandlungen bezeichnete Samrad mich immer als »my friend« und sprach ständig davon, daß doch Freunde nicht so hart miteinander umgehen dürften.

Bevor ich zum ersten Mal mit dem für die »Spenden« zuständigen Mann verhandeln sollte, ließ ich mich über die deutsche Botschaft im Verteidigungsministerium zu einem Antrittsbesuch anmelden. Danach war ich mir überhaupt nicht mehr sicher, ob ich tatsächlich diese Verhandlungen in Zukunft selbst weiterführen sollte. Der Besuch beschränkte sich auf den Austausch von Höflichkeiten, und ich war hinterher nicht schlauer als zuvor.

Samrad hatte mich bei diesem Besuch begleitet. Er tat schließlich das, was ich schon längst vermutet hatte: Er spielte den Beleidigten, weil ich nicht nachgeben wollte, behauptete, er wolle sich aus dem Geschäft zurückziehen, und bot mir Ende 1978 seine Anteile zum Kauf an. »Kauf' doch die Firma, und mach', was du willst!« sagte er zu mir – und ich stimmte sofort zu, rief meinen Anwalt Miron in Israel an und bat ihn, das nächste Flugzeug nach Teheran zu nehmen. Als ich ihm am Telefon erklärte, daß ich die Firma kaufen wolle, hat er mich wohl für verrückt gehalten – was ich wirklich vorhatte, konnte ich ihm nicht sagen. Ich wußte längst, daß meine Telefonate von meinem Partner abgehört wurden und in seiner Firma auch jemand arbeitete, der Hebräisch verstand.

Als mein Anwalt eintraf, weihte ich ihn in meine zugegebenermaßen riskanten Pläne ein: Indem ich so tat, als wolle ich die ganze Firma übernehmen, wollte ich mich in Wirklichkeit völlig daraus zurückziehen. Das machte ihn nur um so nervöser, und er fragte mich immer wieder: »Was machst du, wenn er auf dein Angebot eingeht und dir tatsächlich seine Anteile verkauft?« Auch wenn mir das unwahrscheinlich erschien, wußte ich für diesen Fall einen Ausweg: Ich hätte die jetzt fällige Vorauszahlung für das Bauvorhaben abgehoben, wäre nach Frankfurt geflogen und hätte die Firma von dort aus aufgelöst bzw. mich um eine deutsche Baufirma bemüht, mit der ich das Projekt hätte weiterführen können. Zu diesem Zeitpunkt waren viele deutsche Bauunternehmen im Iran tätig, die sich um solche Aufträge rissen.

Bei den Verhandlungen feilschten wir wie auf einem persischen Basar. Schließlich einigten Samrad und ich uns auf einen Kaufpreis für den halben Firmenanteil. Die Verträge wurden aufgesetzt, die notwendigen Dokumente vorbereitet, der Handel schien perfekt, als es sich mein Partner in letzter Minute anders überlegte: »Tut mir leid, ich kann das nicht unterschreiben! Es gibt jetzt ein neues Gesetz, das es Ausländern verbietet, mehr als 50 Prozent eines Unternehmens im Iran zu besitzen.« Das war es, was ich geahnt und womit ich gerechnet hatte: Er konnte überhaupt nicht aussteigen! Nun blieb ihm nichts anderes übrig, als umgekehrt meine Anteile zu kaufen.

Nachdem er – wie von mir erhofft – den Handel hatte platzen lassen, setzte ich ein gewollt betrübtes Gesicht auf und brachte zum Ausdruck, daß ich sehr enttäuscht sei. Wenn er nun aber meine Anteile erwerben wolle, dann sollten wir doch am besten den Vertrag so lassen, wie wir ihn aufgesetzt hätten, und einfach die Namen von Käufer und Verkäufer austauschen.

Mein Partner war erst verblüfft, dann wütend, und er wollte nun einige Änderungen zu seinen Gunsten vornehmen. Insbesondere wollte er meine Bürgschaften gegenüber den Banken erst innerhalb von sechs Monaten freigeben. Doch gerade darauf kam es mir in erster Linie an: Ich wollte im Iran keinerlei Verpflichtungen mehr haben. Wir stritten einen ganzen Tag lang, ohne uns zu einigen. Samrad und mit ihm Pahlavan rechneten offenbar damit, daß ich nervös werden würde, wenn sie die Verhandlungen nur lange genug hinauszögerten. Die Fundamentalisten standen bereits vor den Toren der Macht, und Khomeini wurde in Paris schon als neuer Held gefeiert; man mußte täglich damit rechnen, daß der Schah aus dem Land flüchten würde. Meine Partner hofften nun, daß ich in Panik geriete und einen neuen, von ihnen vorgeschlagenen Vertrag unterzeichnen würde, um so schnell wie möglich Teheran verlassen zu können. Doch ich gab nicht nach. Und schließlich wurde der Vertrag unterzeichnet, den mein Anwalt und ich für den Fall meiner Übernahme der Anteile aufgesetzt hatten. Ich blieb noch drei Tage in Teheran, bis ich die Bestätigung der Banken erhielt, daß ich von allen Verpflichtungen frei sei, sowie die von mir ausgestellten Wechsel zurückbekommen hatte.

Ich habe damals sicherlich kein gutes Geschäft gemacht, aber ich habe wenigstens nichts verloren. Ich bekam meine Einlage in Höhe von 175.000 Dollar zurück und habe im Januar 1979 – wenige Wochen, bevor Khomeini die Macht im Iran übernahm – das Land verlassen. Seither bin ich nie wieder dorthin zurückgekehrt.

So riskant und schwierig mein Engagement in Persien auch war, so will ich doch die angenehme Seiten meines Persien-Abenteuers nicht verschweigen. Ich hatte währenddessen ausgiebig Gelegenheit, die vielen faszinierenden Seiten dieses Landes und seiner Kultur kennenzulernen. Mit meinen Partnern machte ich oft Ausflüge, unter anderem ins südlich gelegene Isfahan – für mich die schönste Stadt der Welt. Wir besuchten den Basar, ich sah den Teppichknüpfern zu und bewunderte die jahrhundertealten Moscheen mit ihrer bestechenden Akustik. Selbst bei Ansammlungen von 2.000 Menschen sind hier keine Mikrophone nötig. Wir kamen nicht zuletzt auch nach Persepolis, wo der Schah seinerzeit gekrönt worden war. Meine persischen Partner ließen es sich nicht nehmen, mir eine Sound-and-Light-Show vorzuführen, wie sie anläßlich der Krönung zu erleben war. Obwohl meine Frau mich ansonsten sehr selten und nur in Ausnahmefällen auf Auslandsreisen begleitet, so kam sie in den Iran immer gerne mit. Meine Partner sorgten auch immer dafür, daß ich bei jeder Abreise im Flugzeug Kaviar vorfand.

Zurück in Frankfurt stellte ich mir damals die Frage, wie lange ich wohl noch geblieben wäre, wenn Pahlavan und Samrad nicht beizeiten eingelenkt hätten. Vermutlich auch dann noch, wenn der Schah schon außer Landes gewesen wäre. Ich hatte auch im Geschäftsleben eine gewisse Hartnäckigkeit entwickelt. Wenn ich das Gefühl gehabt hätte, von meinen persischen Partnern betrogen worden zu sein, oder wenn das Geschäft nicht zu einem Abschluß gekommen wäre, dann wäre ich wohl auch noch unter Khomeini in den Iran gefahren. Vielleicht wird das von manchen meiner Geschäftspartner als übertriebene Sturheit und Risikobereitschaft ausgelegt, aber diese fehlende Angst, die fehlende Sorge um die eigene Sicherheit hängt sicherlich mit meinen Erfahrungen im Lager zusammen.

HOTELRAUSCH

Ich scheute mich auch nicht, im Herbst 1973 während des Oktoberkrieges nach Israel zu fliegen, um mich dort um meine Bauprojekte zu kümmern. Die israelische Fluggesellschaft El-Al hatte in den Kriegswochen den Linienflugverkehr eingestellt, so daß von Frankfurt aus kein Flug mehr ging und ich über Zürich nach Tel Aviv fliegen mußte. Als ich in Zürich zustieg, saßen neben mir der ehemalige Botschafter Israels in Bonn, Asher Ben Nathan – er war 1965 als erster israelischer Botschafter in der Bundesrepublik akkreditiert worden –, und seine Frau. Er kam aus Paris, wo er zu diesem Zeitpunkt als Botschafter Israels amtierte. Wir kannten uns aus seiner Zeit in Bonn und hatten uns damals auch angefreundet.

Die Gründe, warum wir ausgerechnet zu diesem Zeitpunkt nach Israel flogen, hätten nicht unterschiedlicher sein können: Ich wollte mich um den Fortgang meiner Hotelbauten kümmern; Asher Ben Nathan und seine Frau flogen zur Beerdigung ihres Sohnes, der zwei Tage zuvor gefallen war. Er war erst 21 Jahre alt. Wir sprachen kaum miteinander, und ich fand auch nicht die richtigen Worte des Trostes. Bei der Ankunft in Tel Aviv war alles verdunkelt, die Stimmung jedoch optimistisch, obwohl es sich um die schwersten arabisch-israelischen Auseinandersetzungen in der jungen Geschichte des Landes handelte.

Bereits Ende der 60er, Anfang der 70er Jahre hatte ich begonnen, in Israel Hotels zu bauen. Der Tourismus gehörte in den 60er Jahren zu den großen Wachstumsbranchen. Viele deutsche Unternehmer investierten damals europaweit in Hotels, in Spanien und in der Karibik wuchsen die Bettenburgen wie die Pilze im Wald.

Nach dem Sechstagekrieg 1967 erlebte auch Israel einen Touristenboom: Waren zuvor etwa 150- bis 200.000 Touristen im Jahr nach Israel gekommen, so waren es Ende der 60er Jahre fast eine Million jährlich. Das Angebot an Betten reichte bei weitem nicht aus. Als ich Ostern 1968 in Israel war, mußte ich innerhalb von 14 Tagen dreimal das Hotel wechseln, weil ich nicht reserviert hatte.

Begünstigt wurden deutsche Investitionen dadurch, daß es in der Bundesrepublik ein sogenanntes Entwicklungshilfesteuergesetz gab, das Sonderabschreibungen in schwach entwickelten Ländern in Anspruch zu nehmen erlaubte. Auf meine Rückfrage bei der israelischen Botschaft in Bonn hatte man mich allerdings zunächst beschieden, daß dieses Gesetz für Israel nicht gelte. Erst eine Nachfrage beim damaligen Bundesaußenminister Walter Scheel ergab, daß diese Möglichkeit sehr wohl auch für Israel gegeben war – die zuständigen Mitarbeiter der israelischen Botschaft wußten nur nichts davon.

Um die Sonderabschreibungen in Anspruch nehmen zu können, entschloß ich mich, mehrere Firmen zu gründen, die in Israel Hotels bauen sollten, und diese als geschlossene Immobilienfonds zu konzipieren. In Israel selbst wurden solche Hotelbauten ebenfalls gefördert, und zwar durch staatliche Währungsgarantien: Zum einen durften die Gewinne aus diesen Investitionen in ausländischer Währung frei transferiert werden, zum anderen galten für Bankendarlehen feste Wechselkurse. Dies war eine wichtige Investitionsvoraussetzung, da die Inflationsrate in Israel extrem hoch war. Dazu kam auch eine steuerliche Vergünstigung: Die Einkommensteuer in Israel betrug für geförderte Projekte in den ersten fünf Gewinnjahren lediglich 25 Prozent.

Ich entwickelte fünf Hotelprojekte, zwei in Tel Aviv, je eines in Jerusalem, Eilat und Naharya. Als das Konzept stand, habe ich über Vertriebsgesellschaften Beteiligungen an der Immobilienfondsgesellschaft, die die Hotels bauen sollte, veräußert. Für jedes dieser Hotels wurde ein eigenes Unternehmen gegründet, die wiederum in einer Holding zusammengefaßt waren. Meine Aufgabe war es, in Israel die erforderlichen Grundstücke zu erwerben, die Baugenehmigungen zu beschaffen, geeignete Architekten zu finden, die Fremdfinanzierung in Höhe von ca. 60 Prozent der Kosten durch nicht-israelische Banken sicherzustellen und internationale Hotelbetreiber zu engagieren. Das führte dazu, daß ich alle 14 Tage von Frankfurt nach Israel fliegen mußte. In der israelischen Fluggesellschaft El-Al fand ich einen Partner, mit dem zusammen ich eine Hotelbetriebsgesellschaft gründete. Erst als sämtliche Voraussetzungen für den Bau erfüllt waren, wurden die Anteile an die Gesellschafter verkauft. Bis dahin hatte ich alles selbst vorfinanziert.

In dieser Zeit habe ich auch die israelische Bürokratie kennengelernt, die weder in der Bau- noch in der Finanzverwaltung der deutschen auch nur um ein Jota nachsteht. Nach wenigen Monaten war ich so frustriert, daß ich nie wieder Hotels bauen wollte. Jeder Vertrag wurde in den Verhandlungen mit dem Finanzministerium bis aufs Komma diskutiert und geprüft, bevor eine Genehmigung erteilt wurde. Ich brachte Monate mit Anwälten zu, bis mit den Bauten begonnen werden konnte.

Die geplanten Hotels in Jerusalem und in Naharya kamen am Ende nicht zustande. In Naharya hatte mir der Bürgermeister ein Grundstück verkauft, das der Stadt zwar gehörte, über das sie aber gar nicht frei verfügen konnte. Die Stadt hatte das Areal geerbt mit der Auflage, es für öffentliche Einrichtungen zu nutzen. Ein Schwimmbad hätte ich bauen dürfen, aber kein Hotel. Davon erfuhr ich allerdings erst, als alle Vorbereitungen abgeschlossen waren. Der Grundstein wurde gelegt, der Minister für Tourismus war extra zum Festakt nach Naharya gekommen – und dann mußte alles gestoppt werden. Die Stadtverwaltung war sehr daran interessiert gewesen, daß an diesem Standort ein Hotel errichtet werden sollte und sie das Grundstück dadurch zu Geld machen konnte. Sie hoffte dabei, daß keiner von der Erbschaftsauflage etwas wußte. Es gab jedoch einige Bürger, die sehr wohl Bescheid wußten und die eine einstweilige Verfügung erwirkt hatten, um den Hotelbau zu stoppen. An der Spitze dieser Bürger stand der aus Deutschland stammende Unternehmer Steff Wertheimer. Nach einer Klage mußte die Stadt mir den Kaufpreis plus Zinsen allerdings zurückzahlen.

Ähnlich ging es mir in Jerusalem, wo ich in Partnerschaft mit der El-Al ein Grundstück erwarb. Die Baugenehmigung für das geplante Hotel zog sich lange hin, es gab diverse nachbarschaftliche Einsprüche. Da ich damit in Deutschland schon reichlich Erfahrung hatte, verzichtete ich auf den Bau in Jerusalem. Das Hotel, es ist das heutige Laromme-Hotel, wurde später ohne mich von der El-Al mit einem israelischen Partner doch noch gebaut.

Finanziell beteiligte ich mich nur in geringem Umfang an den Projekten, allerdings war ich in all diesen als Kommanditgesellschaften organisierten Fonds persönlich haftender Gesellschafter. Die Gesamtinvestitionen sollten sich auf 150 bis 200 Millionen Mark belaufen, von denen 40 bis 50 Millionen Mark über Eigenkapital aufzubringen waren.

Sämtliche Entscheidungen fielen grundsätzlich nach Beratungen in einem sehr aktiven Verwaltungsrat, der von den Gesellschaftern gewählt wurde, aber die letzte Entscheidung lag bei der Gesellschafterversammlung selber. In dieser Zeit habe ich viele persönliche Freundschaften geschlossen, sowohl mit Bankern als auch mit Anlegern, die bis heute andauern. An den Gesellschaften, insbesondere an der Dachgesellschaft der Laromme-Holding, waren zeitweise mehr als 600 Einzelkommanditisten beteiligt. Die Laromme-Holding war eine gemeinsame Gründung von El Al und mir, daher auch der Name: LaRom hat im Hebräischen die gleiche Bedeutung wie El-Al, »nach oben«. In Deutschland firmierte die Gesellschaft unter dem Namen »Laromme-Holding, Bubis & Co. Israel Hotelbeteiligungsgesellschaft«.

Bei meinem Besuch am 19. Oktober 1973 in Israel führte ich unter anderem Verhandlungen mit der »Land-Authority«, der staatlichen Grundstücksverwaltung, und brachte einen Scheck über zwei Millionen Dollar mit, der den Erbbauzins für das Jerusalemer Grundstück für die ersten 49 Jahre abdeckte. In Jerusalem und Eilat mußten wir nämlich im Erbbaurecht bauen, während wir die beiden Grundstücke in Tel Aviv und Naharya gekauft haben. Auch die Zahlung der zwei Millionen Dollar erfolgte aufgrund eines Gesellschafterbeschlusses. Wir wollten damit dokumentieren, daß der Oktoberkrieg uns nicht entmutigte, in Israel zu investieren. Unter den Kommanditisten waren nur ganz vereinzelt in Deutschland lebende Juden, der Großteil der Gesellschafter waren Nicht-Juden.

Den Gesellschaftern gegenüber habe ich neben meiner Funktion als persönlich haftender Gesellschafter auch als Projektentwickler Garantien für die Durchführung der Bauprojekte übernommen, die mich teilweise ins Schwitzen brachten. Besonders die Ereignisse während des Jom-Kippur-Krieges haben zu unvorhersehbaren Schwierigkeiten geführt. Wir waren bei zweien unserer drei Hotels, dem Laromme Tel Aviv und dem Sheraton Tel Aviv, mitten in der Bauphase, als der Krieg ausbrach. Eine französische Firma errichtete eines der Tel Aviver Hotels in Stahlbauweise, die Stahlträger lagen in den Häfen von Haifa und Ashkelon. Dort blieben sie nach Kriegsausbruch auch liegen, weil es keine Transportmöglichkeiten mehr gab: Die israelischen Transportunternehmer waren damit ausgelastet, die Kriegsbeute wie sowjetische Panzer und Waffen aus dem Sinai nach Israel zu bringen.

Mein Hamburger Freund und Partner Emilio Bruns, der als größter Einzelgesellschafter an diesem Tel Aviver Hotel beteiligt war und in Hamburg ein Bauunternehmen betrieb, besorgte schließlich einen Tieflader, den wir von Hamburg nach Israel verschifften und damit, nach wochenlangem Verzug, schließlich die Stahlträger doch noch aus den Häfen zur Baustelle transportierten. Wir durften den Tieflader sogar zollfrei einführen, da es in Israel zu dieser Zeit einen großen Mangel an Lastwagen gab.

Während wir dieses Hotel zügig weiterbauen konnten, gerieten die Bauarbeiten am zweiten Tel Aviver Hotel ins Stocken, da die israelischen Baufirmen, die wir beauftragt hatten, überbeschäftigt waren. Es mangelte an Bauarbeitern, denn viele israelische Männer waren in der Armee, und arabische Arbeiter aus den besetzten Gebieten durften zu diesem Zeitpunkt aus Sicherheitsgründen nicht in Tel Aviv beschäftigt werden. Während bei unserem anderen Hotel wegen der Stahlkonstruktion französische Spezialisten eingesetzt waren, kam es beim Bau des zweiten Hotels daher zu erheblichen Verzögerungen.

Das dritte Hotel, das wir in Eilat bauten, war mit einer großen Feier 14 Tage vor Ausbruch des Jom-Kippur-Krieges eröffnet worden, nur mußten wir es leider kurz danach schließen und konnten es erst einige Monate später wieder in Betrieb nehmen.

Nach einigen Jahren haben wir Anteile des Laromme-Hotels in Tel Aviv an eine amerikanische Gesellschaft und später den Rest an ein israelisches Unternehmen veräußert. Es gehört heute zur israelischen Dan-Hotelgruppe der aus Sachsen stammenden Unternehmerfamilie Federmann und wird als Dan-Panorama-Hotel geführt. Mit dem Hotel in Eilat gingen wir kurze Zeit später an die Börse, und fast alle Gesellschafter haben ihre Aktien mit glänzendem Gewinn verkauft. Es verblieb nur noch die Beteiligung am Sheraton Hotel Tel Aviv. Bei diesem Hotel haben mein Partner Emilio Bruns und ich den Gesellschaftern angeboten: Wer immer verkaufen möchte, wir würden diese Anteile übernehmen. Viele haben dies getan, so daß heute von den mehr als 600 Gesellschaftern nur noch knapp 100 am Hotel Sheraton in Tel Aviv beteiligt sind, während Emilio Bruns und ich je 40 Prozent der Anteile halten. Insgesamt war die israelische Beteiligung ein erfolgreiches Unternehmen, was bei sogenannten »Abschreibungsgesellschaften« nicht immer der Fall ist.

Nachdem ich erst einmal meine Liebe für Hotels entdeckt hatte, verwirklichte ich zum Teil mit denselben Gesellschaftern bzw. Vertriebspartnern zwei Hotelprojekte in Berlin. Auch hier entwickelten wir getrennte Fonds, die jeweils mit einigen hundert Kommanditisten in den Jahren 1975/76 das Penta-Hotel in Berlin-Schöneberg und das Steigenberger-Hotel in Charlottenburg errichteten. Nach meinen positiven Erfahrungen bei der Zusammenarbeit mit der El-Al in Israel habe ich in Berlin mit der Hotelbetreibergesellschaft Penta, an der die Lufthansa maßgeblich beteiligt ist, einen Betriebsführungsvertrag geschlossen, während für das andere Hotel mit der

Firma Steigenberger eine solche Vereinbarung getroffen wurde. Nach der Fertigstellung gab es zwar beim Steigenberger Berlin einige Anlaufschwierigkeiten, aber letztendlich konnten die Gesellschafter ihre Anteile später bei Penta zu einem Kurs über 300 Prozent und bei Steigenberger über 200 Prozent veräußern.

Ich will allerdings nicht verhehlen, daß mein Engagement in Berlin noch ein böses Nachspiel hatte: Ich geriet nämlich 1986 in die Schmiergeld-Affäre um den ehemaligen Charlottenburger CDU-Baustadtrat Wolfgang Antes. Drei Jahre zuvor hatte ich in diesem Bezirk die Grundstücke Krumme Straße 11 und 13 erworben, um darauf 25 Sozialwohnungen zu errichten. Nun wurde mir vorgeworfen, nur deshalb in den Besitz dieser Grundstücke gelangt zu sein, weil in meinem Auftrag der Berliner Makler Jörg-Helmut Oldenburg unzulässigerweise 100.000 DM verschoben hätte. Ich mußte im Februar 1986 eine Hausdurchsuchung über mich ergehen lassen und im Dezember desselben Jahres einem Parlamentarischen Untersuchungsausschuß in Sachen Antes Rede und Antwort stehen. Die ganze Sache ging für mich dann aus wie das Hornberger Schießen.

Aber zurück zu meinen Hotelinvestitionen. Gescheitert ist später mein Versuch, in Heidelberg ein Hotel zu bauen, weil der geplante Standort nicht vom Regierungspräsidium genehmigt wurde. Auch beim Kauf und anschließenden Umbau des altrenommierten Grand-Hotels in Nürnberg war ich wenig erfolgreich; bereits vor längerer Zeit haben wir das Hotel wieder veräußert. Ob es am Standort Nürnberg oder an der Betriebsgesellschaft lag, vermag ich nicht festzustellen. Allerdings wurden in Nürnberg damals gleichzeitig weitere Hotels gebaut, etwa das Maritim, so daß es über Nacht ein Überangebot an Betten gab. Auch bei diesen Hotels war die Beteiligungskonstruktion ähnlich wie bei den israelischen Hotelprojekten, es gab mehr als 100 Gesellschafter.

Wie sehr ich mich über lange Jahre für die Investition in Hotels begeistert habe, wird auch daran deutlich, daß ich Mitte der 80er Jahre drei Hotels von Ramada in Düsseldorf, Leverkusen und Ludwigshafen erworben und diese an Ramada zurückverpachtet habe. Auch diese drei Hotels habe ich in unterschiedlichen Fonds untergebracht, und auch hierfür wurden hauptsächlich Einzelanleger akquiriert. Ich war jeweils persönlich haftender Gesellschafter.

Mitte der 80er Jahre scheiterte mein Versuch, zusammen mit der Lufthansa und Penta ein Hotel in New York zu erwerben. Im Laufe der Verhandlungen sind uns die Preise davongelaufen. Das hätte mich vielleicht mehr geschmerzt, wenn nicht mein »Hotelrausch« zu dieser Zeit schon etwas abgekühlt gewesen wäre. Aber mittlerweile waren andere Aufgaben in den Vordergrund getreten. Ich hatte mehr und mehr begonnen, mich in der Jüdischen Gemeinde zu engagieren.

KAPITEL 8

JÜDISCHE NORMALITÄT

GEMEINDEPLANUNGEN

Ende der 70er Jahre begann eine Entwicklung, die ich bewußt so gar nicht angestrebt habe, die sich aber fast wie von selbst bis heute fortgesetzt hat. Vereinfacht ausgedrückt: Aus dem Kaufmann Ignatz Bubis wurde in den folgenden Jahren ein engagierter Politiker, ohne daß er seine Geschäfte jedoch vernachlässigt hätte. Ich übernahm nach fünf Jahren Pause wieder eine verantwortliche Funktion in der Jüdischen Gemeinde in Frankfurt, wurde 1978 zum Vorstandsvorsitzenden der Gemeinde gewählt und zugleich vom Gemeinderat in das Direktorium des Zentralrates der Juden in Deutschland delegiert.

Ich verstand meine Funktionen in der Jüdischen Gemeinde von Anfang an immer auch als eine politische Aufgabe. Der Zentralrat der Juden in Deutschland betrachtet sich als eine politische Vertretung, nicht anders als die entsprechenden Institutionen der Katholiken oder Protestanten. Auch der Vorsitzende des Zentralkomitees der deutschen Katholiken ist meistens ein Politiker. Deshalb wundert mich auch so manche Aussage von Kritikern mit dem Tenor, der Zentralrat der Juden in Deutschland solle sich lieber mit jüdischen Problemen beschäftigen, anstatt sich in die Tagespolitik einzumischen.

Abgesehen davon, daß ich zu religiösen Problemen gar nicht Stellung nehmen könnte, weil ich keine Ausbildung zum Rabbiner habe, befaßt sich mit »jüdischen« Problemen in diesem Sinne eine eigene Institution: die Rabbinerkonferenz. In Deutschland gibt es derzeit etwa 15 Rabbiner, die in diesem Gremium zusammenarbeiten.

Als ich 1978 wieder begann, mich in der Jüdischen Gemeinde zu engagieren, sah ich es als eine meiner wichtigsten Aufgaben an, eine Art »Wachablösung« einzuleiten. Waren bislang die Überlebenden mit ihrer begreiflichen Fixierung auf die Vergangenheit bestimmend, so wollte ich die Gemeinde dazu befähigen, sich auch den Aufgaben der Gegenwart und Zukunft zu stellen.

Zu den ehrgeizigsten Vorhaben, die wir damals verfolgten, gehörten die Planung und der Bau eines Frankfurter Gemeindezentrums. Jahrelang wurde in den Ratssitzungen darüber diskutiert, ob ein solches Zentrum überhaupt sinnvoll sei oder nicht. Ein Teil der älteren Generation, der sich entschieden gegen das Zentrum aussprach, war noch immer der Meinung, daß ohnehin über kurz oder lang alle Juden Deutschland verlassen würden und daher eine aufwendige Investition wie das Gemeindezentrum reine Geldverschwendung sei. In den 50er Jahren hatten tatsächlich viele Gemeindemitglieder, ihrer eigenen Überzeugung nach, in Deutschland wie auf Abruf gelebt; auch ich hatte ja eine Zeitlang mit dem Gedanken gespielt, nach Kanada auszuwandern. Das änderte sich erst in den 60er Jahren, als es den meisten Juden in Deutschland gelungen war, sich eine neue Existenz aufzubauen.

Es war jedoch nicht nur das finanzielle Argument, weshalb damals viele aus der älteren Generation den Bau eines Gemeindezentrums ablehnten. Sie wehrten sich gegen die Vorstellung, daß sich ausgerechnet in Deutschland langsam wieder so etwas wie ein normales jüdisches Leben entwickeln könnte. 5.000 Juden lebten in Frankfurt, und meiner Generation in der Gemeindevertretung war klar, daß wir für diese 5.000 Menschen ein lebendiges Gemeindeleben aufbauen mußten, das sich nicht in dem Versuch erschöpfen konnte, nur das Bestehende zu erhalten. Wir mußten einfach etwas tun für die Nachkriegsgeneration junger Juden, die hier die Schule besuchten, eine Ausbildung absolvierten, einem Beruf nachgingen und Familien gründeten.

Die gesellschaftliche Bedeutung, die den jüdischen Gemeinden auch in anderen Großstädten nach dem Krieg zukam, stand in einem krassen Mißverhältnis zur kleinen Anzahl ihrer Mitglieder. Sie war vielmehr darauf zurückzuführen, daß sie eine gewisse Alibifunktion hatten, und sie war auch auf die Rolle zurückzuführen, die die Juden bis 1933 in Deutschland gespielt hatten. Daß es danach zur Dezimierung des deutschen Judentums kam, lag ja schließlich nicht an ihm selber. Bei Kriegsende lebten noch 140 Juden in Frankfurt, bis Jahresende 1945 waren es 500. Schon 1946 konstituierte sich in dieser Stadt ein Jüdisches Komitee, 1948 wurde – auf Betreiben vor allem des Rabbiners Leopold Neuhaus – die Gemeinde gegründet. Im Ausland wurde sehr genau beobachtet, wie das offizielle Deutschland mit seinen Juden umging. Anderseits achtete das offizielle Deutschland auch immer sehr genau auf die Verlautbarungen der hier ansässigen Juden. So habe auch ich stets meine Funktion verstanden: in der Kommentierung aller unsere jüdischen Belange betreffenden gesellschaftlichen und politischen Entwicklungen der Bundesrepublik. Als Vorsitzender der Buddhisten in Deutschland hätte ich gewiß nicht soviel Gehör in der Öffentlichkeit oder bei Politikern gefunden wie als Vorsteher der Jüdischen Gemeinde.

Die finanzielle Situation unserer Frankfurter Gemeinde war in jenen Jahren nicht einfach. Als Einnahmen standen uns neun Prozent der Einkommen- bzw. Lohnsteuer sämtlicher Gemeindemitglieder zur Verfügung. Der Gesamthaushalt betrug 1978 rund 7,2 Millionen DM (in diesem Jahr sind es 32 Millionen DM). Ein großer Teil des Budgets floß in die Kulturaufgaben sowie in den Sozialdienst, die Unterstützung von Bedürftigen: Dazu gehören zum Beispiel Essen auf Rädern oder auch ambulante Kranken- und Altenpflege. Auch die Jugendarbeit wurde zu keinem Zeitpunkt vernachlässigt: Die Jüdische Gemeinde Frankfurt unterhielt seit dem Ende des Krieges neben dem Altenheim auch einen Kindergarten und ein Jugendzentrum sowie ab 1965 eine Grundschule.

Das Altenheim, nach dem Krieg im ehemaligen jüdischen Krankenhaus in der Gagernstraße eingerichtet, entsprach in keinster Weise mehr den Anforderungen eines modernen Senioren- und Pflegeheims. Das Gebäude stammte aus dem Jahre 1917. Wir kamen nicht nach mit den Reparaturen, die Bausubstanz war angegriffen, und die Kosten liefen uns davon. In diesem Heim wohnten jedoch vor allem Überlebende aus den Konzentrationslagern, und es gehört unzweifelhaft zu den vornehmsten Pflichten einer Jüdischen Gemeinde, sich vor allem um diese Menschen zu kümmern. So war das erste große Bauvorhaben der Gemeinde in den 70er Jahren der Neubau des Altenzentrums auf dem Gelände des früheren Krankenhauses in der Bornheimer Landwehr/Gagernstraße, das 1977 bezogen werden konnte. Schon 1968 hatte die Gemeinde auf einem eigenen Grundstück im Röderbergweg über 60 Sozialwohnungen gebaut, vorwiegend für Gemeindemitglieder. Im Altenzentrum leben heute rund

230 Menschen, davon 60 Pflegefälle. Auf demselben Gelände befinden sich 120 Altenwohnungen sowie weitere 150 öffentlich geförderte Sozialwohnungen. In all diesen Einrichtungen leben zum Teil auch nicht-jüdische Familien.

Nachdem das Altenzentrum bezogen war, konzentrierten wir uns auf den Kindergarten. Wir wollten den jüdischen Kindern in Frankfurt eine jüdische Erziehung ermöglichen und diese Einrichtung so optimal wie möglich gestalten. Der Kindergarten war zunächst ab 1950 im Gebäude des Altenzentrums untergebracht, später in der Westendsynagoge. Nach jahrelangen Diskussionen im Gemeinderat setzte der Vorstand den Neubau eines Kindergartens im Röderbergweg durch, wo für damalige Verhältnisse einer der modernsten Kindergärten Frankfurts eingerichtet wurde, in dem 60 Kinder betreut werden können. Wir öffneten den Kindergarten auch für nicht-jüdische Kinder und setzten damit ein Signal für die neue Öffnung der Gemeinde.

Und dann gab es noch das Philanthropin im Nordend, in der Hebelstraße – ein repräsentatives Gebäude aus dem Kaiserreich, das bis 1942 als jüdisches Gymnasium gedient und als einer der wenigen Großbauten Frankfurts den Krieg halbwegs unbeschädigt überstanden hatte. Nach dem Krieg zog hier die kleine Jüdische Gemeinde ein. Aber als Gemeindezentrum erwies sich das Philanthropin einfach als zu groß und zu unpraktisch, so fehlte es z.B. an einem Festsaal. Zwar kamen hier auch andere jüdische Institutionen unter wie etwa die Zentralwohlfahrtsstelle der Juden in Deutschland und das Rabbinat. Aber dennoch mußte ein Teil des Hauses an einen Verlag vermietet werden, der mit der Gemeinde nichts zu tun hatte, und im Erdgeschoß befand sich ein richtiges Vorstadtkino, »Die Kurbel«.

All diese Projekte und Baulichkeiten verschlangen trotz der Förderungen von Stadt und Land enorme Summen, und die räumliche Trennung der diversen jüdischen Einrichtungen wie Jugendzentrum, Schule, Kindergarten, Altersheim, koscheres Restaurant, Gemeindeverwaltung machte die Sache auch nicht einfacher.

Ich war vom Anfang an für die Errichtung eines zentralen Gemeindezentrums, und letzten Endes setzten sich die Befürworter in der Gemeinde auch durch. In der Nähe des Savignyplatzes wurden zwei Grundstücke angekauft, das Nachbargrundstück in Erbbaurecht dazuerworben und zu einer Liegenschaft zusammengefaßt. Wir schrieben einen Wettbewerb aus für die Errichtung eines Gebäudekomplexes mit Kindergarten, Seniorenclub, Kulturzentrum und Restaurant, an dem sich viele Frankfurter Architekturbüros beteiligten. Den ersten Preis bekam der Entwurf der Architektengemeinschaft Gerhard Balser zusammen mit Salomon Korn, einem unserer Vorstandsmitglieder.

Um das Grundstück erwerben zu können, mußten wir uns schweren Herzens entschließen, unser bisheriges Zentrum, das Philanthropin, an die Stadt zu verkaufen. 1979 erwarb die Stadt das Gebäude zugunsten des Hochschen Konservatoriums und verpflichtete sich, das Haus unter Denkmalschutz zu stellen, auf jeden Fall die Fassade in ihrer alten Form sowie den Namen Philanthropin zu erhalten.

Im Herbst 1986 konnten wir endlich unser neues Zentrum eröffnen. 32 Millionen DM hatten Grundstück und Bau gekostet – aber ein Zehntel dieser Summe hatten wir allein in Sicherheitsvorrichtungen investiert, in aufwendige Eingangsschleusen und in schußsicheres Panzerglas. Was wäre die Alternative gewesen? Eine riesige Mauer rings um das Gebäude. Das hätten wir ebensowenig in Kauf nehmen wollen wie sämtlichen Verzicht auf Schutz, denn für alle möglichen Terroristen kann so ein Zentrum wie das unsere ein lohnendes Ziel sein.

Noch vor der Fertigstellung war ein Schatten der Vergangenheit auf dieses Gebäude gefallen, mit dem wir unsere Hoffnung auf Zukunft und Normalität verbinden: Einer der Nachbarn unseres Gemeindezentrums ist die Frankfurter Niederlassung der BASF, und die BASF verlangte 100.000 DM für die Erteilung der Nachbarschaftsgenehmigung. Die besondere Geschmacklosigkeit dieser Forderung ergibt sich daraus, daß die BASF eine der drei großen Nachfolgerinnen des IG-Farben-Konzerns ist, der in Auschwitz große Produktionsstätten unterhielt und zahllose, meist jüdische Zwangsarbeiter als industriellen Rohstoff »verbrauchte«.

Mit dem Bau unseres neuen Zentrums und einem sehr aktiven Kulturprogramm, zu dem alle Frankfurter Bürger eingeladen sind, erlangte die Jüdische Gemeinde auch in der Öffentlichkeit eine gewisse Bedeutung zurück. Schon Anfang der 70er Jahre hatte Marcel Reich-Ranicki begonnen, bei uns Vorträge über deutsche Dichter und Romanciers zu halten, aber erst nach der Errichtung des Gemeindezentrums erreichten diese Foren überregionale Bedeutung. Es gab seither keine Veranstaltung, die nicht ausverkauft gewesen wäre und an der nicht mindestens 600 Besucher teilgenommen hätten. Im

Rahmen der Kulturarbeit der Jüdischen Gemeinde, die von Michel Friedman schon vor seiner Vorstandstätigkeit organisiert wurde, kommt dem 1988 von Reich-Ranicki ins Leben gerufenen Literaturforum eine besondere Bedeutung zu: Er brachte über die Literatur die Gemeinde der Öffentlichkeit näher. Wenn auch sein sonstiges Wirken als Literaturkritiker weit über alles hinausgeht, was sich innerhalb unserer Gemeinde abspielt, so ist er doch für uns in Frankfurt von besonderer Bedeutung. Uns verbindet eine familiäre Freundschaft und persönliche Wertschätzung miteinander.

GALINSKI UND NACHMANN

Meine Erfolge als Vorsitzender der Jüdischen Gemeinde in Frankfurt bildeten nicht zuletzt die Basis für meine spätere Verantwortung im Zentralrat der Juden. Damals jedoch waren Heinz Galinski und Werner Nachmann in der Öffentlichkeit die beiden dominierenden Persönlichkeiten der Juden in Deutschland. Ich kannte Galinski bereits aus der Zeit, als ich noch in Berlin lebte.

Galinski war ein autoritärer Charakter, der oft mißverstanden wurde. Für Nicht-Juden mag er teilweise bitter gewirkt haben, jedoch schätzten ihn alle, die ihn persönlich kannten, selbst seine Kritiker. Für mich wurde er – trotz aller Kritik an seiner teilweise kompromißlosen Haltung – in vielem ein Vorbild.

Geboren 1912 in Marienburg, kam Galinski nach der Machtübernahme durch die Nationalsozialisten nach Berlin, weil er glaubte, in der Anonymität der Großstadt eher vor Verfolgung sicher zu sein als in einer kleinen Stadt, in der die Familie bekannt war.

Als er nach Auschwitz deportiert wurde, hatte er das Glück, auf der Rampe zu den Arbeitsfähigen selektiert zu werden, die zur Zwangsarbeit in die Buna-Werke der IG Farben geschickt wurden. Seine Frau und seine Mutter wurden in Auschwitz ermordet. Galinskis Leidensweg setzte sich fort. Er wurde nach Mittelbau Dora überstellt, eines der grausamsten Zwangsarbeiterlager, in dem die Vernichtung der Juden durch Arbeit planmäßig betrieben wurde. Die Häftlinge mußten in einem aufgelassenen Stollen arbeiten und ohne Wasser und Licht dort leben. Sie starben wie die Fliegen. Als die Arbeitseinheit aufgelöst wurde, wurde Galinski in den letzten Kriegsmonaten nach Bergen-Belsen deportiert dort schließlich von den Briten befreit. Gerade diese drei Lager waren die schlimmsten ihrer Art, und diese Erfahrung hat – neben dem Verlust seiner Mutter und seiner Frau – tiefe Narben bei ihm hinterlassen.

Gleich nach Kriegsende stellte er sich in den Dienst der jüdischen Gemeinschaft und machte dies zu seiner Lebensaufgabe. Das, was er zu Recht als Berufung ansah, wurde ihm zum Beruf, und er war dafür prädestiniert wie kaum ein anderer. Er zählt zu denjenigen, die die Jüdische Gemeinde in Berlin wiederbelebt haben, und deren heutige Bedeutung ist in erster Linie sein Werk. Galinski war 1949 auch Mitbegründer des Zentralrats. Er vertrat nicht nur die jüdische Sache, sondern er äußerte sich auch deutlich zu allen von ihm als ungerecht empfundenen Geschehnissen. Der von ihm meistgebrauchte Satz war: »Ich habe nicht überlebt, um zu schweigen.«

Trotz seiner Erlebnisse bekannte er sich zum wiedererstandenen demokratischen Deutschland. Er fühlte sich als deutscher Staatsbürger und trat auch offen im Ausland für die Bundesrepublik ein. Er hielt jüdisches Leben in Deutschland für notwendig und war bei aller Kritik das, was Bundeskanzler Helmut Kohl bei seiner Beerdigung 1992 sagte: ein deutscher Patriot. Er blickte in die Zukunft, ohne die Vergangenheit aus den Augen zu verlieren, und mahnte immer wieder, diese Vergangenheit nicht zu vergessen.

Galinski löste 1988 Werner Nachmann als Vorsitzender des Zentralrats ab. Er wollte jedoch dessen sanften Weg der zurückhaltenden Kritik nicht übernehmen und hatte seine eigenen Vorstellungen, wie in der deutschen Öffentlichkeit die Interessen der Juden vertreten werden sollten. Das Verhältnis zwischen Nachmann und Galinski war immer schon gespannt gewesen. Im Gegensatz zu Galinski war Nachmann ein Leisetreter, obwohl er auf seine Weise ebenfalls viel für die jüdische Gemeinschaft erreicht hat. Er unterstützte jede Form der Integration, teilweise bis hin zur Assimilierung. Galinski war für so eine Haltung nicht zu haben. Für ihn gab es keine Entschuldigungen und Beschönigungen. Er hat sich mit seiner Kompromißlosigkeit und Härte nicht nur Freunde gemacht – auch wenn er meistens Recht hatte.

Meine persönliche Haltung liegt eher in der Mitte zwischen diesen beiden Polen. Es gab Situationen, in denen ich Verständnis für die Nachmannsche Politik hatte – in vielen Punkten stand ich jedoch auf der Seite Galinskis.

Nachmann plädierte zum Beispiel dafür, den Namen des Zentralrates in »Zentralrat Deutscher Juden« zu ändern, während ich wie Galinksi auf diesen Vorschlag eher zurückhaltend reagierte. Möglicherweise aber wäre es später doch zu einer Namensänderung gekommen, wenn nicht mittlerweile die Zuwanderung von Juden aus der ehemaligen Sowjetunion eingesetzt hätte, die durch diesen Namen ausgegrenzt worden wären.

Nachmann war auch dafür, daß junge Männer aus jüdischen Familien der Wehrpflicht unterliegen sollten. Ich dagegen war mir mit Galinski einig, daß es jedem jungen Juden freigestellt sein müsse, zur Bundeswehr zu gehen, und daß die Kinder und Enkel der Opfer auf keinen Fall dazu verpflichtet werden dürften. Jeder einzelne müsse das Recht haben, diese Entscheidung nach seinem Gewissen zu treffen. »Dürfen ja – aber müssen nicht«, war meine Meinung und auch die von Galinski. Es wäre in unseren Augen unzumutbar gewesen, einen jungen jüdischen Mann per Gesetz in eine deutsche Uniform zu zwingen. Und insgeheim stellte ich mir damals vor, was wohl geschähe, wenn ich einen Sohn hätte, der eines schönen Tages in Bundeswehruniform nach Hause kommen – und meiner Schwiegermutter in die Arme laufen würde. Sie würde sofort einen Herzinfarkt bekommen. Aber mittlerweile gibt es sehr wohl einige junge deutsche Juden, die als Freiwillige bei der Bundeswehr ihren Dienst leisten, obwohl sie als Kinder und Enkel ehemals vom NS-Regime Verfolgter automatisch von der Wehrpflicht befreit sind.

Galinski sagte damals: »Wir sind deutsche Staatsbürger jüdischen Glaubens – mit allen Rechten und Pflichten!« Ich formulierte es so: »Wir sind deutsche Staatsbürger mit allen Rechten und Pflichten – und jüdischem Glauben!«

Einen Riß zwischen der überwältigenden Mehrheit des Zentralrats und Nachmann gab es 1978, als – für uns alle unverständlich – Nachmann versuchte, den damaligen baden-württembergischen Ministerpräsidenten Hans Filbinger zu verteidigen, nachdem bekannt wurde, daß dieser als Marinerichter noch 1945 einige Todesurteile verhängt hatte. Bei allen Meinungsverschiedenheiten hat jedoch keiner erwartet, was sich gegen Ende der Nachmann-Ära herausstellte, daß er nämlich einen zweistelligen Millionenbetrag zu Lasten des Zentralrats und teilweise auch zu Lasten der Opfer des Nationalsozialismus veruntreut hatte. Davon wird noch ausführlich die Rede sein.

Als ich noch jung und hübsch war – heute bin ich nur noch »und«. Die Aufnahme stammt aus dem Jahr 1947 oder 48, ich war damals 20 oder 21 Jahre alt.

Alle Bilder, sofern nicht anders ausgewiesen, aus Privatbesitz.

Mein Vater Jehoshua Bubis. Es ist das einzige Foto, das ich von ihm habe. Wann es aufgenommen wurde, ist mir nicht bekannt.

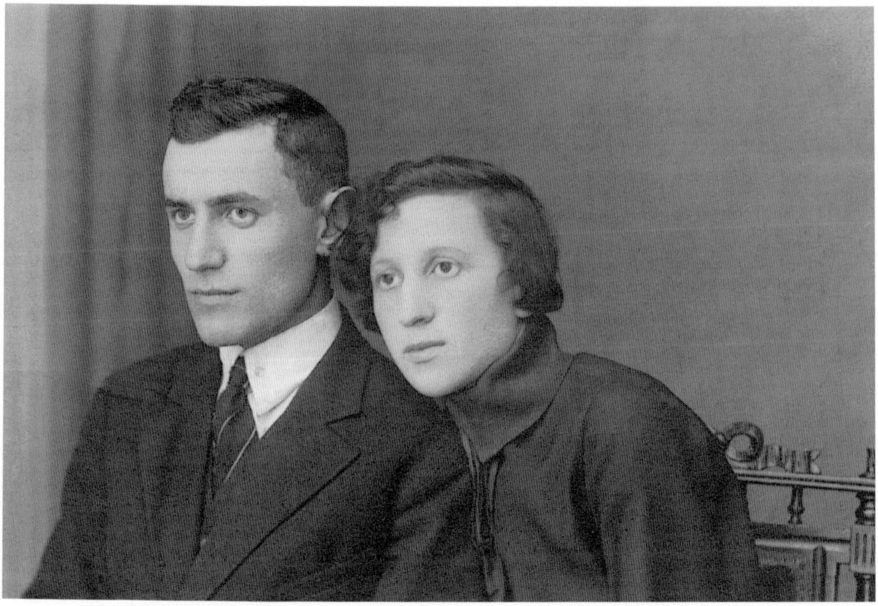

Mein Bruder Jakob und seine Frau Dina. Das Foto wurde im Mai 1927 in Deblin aufgenommen.

Mein Bruder Jakob im Kreis der Geschwister seiner Frau Dina. Von links: Natalio Bajgelman, Dinas Bruder, Dina Bubis, geb. Bajgelman, Salvadore Bajgelman (hinten), mein Bruder Jakob (vorne), Moses Gurfinkel , der Bräutigam von Dinas Schwester Chaja Bajgelman. Die Aufnahme entstand in den 20er Jahren, noch vor meiner Geburt. Das genaue Datum ist mir nicht bekannt.

Die junge Frau, die lächelnd am Felsen lehnt, ist Ester Geliebter. Sie war eine Freundin meiner Schwester Hadassa (rechts im Hintergrund zu sehen). Ester Geliebters Vater war das erste Opfer des Krieges in Polen: Er mußte drei Tage vor Kriegsausbruch die Gestellungsbriefe für die Generalmobilmachung austragen und erlitt dabei einen Herzinfarkt. Ester hatte einen christlichen Freund, der sie zunächst versteckte, das Versteck aber bald an die Nazis verriet, um sie loszuwerden. Über ihr weiteres Schicksal weiß ich nichts. Sie hat nicht überlebt. Die Aufnahme stammt aus dem Jahr 1938, meine Schwester war etwa 20 Jahre alt.

Ein lachendes kleines Mädchen in einem weißen Kleid: meine Nichte Rachel, Jakobs Tochter. Dieses Foto habe ich Anfang 1996 zum ersten Mal gesehen, als ich die Nachkommen der Familie meiner Schwägerin Dina, geborene Bajgelman, in São Paulo besuchte. Seitdem läßt mich dieses Bild nicht mehr los.

Freunde und Verwandte meines Bruders Jakob und seiner Frau Dina. Im Vordergrund: Ester Tennenbaum, geb. Spiro; die Frau von Moses Spiro (von links); in der Mitte (von links): die Schwester von Moses Gurfinkel, Moses Gurfinkel, Chaja Gurfinkel, geb. Bajgelman, das Ehepaar Szajdenfisz, der Ehemann von Judith Spiro (Vorname unbekannt), Judith Spiro; hintere Reihe (von links): Dina Bubis, geb. Bajgelman, Jakob Bubis, Dinas Brüder Salvadore und Natalio Bajgelman, Bajla Bronspiegel, geb. Spiro.

Nach der Befreiung des KZ Buchenwald wurde eine Gruppe von Kindern in ein Waisenhaus nach Paris gebracht. Unter ihnen war auch Izio Rosenman, der Bruder meiner Frau (vorne, zweiter von links). Izio war damals zehn Jahre alt, ob seine Mutter und seine Schwestern überlebt hatten, wußte er nicht. Was er wußte, war, daß sein Vater, der ebenfalls in Buchenwald war, nach der Befreiung keine Nahrung mehr aufnehmen konnte und deshalb starb. Er erinnerte sich jedoch, daß die Familie Verwandte in Paris hatte. Dort fand später die Familie wieder zusammen. Izio lebt heute in Paris.

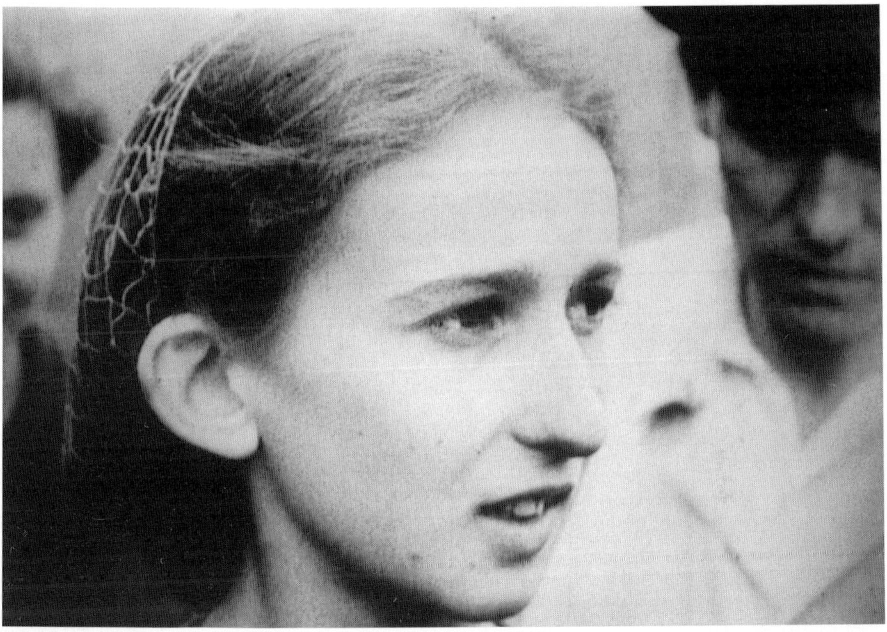

Meine Frau Ida im Jahr 1945. Sie war 14 Jahre alt, als sie im KZ Dachau befreit wurde. Die beiden Aufnahmen entstammen einem Film, der nach der Befreiung des Konzentrationslagers gedreht wurde.

Unsere Hochzeit feierten wir im koscheren Restaurant Eden in Paris, 1953. Der Junge, der in der Mitte zu sehen ist, ist Jacques Tennenbaum, der Sohn von Ester Tennenbaum. Er wurde im Lager Deblin geboren, versteckt, und er überlebte. Auf dem Foto ist er etwa zehn Jahre alt.

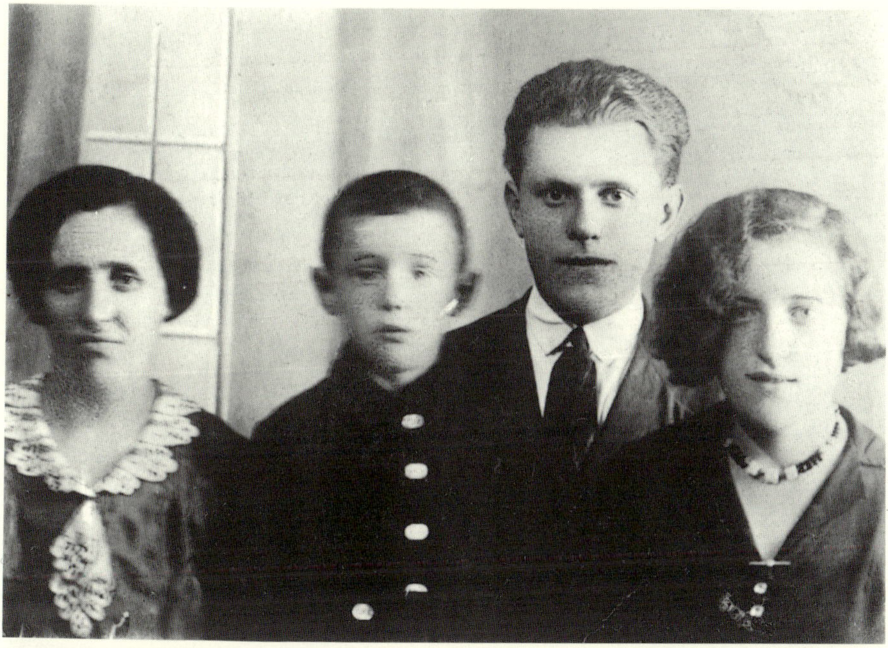

Meine Mutter Hannah, daneben ich im Alter von etwa acht Jahren, meine Schwester Hadassa und mein Bruder Chil. Chil starb kurz nach dem Umzug von Breslau nach Deblin an einer Blinddarmentzündung.

Am 3. Mai 1953 wurden Ida und ich in Paris getraut. Rechts im Bild: mein Onkel Leib Bronspiegel, ein Bruder meiner Mutter und der nächste Verwandte, der die NS-Zeit überlebt hat. Er kam aus den USA und fungierte als Brautvater anstelle meiner verstorbenen Eltern.

Frankfurt, 1964. Unsere Tochter Naomi wurde am 11. Dezember 1963 geboren, auf dem Bild ist sie etwa drei Monate alt.

In diesem Haus in Deblin lebte ich mit meiner Familie, bis wir ins Ghetto umziehen mußten. Unsere Wohnung lag im ersten Stock, im Erdgeschoß war die Schule. Aufgenommen wurde das Bild 1993.

Das ehemalige Gebäude des Judenrats in Deblin, aufgenommen 1982. Es war eines der wenigen Steinhäuser, die es im Ghetto gab, und ist bis heute erhalten geblieben.

Familie Bubis am 12. Januar 1987.

Vater und Tochter. Naomi studierte in Paris Politische Wissenschaften und Journalismus. Das Diplom machte sie an der Johann-Wolfgang-Goethe-Universität in Frankfurt. Sie arbeitet heute als freie Jounalistin.

© AP Photo, Roberto Pfeil

Seit meiner Wahl zum Vorsitzenden des Zentralrats der Juden in Deutschland bin ich mehrere Male zu Gesprächen mit Bundeskanzler Helmut Kohl zusammengetroffen, unter anderem am 2. Mai 1994 in Bonn. Im Laufe unserer Begegnungen habe ich seine Sensibilität für die deutsch-jüdische Vergangenheitsbewältigung immer mehr schätzen gelernt.

Foto: Ullstein, © Andreas Schoelzel

In den vergangenen Jahren habe ich bei Veranstaltungen, Vorträgen und Diskussionen mehr als 300.000 Menschen erreicht, darunter viele junge Leute. Diese Aufnahme entstand am 10. März 1993 bei einer Diskussionsveranstaltung mit Schülern des Alexander-von-Humboldt-Gymnasiums in Berlin.

© Abisag Tüllmann

Es war ein Akt von »Notwehr«: Als unsere Argumente und Proteste gegen die geplante Aufführung des Fassbinder-Stücks »Der Müll, die Stadt und der Tod« nichts halfen, besetzten Mitglieder der Jüdischen Gemeinde am 31. Oktober 1985, dem Tag der Premiere in den Frankfurter Kammerspielen, die Bühne. Mit mir standen dort etwa 25 Personen. Zweieinhalb Stunden diskutierten wir heftig mit den Besuchern, dann erklärte Intendant Günter Rühle die Aufführung für gescheitert.

© dpa

Das jüdische Mahnmal in Bergen-Belsen erinnert an die Menschen, die hier durch Hunger und Seuchen umgebracht wurden. Bergen-Belsen war das schlimmste Konzentrationslager, in dem neben Juden auch viele sowjetische Kriegsgefangene umgekommen sind. Mehr als 100.000 Menschen wurden hier geschunden und zu Tode gequält. Die Aufnahme entstand am 30. November 1992.

© dpa

Am 23. November 1992 verübten Rechtsextremisten einen Brandanschlag auf das Haus der Familie Arslan in der Mühlenstraße in Mölln. Drei Menschen kamen in den Flammen ums Leben. Das Foto wurde ein Jahr später bei einer Gedenkstunde vor dem Haus aufgenommen.

Gedenkstunde in Auschwitz: Am 27. Januar 1995 jährte sich zum 50. Mal der Tag der Befreiung des Konzentrationslagers. An der Ruine eines Krematoriums in Auschwitz-Birkenau wurden jüdische Gebete gesprochen, und viele Menschen weinten, als der Kantor die Totenklage anstimmte. Zu der Feierstunde war unter anderem Bundespräsident Roman Herzog gekommen, der zusammen mit mir und dem Verwaltungsratsmitglied des Zentralrats, Michel Friedman, einen Kranz am jüdischenMahnmal niederlegte.

© dpa

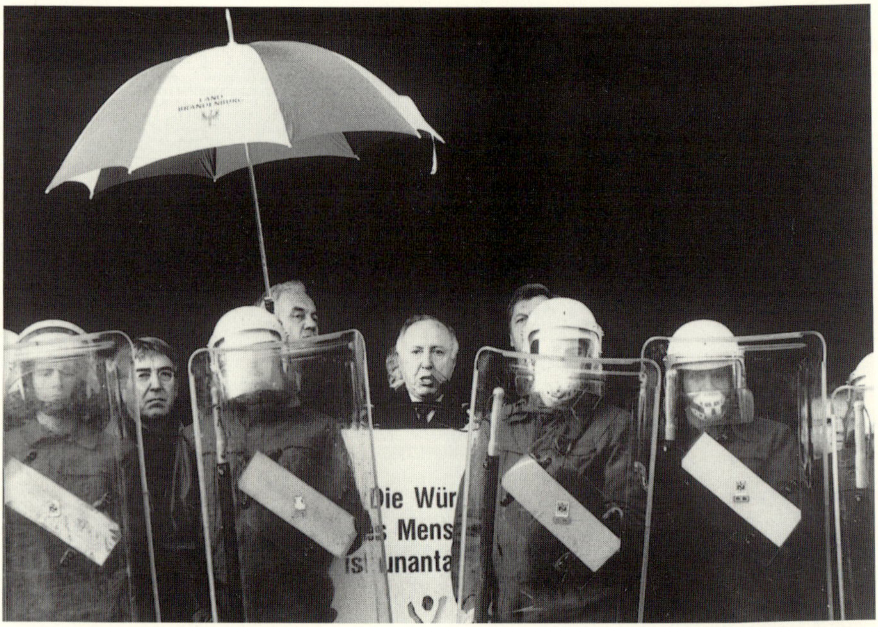

Foto: Ullstein, © Thomas Böhme

Unter dem Motto »Die Würde des Menschen ist unantastbar« demonstrierten am 8. November 1992 rund 300.000 Menschen in Berlin gegen Fremdenfeindlichkeit und Ausländerhaß. Als einziger Redner sollte Bundespräsident Richard von Weizsäcker bei der Kundgebung sprechen. Er hatte kaum begonnen, als Eier und Steine auf die Rednertribüne flogen, und nur im Schutz von Polizeischilden konnte er seine Rede beenden. Ich entschloß mich damals spontan, auf die Tribüne zu gehen und einige Worte an die friedlichen Demonstranten und auch an die wenigen Störer zu richten.

© L'Osservatore Romano

Am 23. Juni 1996 begegnete ich dem Papst bei seinem Deutschlandbesuch in Berlin. In der Mitte: Paul Spiegel, stellvertretender Vorsitzender des Zentralrats.

Ich versuchte später als Nachfolger von Galinski einen neuen Weg zu gehen, weniger in der Sache als vielmehr in der Methode. Ich suchte, wo immer möglich, das Gespräch und stellte mich jeder Diskussion. Mein Verhalten war gewiß pragmatischer als das meines unmittelbaren Vorgängers, zugleich aber lautstärker und entschiedener als das von Werner Nachmann.

DIE VERJÄHRUNGSDEBATTE

Eine der zentralen Auseinandersetzungen im Jahr 1979 war das Problem der Verjährung der nationalsozialistischen Verbrechen. Der bisherigen Rechtslage zufolge verjährten Mord und auch Völkermord nach 30 Jahren, und da der Bundestag bereits Mitte der 60er Jahre befunden hatte, die deutschen Gerichte hätten zwischen Kriegsende und Ende 1949 nicht ordnungsgemäß arbeiten können, drohte nun die Verjährungsfrist zum 31.12.1979 abzulaufen. Wenn danach ein bis dahin unbekannter NS-Verbrecher aufgespürt werden sollte, hätte er nicht mehr zur Rechenschaft gezogen werden können.

Die Verjährungsdebatte machte auch deutlich, wie verkrampft immer noch mit der NS-Zeit umgegangen wurde – unterschwellig war sie eine »Schlußstrich«-Debatte. Am eindeutigsten exponierte sich der damalige CSU-Vorsitzende Franz Josef Strauß, der schlichtweg eine Generalamnestie forderte. Sein krassester Widerpart war Werner Maihofer von der FDP, der ehemalige Innenminister, der beim Mord alles beim alten lassen wollte, beim Völkermord und bei Verbrechen gegen die Menschlichkeit hingegen für Aufhebung der Verjährung plädierte. Diese Haltung erwies sich aber als nicht mehrheitsfähig. Am Ende setzte sich im Bundestag die Position von Herbert Wehner, dem damaligen SPD-Fraktionsvorsitzenden, durch, Mord und Völkermord gleichermaßen nicht mehr verjähren zu lassen. Dieser Kompromißvorschlag bot dann auch den zögernden Abgeordneten der CDU, die am liebsten endgültig den Mantel des Schweigens über »die schlimmen Jahre« gebreitet hätten, die Möglichkeit einer halbherzigen Zustimmung.

Es versteht sich, daß mich diese ganze Debatte nicht unberührt lassen konnte, und ich habe mich in meiner Funktion als Vorstandsmitglied der Jüdischen Gemeinde Frankfurts nach Kräften eingemischt. Ich erinnere mich dabei vor allem an zwei Ereignisse.

Zum einen gab es im März 1979 im Kaisersaal des Frankfurter Römer einen offiziellen Empfang für zwei Gäste aus den USA: für den orthodoxen Rabbi Schneider und für Jacques Torcyner, das Exekutivmitglied der amerikanischen Sektion der zionistischen Weltorganisation. Beide zeigten sich außerordentlich interessiert am Stand der Verjährungsdebatte, die ich ihnen ausführlich schilderte. Ihre Besorgnis machte mir deutlich, daß in den USA und auch in Israel ein Sieg der Verfechter der Verjährungsfrist mit einiger Empörung zur Kenntnis genommen werden würde.

Zum anderen nahm ich im Palmengarten an einer Podiumsdiskussion teil, wo ich, wenn schon nicht meine Kontrahenten auf der Bühne, so doch das Publikum für meine Überzeugung einzunehmen suchte, daß die Ermordung eines Menschen unbeschränkt strafbar sein müsse. Die SPD-Bundestagsabgeordnete Herta Däubler-Gmelin war mit mir ganz einer Meinung. Ihr graute davor, daß demnächst im Ausland lebende NS-Mörder nach Deutschland zurückkehren könnten, und sie verlangte ein politisches Zeichen. Carl Otto Lenz von der CDU, der Vorsitzende des Rechtsausschusses im Bundestag, argumentierte scheinbar ganz pragmatisch für die Beibehaltung der Verjährungsfrist: Der Justiz sollten Aufgaben erspart bleiben, die sie ohnehin nicht lösen könne. Das größte Mißfallen im Publikum erntete Andreas von Schoeler – damals noch FDP und Parlamentarischer Staatssekretär im Innenministerium, später bekanntlich sozialdemokratischer Oberbürgermeister Frankfurts. Er warnte davor, mit der Aufhebung der Verjährung die »Rechtssicherheit« in Gefahr zu bringen. Einige Jahre darauf hat von Schoeler allerdings seine Meinung geändert.

Generell aber spielten die Meinungen der jüdischen Vertreter in dieser Debatte keine entscheidende Rolle: Es wurde als selbstverständlich betrachtet, daß die Juden als »Opfer« auf jeden Fall für eine Verfolgung waren.

Ich hatte allerdings mit dieser generalisierenden Wahrnehmung der Juden als Opfer immer schon meine Probleme und bin selber nach dem Krieg nie als Opfer aufgetreten. Höchstens das eine Mal, als ich, wie geschildert, vor dem russischen Kriegsgericht stand und den Soldaten erzählte, daß ich eben erst befreit worden wäre – da wollte ich mit meiner Zeit im Arbeitslager bewußt Mitleid erregen. Ich werbe allerdings um ein besonderes Verständnis für die Opfer der NS-Zeit und werde mich immer für jene einsetzen, die diese Zeit in einem Konzentrationslager überlebt haben.

Wenn heute jemand von mir verlangt, einen Schlußstrich unter die Vergangenheit zu ziehen, dann verlangt er von mir, daß ich vergessen soll, wie mein Vater, mein Bruder und meine Schwester ermordet wurden. Ich soll vergessen, wie Menschen tagtäglich neben mir geprügelt und erschossen wurden, und ich soll aus meinem Gedächtnis alle Erinnerungen an eine Zeit tilgen, als ich in einer großen jüdischen Familie lebte, von der nach dem Krieg niemand mehr am Leben war. Ich war nie Verfechter der Kollektivschuld-These, und ich habe auch nie den Nachkriegsgenerationen die Schuld für das Geschehene aufgebürdet. Aber die Auseinandersetzung mit der Geschichte ist für die Gestaltung der Gegenwart und der Zukunft unbedingt erforderlich.

WIEDERGUTMACHUNG UND VERSÖHNUNG

Ebenfalls im Jahr 1979 beschloß der Magistrat der Stadt Frankfurt, frühere jüdische Frankfurter Bürger in ihre ehemalige Heimat einzuladen. Die Initiative ging nicht von der Jüdischen Gemeinde aus, es war vielmehr der damalige Oberbürgermeister Walter Wallmann, der auf diese Idee kam, die in Berlin bereits praktiziert wurde.

Rund 1.300 ehemalige Frankfurter Juden, die in aller Welt verstreut lebten, wurden angeschrieben. In mühsamen Recherchen hatte die Stadtverwaltung ihre Adressen ausfindig gemacht. Einige der Ausgewanderten und Vertriebenen hatten natürlich ihre frühere Heimat schon zuvor auf eigene Faust besucht, die meisten sich dazu allerdings nicht entschließen können oder wollen bzw. vergebens auf eine offizielle Geste gewartet, und manche hatten sich einfach auch die Reise nicht leisten können.

Walter Wallmann setzte mit seiner Entscheidung ein Signal, das von den meisten dieser ehemaligen Frankfurter Bürger sehr positiv aufgenommen wurde. Die Stadt erklärte sich bereit, die Reisekosten und einen 14tägigen Hotelaufenthalt zu übernehmen, zahlte ein kleines Taschengeld und stellte Eintrittskarten für verschiedene Einrichtungen zur Verfügung. Falls ein Gast körperlich nicht mehr in der Lage war, alleine zu reisen, wurde sogar eine Begleitperson bezahlt.

So sehr wir von der Jüdischen Gemeinde diesen Beschluß begrüßten, so sehr bedauerten wir es, daß er erst so spät erfolgte. Die Zeit der Flucht und Vertreibung lag fast 40 Jahre zurück, und viele, die sie durchlitten hatten, waren nicht mehr am Leben.

Die ersten 100.000 Mark, die der Magistrat für Einladungen bewilligte, reichten allerdings nur aus für 35 Personen. Die meisten von ihnen kamen aus den USA und Israel. Es war oft erschütternd zu sehen, wie diese Menschen noch an ihrer alten Heimat hingen, wie sie ihre alten Wohnhäuser suchten, ihre Schulen, die Theater, die alten Synagogen. Viele von ihnen standen mit Tränen in den Augen vor einer Gegenwart, die ihre Vergangenheit war. Sie alle waren auf einmal ganz unmittelbar mit einer Frage konfrontiert, die schon seit Kriegsende das deutsch-jüdische und das deutsch-israelische Verhältnis bestimmte: vergessen oder vergeben, Wiedergutmachung oder Versöhnung?

Als 1950 der Rabbiner Georg Salzberger die von den Nazis profanisierte, aber weitgehend erhaltene Westend-Synagoge neu einweihte, da sagte er: »Wir wollen vergeben, aber nicht vergessen.« Aber noch Mitte der 60er Jahre erwiderte Nahum Goldmann, ebenfalls, der Herkunft nach, ein Frankfurter Jude: »Niemand von uns hat jemals daran gedacht, Vergebung zu gewähren.« Und abermals 30 Jahre später rief der ehemalige israelische Staatspräsident Chaim Herzog in seiner Rede zum 50. Jahrestag der Befreiung des Lagers Bergen-Belsen aus: »Ich bin nicht gekommen, um zu vergeben. Nur die Ermordeten hätten dieses Recht, und sie haben es uns nicht übertragen.« So unterschiedlich stehen die Überlebenden dem Gedanken der Vergebung gegenüber. Welche Meinung ich persönlich zu den Begriffen Versöhnung und Vergebung habe, werde ich an anderer Stelle noch ausführen.

In der Bundesrepublik war immer wieder eine gewisse Enttäuschung zu spüren, daß die finanzielle »Wiedergutmachung« nicht automatisch zu einer »Normalisierung« des Verhältnisses zu Israel und auch zu den jüdischen Gemeinden im eigenen Land führte. Hatte man denn erwartet, daß der Schmerz der »Opfer« materiell kompensierbar sein würde und daß die nun aufgebrachten Mittel zu einer nachträglichen Reduzierung der eigenen Schuld beitragen könnten? Hatte man vergessen, daß es sich hier nicht um eine großzügige Geste handelte, sondern um die teilweise Rückerstattung von gestohlenem oder geraubtem Eigentum? Auch bei den sonstigen Leistungen kann eigentlich nur von Entschädigung und kaum von Wiedergutmachung gesprochen werden.

Die völlige Entschädigung des Vermögens, das den Juden in Deutschland und auch anderen europäischen Ländern weggenommen worden war, hätte wahrscheinlich die Bundesrepublik finanziell ruiniert. Die »Wiedergutmachungszahlungen« wurden daher von den Juden nie als Schmerzensgeld für erlittenes Leid, sondern bloß als symbolischer Beitrag zur Entschädigung eines Teiles des verschwundenen Vermögens verstanden. Niemand in Deutschland sollte sich deshalb als Gönner fühlen.

Die gesamten Wiedergutmachungsleistungen einschließlich der Globalzahlung an Israel zur Erstattung von Eingliederungskosten, die durch die Ansiedlung jüdischer Flüchtlinge aus Deutschland entstanden waren, haben bis heute, 50 Jahre nach Ende des Krieges, noch nicht die 100-Milliarden-Mark-Grenze erreicht und werden sich bis zum Jahre 2030, wenn mit Sicherheit kein Überlebender des Nationalsozialismus mehr Ansprüche erheben und die letzte Witwe gestorben sein wird, auf 130 Milliarden Mark belaufen – innerhalb von 80 Jahren. Das sind unsere Zahlen, die offiziellen Zahlen des Finanzministeriums; merkwürdigerweise liegen die Angaben, die manchmal durch die deutsche Presse geistern, noch erheblich darunter. Um diese Zahlen in das richtige Verhältnis zu bringen: Fünf Jahre deutsche Einheit haben die Bundesrepublik bis heute rund 750 Milliarden Mark gekostet. Der Lastenausgleich für die Vertriebenen, der längst abgeschlossen ist, betrug 170 Milliarden Mark. Verglichen damit sind die Entschädigungen für das ermordete Judentum ein beinahe lächerlicher Betrag, zumal hier die Globalleistungen an die Länder des ehemaligen Ostblocks enthalten sind. Für viele der Überlebenden haben die Leistungen dennoch die Möglichkeit geschaffen, ein neues Leben zu beginnen. Und das ist nur recht und billig.

KAPITEL 9

DER FASSBINDER-KONFLIKT

VORURTEILE

Wenn ich zurückblicke, waren es vor allem zwei Ereignisse, die entscheidend dazu beigetragen haben, daß ich mich immer stärker politisch engagiert habe und mich heute manche vielleicht als übereifrigen Vertreter der Juden in Deutschland wahrnehmen, der keine Gelegenheit ausläßt, sich in die politische Diskussion einzumischen. Zum einen waren es die Erfahrungen in der Auseinandersetzung mit der Hausbesetzerszene Anfang der 70er Jahre in Frankfurt. Daß in diesem Konflikt der Antisemitismus in meinen Augen eine immer stärkere Rolle spielte, habe ich bereits ausgeführt. Das zweite Ereignis war der Streit um das Theaterstück *Der Müll, die Stadt und der Tod* von Rainer Werner Fassbinder, der von Beginn an ein Streit um die Grundfrage war, ob es erlaubt sein kann, Mitte der 80er Jahre in Deutschland ein judenfeindliches Stück aufzuführen, das die Gefühle der Überlebenden auf das schwerste verletzte.

Wenn ich mich damals so stark an diesen Auseinandersetzungen beteiligt und mit allen Mitteln gegen eine Aufführung des Stücks gekämpft habe, dann nicht etwa deshalb, weil es mir dabei um den Schutz meiner eigenen Person oder meiner persönlichen Gefühle gegangen wäre – im Gegenteil. Wer mich kennt, weiß, daß ich persönlich selbst durch die bösartigsten antisemitischen Bemerkungen oder Aktionen kaum aus der Ruhe zu bringen bin. Solange sie sich allein gegen mich richten, ist das eine Sache. Ich kann jedoch zu einem Kämpfer werden, wenn es darum geht, die Ehre der Ermordeten und die Erinnerung an die Opfer zu verteidigen. Ich konnte und wollte damals nicht einsehen, daß »Normalität« im Zusammenleben zwischen Juden und Nicht-Juden bedeutet, daß man Juden wieder beleidigen und beschimpfen darf, nur weil sie Juden sind.

Das Besondere an der Fassbinder-Affäre war, daß der Antisemitismus von links kam. Das war zwar auch schon mehr als zehn Jahre zuvor bei den Hausbesetzungen der Fall gewesen, aber damals ging es um den denunziatorischen Antisemitismus einer radikalen studentischen Minderheit und von Teilen der politischen Presse, heute jedoch kam der Antisemitismus scheinbar viel harmloser daher, nämlich in der gepflegten Haltung von Kulturliebhabern und des Feuilletons. In beiden Fällen haben sich die rechten Antisemiten dem gerne angeschlossen und sich hinter den Linken versteckt. Die Auseinandersetzungen um das Fassbinder-Stück berührten mich so sehr, daß ich sogar zum ersten Mal seit 1953 wieder ernsthaft daran dachte, Deutschland zu verlassen. Ich war nach der Befreiung aus dem Lager nicht nach Deutschland gekommen, um hier für immer zu bleiben. Doch in den 35 Jahren, die seit dem Ende des Krieges vergangen waren, war Frankfurt längst meine Heimat geworden, und ich lebte in der vielleicht trügerischen Gewißheit, daß eigentlich hier alles in Ordnung sei und man als Jude im demokratischen Deutschland ein ruhiges Leben führen könne.

Was ich zunächst während der Hausbesetzungen und dann besonders während des Fassbinder-Konflikts erlebte, bewies mir jedoch, daß der Antisemitismus in der Tat ein Virus ist, der vor keiner ideologischen, keiner religiösen und keiner politischen Überzeugung halt macht. Er ist auch bei jenen zu finden, die glauben, aufgrund ihrer politischen Haltung dagegen immun zu sein. Sie unterscheiden sich dabei oft nur in ihrer Begrifflichkeit von den anderen, den rechten Antisemiten. Sprechen diese meist direkt von der »Minderwertigkeit« oder der »gefährlichen Macht« der Juden, so kommen dieselben Vorurteile bei den Linken in den Begriffen ihrer antikapitalistischen Theorien zum Ausdruck oder in ihrem Antizionismus. Das Ergebnis ist das gleiche.

Ich spreche hier aus Erfahrung: Seitdem ich offizielle Funktionen in der Jüdischen Gemeinde übernommen habe, erreichen mich oft genug Briefe, die zeigen, wie tief verwurzelt eine antijüdische Denkweise in vielen Köpfen ist – und wie weit verbreitet. Vor nicht allzu langer Zeit schrieb mir zum Beispiel aus heiterem Himmel ein Pfarrer: Er wundere sich, daß schon in den 20er Jahren der Antisemitismus in Deutschland eine Rolle spielte, obwohl es doch damals »noch gar keine Ursachen dafür gegeben hat«. Die habe ja erst die Weltwirtschaftskrise geschaffen, bei der »nicht zu Unrecht das jüdische Kapital beschuldigt wurde, die Krise verursacht zu haben«.

Ein anderes Beispiel: Ein Journalist aus Lettland fragte mich Anfang 1996 während eines Interviews, ob ich mich nicht dafür einsetzen könne, daß mehr »jüdisches Kapital in Lettland investiert wird«. Ich dachte zuerst, das beziehe sich auf mich persönlich, und fragte zurück, ob er vielleicht an bestimmte Projekte denke? »Nein«, antwortete er, er meine den Einfluß des »jüdischen Kapitals«, das ja die Investitionen weltweit steuern würde!

Die angeblich weltweite Verbindung des jüdischen Kapitals ist ein Gespenst, das in vielen Köpfen herumspukt. Vom Vorsitzenden des Mieterschutzbundes in München bekam ich eines Tages einen Brief, in dem er sich über einen Hausbesitzer beklagte, der Jude sei und Wohnungen leerstehen lasse, um sie teuer an Ausländer zu vermieten. Die Adresse des Hausbesitzers sei mir sicherlich bekannt, schrieb er. Eigentlich müsse er den Mann anzeigen, aber das würde vermutlich zu antisemitischen Reaktionen führen, und die wolle er vermeiden. Er glaube aber, daß dieser Mann nur so handeln könne, weil ihn die Banken unterstützten, und er bat mich, meinen Einfluß bei diesen Banken geltend zu machen, die, wie man ja wisse, in »jüdischen Händen« seien. Ich antwortete dem Herrn, daß mir die Adresse des jüdischen Hausbesitzers leider nicht bekannt sei, mich jedoch sehr interessieren würde, welche der Banken in jüdischer Hand seien, um seinem Wunsch entsprechen zu können: Ob es sich dabei vielleicht um die Deutsche Bank handele, um die Bayrische Landesbank oder um die Bayrische Hypothekenbank? Und zuletzt bat ich ihn um Auskunft, ob er sich auch an die Präsidentin des Zentralkomitees der Deutschen Katholiken oder an den Präses der Evangelischen Kirche Deutschlands gewendet hätte, wenn der Hausbesitzer zufällig Katholik oder Protestant wäre? Der Mann hat es daraufhin vorgezogen, mir nie zu antworten.

Ob Journalist oder Priester, ob Deutscher oder Lette, Verbandsfunktionär oder was auch immer: Niemand scheint vor antijüdischen Vorurteilen gefeit zu sein, auch wenn ihm dies vielleicht nicht einmal selbst bewußt ist. Ich könnte ein eigenes Buch herausgeben mit Briefen, die vor einer solch gefährlichen Dummheit strotzen, daß mir ohne die abgedruckten Originale wahrscheinlich keiner glauben würde.

Antisemitismus beginnt nicht erst dort, wo der Haß offen gezeigt und zum Beispiel ein jüdischer Friedhof mit Hakenkreuzschmierereien geschändet wird. Antisemitismus beginnt bei antijüdischen Vorurteilen: bei der naiven Annahme, daß »die Juden« eine konspirative Verbindung untereinander pflegen, bei der ewigen These vom jüdischen Weltkapital, vom jüdischen Kommunismus, von der jüdischen Weltverschwörung und bei ähnlichem Unsinn.

DER JUDE ALS ZERRBILD

Als ich im Sommer 1984 zum ersten Mal von verschiedenen Seiten hörte, daß es da ein Theaterstück gäbe, in dem auch ich vorkäme, winkte ich ab. Das Stück kannte ich nicht, und ich wollte es auch gar nicht lesen. Ins Theater gehe ich selten, und ich muß ehrlich sagen, daß mich die moderne Kunst, ob es nun das Theater oder andere Bereiche betrifft, zwar sehr interessiert, aber ich mir nicht genug Zeit dafür nehme.

Doch dann kam Michel Friedman, damals Kulturdezernent der Gemeinde und zugleich Frankfurter CDU-Stadtverordneter, eines Tages zu mir, drückte mir ein schmales Bändchen in die Hand und sagte dazu, daß der Generalmanager der Alten Oper, Ulrich Schwab, die Aufführung dieses Stückes plane. Er bat mich, mir das doch einmal genauer anzusehen. Das war schon ungewöhnlich. Also nahm ich das Bändchen auf eine meiner Reisen mit und begann die knapp 50 Seiten auf einer Toilette im Wiesbadener Kurhaus durchzublättern. Nach einer halben Stunde war ich mit der Toilette und dem Text fertig, hatte ihn von Anfang bis zum Ende gelesen und schwor mir: daß ich alles dafür tun würde, um die Aufführung dieses Stückes in Deutschland zu verhindern.

Vielleicht war es nur ein einziger Satz, der mir in der Kehle stecken blieb: »Wär' er geblieben, wo er herkam, oder hätten sie ihn vergast, ich könnte heute ruhiger schlafen!« Als ich das las, sah ich plötzlich vor mir, wie das Publikum im Saal vielleicht lacht und applaudiert, und bei diesem Gedanken wurde mir heiß und kalt zugleich, und ich wußte, was ich zu tun hatte.

Ulrich Schwab plante die Uraufführung des Stückes als geschlossene Veranstaltung vor geladenen Mitgliedern der Jüdischen Gemeinde im Gemeindesaal Baumweg. Das war ein genialer Einfall, denn diese Uraufführung wäre ein symbolischer Schritt gewesen: Fassbinder hatte nämlich verfügt, daß das Stück nur in Frankfurt, Paris oder New York zum ersten Mal aufgeführt werden dürfe.

Mir war sofort klar, daß die Idee mit der Aufführung im Gemeindesaal ein Trick von Schwab war, um das Stück wenigstens einmal in Frankfurt auf die Bühne zu bekommen, damit es dann für alle Bühnen frei würde. Gleichzeitig dachte ich, wenn jemand schon zur Jüdischen Gemeinde kommt und um die Einwilligung bittet, dieses Stück in unseren Räumlichkeiten vor geschlossener Gesellschaft aufführen zu dürfen, dann muß er auch damit rechnen, daß wir nein sagen. Und das taten wir dann auch. Selten zuvor waren wir uns in der Gemeinde so einig wie in dieser Angelegenheit. Und wir waren uns auch darin einig, daß wir sofort reagieren sollten. Ich ging also zu Herrn Schwab und sagte ihm offen ins Gesicht: »Wir werden alles tun, damit dieses Schauspiel nicht aufgeführt wird!«

Das hatte Schwab nicht erwartet. Er war ziemlich erstaunt über unsere Ablehnung, er hatte sich offenbar überhaupt nicht vorstellen können, daß unsere kleine Gemeinde, die sich bisher vor allem um Kindergärten, Gottesdienste und ein Altersheim gekümmert hatte, plötzlich so massiv und geschlossen eine Meinung vertrat und der Trick mit der exklusiven Aufführung bei uns nicht funktionierte. Als er sich mit der für ihn unverhofften Situation abgefunden hatte, plante er die Uraufführung kurzerhand anläßlich der Frankfurt-Feste in seinem eigenen Haus, der Alten Oper. Er belog damals auch seinen eigenen Aufsichtsrat. Als dessen Mitglieder ihn befragten, ob er bereits Schauspieler engagiert hätte, verneinte er – was nicht stimmte. Die Inszenierung stand bereits, das Ensemble hatte schon geprobt und das Stück war praktisch aufführungsreif.

Bei dieser Gelegenheit kam dann in den städtischen Gremien ein allgemeiner Unmut gegen Schwab auf, weil er selbstherrlich handelte und sich kurzerhand über seinen Aufsichtsrat hinwegsetzte. Offensichtlich brachte die Auseinandersetzung um die Aufführung dieses Stücks das Faß zum Überlaufen, und der Magistrat nutzte die Gelegenheit, ihn zu feuern, wenn auch mit einer hohen Abfindung. Schwab ging dann nach Hamburg, aber auch dort war sein Wirken umstritten und nur von kurzer Dauer. Und als ob man aus der Geschichte nicht gelernt hätte, wurde Schwab 1989 ein zweites Mal in Frankfurt engagiert, dieses Mal als Generalmanager an den Städtischen Bühnen, später auch als Co-Opernintendant. Es dauerte bloß ein gutes Jahr, und Schwab wurde abermals gefeuert, ebenfalls mit einer hohen Abfindung. In diesem Fall wurde sie allerdings nicht mehr freiwillig gezahlt, sondern erst nach einem verlorenen Prozeß. Ohne irgend etwas dafür tun zu müssen, bezog Schwab über eine Million Mark. Was die Stadtväter und -mütter sich bei all dem gedacht haben, wird wohl ewig ihr Geheimnis bleiben.

Ingesamt siebenmal hatten verschiedene Regisseure in den vergangenen neun Jahren versucht, dieses Stück auf die Bühne zu bringen – zuerst sogar Fassbinder selbst. Jedesmal war der Plan gescheitert, und wer das Stück jemals gelesen hat, wird meine Überzeugung teilen, daß es völlig zu Recht nie zur Aufführung gelangt ist.

Die zentrale Figur des Stücks, der »reiche Jude«, sagt zum Beispiel in einer Szene: »Ich kaufe alte Häuser in dieser Stadt, reiße sie ab, baue neue, die verkaufe ich gut. Die Stadt beschützt mich, das muß sie. Zudem bin ich Jude! Der Polizeipräsident ist mein Freund, wie einer nur ein Freund sein kann. Der Bürgermeister lädt mich ein. Die ganze Verwaltung steht hinter mir. Die Stadt braucht den skrupellosen Geschäftsmann, der ihr ermöglicht, sich zu verändern!« An einer anderen Stelle steht: »Und Schuld hat der Jud, weil er unser Blut saugt, weil er uns schuldig macht, denn er ist da... Sie haben vergessen, ihn zu vergasen!«

Was hat sich Fassbinder bloß gedacht, als er das geschrieben hat? Fassbinder teilte uns Juden in drei Gruppen ein und nahm sich selbst das Recht, mit zweien davon Mitleid zu haben und die dritte zu verachten: Die »armen Juden« sind für ihn ebenso Opfer wie die »verfolgten Juden«; nur die »reichen Juden«, die sind Täter. Andere Kategorien schien's für ihn nicht zu geben. Und die »armen Juden« sollten ewig arm bleiben. Sobald sie sich selbst halfen und aus der Armut herauskamen, waren sie für Fassbinder zu Feinden geworden – ein Phänomen, das sich bei vielen Linken findet, die nicht begreifen, daß dies ein faschistoides Denken ist. Diese Linken brauchen den Unterdrückten, das Opfer, um sich selbst als die reinen Kämpfer gegen die Unterdrückung zu sehen.

Als Günther Rühle, der langjährige Feuilletonchef der *FAZ*, zum Jahreswechsel 1985 Intendant des Frankfurter Schauspiels wurde, versuchte er ebenfalls, das Stück in dieser Stadt aufzuführen. Auch ihm sagten wir, daß wir alles nur Mögliche unternehmen würden, um die Premiere zu verhindern.

Schwab und Rühle hatten unterschiedliche persönliche Motive, aber die Absicht, das Stück aufzuführen, war für uns in beiden Fällen der Versuch, eine offene Konfrontation auszulösen, um das Judentum zu provozieren. Schwab wollte sich wohl in erster Linie einen Namen damit machen, denn er konnte gewiß davon ausgehen, daß er sich dadurch weltweit ins Gespräch bringen würde, während es Rühle vor allem um jene »Normalisierung« ging, die darin besteht, einen Schlußstrich unter die Vergangenheit zu ziehen. Aber ihn trieben gewiß auch trivialere Motive um: nämlich die schlechte Presse, die er als Intendant in den ersten Monaten hatte. Man warf ihm ein langweiliges Programm vor, und er hoffte vielleicht durch die Diskussionen um das Fassbinder-Stück wenigstens auf diese Weise positive Aufmerksamkeit zu erregen. Früher, noch als *FAZ*-Feuilletonchef, hatte er das Stück als »grobes Gebilde« abgetan – jetzt, als Intendant, sprach er von Fassbinders »poetischstem und visionärstem Stück«.

Dabei versteckte er sich hinter angeblich künstlerischen Argumenten. »Das Stück ist schon neun Jahre alt«, sagte er, »und es wurde für diese Stadt geschrieben. Nicht als Theaterstück, sondern als Parabel der politischen Realität. Der Jude ist auch gar keine negative Figur. Fassbinder zeigt doch nur, wie die Deutschen auf einen Juden reagieren.« Rühle verglich das Theater- mit einem Grundstück, das, wenn nicht bald bebaut, »vermodern würde«. Meine Entgegnung hierauf bei einer Veranstaltung in der noblen Villa Bonn in der Siesmayerstraße war: »Ich hoffe, daß dieses Stück möglichst schnell vermodern möge!« Bei einer anderen Gelegenheit sagte ich zu Rühle: »Sie glauben bzw. argumentieren, daß Sie es jetzt aufführen müssen. Denn wenn Sie es jetzt nicht mehr machen, heißt es doch, die Juden haben in dieser Stadt sogar die Macht, ein Theaterstück abzusetzen! Ich kann auch damit leben. Wenn jemand glaubt, daß er aus Furcht vor dem Antisemitismus ein antisemitisches Stück aufführen muß, dann arbeitet er erst recht den Antisemiten in die Hände.«

PROTEST

Die Uraufführung des Fassbinder-Stücks war für den 31. Oktober 1985 geplant. Der damalige Oberbürgermeister Walter Wallmann, der der Jüdischen Gemeinde immer sehr positiv gesonnen war und auch eine Städtepartnerschaft zwischen Tel Aviv und Frankfurt ins Leben gerufen hatte, vertrat die Meinung: »Das Theaterstück hat keinen künstlerischen Wert. Und für mich ist es auch klar antisemitisch. Wenn der Autor nicht Fassbinder hieße, kein Regisseur würde auch nur daran denken, das Stück aufzuführen!« Er rang sich zwar dazu durch, das Werk als »schlechtes Stück« zu bezeichnen – doch die Aufführung unterbinden wollte er nicht. Scheinbar im Widerspruch zu seiner Fraktion, die später gegen die Aufführung stimmte, war Wallmann eher dafür: »Zensur zerstört die Geistesfreiheit und damit zugleich die politische Freiheit eines demokratischen Gemeinwesens. Damit aber würde auch unseren jüdischen Mitbürgern Freiheit und Sicherheit genommen!« Ich hielt sehr viel von Wallmann und war beeindruckt von seinen kommunalpolitischen Erfolgen. Daß er allerdings uns Juden einreden wollte, die Aufführung eines antisemitischen Stückes garantiere unsere Freiheit, ging mir als Begründung dann doch zu weit.

Allerdings hätte die Fraktion später ohne das stille Einverständnis von Wallmann nicht gegen die Aufführung gestimmt, und ohne dessen Überzeugungskraft hätte Rühle auch das Stück von sich aus nie abgesetzt. Wallmann erreichte am Ende, was er wollte: Er war nicht als Zensor aufgetreten, er hatte das Stück nicht verboten, es wurde aber auch nicht aufgeführt.

Ein besonderes intellektuelles Kunststück leistete sich der damalige Kulturdezernent Hilmar Hoffmann von der SPD. Wir waren schon lange befreundet, und ich glaubte, die Haltung dieses Mannes zu kennen. Doch was er damals von sich gab, führte dazu, daß ich monatelang kein Wort mehr mit ihm sprach. Inzwischen habe ich wieder ein hervorragendes freundschaftliches Verhältnis zu ihm und glaube, daß er damals von vielen Linken in eine Rolle gedrängt worden ist, die ihm eigentlich widersprach.

Vier Wochen vor der geplanten Aufführung am 31. Oktober befaßte sich das Stadtparlament mit dem Streit um das Fassbinder-Stück, und es wurde heftig darüber diskutiert, ob man es denn verbieten sollte oder nicht. Hilmar Hoffmann hielt während dieser Parlamentssitzung eine Rede, in der er ständig herumeierte. Er lobte Fassbinder und verurteilte Fassbinder, er lobte das Stück und machte das Stück schlecht, er sei für die Aufführung, aber auch gegen die Aufführung. Er sagte Ja und Nein zugleich. Ich saß in den Zuhörerreihen, und noch während er sprach, ließ ich ihm einen kleinen Zettel zukommen, auf den ich nur einen Satz geschrieben hatte: »Das ist die heuchlerischste Rede, die ich je gehört habe!« Während er ein Jahr zuvor in einem Fernsehinterview zur Schwab-Debatte noch verkündet hatte, daß im Zweifelsfall Zensur noch eher zu akzeptieren sei als die Verletzung der Gefühle und der Würde der Juden, vertrat er nun auf einmal den Standpunkt, daß durch das Stück eine »lebendige Diskussion« um das Problem des Antisemitismus beginnen könnte. »Wenn man mich fragt, ob das Stück antisemitische Tendenzen hat, würde ich antworten: Ja, auf jeden Fall«, sagte er in einem Interview mit der *New York Times*, »die harten judenfeindlichen Aussagen kommen jedoch von alten Nazis in dem Stück, die auch nicht positiv dargestellt werden. Fassbinder identifiziert sich nicht mit dem Antisemitismus!« Wie üblich folgten die Hinweise, daß Fassbinder sich ja auch mit anderen »Minderheiten« in seinen Filmen beschäftigt habe, zum Beispiel mit Schwarzen und Homosexuellen. Wie kann einer als Antisemit denunziert werden, wenn er sich doch für die Homosexuellen und die Schwarzen einsetzt?!

Wir von der Jüdischen Gemeinde konnten dieser Logik nicht folgen. Im Gegenteil! Diese Versuche, den Text über seinen Autor zu retten, schlugen nicht nur fehl, sie überzeugten uns vielmehr, daß hier einfach niemand die bösartigen Inhalte dieses Stückes verstehen, sondern daß man den vorhersehbaren Skandal provozieren wollte.

Selbst ein Mann wie Moshe Hess, der als angesehener Bankier in Frankfurt etabliert war und sich in das politische Alltagsgeschehen bis zu diesem Zeitpunkt nie eingemischt hatte, äußerte sich offen und kritisch in Interviews gegen die Aufführung: »Ich bin überzeugt, daß Herr Rühle mit diesem Theaterstück dem Antisemitismus in dieser Stadt wieder eine Chance gibt!«, sagte er gegenüber der *New York Times*.

In der Frage, ob das Fassbinder-Stück aufgeführt werden dürfe oder nicht, standen viele Intellektuelle damals vor einem Dilemma: Auf welche Seite sollten sie sich schlagen? Auf die der Juden? Oder auf die der Künstler und der »Freiheit der Kunst«? Alles, was bisher so klar aufgeteilt schien – dort der Antisemitismus, repräsentiert durch das rechte Spießbürgertum und jene, die aus der Vergangenheit nichts lernen wollten; hier das linke Spektrum der Künstler und Kulturschaffenden, die so gerne ihren »antifaschistischen« Kampf als ideologische Grundlage ihres kreativen Wirkens sahen –, alle diese ehedem so klaren Grenzen büßten ihre Klarheit ein. Wie konnte ein aktiver »Antifaschist« gleichzeitig ein Antisemit sein? Für mich allerdings war diese Frage nicht so schwer zu beantworten: Ich sah in Fassbinder einen linken Faschisten mit den gleichen antijüdischen Vorurteilen, wie sie die rechten Faschisten pflegten. Für mich war dies nur eine weitere Bestätigung dafür, daß es auch eine faschistoide Linke gab und gibt. Manche »Linke« brauchen das »Opfer«, um sich selbst definieren zu können. Aber das Opfer muß immer Opfer bleiben.

Die Diskussion im Frankfurter Stadtparlament brachte keinen Konsens. Sie endete mit einer Abstimmung, bei der die CDU gegen die Aufführung und die SPD – mit Ausnahme der Stadtverordneten Hans Busch und Grethe von Loesch – sowie die Grünen dafür stimmten. In allen Fraktionen gab es allerdings Abgeordnete, die gegen die eigene Überzeugung abgestimmt haben. Das Verhalten der Parteien war schon eigenartig: Die rechte CDU stimmte gegen die Aufführung, weil das Stück von einem sogenannten Linken stammte, während aus den gleichen Gründen SPD und Grüne für die Aufführung stimmten. Wäre der Autor aus der rechten Szene gekommen, wäre die Abstimmung vermutlich genau umgekehrt ausgefallen.

In den Wochen vor der geplanten Aufführung wurde in zahlreichen Diskussionsveranstaltungen über das Stück und das Für und Wider einer Aufführung debattiert. Ich war oft dabei und versuchte unermüdlich, die Verantwortlichen davon zu überzeugen, daß es nicht gespielt werden dürfe. Die Aufführung gewaltsam zu verhindern, war nicht unser Ziel, sondern ein letztes Mittel, als unsere Argumente nichts halfen. Es war quasi Notwehr.

Je näher der 31. Oktober rückte, desto hektischer wurde die Stimmung. Zahlreiche Journalisten kamen nach Frankfurt, und in den großen Tages- und Wochenzeitungen erschienen lange Reportagen und Interviews zum Thema Fassbinder. Auf mich konzentrierte sich natürlich damals das Interesse der Presse in besonderem Maße, weil ich immer häufiger mit der Hauptfigur des Theaterstücks identifiziert wurde. Ein Journalist fragte mich ganz direkt, ob in Wirklichkeit ich der »reiche Jude« sei. Ich war einigermaßen erstaunt über seine Frage und fragte zurück, wie er denn auf diese Idee komme. »Na, Sie sind doch reich und Jude! Und Bauherr sind Sie auch«, antwortete mir der Journalist unbekümmert.

Genau darin lag für uns der Grund, massiv gegen eine Aufführung zu protestieren: Das Stück vertiefte vorhandene Vorurteile, es bestärkte, was in den Köpfen jener gespeichert ist, die von einem Juden eine ganz bestimmte Vorstellung haben.

Es war damals viel von »Zensur« die Rede, von der »Freiheit der Kunst«, die verteidigt werden müsse. Der Journalist Henryk Broder kommentierte Sinn und Unsinn dieser Aufregung auf besonders originelle Weise: »Nicht für die Freiheit der Kunst sollte Fassbinder gespielt werden, sondern für die Freiheit des Antisemitismus!«

Der Streit eskalierte weiter, als Michael Lang, Sprecher des Jüdischen Kulturforums in Berlin, Strafanzeige wegen Volksverhetzung, Rassenhaß und Beleidigung gegen den Intendanten Günther Rühle, den Regisseur Dietrich Hilshof und den Dramaturgen Heiko Holefleisch erstattete. Sollte die Justiz nicht gegen dieses »im tiefsten Kern antisemitische Stück« vorgehen, werde das Forum eine Zivilklage auf Unterlassung einreichen, kündigte Lang an. Ich war nicht besonders begeistert von dieser Anzeige, da ich das Problem nicht auf dem Rechtsweg erledigt wissen wollte. Wenn es keine Verständigung geben sollte, so war ich eher für die gewaltsame Verhinderung der Aufführung als dafür, einem Richter die Entscheidung zu überlassen.

DIE STÖRUNG

Oberbürgermeister Wallmann war in den Tagen vor der Aufführung gar nicht in Frankfurt. Noch kurz bevor er nach Japan flog, kündigte ich ihm an, daß die Gemeinde alles unternehmen werde, um die Aufführung zu verhindern – notfalls auch die Bühne besetzen. Darauf antwortete mir Wallmann, daß dies eine strafbare Handlung im Sinne des Hausfriedensbruchs sei. »Soll mir auch recht sein«, sagte ich ihm. Ich würde trotzdem auf die Bühne gehen. Polizeipräsident Karlheinz Gemmer ließ verlauten, er werde mich, falls ich auf die Bühne steigen würde, um die Vorstellung zu verhindern, nicht hinuntertragen lassen. Ich ließ ihm ausrichten, daß es dazu nicht kommen werde. Falls die Polizei mich auffordern würde, die Bühne zu verlassen, würde ich selbstverständlich dieser Aufforderung Folge leisten. Gleichzeitig warnte ich ihn jedoch, daß ich hier nur für mich sprechen könnte und nicht für all die anderen, die mit mir auf der Bühne stehen würden.

Der 31. Oktober war ein Donnerstag. Wir hatten uns rechtzeitig fünf oder sechs reguläre Karten für die Premiere besorgt und etwa 100 nachdrucken lassen. Den Freunden, die mit den gefälschten Karten ins Theater kamen, sagten wir, daß sie sich nicht hinsetzen, sondern gleich auf die Bühne gehen oder in den Gängen stehenbleiben sollten.

Schon zwei Stunden vor der Aufführung in den Kammerspielen standen die ersten Gruppen vor dem Theater und diskutierten. Es waren Absperrungen aufgebaut und aufwendige Kontrollen angeordnet worden. Als wir ankamen – ich ging gemeinsam mit meinen Vorstandskollegen Michel Friedman, Hermann Alter und Kurt De Jong zum Theater –, hatten sich vor dem Theater schon Hunderte von Demonstranten versammelt, um gegen die Aufführung zu protestieren; auch viele Gaffer waren dabei. Schon von weitem waren einige Transparente zu sehen mit Aufschriften wie »Freiheit der Kunst ja – Narrenfreiheit nein«, auf einem anderen konnte man lesen: »Bitburgs Consequence – Official Antisemitismus«. Einige der Demonstranten trugen gelbe Sterne.

Andrew Steinmann, Sprecher des jüdischen Jugend- und Studentenverbandes, erklärte, auf einer öffentlich subventionierten Bühne dürfe es keinen Antisemitismus geben. Mitglieder des Jüdischen Forums Berlin verteilten Flugblätter, die besagten, daß »50 Jahre nach den Nürnberger Rassengesetzen das Braune Gespenst« zurückgekehrt sei. Den Gästen, die ins Theater wollten, schrien die Demonstranten entgegen: »Schämt euch!«

Zu der Protestkundgebung hatten mehrere jüdische Organisationen aufgerufen sowie eine Initiative, die drei Frankfurter Politikerinnen aus drei verschiedenen Parteien ins Leben gerufen hatten: Frolinde Balser (SPD), Erika Steinbach (CDU) und Edith Stumpf (FDP). Von den Grünen hatte sich daran niemand beteiligt. Die Grünen hatten eine Gegendemonstration organisiert, die von der damaligen Stadtverordneten Manon Tuckfeld angeführt wurde, aber nur wenige mobilisieren konnte und eher kläglich wirkte.

Als wir die Absperrungen passiert hatten, erwartete uns das Blitzlichtgewitter der Fotografen. Eine dänische Journalistin fragte mich, ob ich immer noch die Absicht hätte, die Vorstellung zu verhindern. Ich sagte: »Ja, natürlich!« – »Und wie?«, wollte sie wissen. Ich antwortete: »Das werden wir schon sehen!« Was genau passieren würde, wußte ich in diesem Moment selbst noch nicht. Hinter mir sah ich zwei Frauen das Theater betreten, die, um unerkannt zu bleiben, ihre Gesichter mit Tüchern verdeckt hatten.

Drinnen warteten die Besucher in einem Vorraum auf den Einlaß, nippten an den Sektgläsern und lächelten sich zu. Die Stimmung war eigentümlich gespannt. Jeder rechnete offensichtlich mit einem Vorfall, doch niemand von den angereisten Journalisten, Verlegern, Schauspielern und Ehrengästen hatte eine Vorstellung davon, was wirklich geschehen würde. Als sich die Türen zum Theatersaal öffneten, strömten wir alle hinein. Aus den Lautsprechern tönte Musik aus Verdis *La Traviata*, und auf der Bühne standen einige leicht bekleidete Mädchen, die offensichtlich die Bewohnerinnen eines Bordells darstellen sollten. Sie rührten sich nicht und warteten wohl auf ihr Stichwort.

Wir warteten nicht auf unser Stichwort, stiegen sofort auf die Bühne und entrollten ein mehrteiliges Transparent, auf dem geschrieben stand: »Subventionierter Antisemitismus«. Ich kam zufälligerweise so zu stehen, daß ich die beiden Worthälften von »Subventionierter« zusammenhalten mußte, und ich hatte den ganzen Abend damit zu tun, im Eifer des Gefechts weder das »i« noch das »o« zu verlieren. Mit mir auf der Bühne standen etwa 25 Personen, als ich ins Publikum rief: »Wir stehen hier und bleiben hier und wenn es sein muß, bis morgen früh um sechs!« Was ich den Zuschauern nicht sagte, war, daß wir auf Aufforderung der Polizei sofort die Bühne geräumt hätten. Nach wenigen Minuten stand auch der Intendant Rühle auf der Bühne. Er sagte, daß er den Protest sehr wohl verstehe und auch nachvollziehen könne; dann erinnerte er an die viele Arbeit, die die Schauspieler in die Inszenierung investiert hätten, und bat uns, die Bühne nun endlich freizugeben. Doch zu diesem Zeitpunkt hatte schon ein Dialog zwischen Bühnenbesetzern und Zuschauern begonnen, der teilweise sehr emotionell und heftig geführt wurde.

Von Beginn an versuchte sich Daniel Cohn-Bendit als Wortführer für jenen Teil der Zuschauer, die zwar Verständnis für die Protestaktion hätten, das Stück aber dennoch sehen wollten. Er warf mir vor, drei Jahre zuvor weniger heftig gegen die Ehrung des Schriftstellers Ernst Jünger protestiert zu haben, als der den Goethe-Preis der Stadt Frankfurt erhalten hatte. Worauf ein anderer verteidigend eingriff und zurückschrie: »Wenn die damals versagt haben, können Sie nicht verlangen, daß sie auch heute versagen!«

Das heftige Für und Wider zog sich durch alle Fraktionen, Religionen, Altersgruppen und politischen Überzeugungen. Besonders beeindruckend waren die Worte von Josef Schupack, einem Gemeindemitglied und einem der wenigen Auschwitz-Überlebenden: »Ich war in Auschwitz und ich erinnere mich, als Göring sagte: Wer Jude ist, bestimme ich. Nun bestimmen wir, was Antisemitismus ist, und nicht ein Herr Rühle!«

Dann las einer der Schauspieler ein Manifest vor, in dem er wiederholte, daß keiner der 19 Mitwirkenden das Stück für antisemitisch halte. Nach dieser Aussage wurde seine Aufforderung, die Bühne zu räumen, nur mit Gelächter quittiert. Hilmar Hoffmann bat uns, den Schauspielern zu vertrauen, und versicherte, die Inszenierung sei in guten Händen, und nichts werde geschehen, was uns Juden verletzen würde. Wieder nur Gelächter. Gegen 21 Uhr schien die bisher zwar stürmische, aber durchaus geordnete Diskussion aus den Fugen zu geraten. Jutta Ditfurth, Mitglied im Bundesvorstand der Grünen, wurde ein Transparent aus den Händen gerissen, auf dem stand: »Spekulanten protegieren, Nazi-Jünger ehren, Meinungsfreiheit verwehren«. Ich weiß nicht, ob sie damit die Mitglieder der Jüdischen Gemeinde meinte. Aber es war eine Formulierung, die auf Widerstand stoßen mußte.

Wortführend unter den Zuschauern war weiterhin Cohn-Bendit, der sich als Jude zu erkennen gab und meinte, er fühle sich durch das Stück weder angegriffen noch beleidigt. Es fiel das Wort »Verräter«, als Cohn-Bendit sich abermals zu Wort meldete, um das Stück zu verteidigen. Immer wieder jedoch betonte er lautstark, wie toll er das Verhalten gerade von jenen fände, die vor zehn Jahren noch keine so gute Meinung von Protest und Demonstranten gehabt hätten. Cohn-Bendit rief mir auf die Bühne zu: »Das ist ein Rechtsbruch! Sie müssen die Bühne verlassen!« Ich verstand seine Vergleiche nicht und wollte nicht akzeptieren, daß die illegale Besetzung eines Hauses der gleiche Akt von Notwehr sei wie unser Protest gegen ein antisemitisches Theaterstück. Mit mir auf der Bühne bei den Protestierenden stand Micha Brumlik, sein Parteifreund bei den Grünen. Er hatte wochenlang versucht, seine Partei davon zu überzeugen, warum das Stück nicht aufgeführt werden sollte. Doch zunächst leider ohne Erfolg – die Fraktion im Stadtparlament blieb bei ihrer harten Position. Erst später, als die Auseinandersetzung nur noch in den Feuilletons und Kommentarspalten der großen Zeitungen geführt wurde, änderten viele Grüne ihre Haltung. Sie hatten begriffen, worum es in Wirklichkeit ging. Micha Brumlik gebührt hierbei ein besonderes Verdienst, weil er viele seiner Parteifreunde am Ende doch argumentativ überzeugt hat. Einer derjenigen Grünen, die die Auseinandersetzung über das Stück und seine Aufführung weniger ideologisch geführt haben, war der spätere Umweltdezernent und Stadtkämmerer Tom Koenigs, der sich ebenfalls am 31. Oktober im Theater befand. Er zeigte Verständnis für unsere Haltung, auch wenn er uns zurief: »Hilft denn das Nichtaufführen gegen den Antisemitismus?«

Auch Christian Raabe von der SPD war an diesem Abend unter den Zuschauern und versicherte mir, daß er eine jüdische Großmutter gehabt habe und sich trotzdem durch das Stück nicht beleidigt fühle. Er gehörte zu denjenigen, die das absurde Argument vorbrachten, ein Verbot der Aufführung würde nur den Antisemitismus fördern – ein Argument, das ich ganz besonders gern hörte! Den Juden allen Ernstes vorzuhalten, daß erst durch ihr »falsches Verhalten« Antisemitismus entstehe! Nicht etwa, daß manche Menschen Vorurteile und Haltungen an den Tag legen, die sich gegen alle Grundvorstellungen der menschlichen Würde richten; nein, Antisemitismus wird dadurch hervorgerufen, daß die Juden etwas tun, was sie nach Meinung der Antisemiten nicht tun sollten! Ich antwortete ihm damals, daß ich als kleiner Junge schon einmal aus Deutschland weggegangen sei und, wenn notwendig, noch einmal gehen würde.

Im Verlauf der hitzigen Diskussion war auch immer wieder die Rede von den Bau- und Grundstückspekulanten und der Wohnraumvernichtung in Frankfurt. Und es waren diese Aussagen, die mir zeigten, wie recht ich daran tat, dieses Stück verhindern zu helfen – genau das brachte mich zur Weißglut: daß hier ein Jude, und zwar der »reiche Jude«, als Zerstörer von Frankfurt dargestellt und von vielen diese Lüge als gar nicht so falsch aufgefaßt wurde.

Um etwa 22.30 Uhr gab Rühle auf und erklärte die Aufführung für diesen Abend als gescheitert. Der Vorstand der Gemeinde kündigte sofort an, daß wir auch jeden weiteren Versuch einer Uraufführung verhindern würden. Beim Verlassen des Theaters begrüßten uns die Demonstranten mit Jubel und Freude. Doch ich empfand keine Siegesstimmung. Ein Unrecht zu verhindern hatte nichts mit Sieg oder Niederlage zu tun. Ich war nur zufrieden, daß es uns gelungen war, unser unmittelbares Ziel zu erreichen und die Aufführung zu verhindern.

Viele meiner Freunde aus der Gemeinde, auch ich, waren jedoch bedrückt und verzweifelt, daß die ganze Aktion überhaupt notwendig war. Einigen von ihnen – vor allem jenen, die ein Konzentrationslager überlebt hatten – waren die monatelangen Auseinandersetzungen sehr nahe gegangen, und sie fühlten sich müde und erschöpft.

Am nächsten Morgen gab Rühle eine Pressekonferenz und erklärte, er werde sich nicht davon abhalten lassen, das Stück trotzdem zu spielen. Die nächste Aufführung war für den 13. November geplant. Dazwischen gab es eine reine Pressevorstellung, für die aber zum Beispiel der Korrespondent der *New York Times* keine Karten bekam.

Vier Tage vor dem zweiten Versuch, das Stück aufzuführen, am 9. November, veranstaltete die Jüdische Gemeinde anläßlich des Jahrestages der sogenannten »Reichskristallnacht« eine Gedenkstunde, zu der auch Oberbürgermeister Walter Wallmann eingeladen war. Er nutzte die Gelegenheit, um noch einmal zu erklären, warum er das Stück nicht verbieten könne. Doch seine Erklärungen kannten wir schon, und sie überzeugten uns auch diesmal nicht. Es ging wieder um die Freiheit der Kunst und das Problem des Hausfriedensbruchs, und ich antwortete den Journalisten nach seiner Rede, daß ich einfach akzeptieren müsse, in den Augen des Oberbürgermeisters ein Verbrecher zu sein.

Ermutigt durch den Erfolg beim ersten Premierenversuch war uns allerdings auch die Lösung ganz recht, daß wir durch aktiven Protest die Vorstellung wieder verhindern würden. Für die Jüdische Gemeinde sprach bei der Gedenkstunde am 9. November Vorstandsmitglied Hermann Alter, der bei der Protestaktion mit mir auf der Bühne gestanden hatte. Er sprach mit eindrucksvollen Worten über das Problem des Stückes in einer Zeit, in der durch den sogenannten »Historikerstreit« wieder vieles in Frage gestellt wurde, worüber es bisher keine Debatten gegeben hatte.

Am 12. November, einen Tag vor der geplanten zweiten Uraufführung, erklärte Kulturdezernent Hilmar Hoffmann schließlich, daß es keine weiteren Aufführungsversuche mehr geben werde, und schloß für Frankfurt eine Premiere aus. Er sprach allerdings dem Intendanten Rühle sein Vertrauen aus, er sehe keinen Grund, ihn zu entlassen. Über Ulrich Schwab sprach er nicht.

In einer Pressekonferenz versuchten wir ruhig und sachlich noch einmal unsere Haltung deutlich zu machen. Die Jüdische Gemeinde empfinde kein »Gefühl von Siegesfreude oder Triumph«, sagte Michel Friedman. Man sei jedoch froh, nicht noch einmal das Stück durch eine Bühnenbesetzung verhindern zu müssen. Andere Vertreter der Gemeinde und auch des Zentralrats – an erster Stelle Heinz Galinski – warnten jedoch, daß man sich auch in Zukunft nicht mehr nur mit »leisen Tönen« begnügen würde, um eine »Bewußtseinsveränderung« bei den nicht-jüdischen Deutschen zu erreichen. Wenn andere Bühnen versuchen sollten, »das antisemitische Stück ohne Rücksicht auf verletzte Gefühle zu spielen«, werde es ebenfalls Proteste geben. Hermann Alter sprach von einem Lernprozeß in der Jüdischen Gemeinde. Man habe »neue Ausdrucksformen« gefunden und die Methode der »begrenzten Regelverletzung«, wenn es um die Verletzung der Würde ginge, als durchaus erfolgreich entdeckt.

Friedman und Alter brachten das zum Ausdruck, was die meisten Gemeindemitglieder, die sich an den Protesten beteiligt hatten, damals dachten und empfanden. Als hätte uns der gemeinsame Feind verbunden, waren wir Juden in der Öffentlichkeit plötzlich als Gemeinschaft aufgetreten, und dieser Prozeß war wichtig für uns alle. Er stärkte jeden einzelnen, der sich bisher nur privat in seiner Umgebung zur Wehr gesetzt hatte. Vielleicht war das auch die große Überraschung für die Nicht-Juden. Sie kannten bisher nur unsere verbalen Proteste, unsere Reden und Meinungen, unsere Warnungen und Enttäuschungen. Jetzt sahen sie, daß wir auch andere Möglichkeiten entdeckt hatten, um uns zu verteidigen.

LINKE THEORIEN

Der Konflikt um das Fassbinder-Stück war allerdings mit Hoffmanns Zusage, daß es keine weiteren öffentlichen Aufführungen geben werde, noch lange nicht zu Ende. Im November kam es doch noch zu einer, wenn auch sehr geheimen Premiere: einer internen Probenvorführung für 180 eingeladene Theaterkritiker. Peter Iden von der *Frankfurter Rundschau* schrieb danach triumphierend, daß diese Aufführung »zu den besten im gegenwärtigen deutschen Theater zählt«. Die Diskussion wurde noch über Monate hinweg in der Presse fortgesetzt, und sogar Jahre später erschienen noch Kommentare und Leitartikel zur Fassbinder-Affäre.

Unter anderem erschien im Januar 1986 ein Artikel von Michael Schneider mit dem Titel »Der tote Hund und der lebende Jude« in der Zeitschrift *Konkret.* Schneider hat darin auf eine besonders eindrucksvolle Weise zusammengefaßt, was mich an der Argumentation der Linken so aufregte. Er stellte die Frage – und zitiert dabei das Schauspielhaus in Frankfurt –, warum sich der Protest der Jüdischen

Gemeinde ausgerechnet gegen jemand wie Fassbinder richtete, der »von den Nazis ebenso verfolgt worden wäre wie ein Großteil jener Bürger, die jetzt gegen die Aufführung des Stückes protestieren«.

Schneider schien den Unterschied zwischen einem wegen seiner politischen Haltung von den Nationalsozialisten verfolgten Künstler und einem Juden, der aufgrund der Rassengesetze eben nicht der »Verfolgung«, sondern der Vernichtung ausgesetzt war, nicht zu verstehen oder nicht verstehen zu wollen. Die Linken, die sich immer in der Tradition der Widerstandskämpfer gegen die Nationalsozialisten und somit in einer »Opfergemeinschaft« mit den Juden sahen, hatten so wenig Verständnis für die Lage der Juden im Dritten Reich und danach, daß es einen schon erschreckte. Sie verurteilten zwar den Antisemitismus der Rechten, wollten aber ihren eigenen nicht wahrhaben. Ein Mann wie Fassbinder hätte nur den Mund halten müssen, und es wäre ihm nichts geschehen. Juden konnten sich nicht entscheiden, ob sie dafür oder dagegen waren. Die Entscheidung hat ihnen die Mehrheit der Deutschen abgenommen. Man ermordete jene, die still waren, auf dieselbe Weise wie jene, die aufschrien, und beide nur, weil sie Juden waren.

Schneider vermutete, daß die »›Rücksicht auf die verletzten Gefühle der jüdischen Minderheit‹ am Ende ... nur ein zugkräftiger *Vorwand* gewesen ist, um ...die handfesten Interessen einer ganz anderen Minderheit zu schützen ... : nämlich die systematische Wohnraumzerstörung unserer Städte durch das Machtkartell aus Großbanken, Versicherungen, Häuser- und Bodenspekulanten ..., an denen eben auch ein Dutzend jüdischer Bauunternehmer und Hausbesitzer beteiligt waren«. Nun wußten wir es endlich. Die Jüdische Gemeinde hat gegen das Fassbinder-Stück demonstriert, um das jüdische Kapital und jüdische Spekulanten zu schützen. Doch es ging noch weiter in seinem Text: »Was zum Beispiel«, fragt Schneider, »hat der ehemalige jüdische KZ-Häftling, der mit dem Judenstern auf der Brust im Frankfurter Kammerspiel gegen das Fassbinder-Stück demonstrierte, mit dem Vorsteher der Jüdischen Gemeinde Ignatz Bubis zu tun, der selbst zu den größten Spekulanten Frankfurts zählt? Wenn beide auch für dieselbe Sache zu demonstrieren scheinen, so gewiß nicht aus den gleichen Motiven.« Wiederum die typische Einteilung der Juden in Opfer und Täter. Aus: »Wer Jude ist, bestimme ich«, machte Schneider: »Wer Opfer ist, bestimme ich.« Der »reiche Jude« kann kein Opfer sein, war auch nie eines und hat kein Recht, gemeinsam mit den anderen Opfern aufzutreten, denn er hat ja andere Motive. Er vertritt die Interessen des »Großkapitals«. Auch das ist faschistoides Denken.

Das einzige, was Schneider von der faschistoiden Rechten unterschied, war, daß er den Juden nicht auch noch die Erfindung des Kommunismus andichtete. Damit hätte er ja aus seiner Sicht etwas Lobenswertes über die Juden gesagt.

Der Höhepunkt der intellektuellen Auseinandersetzung Schneiders mit der Berechtigung des Leidens der Juden findet sich jedoch in seinem Satz: »Das ›jüdische Finanzkapital‹ war keine Erfindung Hitlers, sondern eine empirisch nachweisbare Tatsache.« Danach versucht er eine logische Deutung des Antisemitismus von »damals« und des Opfer-Status der Juden heute. Beides würde man »benutzen« – jetzt so wie damals –, um »abzulenken von der eigenen kapitalistischen Geschäftspraxis«. Schneider entlarvt sich hier mit einer gebrauchsfertigen Deutung des Judenhasses im Sinne seiner Kapitalismuskritik, die an allen historischen Tatsachen vorbeilügt. Er beendet seinen Artikel wie schon andere vor ihm mit der Bedingung für die Lösung des Problems: »Der von beiden Seiten beschworenen ›Normalisierung in den deutsch-jüdischen Beziehungen‹ ... wird man wohl erst dann näher kommen, wenn es auch den Deutschen erlaubt ist, sich in einem Theaterstück über die Wohnraumzerstörung der Stadt Frankfurt mit einem jüdischen Häuserspekulanten auseinanderzusetzen.« Meine Freunde und ich waren da anderer Meinung. Die Freiheit, ein antisemitisches Theaterstück aufzuführen, ist kein Zeichen der Normalität zwischen Juden und Nicht-Juden. Im Gegenteil. Antisemitische Stücke, Filme und andere sogenannte künstlerische Ausdrucksformen waren während einer Zeit erlaubt, die in der Geschichte der Juden als die schrecklichste Epoche aller Zeiten eingehen wird. Und dagegen haben wir gekämpft und uns auch durchgesetzt – trotz und gegen die »guten« Schneiders, Schwabs, Rühles und Fassbinders.

EIN NACHSPIEL: 20.000 MARK SCHMERZENSGELD

Obwohl ich kein Freund von gerichtlichen Auseinandersetzungen bin, gab es dann doch noch ein Nachspiel in Sachen Fassbinder vor dem Richter. Am 15. April 1987 brachte der *Stern* einen Bericht über die Aufführung des Fassbinder-Stücks in New York unter dem intelligenten Titel »Hier ist mein Arsch«. Die Verfasserin der Rezension, Evelyn Holst, schrieb, daß Fassbinder die Figur des »reichen Juden« dem »Frankfurter Häuserspekulanten Ignatz Bubis nachempfunden« hätte. Dabei hatte Fassbinder selber schon zwölf Jahre zuvor, kurz nach der Veröffentlichung seines Stücks, klargestellt, daß es sich hier um eine Kunstrolle handele, die einer Figur aus dem Roman *Die Erde ist unbewohnbar wie der Mond* von Gerhard Zwerenz nachgezeichnet worden sei. Darüber aber setzte sich Evelyn Holst einfach hinweg: In der New Yorker Aufführung wurde angeblich ich in der Figur des »reichen Juden« als geldgieriger, menschenverachtender, sexbesessener und brutaler Geschäftsmann dargestellt.

Der *Stern* reagierte auf meine Klage mit einer Entschuldigung, druckte eine Gegendarstellung und bot mir ein symbolisches Schmerzensgeld von 20.000 Mark an. Ich akzeptierte das Angebot und spendete die gesamte Summe für den Ausbau der Schulbibliothek unserer jüdischen Schule.

KAPITEL 10

BÖRNEPLATZ

»EIN AKT DER ENTMÜNDIGUNG«

Der Streit um das Fassbinder-Stück war vielleicht die spektakulärste, aber bei weitem nicht die einzige Auseinandersetzung, in der sich die Jüdische Gemeinde in Frankfurt engagierte – und in deren Verlauf es ebenfalls zu einer Besetzung kam. Diesmal war es keine Bühne, sondern eine Baustelle an einem Ort, der jahrhundertelang das Zentrum der Frankfurter Juden gebildet hatte: der Börneplatz. Doch anders als bei Fassbinder gingen die Meinungen im Streit um die Bebauung des Börneplatzes innerhalb der Jüdischen Gemeinde weit auseinander, und der Dissens zog sich auch durch den Gemeinderat.

Die Nazis hatten den Börneplatz, auf dem einst die von Max Beckmann verewigte Synagoge gestanden hatte, in Dominikanerplatz umbenannt, und so hieß er bis 1978. Die abermalige Umbenennung ist in erster Linie das große Verdienst des Historikers Paul Arnsberg, damals Vorsitzender der Moses Jachiel Kirchheimschen Stiftung, der sich in seinen letzten Lebensjahren dafür einsetzte, die Erinnerung an die jüdische Tradition in Frankfurt wieder wachzurufen. Er veröffentlichte das Standardwerk *Die Geschichte der Frankfurter Juden* und war Mitbegründer der *Frankfurter Jüdischen Nachrichten* und der *Jüdischen Gemeindezeitung.* Arnsberg starb 1978, in dem Jahr, in dem der Börneplatz seinen Namen zurückerhielt.

In den 50er Jahren verlor der Börneplatz sein Gesicht von Grund auf. Aufgrund neuer Straßen- und Achsendurchbrüche wurde er zum Verkehrsknotenpunkt. Einzig das im Krieg zerstörte Dominikanerkloster wurde 1958 zum Teil restauriert, zum Teil neu aufgebaut, alle anderen Kriegsruinen fielen dem Umbau zum Opfer. Stattdessen entstanden hier nun eine Blumengroßmarkthalle, ein Bürogebäude für die Stadtwerke und ein neues Verwaltungszentrum für die AOK. Erst mit der Umbenennung begannen Ende der 70er Jahre einige zaghafte Diskussionen um eine Neugestaltung des Platzes, die seiner historischen Bedeutung für die Juden wieder gerecht werden sollte.

Der Börneplatz gehörte zu den Grundstücken, die zwar vor dem Krieg Eigentum der Jüdischen Gemeinde waren, aber nach 1945 nicht zurückerstattet wurden. Die Ansprüche aus dem enteigneten jüdischen Vermögen übernahm nach 1945 die Jewish Restitution Successor Organization, kurz JRSO, die Organisation der Überlebenden aus den mit Deutschland kriegführenden Staaten, deren Nachfolgeorganisation die Jewish Claims Conference ist. Sie führte mit dem Land Hessen die Verhandlungen über Rückgabe oder Entschädigung des Grundbesitzes. An einen Aufbau der jüdischen Gemeinden nach 1945 hat damals kaum jemand gedacht; soweit überhaupt Gemeinden gegründet wurden, sah man sie eher als »Abwicklungsgemeinden« denn als Neugründungen. Deshalb war auch die Frankfurter Jüdische Gemeinde nur an der Rückerstattung der Teile ihres Grundbesitzes interessiert, den sie für ihre eigenen Zwecke brauchte. Dazu gehörten – wovon schon die Rede war – das Gelände des früheren jüdischen Krankenhauses in der Bornheimer Landwehr/Gagernstraße, das Philanthropin in der Hebelstraße, die Westend-Synagoge in der Freiherr-vom-Stein-Straße sowie zwei weitere Grundstücke im Baumweg 5 bis 7 und am Röderbergweg. Auch alle jüdischen Friedhöfe wurden an die Gemeinde zurückgegeben.

Seit den 70er Jahren war der Börneplatz Gegenstand mehrerer Bebauungspläne. Zentrale Einrichtungen der Wirtschaft und Verwaltung sollten angesiedelt werden – im Gespräch waren u.a. Stadtbücherei, Technisches Rathaus und Stadtsparkasse. Schließlich verkaufte die Stadt das zentrale Grundstück, auf dem die mittlerweile abgerissene Blumengroßmarkthalle gestanden hatte, für 20 Millionen Mark an die Stadtwerke, die dort ein großes Kundenzentrum errichten wollten.

Die Jüdische Gemeinde erfuhr im Juli 1984 aus der Zeitung, daß die Stadt einen Architektenwettbewerb für das »Kundenzentrum Stadtwerke am Börneplatz« ausgeschrieben hatte. Salomon Korn, eines unserer Vorstandsmitglieder und, in der Nachfolge Arnsbergs,

Vorsitzender der Kirchheimschen Stiftung, bemühte sich daraufhin um einen Gesprächstermin beim Planungsdezernenten der Stadt, Hans Küppers. Er erhielt von Küppers zwar die Zusage, daß die Stiftung und die Gemeinde über die weiteren Planungsschritte künftig auf dem laufenden gehalten und auch ein Mitglied der Gemeinde ins Fach- oder Preisgericht aufgenommen werden sollten – doch nichts davon geschah. Als die Stadt im November ein Kolloquium mit den an der Ausschreibung beteiligten Architekten veranstaltete, wurde weder von der Gemeinde noch von der Kirchheimschen Stiftung jemand dazu eingeladen. Die in der Ausschreibung ausdrücklich genannten »Belange der Jüdischen Gemeinde« vertrat die Stadt selber – für Salomon Korn schlicht ein »Akt der Entmündigung«.

Erst nach drei schriftlichen Aufforderungen und mehreren Telefongesprächen erhielt die Gemeinde wenigstens Auszüge aus der Wettbewerbsausschreibung, immerhin zwei von 13 Seiten, und wurde eingeladen, am weiteren Verfahren teilzunehmen. Da die Stadt aber bisher darauf verzichtet hatte, uns auch nur zu informieren, geschweige denn unsere Meinung in ihre Planung einzubeziehen, lehnten wir ab. Stadtkämmerer Ernst Gerhardt bat daraufhin ausdrücklich um »sachverständige Vertretung bei den Sitzungen des Preisgerichts«; die Kirchheimsche Stiftung entsandte schließlich Salomon Korn – der als Architekt ja auch am Bau unseres neuen Gemeindezentrums beteiligt gewesen war – in das Preisgericht, um auf die Gestaltung des Platzes, soweit es ging, noch Einfluß nehmen zu können.

Erst in der abschließenden Sitzung des Preisgerichts im Februar 1985 erfuhren wir, daß das Grundstück komplett bebaut werden sollte; neben dem Kundenzentrum der Stadtwerke war noch ein weiteres Gebäude geplant. Die Jury hatte sich für den Entwurf des Zürcher Architekten Ernst Gisel entschieden. Für Salomon Korn, der zwar kein Stimm-, aber Rederecht hatte, wurde keiner der sieben eingereichten Entwürfe den Vorstellungen der Jüdischen Gemeinde in jeder Hinsicht gerecht, er stimmte aber mit den Juroren überein, daß bestenfalls der Entwurf von Gisel in Frage käme. Korn schlug vor, auf einen geplanten Rundbau hinter dem Stadtwerke-Gebäude zu verzichten, um dort eine Gedenkstätte für die Nazi-Opfer, ein Mahnmal für die abgebrannte Synagoge und ein Denkmal für Ludwig Börne zu errichten.

KOMPROMISSE

Oberbürgermeister Walter Wallmann stimmte einer reduzierten Bebauung sofort zu, ebenso verständigten wir uns darauf, daß auf dem verbleibenden Areal von rund 4.000 Quadratmetern eine Gedenkstätte für die ermordeten Frankfurter Juden und die niedergebrannte Synagoge errichtet und die Gemeinde an der Planung beteiligt werden sollte. Korn hatte angeregt, eine historische Dokumentation zu erstellen, die als Grundlage eines Gestaltungswettbewerbs für Gedenkstätte und Mahnmal dienen könnte. Der Magistrat versprach, die Gesamtplanung mit der Jüdischen Gemeinde abzustimmen. Der Architekt werde engen Kontakt mit der Jüdischen Gemeinde und der Kirchheimschen Stiftung halten.

Drei Monate vergingen, doch weder die Stadt noch der Architekt Gisel ließen etwas von sich hören. Schließlich beschwerte sich Salomon Korn bei Stadtkämmerer Gerhardt und bekam daraufhin eine Kopie des Vertrags zwischen der Stadt und dem Architekten zugeschickt: Darin war ohne vorherige Absprache mit der Gemeinde die Aufgabenstellung für die Gestaltung des Börneplatzes beschrieben. Ein »Versehen« sei schuld an der Verzögerung, schrieb das Stadtplanungsamt an die Stiftung. Wir erfuhren, daß auch die Gedenkstätte bereits entworfen wurde, ohne daß auf den Vorschlag der Kirchheimschen Stiftung, zuvor eine historische Dokumentation zu erstellen, eingegangen worden war. Als Anfang 1986 ein fertiger Entwurf für das Mahnmal vorlag, lehnten Jüdische Gemeinde und Kirchheimsche Stiftung den Vorschlag ab, die Stadt zog ihn zurück und im November wurde schließlich ein Gestaltungswettbewerb für das Mahnmal ausgeschrieben, bei dem drei jüdische Gemeindevertreter als Sachpreisrichter und Salomon Korn als Fachpreisrichter benannt wurden.

Die SPD, damals Oppositionspartei im Stadtparlament, begann eine politische Debatte zum Thema Börneplatz und lud im Dezember zu einer öffentlichen Diskussion, an der aus unserer Gemeinde unter anderem Salomon Korn, der Journalist und Schriftsteller Valentin Senger und ich selbst teilnahmen. Es sei ein »Kristallisationspunkt für die Kommunalpolitik, ob man hier den Weg des Vergessens und Zubetonierens geht«, sagte Volker Hauff, damaliger Hoffnungsträger der Frankfurter SPD und ihr späterer Oberbürgermeister. Die SPD wolle die historische Bedeutung des Platz wieder ins Bewußtsein bringen. Korn wiederholte in der Diskussion seine Kritik am

Verfahren. Es sehe so aus, »als ob man uns lieber nicht beteiligt«, stellte er fest. Das »historische Bewußtsein« sei bei den Verantwortlichen nicht vorhanden, manchen Planern im Rathaus sei es offenbar ganz unbekannt, daß auf dem Platz einst die Synagoge stand. Valentin Senger, der die Nazizeit in einem Versteck in Frankfurt überlebt hatte, erzählte, wie oft er gebeten werde: »Zeig' mir mal den Börneplatz!«, aber daß da eben nichts zu zeigen sei.

MITTELALTERLICHE GHETTOMAUERN

Die Bauarbeiten hatten kaum begonnen, als plötzlich eine völlig neue Situation entstand: Bei der Aushebung der Baugruben fand man die Reste des mittelalterlichen Ghettos, der Judengasse, die aus dem 15. Jahrhundert stammen.

Im Jahre 1462 waren die Frankfurter Juden gezwungen worden, ihre Wohnquartiere am Dom zu verlassen und sich außerhalb der Stadtmauern anzusiedeln. Ein Akt der Ausgrenzung und der Kontrolle: Die Juden sollten nicht länger in unmittelbarer Nachbarschaft der »Rechtgläubigen« und ihrer Gotteshäuser leben, sie waren als Steuerzahler und als Konkurrenten christlicher Kaufleute im Ghetto leichter zu kontrollieren. Auf engstem Raum, in dunklen, hochragenden Häusern lebten in dieser »Judengasse« bis zu 10.000 Menschen zusammen, unter bedrückenden und unwürdigen Wohnverhältnissen. Erst 1811 wurde das Ghetto förmlich aufgehoben, aber noch bis in unser Jahrhundert hinein bot es den ärmeren der Frankfurter Juden die einzige Bleibe.

Nun, unter den Schaufeln der Bagger, kamen die Fundamente von 19 Häusern und zwei Mikwen zum Vorschein. Das hätte eigentlich niemanden überraschen dürfen, denn schon früher waren bereits Teile des alten Judenghettos entdeckt worden: 1956, beim Bau der Kreuzung Kurt-Schumacher-/Berliner Straße und beim Verlegen der Fernheizung waren große Teile der Ghettogrundmauern zerstört worden, ohne daß es damals jedoch Proteste von Denkmalschützern oder von seiten der Jüdischen Gemeinde gegeben hätte.

Diesmal kam es anders. Nach den Funden, über die meine Tochter Naomi einen großen Artikel in der *Frankfurter Neuen Presse* veröffentlichte, wurden viele Bürger plötzlich aufmerksam, und es gründete sich – unabhängig von der Gemeinde – eine Bürgerinitiative »Rettet den Börneplatz« mit dem Ziel, die Reste des Ghettos komplett zu erhalten und den Bau des Kundenzentrums zu verhindern.

Im November 1986 erteilte die hessische Wissenschaftsministerin Vera Rüdiger offiziell eine Grabungsgenehmigung. Archäologen machten sich ans Werk. Das Grabungsfeld wurde zu einer Besucherattraktion. Jürgen Wann, der Direktor der Stadtwerke, fühlte sich bemüßigt, offizielle Führungen zu untersagen. Der Blick auf die ausgegrabenen Mauern war nur nach Absprache gestattet, lediglich Mitgliedern der Jüdischen Gemeinde erlaubte man einen Besuch auf dem Grabungsfeld. Sie sollten dabei allerdings von einem Vorstandsmitglied begleitet werden. Hermann Alter wies dieses Ansinnen zurück, er sei keine »Ticket-Station für die Besichtigung des Börneplatzes« und lasse sich keine Verantwortung zuschieben, die die Stadtwerke überhaupt erst verursacht hätten.

Ursprünglich standen die Grabungen noch unter dem Vorbehalt, die »Funde am Ort zu sichern«. Ein halbes Jahr später, nachdem acht Fundamente der ehemaligen Judengasse ausgegraben waren, war davon keine Rede mehr. Der Erhalt der Mikwe und des Steinernen Hauses an Ort und Stelle würde den Bau um rund 15 Millionen Mark verteuern, erklärte Jürgen Wann, und Oberbürgermeister Wolfram Brück, der mittlerweile die Nachfolge Walter Wallmanns angetreten hatte, erklärte diese Verpflichtung für hinfällig. Daraufhin passierte zweierlei: Eine Mitgliederversammlung unserer Gemeinde sprach sich für einen Baustopp und eine völlige Revision der Neubauplanung aus. Brück hielt uns in den anschließenden Verhandlungen entgegen, daß das bedeute, »über 50 Millionen Mark an Steuergeldern zu vergeuden«. Und zugleich, ebenfalls im August 1987, besetzte das Aktionsbündnis »Rettet den Börneplatz«, dem unter anderem Micha Brumlik und die Schriftstellerin Eva Demski angehörten, die Baustelle, um der Forderung nach Baustopp Nachdruck zu verleihen. Nach fünftägiger Besetzung wurde der Platz unter Polizeieinsatz geräumt, anschließend mit einem Eisenzaun gesichert und rund um die Uhr von Polizei und Wachdiensten bewacht.

Das Votum unserer Mitgliederversammlung konnte mir gar nicht recht sein, da ich schon einen Monat zuvor namens des Vorstandes darin eingewilligt hatte, die Fundamente der 19 ausgegrabenen alten Häuser, mit Ausnahme des Steinernen Hauses, zu beseitigen. Sehr wohl war mir dabei allerdings nicht gewesen. Nun aber fühlte ich mich an den Kompromiß zur Bebauung des Platzes, den wir mühsam mit der Stadt ausgehandelt hatten, gebunden und vertrat auch in der Gemeinde die Auffassung, daß wir eine gewisse Verantwortung hätten, jetzt bei unseren eigenen Zusagen zu bleiben. Mein Vorschlag war daher, sich in erster Linie auf die Errichtung des Mahnmals bzw. der Gedenkstätte zu konzentrieren, ohne den Neubau für die Stadtwerke zu verhindern. Die gefundenen Fundamente einschließlich der Mikwen sollten als Teil der Gedenkstätte in Form eines Museums Judengasse ebenfalls erhalten bleiben, forderte ich. Wenn wir vorab gewußt hätten, was am Börneplatz zum Vorschein kommen würde, hätten wir uns wahrscheinlich bei den Verhandlungen um die Bebauung des Platzes anders entschieden. Aber für meine Begriffe konnten wir nun nicht mehr unsere einmal gegebene Zusage widerrufen und mußten dem Oberbürgermeister das Recht zugestehen, sich darauf zu berufen. Uns blieb nichts anderes übrig, als nach Möglichkeiten zu suchen, den Neubau und die alten Fundamente irgendwie zu integrieren.

MUSEUM UND MAHNMAL

Es gelang uns schließlich in langen Verhandlungen, einen Kompromiß zu finden: Fünf der ausgegrabenen Fundamente sollten in einem »Museumssegment« im Stadtwerkeneubau wieder aufgebaut werden. Um Teile des Ghettos doch noch erhalten zu können, einigten wir uns darauf, daß trotz erheblichen finanziellen und bautechnischen Aufwands auf Teile der geplanten Tiefgarage verzichtet und im Untergeschoß des Kundenzentrums das Museum Judengasse eingerichtet werden sollte. In diesem Museum sollten, neben den rekonstruierten Fundamenten, das gesamte Ghetto im Maßstab 1:100 als Modell abgebildet werden und Darstellungen in Bild, Ton und Schrift ausführlich über das Leben in der Judengasse informieren.

Der Gemeinderat war in der Frage Börneplatz gespalten, aber mehrheitlich für die Kompromißlösung. Im Vorstand vertraten Salomon Korn und Hermann Alter die radikale Lösung – Baustopp und Neuplanung –, während Michel Friedman, Kurt De Jong und ich für die Kompromißlösung plädierten. Wir waren zwar unterschiedlicher Meinung, hatten aber Respekt für die jeweils andere Position. So versuchten wir nie, etwa Salomon Korns öffentliches Eintreten gegen eine Bebauung durch Vorstandsbeschlüsse zu verhindern. Der Dissens innerhalb der Gemeinde ist daher auch nach außen deutlich zum Ausdruck gekommen.

Der parteipolitische Streit um den Börneplatz spielte sich in erster Linie zwischen SPD und Grünen auf der einen Seite und der CDU, die damals die absolute Mehrheit hatte, auf der anderen Seite ab. Ich warf seinerzeit der SPD vor, daß sie die Schutzwürdigkeit der Funde sehr spät entdeckt hätte, denn der größte Teil der Ghettoreste war zu Zeiten der absoluten Mehrheit der SPD in den 50er Jahren und 60er Jahren zerstört worden. Damals wurden nicht nur große Teile des Ghettos abgeräumt, sondern auch die Überreste der Synagoge in der Börnestraße. Und vor dem Verkauf an die Stadtwerke drehte sich auch die politische Auseinandersetzung in der Stadt nicht etwa um die Frage Bebauung oder Nichtbebauung, sondern um die der Bebauungsart. Während die CDU für die Stadtwerke oder eine andere gewerbliche Nutzung plädierte, verlangten SPD und Grüne eine Wohnbebauung. Erst als ihnen klar wurde, daß sie ihre Forderung nicht würden durchsetzen können, sprachen sie sich gegen jegliche Bebauung aus.

Oberbürgermeister Brücks Rede im September 1987 vor dem Stadtparlament zum Thema Börneplatz schlug damals in der Öffentlichkeit hohe Wellen. Wider alle historischen Erkenntnisse führte er aus, daß das Frankfurter Ghetto Juden aus ganz Deutschland »Schutz« geboten hätte. Der mittelalterliche Antijudaismus habe mit dem neuzeitlichen, rassistischen Antisemitismus nichts zu tun, behauptete er – ebensowenig wie das Ghetto mit den Konzentrationslagern: »Nicht der christliche Antijudaismus, sondern der Weg des deutschen Volkes seit der Aufklärung ist das, was in die deutsche Katastrophe geführt hat.« Und er stellte neben die legitime jüdische Sicht der Dinge eine ebenso legitime nicht-jüdische, als hätte es nie eine einseitige Verfolgung gegeben und als ginge es um zwei gleichrangige Seiten einer Medaille: Ein Jude »wertet aus dem Schicksal seines Volkes, seiner Religion. Ich werte aus dem Schicksal unseres Volkes und komme deshalb möglicherweise zu anderen Ergebnissen.« Das war nun reines Ausgrenzungsdenken im Gewande honoriger Bürgerlichkeit, nach der Devise: hier wir – dort ihr.

Salomon Korn gab damals eine vielbeachtete ausführliche Stellungnahme dazu ab, in der er dem Oberbürgermeister und allen, die dessen Argumente übernahmen, an den Zusammenhang zwischen dem Judenhaß im Mittelalter und dem Holocaust erinnerte: »Natürlich waren Juden hinter Ghettomauern auch geschützt, aber dieser ›Schutz‹ war weder primär noch sekundär bestimmend für die Errichtung des Frankfurter Ghettos gewesen, sondern lediglich ›Abfallprodukt‹ der ›Judenschutzhaft‹! Aus anderen deutschen Städten vertriebenen Juden wurde die begrenzte Aufnahme in Frankfurt nicht aus humanitären Erwägungen gewährt, sondern um die Zahl der jüdischen Steuerpflichtigen zu vergrößern, ohne das enge Ghetto zu erweitern! Die Argumente von Oberbürgermeister Brück ... laufen darauf hinaus, den christlichen Antijudaismus des Mittelalters vom neuzeitlichen (rassischen) Antisemitismus zu trennen, um geschichtliche Zusammenhänge zwischen Ghetto und Konzentrationslager vermeiden zu können. Der Versuch muß fehlschlagen: Bereits auf dem vierten Laterankonzil (1215) führte die Kirche eine Kleiderordnung für Juden ein, angeblich, um geschlechtlichen Verkehr und Mischehen mit Christen zu verhüten! In Spanien wurden aus denselben Gründen im 14. und 15. Jahrhundert Gesetze zur ›Reinhaltung des Blutes‹ (!) erlassen. Ansätze zu ›biologischen‹ Lösungen kannte demnach auch schon der frühe christliche Antijudaismus... Die verqueren biologistischen Argumente des rassisch-völkischen Antisemitismus waren in ihrer Verbiegung aufklärerischer Erkenntnisse weder historisch noch von ihrer Zielsetzung her wirklich neu, sondern lediglich pseudowissenschaftliche angereicherte Varianten altbewährter Ausgrenzungsstrategien. Mit ihnen konnte von nun an auch der äußerlich nicht unbedingt auf Anhieb erkennbare ›emanzipierte‹ und integrierte Jude ›biologisch‹ aus dem ›gesunden Volkskörper‹ ausgesondert werden – bis in die Konzentrationslager der Nationalsozialisten! Die Feststellung, es gebe keine gerade Verbindung zwischen dem Ghetto und den Konzentrationslagern, ist, historisch betrachtet, nichtssagend, da es zwischen Ereignissen, die zwei Generationen auseinanderliegen, niemals eine direkte nachweisbar kausale Verbindung geben kann. Die freigelegte Judengasse am Börneplatz steht heute, nach dem infernalischen Völkermord an den Juden, als Erinnerung, Lehre und Mahnung dafür, daß Juden zwar das Ghetto topographisch verlassen, es gesellschaftlich jedoch nur in Ansätzen hinter sich gelassen hatten.«

In meiner Rede, die ich am 9. November 1987 bei der Gedenkfeier zum Jahrestag der Reichspogromnacht hielt, bin ich ebenfalls noch einmal auf das Thema Börneplatz eingegangen: »Ich will hier eines feststellen: Jede Art von Ghetto bedeutet Diskriminierung und Ausgrenzung, und jede Diskriminierung bzw. Ausgrenzung ist ein Grund zur Scham. Ich weiß auch, ohne Historiker sein zu wollen und, wie ich gestehen muß, ohne mich früher allzuviel mit dieser Zeit beschäftigt zu haben, wie bedrückend und unter welchen unmenschlichen Bedingungen die Juden im Frankfurter Ghetto leben mußten ... Dieses mittelalterliche Ghetto ist ... jedenfalls ein Teil Frankfurter Geschichte und es ist ein Teil Frankfurter jüdischer Geschichte ... Ich möchte aber dieses über Jahrhunderte bestehende Ghetto, aus dem trotz aller Diskriminierung und Unterdrückung jüdisches Leben erwachsen ist, nicht als Vorstufe der Ghettos des 20. Jahrhunderts ... verstanden wissen. Es waren die Ghettos unseres Jahrhunderts, die ausschließlich der Vernichtung oder der Vorbereitung der Vernichtung von Juden dienten.«

Nachdem wir uns mit der Stadt geeinigt hatten, zogen sich allerdings sowohl die Einrichtung des Museums Judengasse als auch der Bau der Gedenkstätte noch lange hin und mußten von uns immer wieder angemahnt werden.

Ein Wettbewerb zur Gestaltung der Gedenkstätte endete 1988 zunächst damit, daß die Juroren sich für keinen der Vorschläge entscheiden wollten und die drei ersten Preisträger aufforderten, sich auf einen gemeinsamen Entwurf zu einigen. Als Volker Hauff im Juni 1989 Oberbürgermeister geworden war, ordnete er die Freilegung des Fundaments der Börneplatz-Synagoge an und forcierte die Planungen für die Gedenkstätte.

Aber erst drei Jahre später, im Februar 1992, präsentierte die Jury für die Gedenkstätte den Entwurf ihrer Wahl, den die Arbeitsgemeinschaft Nikolaus Hirsch, Wolfgang Lorch und Andrea Wandel vorgelegt hatte. Und seit dem Sommer 1996 ist nun dieser Entwurf endlich realisiert, die Gedenkstätte fertig geworden: Der unbebaute Teil des Börneplatzes ist mit Platanen bepflanzt – einem Hain der Erinnerung und der Trauer. Inmitten dieses Haines erhebt sich ein Steinquader, geformt aus Bruchstücken der ehemaligen Judengasse. Und an der angrenzenden Mauer des alten jüdischen Friedhofs sind 11.000 Namenstafeln aus Metall angebracht – jede Tafel für einen von den Nazis verschleppten und ermordeten Frankfurter Juden. Die Recherchen über die Opfer sind noch nicht abgeschlossen; so werden im Laufe der nächsten Jahre noch weitere Tafeln hinzukommen.

Die Kosten für das Museum und die Gedenkstätte wurden auf rund 6,7 Millionen Mark veranschlagt. Diejenigen, die Jahre zuvor in der Opposition hinter dem Kompromißvorschlag und der Errichtung des Mahnmals standen, hatten es jetzt, nachdem sie selbst an der Regierung waren, offenbar nicht mehr so eilig. Die Schulden der Stadt wuchsen von Jahr zu Jahr, und angesichts der desolaten Finanzen zweifelte Baudezernent Hanskarl Protzmann 1993 sogar, ob überhaupt noch etwas gebaut werden könne. Zwar versicherte er, das Vorhaben Börneplatz genieße »eine hohe Priorität«, aber wie es finanzieren? Kulturdezernentin Linda Reisch mahnte: »Die Realisierung dieses Projekts sind wir sowohl der alten als auch der jüngsten Geschichte Frankfurts schuldig.« Erst 1994, sieben Jahre, nachdem wir unsere Zustimmung zur Gestaltung des Platzes gegeben hatten, wurden die Mittel für den Bau des Mahnmals im Etat eingestellt.

Fast zehn Jahre nach den Auseinandersetzungen um den Börneplatz, am 16. Juni 1996, wurde die Gedenkstätte eingeweiht. Dreieinhalb Jahre zuvor, im November 1992, war bereits das Museum Judengasse eröffnet worden, in dem das Leben im mittelalterlichen Ghetto Frankfurt sehr gut dargestellt und gewürdigt wird. Auch die Gestaltung des Platzes ist in meinen Augen hervorragend gelungen. Zur Einweihung waren auch über 100 ehemalige Frankfurter Juden gekommen, die die Stadt eingeladen hatte, um die Gedenkstunde mitzuerleben. Viele von ihnen fanden an der Friedhofsmauer die Namen ihrer Verwandten wieder.

Im nachhinein habe ich, was den Börneplatz und damit auch den Umgang mit der Geschichte der Juden in Frankfurt anbelangt, durchaus zwiespältige Empfindungen. Hätte ich mir von Anfang an klar gemacht, daß die Ausschachtungsarbeiten an dieser Stelle die Reste des alten Ghettos zutage fördern würden, so wäre ich entschiedener aufgetreten und hätte – ganz im Sinne Paul Arnsbergs – gegen eine Überbauung plädiert. Später war es zu spät; da fühlte ich mich an den einmal erzielten Kompromiß gebunden und versuchte nur noch möglichst viel zu retten und die Errichtung der Gedenkstätte zu erreichen, ohne die Gesamtbebauung durch die Stadtwerke zu verhindern. Ich halte den eingegangenen Kompromiß aber bis heute immerhin für eine vertretbare Lösung.

KAPITEL 11

FINANZSKANDAL

VERSCHWUNDENE MILLIONEN

Neben meinem Engagement als Vorsitzender der Jüdischen Gemeinde in Frankfurt war ich seit 1978 auch Mitglied im Direktorium des Zentralrats der Juden in Deutschland. Im Januar 1985 wurde ich zudem in den Verwaltungsrat des Zentralrats gewählt; 1987 verhinderte Werner Nachmann, der damalige Vorsitzende des Zentralrats, meine Wiederwahl. Im Mai 1988, ein Jahr bevor ich zum stellvertretenden Vorsitzenden gewählt wurde, erschütterte ein Finanzskandal den Zentralrat, von dem er sich nicht so schnell erholte. Werner Nachmann, der über zwei Jahrzehnte an der Spitze des Zentralrats stand, hatte in den Jahren 1982 bis 1988 fast 20 Millionen Mark aus Wiedergutmachungsgeldern für die Opfer des Nationalsozialismus unterschlagen.

Nachmann war in den Nachkriegsjahren jener Repräsentant der jüdischen Gemeinden in Deutschland, der am meisten für die Versöhnung zwischen Juden und Nicht-Juden geleistet hatte. Für viele ist er mit seiner zurückhaltenden Art, in der er die Interessen der in Deutschland lebenden Juden vertrat, nicht weit genug gegangen. Diese Zurückhaltung war jedoch seine Linie, sein Stil, und man mußte sie respektieren – oder versuchen, ihn abzuwählen, was von der Mehrheit nicht gewollt war. Einmal wäre es fast dazu gekommen, als er 1978 – wie bereits erwähnt – glaubte, den baden-württembergischen Ministerpräsidenten Hans Filbinger verteidigen zu müssen, der noch im April 1945 Todesurteile wegen Desertion verhängt und Hinrichtungen hatte vollstrecken lassen. Sein Verhalten in der Filbinger-Affäre brachte ihn bei der überwältigenden Mehrheit der jüdischen Gemeinden in Deutschland in Mißkredit. Daß damals keine Abwahl stattfand, grenzte schon fast an ein Wunder. Rückblickend muß man daher akzeptieren, daß seine überaus vorsichtige Handhabung der Funktion des Vorsitzenden dem Wunsch der Juden in dieser Epoche entsprach.

Nachmann war, wie auch Galinski, einer der wenigen »echten« deutschen Juden. Beide lebten schon vor dem Krieg in Deutschland, während der Großteil der Juden, die nach 1945 in Deutschland blieben, aus Polen oder anderen osteuropäischen Ländern kamen. Werner Nachmann überlebte in Frankreich als Mitglied der Resistance und kam nach Deutschland als französischer Soldat zurück. Vielleicht hat dieser Umstand, in die Heimat sozusagen als Angehöriger einer siegreichen Armee zurückzukehren, dazu beigetragen, daß Nachmann im Vergleich zu Galinski relativ sanft und weniger verbittert auf manche Vorfälle in Deutschland reagierte.

In Nachmanns Büro im Zentralrat hing der Bürgerbrief, den Markgraf Karl-Wilhelm von Baden-Durlach schon 1712 einem seiner Vorfahren überreicht hatte. Seit damals lebte die Familie Nachmann ohne Unterbrechung in Deutschland. Der Großvater besaß eine Lumpensortieranstalt, sein Sohn Otto, der Vater von Werner Nachmann, vergrößerte die Firma. Als das Unternehmen in den 30er Jahren arisiert wurde, war es ein typisch mittelständischer Familienbetrieb. Nach 1945 bekam Nachmann das väterliche Unternehmen zurück und führte es unter dem früheren Namen weiter. Er handelte mit alten Textilien, Schrott, Lumpen und Antiquitäten und beteiligte sich angeblich auch an Immobilien. Gemeinsam mit einer langjährigen Freundin gründete er eine kleine Boutiquen-Kette, »Yvonne-Moden«, mit mehreren Filialen in ganz Deutschland. Er galt als wohlsituiert, jedoch nicht als besonders vermögend.

Nachmann starb am 21. Januar 1988 an einem Herzinfarkt. Drei Monate später flog der Skandal auf.

Es war Professor Leo Rubinstein aus Heidelberg, vorübergehend als Nachmanns Nachfolger Präsident des Oberrates der Israeliten Badens geworden, der im April 1988 den Stein ins Rollen brachte. Auf dem Konto des Oberrates entdeckte er mehrere Buchungen, die darauf hindeuteten, daß Gelder, die vom Zentralrat bzw. aus dem Sonderkonto der Conference on Jewish Material Claims against Germany (kurz: Claims Conference) eingegangen waren, weitergeleitet wurden an Konten, mit denen der Oberrat nichts zu tun hatte. Es soll sich dabei um Gelder in Höhe von rund 4 Millionen Mark gehandelt haben.

Rubinstein informierte zunächst mich, und ich verständigte sofort Galinski. Eine Sondersitzung des Direktoriums wurde einberufen. Wir beschlossen, eine Wirtschaftsprüfungsgesellschaft zu beauftragen, sämtliche Konten des Zentralrats sowie die Treuhandkonten der Claims Conference, für die der Zentralrat verantwortlich war, zu prüfen. Das Ergebnis war niederschmetternd: Nachmann hatte vermutlich rund 33 Millionen Mark veruntreut – so schien es zunächst.

Noch zu Willy Brandts Zeiten hatte der damalige Präsident des World Jewish Congress, Nahum Goldmann, mit der Bundesregierung über einen besonderen Fonds für Härtefälle verhandelt. Aus diesem sollten Opfer des Nationalsozialismus entschädigt werden, die nach dem Bundesentschädigungsgesetz keine Ansprüche mehr geltend machen konnten, weil sie die Fristen versäumt hatten. 1980 beschloß die Bundesregierung unter Helmut Schmidt als Abschlußgeste, dem Zentralrat, der bislang ausschließlich auf die Beiträge seiner Mitgliedsgemeinden angewiesen war, in mehreren Raten 40 Millionen Mark zur Verfügung zu stellen, um ihm die Fortführung seiner Arbeit zu ermöglichen. Ferner sollten 400 Millionen Mark in einen Fonds für die jüdischen Opfer des Nationalsozialismus eingezahlt werden, die bis dahin ohne jede Entschädigung geblieben waren. In den Richtlinien war festgelegt, daß damit all jenen geholfen werden sollte, die »durch nationalsozialistische Gewaltmaßnahmen Gesundheitsschäden erlitten haben und sich in einer Notlage befinden«, die aber die Antragsfristen nicht hatten einhalten können oder nicht unter die Wohnsitzbestimmungen des Bundesentschädigungsgesetzes fielen. Betroffen davon waren etwa, so schätzte man ursprünglich, 80.000 Menschen, die also jeweils bis zu 5.000 Mark zu erwarten hatten. Die Bearbeitung der Anträge übernahm eben die Claims Conference, ein Zusammenschluß von 23 jüdischen Organisationen aus der ganzen Welt mit Sitz in New York. Bis Mitte 1986 gingen rund 125.000 Anträge bei der Claims Conference ein, von denen die Hälfte bewilligt wurde. Rund 350 Millionen Mark wurden bis dahin an NS-Opfer ausgezahlt.

Nachmann und der Zentralrat wurden als Treuhänder beauftragt, die Raten in Empfang zu nehmen und nach Bedarf unverzüglich an die Claims Conference weiterzuleiten. Diese übernahm die Aufteilung der Gelder und legte darüber jeweils zum Jahresende Rechenschaft ab, 1988 sollte die große Schlußabrechnung erfolgen. Dabei gingen wir davon aus, daß Nachmann die eingegangenen Beträge sofort an die Claims Conference weiterleitete bzw. nach Bedarf von der Bundesregierung anforderte.

Am 12. Mai 1988, also einige Wochen nach der Aufdeckung des Skandals, kam der Zentralrat zu einer Sitzung zusammen, um über das weitere Vorgehen zu beraten. Alexander Ginsburg, der Generalsekretär, beteuerte, er habe von diesen Manipulationen nichts gewußt. Wir beschlossen, über die Wirtschaftsprüfungsgesellschaft hinaus auch einen Privatdetektiv mit Nachforschungen über den Verbleib der Gelder zu beauftragen. Die Ermittlungen des Detektivs führten zu keinem Ergebnis. Die Wirtschaftsprüfer stellten schließlich fest, daß aus dem Grundbetrag von 400 Millionen Mark etwa 27 Millionen Mark an Zinsen angefallen und diese Zinsen veruntreut worden waren. Aus den 40 Millionen, die die Bundesregierung für den Zentralrat bereits überwiesen hatte, waren weitere 7 Millionen abgezweigt worden.

Wir beschlossen, aus dem Erbe Nachmanns rund 30 Millionen Mark zu fordern und ein Konkursverfahren zu beantragen, um Licht in die finanziellen Transaktionen der Nachmannschen Firmen zu bringen und die verschwundenen Gelder aufzuspüren. Zum Konkursverwalter wurde der Aachener Rechtsanwalt und Wirtschaftsprüfer Eberhard Braun bestellt, der große Mühe hatte, zu recherchieren, wann und wohin die Gelder geflossen sind. Nachmann habe keine nennenswerte Buchhaltung geführt, berichtete Braun. Immerhin wurde klar, daß ein Teil des abgezweigten Geldes unter anderem in den Bau des Gemeindezentrums in Freiburg geflossen war und daß Nachmann auch dem Oberrat Badens etwa 3 Millionen zur Verfügung gestellt, sich aber gleichzeitig von dessen Konten für eigene Zwecke bedient hatte.

Auf den Konten der Nachmannschen Boutiquenkette befanden sich nur kleine Beträge, auf den Konten seiner Firmen, die erst im Laufe der Recherchen auftauchten, dann doch auch ein paar größere Summen. Hinzu kam der Verkauf des Hauses, in dem er gewohnt hatte. Es brachte einen Erlös von einer knappen Million. Der Verlust betrug am Ende 19,5 Millionen Mark zu Lasten des Fonds für die NS-Opfer, dem die Zinserträge der geparkten Gelder vorenthalten worden waren. Damit hat Nachmann nicht nur dem Ansehen des Zentralrats schweren Schaden zugefügt, sondern auch der jüdischen Gemeinschaft weltweit.

DIE BITTERE STUNDE DER SELBSTKRITIK

Da Nachmann immer nur die Zinsen abzweigte, stimmte zunächst die jährliche Endabrechung, und niemand hegte auch nur den geringsten Verdacht, daß hier von irgendwelchen Unregelmäßigkeiten die Rede sein könnte. Nachmann hatte für den Wiedergutmachungsfonds Sonderkonten geführt, die in den Bilanzen des Zentralrats nicht auftauchten. Er begründete das immer damit, daß diese Konten keine Konten des Zentralrats seien, daß nur er persönlich das Vertrauen der Bundesregierung habe und folglich auch nur er der Bundesregierung gegenüber für die Abrechnungen verantwortlich sei.

Zeichnungsberechtigt bei den Konten der Wiedergutmachungsgelder wie bei den Konten des Zentralrats waren zwei Personen: Nachmann und Ginsburg, der Generalsekretär. Beide hatten jedoch – was dem Zentralrat nicht bekannt war – eine gegenseitige Einzelzeichnungsvollmacht unterzeichnet, so daß Nachmann alleine die Weitergabe der Gelder der Bundesregierung an die Claims Conference kontrollieren konnte. Die Kontopost ging direkt an Nachmanns Büro in Karlsruhe, von dem aus er auch seine Firmen leitete. Nachmann wußte, wann die Raten der Bundesregierung eingegangen waren, und er entschied, wann sie an die Büros der Claims Conference zur Weiterverteilung überwiesen werden sollten. Gleiches machte er mit den 40 Millionen Mark, die er dem Zentralrat nur mit Verzögerung zukommen ließ. Auch hier entstanden dadurch Zinsverluste.

Nachmann führte seine Geschäftskonten bei der Societé Generale Alsacienne und hatte dort auch Konten des Zentralrats und Treuhandkonten der Claims Conference eingerichtet. Von diesen Konten hatte der Zentralrat keine Ahnung. Schecks und Überweisungsträger, die auf sein Firmenkonto ausgestellt waren, versah er mit seinem Stempel, strich dann die Nummer des Geschäftskontos durch und ersetzte sie durch die Nummer des Zentralrats- bzw. Treuhandkontos. Der Bank fielen diese Manipulationen nicht auf, sie habe mit der »bankenüblichen Sorgfalt« gehandelt, rechtfertigte sich die Societé

Generale. Soweit Treuhandkonten bei der BfG Karlsruhe, der damaligen Hausbank des Zentralrats, vorhanden waren, wurden die Zinserträge an die Societé Generale zugunsten der Nachmann-Konten weitergeleitet oder an diverse Empfänger überwiesen. Von den Treuhandkonten bei der BfG wußte zwar der Zentralrat, aber Nachmann weigerte sich, den Wirtschaftsprüfern, die die Zentralratskonten prüften, eine Abrechnung dieser Konten vorzulegen. Er behauptete, wie gesagt, der Wiedergutmachungsfonds sei ausschließlich eine Angelegenheit zwischen ihm und der Bundesregierung. Die Wirtschaftsprüfer stellten in ihrem Abschlußbericht lediglich fest, daß es da noch andere Konten gäbe.

Nachdem wir Verdacht geschöpft und eine Prüfung in die Wege geleitet hatten, gingen auf dem Konto des Zentralrats plötzlich rund 1,4 Millionen ein, die aus der Schweiz überwiesen wurden. Alexander Ginsburg hat mit einigen Wochen Verzögerung zugegeben, diese Gelder auf Wunsch von Nachmann abgezweigt zu haben, um eine Rücklage für eine mögliche Entführung Nachmanns zu schaffen. Das Konto, das dafür angelegt worden war, lief auf seinen Namen. Mitte der 80er Jahre war Nachmanns Name auf einer Liste von potentiellen Entführungsopfern entdeckt worden. Nachmann hatte daraufhin angeblich die Sicherstellung dieser Gelder für sich und seinen Sohn verlangt, das Direktorium jedoch nie davon unterrichtet. Ginsburg ließ sich nach seinem Eingeständnis bis zur »Klärung der Vorfälle« beurlauben. Im Fortgang der Untersuchungen räumte er jedoch nie ein, hier vielleicht einen Fehler begangen geschweige denn etwas über die sonstigen Kontobewegungen gewußt zu haben. Ginsburg hatte immerhin nie über die Gelder verfügt und auch nie selber Überweisungen unterschrieben. Er starb 1995 als Pensionär des Zentralrats.

Mehrere Jahre lang finanzierte Nachmann mit diesen nicht unerheblichen Zinserträgen seine maroden Firmen. Ob er selbst auf die Idee gekommen war oder den Zinsentrick durch Zufall entdeckt hatte, wer weiß. Es wurde Nachmann leicht gemacht. Im Zentralrat ahnte niemand auch nur das Geringste davon, daß es diese »herrenlosen Gelder« gab, und es wäre auch niemand auf die Idee gekommen, Nachmanns Kontoführung zu überprüfen. Man vertraute sich blind, eine Kontrolle erschien völlig unnötig. Niemand in der Umgebung von Nachmann wäre je auf den Gedanken gekommen, daß der Mann ein Gauner sein könnte.

Selbst Galinski, der ihn noch nie hatte leiden können, war völlig überrascht und zutiefst erschüttert, als der Finanzskandal ans Licht kam. Er sprach von »einem Erbe, das er selbst seinem schlimmsten Feind nicht gönne« und von der »schwierigsten Situation der Juden in Deutschland seit 1945«. Galinski bemühte sich intensiv um eine rückhaltlose Aufklärung der Vorgänge. Er hatte schon bei seinem Antrittsbesuch im April den Kanzler über die Verdachtsmomente informiert. In Abstimmung mit Galinski habe ich auch den damaligen Vizekanzler Hans-Dietrich Genscher unterrichtet.

Abgesehen von den Millionenbeträgen, die in die Firmen, ins Ausland oder an mysteriöse Stiftungen flossen, von denen niemand wußte, ob sie existierten, wurden auch Freunde und Verwandte mit großzügigen Spenden verwöhnt. Frau Ginsburg erhielt von Nachmann etwa 30.000 Mark vom Konto des Zentralrates, angeblich um die Hochzeit ihres Sohnes zu finanzieren. Nach Ginsburgs Aussagen war dieser Betrag nur als Darlehen gedacht, doch Nachmann habe später versprochen, die »Angelegenheit zu erledigen«. So wurde daraus ein »Geschenk«.

Mir fielen während der Untersuchungen gegen Nachmann einige abschätzige Bemerkungen ein, die dieser verschiedentlich über mich gemacht hatte. Obwohl ich ihn eigentlich gut leiden konnte, ihn im Zentralrat oft verteidigte und auf seiner Seite war, hatte er vor den Wahlen zum Verwaltungsrat 1985 versucht zu verhindern, daß ich gewählt werde. »Der Bubis darf keine wichtige Rolle spielen! Der will nur an die Kasse des Zentralrates!«, hätte er zu einigen Direktoriumsmitgliedern gesagt, wie sie mir im nachhinein berichteten. Allerdings waren sie damals seinem Rat gefolgt und hatten mich tatsächlich nicht gewählt.

Nachmann lag mit seiner »Warnung« ganz richtig. Wenn ich schon früher eine einflußreichere Funktion im Zentralrat übernommen hätte, wären vielleicht auch schon früher organisatorische Veränderungen eingeleitet worden, die eine bessere Kontrolle bedeutet hätten. Ich hatte Nachmann gegenüber diverse Male moniert, daß bei den Ratsversammlungen niemals der Finanzdezernent den Finanzbericht abgab, sondern Nachmann dies immer persönlich tat. Er pflegte dann zu erwidern, daß ohnehin nur er selbst sich um die Finanzen kümmere und der Dezernent nur wenig Bescheid wisse. Leider habe ich mich damals mit dieser Antwort zufriedengegeben.

Nachmanns Veruntreuung, sein »Millionenkarussell«, wie es in der Wochenzeitung *Die Zeit* genannt wurde, hätte nicht diese besondere Dimension gehabt, wenn es nicht um den Zentralrat der Juden und die Wiedergutmachungsgelder gegangen wäre. Ich fürchtete damals, daß diese Vorgänge Wasser auf die Mühlen derjenigen sein würden, die ohnehin die Wiedergutmachungszahlungen zum Anlaß nahmen, eine antijüdische Stimmung zu verbreiten. Zwei Jahre zuvor hatte beispielsweise der CSU-Abgeordnete Hermann Fellner bei der Diskussion um die Wiedergutmachungsforderungen von ehemaligen KZ-Häftlingen an den Flick-Konzern die Bemerkung gemacht, daß »die Juden sich schnell zu Wort melden, wenn irgendwo in deutschen Kassen Geld klingelt«.

Fellner hatte das eher beiläufig so dahin gesagt, aber gewiß nicht, ohne sich dabei etwas zu denken. Er wußte, daß es keiner ausgeprägten antisemitischen Haltung bedurfte, um die Wiedergutmachungszahlungen zu kritisieren. Die Gegner dieser Regelung führten nur allzu gern den Vergleich mit den Bombenopfern an, die sich nun benachteiligt fühlen müßten.

Aber einer der schärfsten Kritiker Nachmanns war damals Micha Brumlik. Er nannte ihn einen »überangepaßten« Juden, der hoffnungslos überfordert war. Die »heiligen Konten« der Wiedergutmachung seien wohl zu groß gewesen für den »biederen, braven und bürgerlichen Unternehmer«, der wie viele mittelständische Unternehmer in einer Krise daran gegangen sei, »Löcher in der Bilanz zu stopfen«, wetterte Brumlik damals im Hessischen Rundfunk. Die Rolle des »Wächters der Ermordeten«, die Werner Nachmann als Präsident des Zentralrats zu spielen hatte, hätte ihn hoffnungslos überfordert.

Hier hat er vielleicht in einer Beziehung Nachmann unrecht getan. Nachmann versuchte in den letzten Jahren seines Lebens seine Position als der »brave Jude« zu revidieren. Hatte er jahrelang davon gesprochen, daß die Juden in Deutschland »keine Sonderstellung« haben dürften, so fielen kurz vor seinem Tod Sätze wie: »Wir haben zu lange geschwiegen!« Gleichzeitig hatte Brumlik aber die kriminelle Energie Nachmanns genauso unterschätzt wie wir. Wie wir heute wissen, war Nachmann eben kein biederer, braver Unternehmer.

Für uns im Zentralrat kam die bittere Stunde der Einsicht und Selbstkritik. Denn bei all den berechtigten Vorwürfen gegen Nachmann mußten wir eingestehen, daß es ihm viel zu einfach gemacht worden war, seine Betrügereien durchzuführen. Wir hatten zu dieser Zeit ein überaltertes Direktorium – »das Politbüro der Sowjetunion ist ein Kindergarten dagegen«, habe ich oft gescherzt –, das Durchschnittsalter betrug 67 Jahre. Und der Verwaltungsrat war einer Finanzkontrolle, wie sie notwendig gewesen wäre, einfach nicht gewachsen.

Der Verwaltungsrat bestand aus fünf Personen sowie dem Generalsekretär, und vier Personen waren für eine Beschlußfähigkeit erforderlich. Nachmann verstand es immer, einige der Verwaltungsratsmitglieder davon zu überzeugen, daß eine Sitzung gar nicht erforderlich sei, und so kam über Jahre hinweg der Verwaltungsrat praktisch gar nicht zusammen, wurden die Geschäfte von Nachmann und dem Generalsekretär alleine geführt. Wir wußten auch nicht, daß der Generalsekretär angeblich ebenfalls kaum eine Rolle spielte, wie uns Ginsburg später erzählte – ebensowenig wie die Haushaltskommission. Eine Kritik an Nachmann galt für manche der Direktoriumsmitglieder als Majestätsbeleidigung.

Nachdem Galinski den Vorsitz übernommen hatte, änderten sich die Verhältnisse entscheidend. Seitdem finden regelmäßig sechs bis sieben Mal im Jahr Verwaltungsratssitzungen statt, die Berichterstattung ist intensiver, der Finanzdezernent trägt den Finanzbericht vor, die Haushaltskommission arbeitet effizient, und es ist absolut unmöglich geworden, mit einer einzigen Unterschrift auch nur über eine Mark zu verfügen. Bis heute werden alle Kontrollmaßnahmen strikt eingehalten und durchgeführt.

Zusammen mit Heinz Galinski und den Kollegen vom Direktorium sorgten wir zwar für eine totale Offenlegung der Geschehnisse, aber der Skandal um die veruntreuten Wiedergutmachungsmillionen wirkte noch viele Jahre nach. Das Vertrauen sowohl gegenüber als auch innerhalb der jüdischen Gemeinschaft war nachhaltig erschüttert worden. Es ist Galinskis Verdienst, daß mit Unterstützung des gesamten Direktoriums die Dinge letztendlich eine Aufklärung erfahren haben und nicht zu schlimmeren Folgen geführt haben. Der Schaden, sowohl in materieller als auch in moralischer Hinsicht, blieb bestehen.

KAPITEL 12

50 JAHRE »REICHSKRISTALLNACHT«

GEDENKFEIER IN DER SYNAGOGE

Am 9. November 1988 jährte sich zum fünfzigsten Mal der Tag der sogenannten »Reichskristallnacht«. Die Diskussionen um die Gestaltung der Gedenkfeier in Frankfurt und die umstrittene Rede, die Bundestagspräsident Philipp Jenninger am 10. November anläßlich der Gedenkstunde im Bundestag hielt, zeigten in aller Deutlichkeit, daß sich die Vergangenheit – anders, als viele es sich wünschen – mitnichten »bewältigen« läßt.

Der 9. November 1938 war der Tag, an dem die Nazis ihrem Haß auf die Juden für alle sichtbar freien Lauf ließen. Synagogen wurden geschändet und in Brand gesteckt, jüdische Geschäfte zerstört und geplündert, Juden erschlagen, gefoltert und verschleppt. Die Ereignisse des 9. November 1938 sind in meinen Augen der letzte unmittelbare Schritt vor der Vernichtung gewesen, der letzte Zeitpunkt, an dem eine Wende noch möglich gewesen wäre. Es war eine staatlich gesteuerte Aktion, die sich auf offener Straße abspielte, und das deutsche Volk wurde Zeuge, wie die Menschenrechte und die Menschenwürde im wahrsten Sinne des Wortes mit den Füßen getreten wurden. Die meisten Gaffer waren jubelnde und johlende Zeugen, und die anderen haben schweigend oder gleichgültig hingenommen, was geschah. Die Juden wurden in dieser Nacht allein gelassen. Bis auf wenige Ausnahmen, darunter mutige Kirchenmänner wie Bernhard Lichtenberg, hat niemand seinen Unmut, sein Entsetzen – sollte es das denn gegeben haben – zum Ausdruck gebracht. Mir ist es bis heute unerklärlich geblieben, wie die nicht-jüdische Bevölkerung nach dieser Nacht in ihrem normalen Alltag weiterleben konnte.

Dieser Tag hätte alle ernüchtern müssen, die bis dahin meinten, die verbalen Drohungen und die Einschüchterungen der Nationalsozialisten nicht ernst nehmen zu müssen. Was am 9. November 1938 geschah, hatte sich schon lange vorher abgezeichnet. Mit immer neuen Gesetzen und Verordnungen wurde die Entrechtung der Juden Schritt für Schritt vorangetrieben – erinnert sei nur an die Nürnberger Gesetze oder an das »Gesetz zum Schutze des deutschen Blutes und der deutschen Ehre«. Mit der Ausschaltung aus dem staatlichen und kulturellen Leben gingen immer stärkere Einengungen der beruflichen Betätigungsmöglichkeiten einher, bis hin zu Boykotts und Berufsverboten. Im Frühjahr 1938 konzentrierten sich die NS-Herrscher verstärkt auf die »Arisierung der deutschen Wirtschaft«, das heißt auf die Enteignung und Ausplünderung der deutschen Juden. Antijüdische Ausschreitungen waren an der Tagesordnung. Juden wurden immer mehr aus der Gesellschaft ausgeschlossen, sie mußten sich durch den gelben Stern auf den ersten Blick zu erkennen geben, sie durften sich nicht mehr auf öffentlichen Bänken niederlassen und – die Nazis hatten ein perverses Gespür auch für Kleinigkeiten – keine Brieftauben mehr halten. Am Ende standen Auschwitz und die Endlösung.

Die Nationalsozialisten bezeichneten die Ereignisse vom 9. November schlicht als »Judenaktionen«. Im Volksmund wurde später daraus die »Reichskristallnacht«, im Anklang an die vielen klirrenden Fensterscheiben, die damals zu Bruch gingen. Aufgrund der Reaktionen im Ausland haben die Nazis versucht, die Geschehnisse herunterzuspielen. So wurde von 191 zerstörten Synagogen bzw. Betstuben gesprochen. Tatsächlich jedoch waren am 9. und 10. November mehr als 1.300 jüdische Gotteshäuser zerstört worden. Nach dem Krieg versuchten viele, die Bezeichnung der Nationalsozialisten durch ein anderes Wort zu ersetzen. Der Begriff »Pogrom« setzte sich aber nur sehr langsam durch. Pogrom ist ein Wort aus dem Russischen und bezeichnete ursprünglich die im zaristischen Rußland immer wieder erfolgten Judenverfolgungen. Ich wußte, wovon die Rede war, weil sich schließlich meine eigene Familie wegen der Pogrome in Rußland nach Deutschland geflüchtet hatte.

Wie wenig geläufig dieser Begriff aber noch ist, zeigte sich zum Beispiel in Frankfurt bei der Einweihung des Gedenksteines zur Erinnerung an die am 9. November 1938 zerstörte orthodoxe Synagoge in der Friedberger Anlage. Die Inschrift lautete: »Hier stand die 1907 erbaute Synagoge der Israelitischen Religionsgemeinschaft. Sie wurde in der Progromnacht des 9. November 1938 angezündet und zerstört.« Obwohl die Gemeinde den Text zuvor geprüft hatte, hatte die Steinmetzerei in der Inschrift das Wort »Pogrom« mit einem zweiten *r* gemeißelt – nun stand da »Progrom«.

In früheren Jahren hatten wir die Gedenkstunde an der Stätte dieser Synagoge in der Friedberger Anlage begangen. Es war aber für viele Gemeindemitglieder oft zu anstrengend, an einem kalten, nassen Novembertag längere Zeit im Freien zu verharren, so daß besonders ältere Leute aus diesem Grund nicht zu der Gedenkstunde gekommen sind. Schon zu Beginn der 80er Jahre hatten wir daher beschlossen, die Frankfurter Gedenkstunde in der Westend-Synagoge in der Freiherr-vom-Stein-Straße abzuhalten.

Es hatte schon in früheren Jahren Diskussionen über die Gestaltung der Gedenkfeier gegeben, nachdem manche der eingeladenen Redner bei dieser Gelegenheit über tagespolitische Themen gesprochen hatten, die sich mit dem Nationalsozialismus in keinen sinnvollen Zusammenhang bringen ließen. Sie stellten dann Bezüge her bzw. legten Vergleiche nahe, die von vielen – zu Recht – als völlig unangemessen empfunden wurden. So ließ sich beispielsweise der damalige Stadtverordnetenvorsteher Hans-Jürgen Hellwig an diesem Tag über den Widerstand gegen den Bau der Startbahn West aus und zog eine Linie zum 9. November 1938; Manfred Kiesewetter, Kreisvorsitzender des DGB, sprach bei einer dieser Gedenkstunden über das Verbot der Gewerkschaften, das er ebenfalls mit der Pogromnacht in einen Zusammenhang stellte. Nach diesen Erfahrungen war die Zahl der Redner begrenzt worden. Neben dem Vertreter der Jüdischen Gemeinde sollten nur noch jeweils ein Vertreter der Stadt und des Landes sprechen.

Schon im Jahr zuvor, noch unter Nachmann, hatte sich der Zentralrat darauf geeinigt, zum 50. Jahrestag der Pogromnacht eine zentrale Gedenkstunde zu veranstalten, und diese sollte in Frankfurt stattfinden. Nachmann hatte unter anderem bereits den Bundespräsidenten Richard von Weizsäcker und Bundeskanzler Helmut Kohl eingeladen. Als weitere Redner waren Ministerpräsident Walter Wallmann, Heinz Galinski und ich vorgesehen.

Der Bundespräsident hatte sich mit dem Kanzler verständigt, daß nur dieser sprechen sollte. Doch der Gedanke, daß ausgerechnet Kohl am 9. November in der Synagoge eine Rede halten sollte, war vielen unheimlich. Sie hatten nicht vergessen, daß Kohl drei Jahre zuvor mit dem amerikanischen Präsidenten Ronald Reagan nach Bitburg gegangen war, um dort einen Soldatenfriedhof zu besuchen, auf dem auch zahlreiche Angehörige der SS beerdigt sind, was sich unschwer an den mit SS-Runen gezeichneten Grabsteinen ersehen läßt. Der Zentralrat hatte dem Kanzler und der amerikanischen Regierung vorgeschlagen, den Besuch ins bayrische Flossenbürg zu verlegen, wo auch viele deutsche Offiziere als Widerstandskämpfer im KZ Zwangsarbeit verrichten mußten und dort zu Tode gequält wurden. Kohl blieb jedoch bei seinem Entschluß, Reagan mußte, um keinen Affront zu riskieren, gute Miene zum bösen Spiel machen, und die Bilder, wie beide Hand in Hand vor den Gräbern die stille Einkehr, die deutsch-amerikanische Freundschaft und sich selbst inszenieren, gingen um die Welt. Der Staatsakt auf dem Friedhof hatte damals weltweit scharfe Proteste jüdischer Organisationen hervorgerufen und heftige Diskussionen entfacht. Auch aus der Frankfurter Gemeinde waren 150 Mitglieder nach Bitburg aufgebrochen, um an Ort und Stelle zu demonstrieren.

Mir persönlich ging es nicht um die Soldaten, um die Menschen, deren Kohl und Reagan bei diesem Besuch gedenken wollten. Mir ging es um die Nazi-Symbole, die SS-Runen an diesem Ort, an dem sie sich verbeugten. Ich habe bis heute nicht verstanden, warum der Kanzler sich nicht davon abbringen ließ, obwohl mir seine Sensibilität für die Zeit des Nationalsozialismus bekannt und bewußt ist. Je besser ich Helmut Kohl in den vergangenen Jahren kennengelernt habe, umso stärker wird dieses Unverständnis. Ich begreife es bis heute nicht, was ihn letzten Endes dazu veranlaßt hat, bei seinem Entschluß zu bleiben.

Die Vorstellung, daß nun Kohl ausgerechnet in der Synagoge sprechen würde, löste innerhalb der Gemeinde hitzige Debatten aus. Manche verlangten, daß wir die Synagoge für die zentrale Gedenkveranstaltung nicht zur Verfügung stellen dürften, es sei denn, Kohl würde wieder ausgeladen. Ohnehin sei die Synagoge nicht der richtige Ort. Der 9. November als Gedenktag betreffe in erster Linie die nicht-jüdische Bevölkerung, und deshalb sollte die Veranstaltung besser im Römer oder in der Paulskirche begangen werden, forderte beispielsweise eine Frankfurter Jüdische Gruppe, die sich schon vor längerer Zeit zusammengefunden hatte und sich als jüngere Opposition innerhalb der Gemeinde verstand. Im Unterschied zur Mehrheit sah sie das Judentum eher als eine kulturelle denn religiöse Gemeinschaft. Micha Brumlik, Sprecher der Gruppe, nannte die Gedenkstunde, im Hinblick auf Kohls Auftritt in Bitburg, einen »grandiosen Mißgriff«.

Auf Wunsch einiger Gemeindemitglieder sollte über die Gestaltung der Gedenkfeier in einer Gemeindeversammlung diskutiert werden, die für den 13. Juli einberufen wurde. Die Beteiligung dürfte den Erwartungen der Initiatoren nicht entsprochen haben: Zwar waren rund 300 Mitglieder erschienen, als es jedoch zur Abstimmung darüber kam, ob die Synagoge zur Verfügung gestellt werden sollte oder nicht, befanden sich keine 100 mehr im Saal. Das Für und Wider einer Ausladung Kohls wurde hitzig debattiert, und am Ende plädierte die Versammlung mit 49 zu 34 Stimmen dafür, die Synagoge nicht zur Verfügung zu stellen.

Die Entscheidung darüber lag jedoch beim Vorstand und Gemeinderat. Ich hatte in der Versammlung angekündigt, daß ich zurücktreten würde, wenn der Gemeinderat den Vorstand auf die Resolution verpflichten würde. Eine Ausladung Kohls wäre meines Erachtens derart zu unserem eigenen Schaden gewesen, daß ich eine solche Entscheidung keinesfalls vertreten wollte. Ich hielt sie auch nicht für berechtigt. Ich konnte den Vorstand und den Gemeinderat von meiner Sicht der Dinge überzeugen, und beide beschlossen dann auch, der Empfehlung der Gemeindeversammlung nicht zu folgen. Der Beschluß wurde einstimmig gefaßt, und das, obwohl drei Mitglieder des Gemeinderats zuvor in der Versammlung noch für die Resolution gestimmt hatten.

Eine Ausladung des Bundeskanzlers wäre ohnehin nicht Angelegenheit der Jüdischen Gemeinde Frankfurts gewesen, denn Veranstalter der zentralen Gedenkstunde war der Zentralrat. Die Gemeinde hätte sich lediglich weigern können, die Synagoge zur Verfügung zu stellen. Mit Sicherheit wäre die Veranstaltung dann nach Berlin verlegt worden. Im Direktorium des Zentralrats hatte sich die überwältigende Mehrheit der Meinung Galinskis, die auch die meine war, angeschlossen, und wir waren uns weitestgehend einig, die Veranstaltung durchzuführen und keinen der Redner auszuladen oder auch nur zu bitten, auf eine Rede zu verzichten.

Die linke Frankfurter Zeitschrift *Pflasterstrand*, die damals von

Daniel Cohn-Bendit herausgegeben wurde, hatte über die Auseinandersetzungen in der Jüdischen Gemeinde ausführlich berichtet, und als feststand, daß Kohl am 9. November reden würde, befragte sie sowohl die Gegner der Veranstaltung als auch mich. Dem Interview war ein Portrait von mir beigegeben, unter das, zu meiner großen Erheiterung, die Redaktion geschrieben hatte: »Unser Lieblingsspekulant Ignatz Bubis sagt den Gojim die Meinung.« Ich erklärte in diesem Gespräch, warum ich für die Beibehaltung der Veranstaltung plädierte, und führte unter anderem auch aus, daß der Kanzler damit eine Gelegenheit bekäme, sich, was Bitburg angeht, zu korrigieren. »Es geht nicht um Helmut Kohl, es geht um den deutschen Bundeskanzler, den ich nicht wieder ausladen kann«, sagte ich. Auf die Frage, was ich dem Kanzler denn für seinen Auftritt empfehlen würde, lautete meine flapsige Antwort: »Er soll sich die Rede vom Bundespräsidenten schreiben lassen.« Das war natürlich ironisch gemeint. Es wurde aber ganz anders aufgenommen.

Regierungssprecher Friedhelm Ost schrieb mir nämlich daraufhin einen Brief. Darin hieß es: »Mich macht mit Blick auf das schreckliche historische Datum 9.11.1938 schon sehr betroffen, welch diffuse Diskussion durch Interviews in Gang gesetzt worden ist.« Ost versicherte mir, daß der Bundeskanzler immer wieder die Verantwortung aller Demokraten zur Versöhnung und Solidarität mit dem jüdischen Volk hervorgehoben habe. Niemand könne daher einen »Zweifel an Engagement und Entschlossenheit des Bundeskanzlers haben, seinen entschiedenen Beitrag zur Aussöhnung mit dem jüdischen Volk zu leisten«. Ost legte diesem Brief einige Reden Kohls bei, als Hinweis auf dessen viele Stellungnahmen zu diesem Thema.

Ich antwortete ihm ebenfalls brieflich und versicherte, daß die »Empfehlung«, der Bundespräsident solle dem Kanzler die Rede schreiben, nur flapsig gemeint war. Das Interview sei in einigen Punkten von der Redaktion unzulässig zusammengestellt worden, und es sei nicht meine Absicht gewesen, dem Kanzler die Fähigkeit zu einer dem besonderen Anlaß angemessenen Rede abzusprechen. Ich hätte nicht den geringsten Zweifel an dessen entschiedener Entschlossenheit, sich für die Versöhnung und Solidarität mit dem jüdischen Volk einzusetzen.

Auch Galinski regte sich über meine Bemerkung auf. Bei einem Treffen des Zentralrats mit Helmut Kohl entschuldigte er sich im Namen des Zentralrats für meine »Entgleisung« und distanzierte sich ausdrücklich von meinen Äußerungen. Sie seien keineswegs repräsentativ für die jüdische Gemeinschaft, sagte Galinski. Mich ärgerte sein Verhalten. Schließlich bin ich erwachsen genug. Für mich braucht sich niemand zu entschuldigen.

Die Gedenkstunde am 9. November 1988, zu der viele prominente Politiker sowie die Botschafter der Siegermächte und der in der Nazizeit besetzten Länder gekommen waren, war in meinem Augen eine sehr würdevolle Veranstaltung – trotz einiger weniger Störer. Es sprachen Helmut Kohl, Walter Wallmann, Heinz Galinski und ich. Als Kohl mit seinem Vortrag begann, verließen Mitglieder der Frankfurter Jüdischen Gruppe und auch einige ältere Gemeindemitglieder aus Protest die Synagoge. Der Kanzler ging in seiner Rede weder auf Bitburg noch auf die Störer ein, sondern sprach über »Mahnung und Verpflichtung des 9. November 1938« in einer Weise, die meine völlige Zustimmung fand.

Er sagte unter anderem: »Die Menschen von heute ... sind *nicht* besser oder mutiger als die Menschen von damals. Nur stehen wir nicht mehr vor der Alternative, entweder durch Wegschauen oder Mitmachen in Schuld verstrickt zu werden oder durch Auflehnung uns selbst oder andere in Gefahr zu bringen. Unter der Herrschaft des Rechts bleibt uns jene furchtbare Bewährungsprobe erspart, die wahrscheinlich *auch heute* manche überfordern würde.« Bemerkenswert war für mich Kohls Hinweis, daß »Juden und Christen ... gleichsam natürliche Verbündete in der Opposition gegen alle ideologisch-politischen Absolutheitsansprüche« seien. Zum Schluß wandte er sich direkt an uns Juden: »Daß Sie hier in der Bundesrepublik Deutschland leben, ist Zeichen eines Vertrauens, das uns – ich spreche jetzt für die nicht-jüdische Mehrheit – tief bewegt. Denn auf dieses Vertrauen hatten wir wahrlich keinen Anspruch.«

Die zentrale Gedenkfeier war nur ein Teil der Erinnerungsfeierlichkeiten zum Gedenken an den 9. November 1938 in Frankfurt. Die Evangelische und die Katholische Kirche hatten zusammen mit der Jüdischen Gemeinde, dem Stadtjugendring und dem Gewerkschaftsbund zu einem Schweigemarsch aufgerufen, in der Alten Oper traten Künstler auf, und am Nachmittag des 9. November eröffneten Bundeskanzler Kohl und Oberbürgermeister Brück das neue Jüdische Museum im Rothschildpalais am Mainufer. Das frühere Museum, 1922 für jüdische Kunst aus dem Altertum gegründet, war in der Pogromnacht verwüstet, die meisten Ausstellungsstücke waren jedoch gerettet worden und befinden sich heute zum Teil im Historischen Museum Frankfurts, zum Teil im neuen Jüdischen Museum.

JENNINGER I

Am 10. November hielt Bundestagspräsident Philipp Jenninger jene Rede, die wie kaum eine andere in der gesamten Republik einen Sturm der Entrüstung entfachte und ihn am Tag darauf zum Rücktritt veranlaßte. Jenningers Vortrag, der weder eine ritualisierte Verurteilung der Nazi-Verbrechen noch reine Betroffenheitskundgebung sein sollte, hat zu regelrechten Schockreaktionen geführt.

Jenninger wollte die kollektive Verblendung noch einmal inszenieren und wählte die Form des vorgestellten Miterlebens, um deutlich zu machen, wie Hitler von der Mehrheit der deutschen Bevölkerung getragen wurde. Immer wieder erweckte er dabei den Eindruck, als ob Hitler, aus damaliger Sicht, in Teilen durchaus zuzustimmen gewesen wäre. Den Anschluß Österreichs, die Mobilmachung und die Aufrüstung stellte er als Erfolge in den Augen der Deutschen dar. Jenninger gebrauchte dabei Formulierungen wie: »Die Jahre von 1933 bis 1938 sind selbst aus der distanzierten Rückschau und in Kenntnis des Folgenden noch heute ein Faszinosum insofern, als es in der Geschichte kaum eine Parallele zu dem politischen Triumphzug Hitlers während jener ersten Jahre gibt.« Oder: »Statt Verzweiflung und Hoffnungslosigkeit herrschten Optimismus und Selbstvertrauen. Machte nicht Hitler wahr, was Wilhelm II. nur versprochen hatte, nämlich die Deutschen herrlichen Zeiten entgegenzuführen? War er nicht wirklich von der Vorsehung auserwählt, ein Führer, wie er einem Volk nur einmal in tausend Jahren geschenkt wird?«

Solche Sätze und die Art, in der er sie vortrug, erweckten den Anschein, als ob Jenninger selbst so denken würde. Seine Rede enthielt auch Passagen, in denen das Handeln Hitlers erklärt wurde, etwa mit seinen persönlichen Enttäuschungen: »Das Elend der Kindheit, die Demütigungen der Jugend, die ruinierten Träume des gescheiterten Künstlers, die Deklassierung des stellungs- und obdachlosen Herumtreibers und die Obsessionen des sexuell Gestörten – das alles fand in Hitler ein Ventil: seinen unermeßlichen und niemals endenden Haß auf die Juden... Und was die Juden anging: Hatten sie sich nicht in der

Vergangenheit doch eine Rolle angemaßt, die ihnen nicht zukam? Mußten sie nicht endlich einmal Einschränkungen in Kauf nehmen? Hatten sie es nicht vielleicht sogar verdient, in ihre Schranken gewiesen zu werden?« Formulierungen, die allesamt in prekärer Weise den Schluß erlaubten, Hitler und die Nazis seien nicht nur von Übel gewesen.

Jenningers Stilmittel schlug jedoch fehl. Die ganze Rede war gespickt mit nicht ausgesprochenen Frage- und Anführungszeichen, man konnte den Redner nicht vom Text trennen. Jenninger inszenierte eine Sichtweise, die völlig irritierte. Über weite Strecken blieb den erschrockenen Zuhörern unklar, wo Jenninger selbst sprach und wo er zitierte. Man vermutete, er identifiziere sich mit den ausgewählten Zitaten, er wolle Hitler verteidigen oder ihm zumindest eine völlig unangemessene »historische Gerechtigkeit« widerfahren lassen, weil man aus seiner Rede die Worte der Verbrecher und Mitläufer heraushörte.

Ich saß im Bundestag auf der Zuhörertribüne, als Jenninger sprach. Immer wieder waren Zwischenrufe und Unmutsäußerungen zu hören, einige Abgeordnete der SPD und der Grünen verließen während der Rede demonstrativ den Saal. Viele der Abgeordneten und eingeladenen Gäste sind auch dem anschließenden Empfang ferngeblieben.

Ich empfand Jenningers Rede zwar als eine schlechte Rede, wollte aber nicht urteilen, bevor ich sie nicht gelesen hatte. Und in der Tat traten in den folgenden Tagen einige Kommentatoren auf, die nach der Lektüre diese Rede als mutigen Essay bezeichneten, der eben bloß als öffentlicher Vortrag völlig ungeeignet gewesen wäre. Weil ich mir vor einer Lektüre der Rede kein abschließendes Urteil erlauben wollte, sah ich auch keinen Grund, dem Empfang fernzubleiben, ohne allerdings mit Jenninger zu sprechen. Ich kannte ihn nicht persönlich und bin ihm überhaupt bei diesem Empfang im Anschluß an die Bundestagsrede zum ersten Mal begegnet. Zu den wenigen jüdischen Repräsentanten, die außer mir am Empfang teilnahmen, gehörte auch der damalige israelische Botschafter Jitzhak Ben-Ari.

Noch am selben Abend rief mich der damalige parlamentarische Geschäftsführer der FDP-Fraktion, Klaus Beckmann, im Auftrage von Wolfgang Mischnick an, um mich zu informieren, daß es viele Stimmen gäbe, die Jenningers Rücktritt verlangten. Er wollte wissen, wie ich und der Zentralrat denn dazu stünden. Ich versicherte, daß der Zentralrat bei aller Mißbilligung der Rede nicht den Rücktritt

Jenningers fordern würde, und empfahl der FDP-Fraktion, diese Entscheidung der CDU zu überlassen.

Ich war zu dieser Zeit Mitglied im Direktorium. Galinski weilte gerade in Ostberlin, wo er an den Gedenkfeiern im Centrum Judaicum in der Oranienburgerstraße teilnahm. Obwohl ich mit ihm zu diesem Zeitpunkt noch nicht gesprochen hatte, war ich mir sicher, daß meine Haltung der des Zentralrats entsprechen würde. So war es auch. Erst gegen 23 Uhr erreichte ich Galinski und informierte ihn über mein Gespräch mit der FDP. Zu diesem Zeitpunkt war die Entscheidung der CDU über den Rücktritt Jenningers wohl schon gefallen. Am nächsten Tag erklärte Jenninger seinen Rücktritt. Jenninger wurde 1991 Botschafter in Österreich und vertritt seit 1995 die Bundesrepublik als Botschafter im Vatikan.

Politiker aller Fraktionen übten damals heftige Kritik an Jenninger. Hans-Jochen Vogel, der damalige Fraktionsvorsitzende der SPD, empfand einen »bestürzenden Mangel an Sensibilität«, und Wolfgang Lüder von der FDP meinte, Jenninger sei »mit geistigen Knobelbechern durch die Geschichte marschiert«. Sebastian Haffner machte für meine Begiffe gegen Jenninger einen besonders treffenden Einwand geltend: »Jenninger hatte kein Gespür für den Anlaß. Wenn ein Mensch ermordet worden ist, spricht man an seinem Grab nicht von der interessanten Persönlichkeit des Mörders.«

Um die Wirkung der Jenninger-Rede zu illustrieren, wurde in den zahlreichen Zeitungsartikeln, die in den folgenden Tagen und Wochen dazu erschienen, immer wieder ein Foto von Ida Ehre abgedruckt. Die Hamburger Schauspielerin hatte bei der Gedenkstunde im Bundestag Paul Celans Gedicht *Die Todesfuge* vorgetragen. Danach, während Jenninger sprach, hielt sie ihren Kopf in die Hände gebeugt. Dieses Bild ging um die Welt, verbunden mit dem Kommentar, wie schrecklich sich Frau Ehre fühlte, als sie den Worten des Bundestagspräsidenten folgte. Doch das stimmte nicht. Ida Ehre saß bereits so da, bevor Jenninger zu sprechen begonnen hatte. Sie war selbst sehr berührt von dem Gedicht, das sie vorgetragen hatte, und hat nach eigenem Bekunden die Jenninger-Rede gar nicht wahrgenommen.

Nach Jenningers Rücktritt gab es noch ein weiteres Opfer seiner Rede: Michael Fürst, den damaligen stellvertretenden Vorsitzenden des Zentralrats der Juden in Deutschland. Fürst hatte in einem ZDF-Interview, nur wenige Stunden nach der Gedenkveranstaltung im

Bundestag, gesagt, er sei ganz und gar nicht der Meinung, daß Jenninger zurücktreten sollte. Seine Rede sei zwar etwas unglücklich, aber Jenninger habe endlich klargestellt, daß alles, was Hitler tat, von der Masse der Deutschen getragen wurde.

Fürsts Auftritt war für Galinski der Tropfen, der das Faß zum Überlaufen brachte. Er bezeichnete Fürst daraufhin als »Fehlbesetzung« und drohte, selbst zurückzutreten, falls Fürst nicht freiwillig gehe. Der Konflikt zwischen beiden schwelte schon längere Zeit. Fürst gehörte zu denjenigen, die die eher vorsichtige Haltung von Nachmann unterstützten. Er war damals mit 41 Jahren einer der Jüngsten im Zentralrat, hatte bereits 1980 das Amt des Landesvorsitzenden der jüdischen Gemeinden von Niedersachsen übernommen, wurde 1984 stellvertretender Vorsitzender im Zentralrat und war somit der zweite Mann hinter Nachmann. Nach dessen plötzlichem Tod kandidierte Fürst für den Vorsitz, wobei sich jedoch Galinski durchsetzte, der seit 1949 als Vorsitzender der Berliner Gemeinde vorstand und seine Wahl mit Blick auf sein Alter selbst nur als eine »Übergangslösung« ansah.

Der Konflikt zwischen Galinski und Fürst hatte sich bereits vor der Jenninger-Rede zugespitzt, nachdem die Grünen Galinski anstelle von Jenninger als Redner für die Gedenkfeier im Bundestag vorgeschlagen hatten. Der fand an dem Vorschlag Gefallen und signalisierte seine Bereitschaft. Fürst sah im Verhalten Galinskis eine »anmaßende Buhlerei«, worauf dieser heftig reagierte, das sei eine »grobe Beleidigung«. Daraufhin fand Fürst zu einem noch schärferen Tonfall und warf Galinski vor, er verkenne »einmal wieder, daß es nicht um seine Person geht, sondern daß es gewissen Gruppen vielmehr darum geht, mit Juden Politik zu betreiben«. Galinski berief nun eine Sondersitzung für die Ablösung von Fürst ein. Das spielte sich bereits vor der Jenninger-Rede ab, aber möglicherweise hätte sich Fürst doch halten können, wenn er sich nicht öffentlich der gängigen Kritik an Jenninger entgegengestellt hätte.

Mir tat diese Auseinandersetzung zwischen den beiden leid. Es gab nicht viele engagierte Vertreter wie Michael Fürst, die schon in jungen Jahren Verantwortung übernehmen wollten. Uns fehlte die junge Generation im Zentralrat, und intelligente Menschen wie Fürst zu verlieren, ist immer schade, auch wenn ich mit vielen seiner Ansichten nicht übereinstimmte.

Innerhalb der Jüdischen Gemeinde in Frankfurt waren die Reaktionen auf Jenningers Rede überwiegend negativ. Hermann Alter kritisierte vor allem die nicht enden wollenden Darstellungen von Holocaust-Szenen und konnte sich die Rede nur mit einer »mangelnden Bereitschaft« des Vortragenden erklären, »sich den Kopf darüber zu zerbrechen, was denn die Juden an so einem Tag beschäftigt«. Einzig Daniel Cohn-Bendit, der sich zeitweise in unserer Gemeindeopposition, der bereits erwähnten Jüdischen Gruppe, engagierte, ohne Mitglied der Jüdischen Gemeinde zu sein bzw. sich als Mitglied der Jüdischen Religionsgemeinschaft zu sehen, lobte die Rede von Jenninger und bezeichnete sie als »kantiger« als die berühmte Rede von Richard von Weizsäcker zum 8. Mai 1945. In einem Punkt hatte Cohn-Bendit nicht ganz unrecht: Weizsäcker erklärte in seiner Rede die Deutschen als die »Opfer Hitlers«; Jenninger stellte in dramatischer Weise dar, daß die Deutschen Hitler *wollten*! Das war auch für mich mit ein Grund gewesen, mich bei den Forderungen nach Jenningers Rücktritt zurückzuhalten. Nachdem ich mir offensichtlich als einer von wenigen die Mühe gemacht hatte, die Rede von Jenninger auch zu lesen, war mir klar geworden, daß es darin einige Passagen gab, die nie zuvor in dieser Deutlichkeit ein deutscher Politiker gesagt hatte.

JENNINGER II

Die Jenninger-Rede hatte viele Jahre später noch ein Nachspiel. Ende 1995 flackerte die Debatte, ob sein Rücktritt damals gerechtfertigt war oder nicht, für kurze Zeit wieder auf. Und zwar meinetwegen.

Im November 1995 nahm ich an den Hamburger Kulturgesprächen in Moorweide teil. Das Thema hieß »Trauer oder Pflichtübung. Was haben die Gedenkveranstaltungen 1995 verändert?«, und es wurde auch darüber gesprochen, in welcher Weise diese Veranstaltungen zu den 50. Jahrestagen von Kriegsende und Befreiung der Konzentrationslager dazu angetan sein könnten, Denken und Fühlen der Gesellschaft zu verändern. Dabei kam die Sprache auch auf frühere Jahrestage. In der Diskussion fragte mich dann einer der Teilnehmer aus dem Publikum nach meiner Meinung zu der Jenninger-Rede 1988, und ich erwähnte in meiner Antwort, daß ich einen großen Teil der Jenninger-Rede selbst schon vorgetragen hätte, ohne daß von irgendjemandem daran Anstoß genommen worden wäre.

Ich wußte nicht, daß im Saal sowohl ein dpa-Vertreter als auch ein Journalist der *Hamburger Morgenpost* anwesend waren. Am nächsten Tag machte meine »späte Enthüllung« bundesweit Schlagzeilen.

Die Geschichte war die: Als ich am 2. Mai 1989 in unserer Frankfurter Synagoge zum x-ten Male eine Gedenkrede zum Yom Ha'Shoa, dem Holocaust-Gedenktag der Juden in aller Welt, halten sollte, schaute ich auch in die Jenninger-Rede, ob ich dort nicht etwas Verwendbares finden würde. Ich hatte schon so viele Gedenkreden gehalten, und es ist nicht einfach, zu den immer wiederkehrenden Anlässen stets etwas Neues zu sagen. Ich übernahm also einige Passagen von Jenninger und fügte sie, ohne das kenntlich zu machen, in meine Rede ein. Es fiel niemandem etwas auf, so daß ich auch für meine Gedenkrede zum 9. November 1989 wieder den Jenninger-Text heraussuchte und weitere Passagen übernahm. Ich hatte zwar gewisse Bedenken, ob diesmal nicht einer der Journalisten etwas merken würde. Aber es stellte sich heraus, daß das völlig unbegründet war. Auch an diesem Tag dämmerte niemandem, auf welche Quelle ich mich stützte, und alle schienen ganz einverstanden mit dem, was ich da sagte.

Natürlich habe ich mich nicht der Passagen bedient, in denen Jenninger Hitler als »Faszinosum« darstellte oder dessen Erfolge aufführte. Hinzu kam, daß ich dort, wo Jenninger seine Rede mit unhörbaren Anführungszeichen versehen hatte, diese Sätze auch deutlich als Äußerungen und Behauptungen der Nazis kenntlich machte.

Ein weiterer Grund dafür, daß niemand meine »Jenninger-Rede« als solche wahrnahm, war vermutlich, daß an diesem Tag ganz andere Ereignisse die Aufmerksamkeit in Bann schlugen. Der 9. November 1989 war der Tag, an dem die Mauer fiel, und da dachte niemand mehr an falsche Reden, die ein Jahr zuvor über die »Reichskristallnacht« gehalten worden waren. Es gab ein neues »Faszinosum«, um bei Jenningers Wortwahl zu bleiben, die in greifbare Nähe gerückte Wiedervereinigung.

Ich hatte zwar in den Jahren zuvor schon einige Male erwähnt, daß ich Jenningers Rede in großen Auszügen selbst vorgetragen hatte, ohne damit jedoch sonderliche Reaktionen hervorzurufen. Aber an jenem Abend im November 1995 befanden sich Journalisten im Saal, die meine angebliche »Enthüllung« zur Sensationsnachricht werden ließen.

In sämtlichen Zeitungen wurde nun darüber berichtet – man zeigte sich zutiefst überrascht, bemühte Erklärungen herbei und zog alle möglichen Schlußfolgerungen. Die *Süddeutsche Zeitung* bemühte die Weisheit: »Wenn zwei das gleiche sagen, ist es noch lange nicht dasselbe.« Und es hieß dann weiter: All die problematischen Passagen des Textes »hatte Bubis nicht zu bedenken. Die Synagoge ist nicht der Bundestag. Die dort Versammelten haben sich nicht als Parteien versammelt. Der nicht im politischen Tageskampf verstrickte Redner durfte sich von allen richtig verstanden wissen, noch bevor er das erste Wort sagte. Insofern beweist Bubis' späte Eröffnung gar nichts.«

Die *FAZ* lobte mein »Wagnis« als »ein imponierendes Zeugnis intellektueller und politischer Unabhängigkeit«. Daß ein Jude vor Juden als ein Sympathisant der Nationalsozialisten auftreten könnte, galt als unmöglich. Ein Bundestagspräsident hingegen, der jahrelang nie ein falsches Wort gesagt hatte, wenn es um den Nationalsozialismus ging, und der jüdische Anliegen immer besonders unterstützte, schien vor solchen Verdächtigungen keineswegs gefeit zu sein.

Ich habe zwar tatsächlich Jenningers Worte gebraucht, sie jedoch in einen anderen Zusammenhang gestellt, insbesondere ohne die von Jenninger benutzten Fragezeichen zu wiederholen. Dort, wo Jenninger zum Beispiel sagte: »Hier das Gesunde, Starke, Nützliche, dort das Krankhafte, Minderwertige, Schädliche, die jüdische ›Verwesung‹, das ›Ungeziefer‹, von dem es sich durch ›Ausmerzung‹ und ›Vernichtung‹ zu befreien galt«, sprach ich davon, daß die Juden »zu gesellschaftlich erlaubten Haßobjekten ... stilisiert« wurden, wobei das »die ›jüdische Verwesung‹, das ›Ungeziefer‹ ausgemerzt und vernichtet werden sollte«. Dort, wo Jenninger für die damaligen Deutschen die Frage stellte: »War der Einfluß der Juden vielleicht doch zu groß?«, und dies mit Beispielen ausführte, sprach ich darüber, daß dieses das Denken der Nationalsozialisten war. Insoweit gab es doch einen Unterschied zwischen meinen und Jenningers Ausführungen. Mein »intellektuelles Wagnis« bestand also schlicht darin, daß ich die Formulierungen richtig verwendet habe.

KAPITEL 13

EIN ÖFFENTLICHES LEBEN

VERTRETER ALLER JUDEN

Teils wider meinen Willen, teils, weil ich es bewußt darauf anlegte, hatte ich schon verschiedentlich im Rampenlicht der Öffentlichkeit gestanden. Spätestens seit Beginn der 70er Jahre war ich kein ausschließlich privatisierender Unternehmer mehr, dem nur daran lag, ungestört und unbeachtet seine Geschäfte abzuwickeln. Gerade als Investor war ich ja erstmals zur öffentlichen Figur aufgestiegen, ohne daß mir das geringste daran gelegen hätte. Die Ehrenämter, die ich nebenher bekleidete, erregten zunächst, über die Jüdische Gemeinde hinaus, keine Aufmerksamkeit. Erst nach und nach wurden sie für mich zum Anlaß und zum Ausgangspunkt, mich öffentlich einzumischen – ein ganz allmählicher, alles andere als stetiger Prozeß mit vielen Unterbrechungen. Mein »öffentliches Leben« im eigentlichen Sinne begann erst mit meiner Wahl zum Vorsitzenden des Zentralrats. Seitdem – und ich mußte erst selber lernen, damit umzugehen – gelte ich ganz offensichtlich in dieser Republik als eine Art moralischer Instanz.

Am 19. Juli 1992 starb Heinz Galinski an den Folgen einer Herzoperation. Nach Galinskis Tod übernahmen dessen Stellvertreter Max Willner und Robert Guttmann aus Bayern zunächst die provisorische Leitung des Zentralrates.

Ich hatte bereits 1991 gegen Galinski um den Vorsitz im Zentralrat kandidiert. Die Wahl ging denkbar knapp aus: Elf stimmten für Galinski und neun für mich bei einer Enthaltung. Trotz allen Zuredens von Galinski wollte ich damals nicht wieder für das Amt des stellvertretenden Vorsitzenden kandidieren, das ich seit Januar 1989 bereits inne hatte.

Die Wahl des Vorsitzenden war jetzt für den 20. September 1992 angesetzt. Schon in den Wochen davor hatte ich keinen Zweifel daran gelassen, daß ich gegen Guttmann für den Vorsitz kandidieren würde. Bei der Wahl erhielt ich 13 von 20 Stimmen, die restlichen sieben Stimmen entfielen auf Robert Guttmann. Zu Stellvertretern wurden im Januar 1993 Jerzy Kanal, der Nachfolger Galinskis als Vorsitzender der Jüdischen Gemeinde Berlin, und Paul Spiegel aus Düsseldorf gewählt, während Guttmann auch bei der Wahl zum Stellvertreter durchfiel. Willner hatte nicht wieder kandidiert.

Gute zwei Jahre später, im Januar 1995, wurde ich vom Direktorium des Zentralrats der Juden in Deutschland einstimmig für weitere zwei Jahre zum Vorsitzenden wiedergewählt. Es gab keinen Gegenkandidaten. Natürlich hat mich diese eindeutige Wiederwahl sehr gefreut, und ich begreife sie als Bestätigung dessen, daß es mir offensichtlich gelingt, dieses Ehrenamt nach den Vorstellungen des Direktoriums auszufüllen.

Im Januar 1997 steht die nächste Wahl an, und wenigstens zu einer dritten Amtsperiode werde ich noch einmal antreten. Ob gar noch zu einer vierten, glaube ich nicht; ich bin schließlich nicht mehr der Jüngste und habe immer die Meinung vertreten, daß es ganz wichtig ist, rechtzeitig aufzuhören und nicht zu warten, bis die Kollegen sich untereinander fragen: Wie lange will der das eigentlich noch treiben?

Meine Wahl im September 1992 wurde zunächst nicht von allen begrüßt. Plötzlich war der »Spekulant« Bubis, dem man nur eiskalte Geschäfte unterstellte, zum Vorsitzenden der Jüdischen Gemeinschaft geworden. Viele Leute, Juden wie Nicht-Juden, empfanden mich als krasse Fehlbesetzung. Das hat sich allerdings sehr schnell geändert, und mittlerweile sehen Vertreter aller politischen Richtungen – mit Ausnahme der Rechtsextremen – in mir doch einen passablen Vertreter der Jüdischen Gemeinschaft.

Viele meinten, daß ich durch das Amt eine besondere Wandlung durchgemacht hätte. Dabei habe ich mich überhaupt nicht verändert. Als ich zum Beispiel Joschka Fischer in Jerusalem nach Yad Vashem begleitete, war der *Spiegel* überrascht und wunderte sich über meine Haltung. Meine Antwort lautete sehr einfach: »Nicht ich, sondern Joschka Fischer hat sich verändert. Ich bin immer noch Hausbesitzer, nur ist er nicht mehr Hausbesetzer.«

Meine Reden, die ich früher als Vorstandsvorsitzender der Jüdischen Gemeinde in Frankfurt gehalten hatte – und es waren viele –, oder meine Erklärungen zu den fremdenfeindlichen Ausschreitungen in den Jahren 1991/92 wurden nie weiter wahrgenommen. Plötzlich aber hörten mir die Menschen zu und entdeckten an mir Seiten, die zwar schon immer vorhanden waren, die sie aber offensichtlich immer ignoriert hatten, weil sie es lange Zeit vorzogen, ganz andere Vorstellungen über mich zu pflegen.

Ich wollte in meiner neuen Funktion von Anfang an meinen eigenen Weg gehen. Obwohl der Altersunterschied zwischen Galinski und mir noch nicht einmal 15 Jahre betrug, so war der Generationsunterschied doch spürbar. Ich konzentrierte mich mehr auf die Gegenwart und Zukunft als mein Vorgänger. Auch Galinski dachte an die Zukunft, lebte aber gleichzeitig stärker in der Vergangenheit – kein Wunder bei jemandem, der in der Nazizeit in den schlimmsten aller Lager inhaftiert war bzw. dort Zwangsarbeit verrichtet hatte. Galinski überlebte, wie bereits erwähnt, unter anderem die Lager Auschwitz, Mittelbau Dora und Bergen-Belsen. Sein Motto war immer: »Ich habe nicht überlebt, um zu schweigen.« Ich nahm mir vor, meine eigenen Erfahrungen aus der Vergangenheit und der Gegenwart auf die Zukunft zu übertragen. Dabei sehe ich, nicht anders als Galinski, das gegenwärtige Deutschland als meine Heimat und identifiziere mich als deutscher Staatsbürger, empfinde meine neue Verantwortung aber auch als »Wächter-Amt« im Sinne meines Vorgängers.

Ich nahm mir von Anfang an vor, das Gespräch mit allen zu suchen und ohne Vorurteile auf jeden zuzugehen, unabhängig davon, welcher politischen Richtung er angehörte. Berührungsängste hatte ich nie, weder im Hinblick auf die Linken noch auf die Konservativen. Lediglich die extremen Ränder beider Lager waren mir immer suspekt.

Sehr bald merkte ich, welche Veränderungen dieses Amt für mein Leben mit sich brachte. War es zuvor vielleicht ein Dutzend Briefe, das mich im Monat erreichte, so traf plötzlich täglich ein Vielfaches davon ein. Kaum ein Tag vergeht, an dem nicht Journalisten anrufen und um ein Interview bitten, an dem ich nicht eingeladen werde, hier einen Vortrag zu halten, dort zu einer Diskussion zu kommen. Und ich lehne selten ab. Ich mache dabei auch keinen Unterschied, ob es sich um einen Fernsehauftritt vor einem Millionenpublikum handelt oder um eine Diskussion mit Schülern. Letzteres ist mir sogar oft lieber.

Daß ich in den vergangenen Jahren so stark in die Öffentlichkeit gerückt bin, liegt natürlich nur zu einem Teil an mir, an meiner eigenen Person. Aber ich bin in einer zugespitzten Situation in dieses Amt gewählt worden. Die alte, trotz aller Aufregungen doch eher behagliche und in sich ruhende Bundesrepublik ist passé – und die neue, größer gewordene hat noch nicht zu sich gefunden. Als ich 1992 Zentralratsvorsitzender wurde, war ein neuer Rechtsextremismus drauf und dran, die Straße zu erobern, zahlreiche Anschläge auf Asylbewerber und ihre Unterkünfte sowie eine zunehmende Fremdenfeindlichkeit waren alles beherrschende Themen. Ich werde darauf noch ausführlicher zu sprechen kommen. Aber es versteht sich, daß in diesem Klima der Ungewißheit und Besorgnis Stimmen zu Gehör kamen, die zu weit vom politischen Tagesgeschehen entfernt waren, um mir-nichts-dir-nichts einem bestimmten Lager zugeschlagen werden zu können, und diesem Tagesgeschehen doch zu sehr verhaftet, um nicht als gegenstandslos abgetan werden zu können. So eben auch meine Stimme.

Schon vor der Amtsübernahme wurde ich gefragt, wie denn die Jüdische Gemeinschaft in Deutschland zu der wiedergewonnenen deutschen Einheit stehe. Auch hier gab es zwischen mir und Galinski keine Unterschiede. Wir verstanden, daß da und dort unter Juden wie Nicht-Juden, insbesondere in den während des Nationalsozialismus besetzten Ländern, Befürchtungen wach wurden, wie sich das größer gewordene, wirtschaftlich wie politisch starke Deutschland verhalten werde. Viele dieser Skeptiker befürchteten künftige deutsche Hegemoniebestrebungen. Man hatte fast den Eindruck, daß ihnen ein geteiltes Deutschland, obwohl zum Teil kommunistisch, lieber gewesen wäre als ein vereintes demokratisches Deutschland. Bekannt ist auch ein Spruch des früheren italienischen Ministerpräsidenten und Außenministers Giulio Andreotti, der einmal gesagt hatte: Er liebe Deutschland so sehr, daß er am liebsten zwei davon habe. Galinski und ich – wie überhaupt der Zentralrat – haben nie einen Zweifel daran gelassen, wie sehr wir die deutsche Einheit unter demokratischen Vorzeichen begrüßten. Ich hatte auch keinen Zweifel daran, daß sich das Verhalten der Bundesrepublik gegenüber den Nachbarländern durch die deutsche Einheit nicht verändern würde.

Immer wieder bin ich in den vergangenen Jahren gefragt worden, wie ich mit all den vielen Terminen, den Reisen kreuz und quer durch Deutschland und neuerdings auch durch Europa und Amerika, dem auf Monate hin ausgebuchten Terminkalender sowie den ewig klingelnden Telefonen zurecht komme und woher ich die Energie dafür nehme. Wenn damit gemeint ist, ob mir nicht so etwas wie »Freizeit« fehlt, fällt mir die Antwort nicht schwer: Ich empfinde meine Aufgabe nicht als »Last«, trotz allem. Eher das Gegenteil ist der Fall; jede halbe Stunde Leerzeit kommt mir als reine Vergeudung vor und macht mich nervös. Meine Arbeit war immer gleichzeitig auch mein Hobby, das gilt sowohl für mein Unternehmen als auch für mein Engagement in der Jüdischen Gemeinde und im Zentralrat. Ich bedauere allerdings oft, daß mir zu wenig Zeit für meine Familie bleibt, und ich bin froh, daß sie meine Arbeit und mein Wirken respektiert, auch wenn sie nicht immer der gleichen Auffassung ist wie ich. Die Kritik meiner Frau Ida und meiner Tochter Naomi ist mir sehr wichtig.

Diese Rastlosigkeit rührt vielleicht einfach daher, daß ich das, was ich zu kritisieren habe oder was ich gut finde, anderen gern vermitteln will. In diesem Sinne bin ich ein »Überzeugungstäter«, ohne jedoch ein Eiferer sein zu wollen. Ich weiß selbst nicht genau, woher ich die Kraft dafür nehme; es ist immerhin eine Kraft, die ich in der Regel nicht als Anstrengung empfinde. Was mich antreibt, ist gewiß das Gefühl, etwas zu versäumen, wenn ich nicht meine Möglichkeiten voll und ganz nutzen würde. Dahinter steckt eine nunmehr fast 70jährige und eben auch besondere Lebenserfahrung: Als Kind und Jugendlicher wäre ich um ein Haar aller dieser Möglichkeiten beraubt worden. Jetzt bin ich unabhängig, jetzt kann ich reichlich Gebrauch davon machen. Und dahinter steckt auch ein eher trivialer Aspekt: Ich komme mit vier Stunden Schlaf pro Nacht aus, damit steht mir – verglichen mit Normalschlafbedürftigen – in jeder Woche ein ganzer Tag zusätzlich zur Verfügung. Vorbei ist die Zeit, als ich tatsächlich glaubte, acht Stunden Schlaf zu brauchen.

Natürlich hat sich seit meiner Wahl zum Zentralratsvorsitzenden mein Leben entscheidend verändert. Ich stehe seither in einem Maße im Mittelpunkt des öffentlichen Interesses, wie ich es nie erwartet hatte, und wurde binnen weniger Monate zu einer Figur, an der viel »herumgedeutet« wird. Diese öffentliche, man kann schon sagen: Neugier an meiner Persönlichkeit und meinen Handlungen liegt mir überhaupt nicht. Ich will gar nicht so tun, als sei ich ohne Eitelkeit, aber meine Eitelkeit zielt nicht auf einen Medienrummel, der in rasendem Leerlauf einem unterhaltungssüchtigen Publikum immer neue Attraktionen zuführt. Was meine Einlassungen zur Sache anbelangt, so werde ich plötzlich mit Erwartungen konfrontiert, die zu erfüllen ich gar nicht in der Lage bin. Ich hätte nie geglaubt, daß plötzlich so vielen Leuten zu so vielen Themen an meiner Meinung etwas gelegen ist. Manche Leute sehen in mir so etwas wie eine »gesetzgeberische« bzw. »rechtsprechende« Instanz, und so wenden sich täglich ganz fremde Menschen an mich, die mir schreiben, daß sie vor Gericht schlecht behandelt wurden, und mir die nach ihrer Auffassung ungerechten Urteile zuschicken oder die irgendein Gesetz ungerecht finden und nun erwarten, daß ich mich für dessen Änderung einsetze. Sie verwechseln mich mit einem Ombudsmann.

Interesse an meinem Stellungnahmen haben gleichermaßen Einzelpersonen, gesellschaftliche Gruppen und die Medien. Interessanterweise beginnen in jüngster Zeit die Gespräche mit Journalisten oft mit der Frage, ob ich denn nicht glaube, zu oft aufzutreten und zu allzuvielem meine Meinung zu sagen. Es ist schon witzig, so etwas ausgerechnet von Journalisten zu hören, die zuvor tagelang hinter mir her sind, um mich auftreten zu lassen, zu irgendeinem tagesaktuellen Thema zu befragen oder ein Interview mit mir zu führen.

Auch der Journalist Erich Böhme, den ich sehr schätze, stellte mir zur Beginn eines Fernsehbeitrags über mich die Frage: »Warum erscheinen Sie eigentlich so oft in den Medien?« Ihm war offenbar schon wieder entfallen, daß er selbst zunächst auf mich einreden mußte, bis ich zu einer Mitarbeit an seinem Beitrag bereit war, und mir sein Team quer durch die Republik folgte, um mich zu filmen, sogar in den Urlaub. Das Gespräch für diese Sendung wurde zum Teil in Tel Aviv aufgenommen.

Andere wiederum unterstellen, daß ich von Journalisten oder Politikern als Alibi benutzt bzw. mißbraucht werde. Das halte ich für baren Unsinn, denn ich wäre der letzte, der sich mißbrauchen ließe. Ich denke sehr wohl, daß ich etwas mitzuteilen habe, und wenn Journalisten oder Politiker das aufgreifen, so fühle *ich* mich als derjenige, der sie »mißbraucht«, um meine Gedanken, Einschätzungen und Stellungnahmen zu verbreiten.

Ich beschränke mich im Umgang mit den Medien ausschließlich auf meine Person, mein Amt oder meine Meinung. Meine Familie darf mit solchen Dingen nicht belästigt werden. Ich versuche deshalb immer, eine deutliche Grenze zwischen meinem Amt, meinem Privatleben und meinen geschäftlichen Angelegenheiten zu ziehen.

Ich bin zum Glück in der Lage, unabhängig genug zu sein, um diese ehrenamtlichen Aufgaben, die mit großem Zeitaufwand verbunden sind, erfüllen zu können. Natürlich leiden darunter sowohl mein Privatleben, das ich kaum noch habe, als auch meine geschäftlichen Aktivitäten, um die ich mich zu wenig kümmere. Ich habe zwar für mein Büro zusätzliche Mitarbeiter eingestellt, aber das Problem meiner mangelnden Präsenz macht sich doch bemerkbar. Obwohl ich im Gegensatz zu früher keine Entwicklungsprojekte mehr verfolge, so wird doch meine eigene Unternehmensverwaltung in Mitleidenschaft gezogen. Meine Sekretärinnen sind allesamt mehr mit den Angelegenheiten des Zentralrats beschäftigt als mit denen meines Unternehmens.

Trotz meines vollen Terminkalenders und der verplanten 18-Stunden-Tage versuche ich, mir möglichst viel Flexibilität zu erhalten, um auch spontan und kurzfristig auf etwas reagieren zu können. Das verlangt von meinen Mitarbeitern, Gesprächspartnern oder auch meiner Familie oft eine nicht minder hohe Flexibilität, viel Geduld und Verständnis.

Einmal im Jahr planen zum Beispiel meine Frau und ich einen längeren Urlaub: drei Wochen ohne Arbeit, ohne Interviews, ohne Termine. Je näher die Zeit rückt, um so mehr schiebe ich dann doch noch Unerledigtes in die »Urlaubszeit«, und am Ende bleibt davon vielleicht eine Woche, in der ich wirklich nicht arbeite – die restliche Zeit ist wieder verplant. In diesem Sommer war es noch krasser: Mehr als eine Woche Cannes ließ sich ohnedies nicht erübrigen, und selbst von diesen paar wenigen Tagen mußte ich die Hälfte für die Fertigstellung dieses Buches aufbringen, das ich längst vorher hatte abschließen wollen. Und jetzt drängelte der Verlag. Es kommt einfach jeden Tag etwas Neues. Meine Frau meint dazu immer, daß ich einen Sprachfehler hätte: Das Wörtchen »Nein« würde in meinem Wortschatz fehlen.

LEIBWÄCHTER

Als Repräsentant der in Deutschland lebenden Juden zähle ich zum Kreis der »gefährdeten Personen«, die potentielle Ziele politischer oder rassistisch motivierter Attentäter sind. Angst habe ich deshalb nicht. Doch es ist der Grund dafür, daß die hessische Landesregierung zu meinem Schutz rund um die Uhr Leibwächter abstellt, ohne die ich keinen Schritt aus dem Haus tun kann. Wenn ich mit dem Auto unterwegs bin, sitze ich in einem gepanzerten Wagen, der oft von einem zweiten begleitet wird; mein Büro in Frankfurt wird ebenfalls bewacht. Selbst auf Auslandsreisen begleiten mich zwei Sicherheitsbeamte, mit Ausnahme der Flüge nach Israel. Es wäre auch zu kurios, wenn der Vorsitzende der Juden in Deutschland in Israel von zwei deutschen Polizisten begleitet würde.

Es geht dem Staat dabei weniger um mein persönliches Wohlergehen, sondern darum, welche Folgen es wohl hätte, wenn der oberste Repräsentant der in Deutschland lebenden Juden Opfer eines Attentates würde. Die ausländischen Reaktionen wären gewiß niederschmetternd, die Bundesregierung müßte den größten Ansehensverlust befürchten.

Wir leben nun einmal in einer Zeit des Terrorismus, in einer Zeit, in der viele Menschen meinen, durch Gewalt gegen Dritte auf sich, auf ihr Anliegen, auf ihre Probleme aufmerksam zu machen. Wir brauchen dabei nur an die vielen politisch motivierten Morden von Hans-Martin Schleyer bis Alfred Herrhausen zu denken. In der Bundesrepublik hat sich in den letzten Jahren der Charakter politischer Attentate völlig gewandelt; jetzt trifft es unbekannte Fremde – Asylbewerber, Dunkelhäutige –, die erst posthum zu tragischer Berühmtheit kommen. Aber wer wird garantieren wollen, daß sich die Kette der Morde an exponierten Persönlichkeiten, für die ich hier erinnernd auch meinen Freund Heinz-Herbert Karry nennen möchte, nicht eines Tages wieder fortsetzt? Außerdem darf man nicht die Verrückten vergessen, die aus Gründen zuschlagen, die nur ihr Psychiater versteht – siehe die Attentate auf Wolfgang Schäuble und Oskar Lafontaine. Weltweit hat es in den letzten Jahren auch Attentate arabischer Terroristen gegen jüdische Persönlichkeiten gegeben; ich denke hier an die Überfälle auf die Synagogen in Wien, Istanbul, Paris, das jüdische Sozialzentrum in Buenos Aires und ähnliches mehr. Auch in Frankfurt ist 1988 vor dem Gemeindezentrum eine Autobombe explodiert. Daher ist mir die Haltung der Polizei in der Frage meiner Sicherheit völlig verständlich.

Aber lästig ist es doch, auch wenn die jungen Herren, in deren Schutz ich mich bewege, nicht nur durchtrainiert, sondern auch von bemühter Zurückhaltung sind. Nur ein Beispiel: eine Grundsteinlegung beim Hessischen Rundfunk. Ich unterhalte mich mit dem Intendanten, Klaus Berg, da stellt sich ein Beschützer neben mich und der zweite auf die andere Seite, als ob der HR-Intendant mich überfallen würde. Schon zwanzig Meter weiter oben hätte jeder sich hinstellen können, um auf mich zu schießen. Nein, sie stehen dicht bei uns mit der Folge: Der Intentant ist befangen im Gespräch, ich bin befangen.

Reisen sind seither zu komplizierten, organisatorisch aufwendigen Aktionen geworden. Ich muß rechtzeitig der Polizei melden, wann ich wohin die Absicht habe zu fliegen oder zu fahren, wie lange ich wohl bleiben werde, wer mich begleitet und so fort. Es war nicht ganz leicht, mich daran zu gewöhnen. Ich ziehe es seither oft vor, mich in meinem Büro zu Gesprächen zu verabreden, weil es mir – abgesehen vom Aufwand – manchmal einfach peinlich ist, in Begleitung von zwei oder drei Leuten zu einem kurzen geschäftlichen oder privaten Treffen zu erscheinen.

GROSSE AUFGABEN

Die jüdische Gemeinschaft in Deutschland war zur Zeit meiner Wahl sehr klein, und sie ist es auch heute noch, auch wenn bis Mitte 1996 rund 28.000 Juden aus der ehemaligen Sowjetunion zugewandert sind und damit die Anzahl der in Deutschland lebenden Juden auf etwa 57.000 gestiegen ist. Eine Gemeinschaft von knapp 60.000 Juden in einem Volk von 80 Millionen ist eine fast verschwindende Minderheit, selbst wenn diese Zahl in den kommenden Jahren vielleicht noch auf 70.000 steigen sollte.

Eine meiner Hauptaufgaben sah und sehe ich in der Stabilisierung der Gemeinden, und ich habe mir damals vorgenommen, alles dafür zu tun, damit diese Gemeinschaft nicht auch noch in Liberale, Reformjuden, Orthodoxe und reine Kulturjuden zersplittert. Ich will, daß alle Strömungen und Gruppen, in denen Juden sich zusammenfinden, auch wenn sie noch so unterschiedlicher Religiosität sind, das Gefühl haben, durch *einen* Vorsitzenden vertreten zu werden und *einer* Gemeinschaft anzugehören.

Die Einheitsgemeinde, wie wir sie heute haben, ist in gewisser Hinsicht ein Relikt der NS-Zeit. Zwischen 1870 und 1935 gab es in

Deutschland in den meisten größeren Städten zwei selbständige jüdische Gemeinden, eine orthodoxe und eine liberale. 1935 wurden sie von den Nazis zwangsvereinigt zur Reichsvertretung der Juden in Deutschland. Unmittelbar nach dem Krieg waren die wenigen in Deutschland verbliebenen Juden wie betäubt von den Schrecken des Holocaust, dem sie soeben erst entkommen waren, so daß niemand daran dachte, der alten Gemeindenvielfalt wieder organisatorischen Ausdruck verleihen zu wollen. Im Laufe der Jahrzehnte sind dann allerdings bei verschiedenen Streitfragen die unterschiedlichen Haltungen und Orientierungen sehr wohl deutlich geworden. Ich habe mich schon in der Zeit, als ich lediglich der Frankfurter Gemeinde vorstand und noch nicht im Zentralrat engagiert war, immer bemüht, den verschiedenen Gruppen und Haltungen gleichermaßen gerecht zu werden und eine Einheitsgemeinde mit Leben zu füllen, in der sich ein jeder wiederfinden kann. Bis jetzt ist uns das auch gelungen.

Nach der Öffnung der Mauer und dem Aufbrechen der Ost/West-Blöcke sind wir nun mit einer großen Integrationsaufgabe konfrontiert, die uns sehr stark fordert. Das wichtigste war zunächst, für die aus der ehemaligen Sowjetunion und den Staaten Osteuropas stammenden Juden ein liberales und geregeltes Einwanderungsverfahren auf die Beine zu stellen. Als in den Jahren 1989/90 die ersten dieser Juden mit Touristen-Visa nach Deutschland einreisten, hat der Zentralrat in Verhandlungen mit der Bundesregierung erreicht, daß diese Menschen den Status von Kontingentflüchtlingen erhalten und damit nicht dem Asylverfahren unterworfen wurden. Mit den bis heute 28.000 Zuwanderern kamen auch etwa 20.000 Familienangehörige, die nicht der jüdischen Glaubensgemeinschaft angehören. Um Mitglieder unserer Gemeinden werden zu können, hätten sie zum Judentum übertreten müssen, was die meisten von ihnen ablehnen. Dennoch fühlen wir uns für sie mitverantwortlich – und so kümmern wir uns nun um knapp 50.000 Menschen, die wir, wenn auch nicht alle in unsere Gemeinde, so doch aber in das soziale Leben der Bundesrepublik zu integrieren versuchen.

Eine wichtige Funktion übernimmt dabei die Zentralwohlfahrtsstelle der Juden in Deutschland (ZW), eine Schwesterorganisation des Zentralrats, die sich mit der sozialen Betreuung der Gemeinden befaßt. Ich war viele Jahre stellvertretender Vorsitzender und Finanzdezernent dieser Organisation und gehöre immer noch dem Vorstand an, kann mich allerdings in letzter Zeit nur noch wenig um ZW-Angelegenheiten kümmern.

Bei der Integration der Zuwanderer leistet die ZW unter ihrem Vorsitzenden Paul Spiegel und dem Direktor Benni Bloch mit seinen Mitarbeitern eine hervorragende Arbeit. Die ZW hat in den vergangenen Jahren zahlreiche Betreuer eingestellt, die sich um diese Menschen, die zum Teil noch in Heimen untergebracht sind, kümmern und sie betreuen. Da die ZW mit den Büros, die sie in Berlin, Leipzig und Erfurt unterhält, die komplette Betreuung gar nicht leisten kann, wurden auch mobile Beratungsstellen eingerichtet.

Unser Ziel ist es, diese Menschen in die Gesellschaft einzugliedern und ihnen gleichzeitig das Judentum nahezubringen. Es gab in den Ostblockländern kaum Möglichkeiten, die jüdischen Traditionen und religiösen Rituale zu praktizieren. Der staatsdoktrinäre Atheismus erschwerte allen Glaubensgemeinschaften gleichermaßen das Leben, aber die dortigen Juden litten darüber hinaus unter der antizionistischen Politik ihrer Länder. So wissen viele der Zuwanderer, die zu uns kommen, nur sehr wenig über das Judentum. Diejenigen, die sich stark mit dem Judentum identifizieren, wanderten in erster Linie nach Israel oder in die USA aus. Israel hat in den letzten Jahren fast 600.000 osteuropäische Zuwanderer aufgenommen, die USA rund 350.000. Weitere 250.000 gingen in andere Länder.

Es ist eine Aufgabe, die uns noch auf Jahre hinaus alle unsere Kräfte abverlangen wird. Allein in Frankfurt ist die Gemeinde um mehr als 20 Prozent gewachsen, andere Gemeinden haben sich gar verfünffacht. In der Lichtigfeld-Schule im Frankfurter Gemeindezentrum, die für höchstens 200 Schüler eingerichtet ist, wurden 1993 rund 340 Kinder unterrichtet. Wir haben nicht genügend deutschsprachige Rabbiner, wir haben nicht genügend Religionslehrer, und es gibt in Deutschland kaum Nachwuchs für diese Aufgaben, so daß wir Lehrer aus dem Ausland engagieren müssen.

Aber trotz aller dieser Schwierigkeiten hat der Zuzug nicht zu solchen Reaktionen geführt, wie sie beispielsweise die Einwanderung der Übersiedler deutscher Abstammung aus Rußland hervorrief. Als deren Anzahl in die Hunderttausende ging, fing man an, darüber nachzudenken, ob man nicht besser Gelder bereitstellen sollte, damit die Rußlanddeutschen in Rußland bleiben und dort die frühere Wolga-Republik neu errichten könnten. Ich jedenfalls bin stolz darauf, daß es innerhalb unserer Gemeinden nie zu einer feindlichen Abwehrhaltung der Alteingesessenen gegenüber den Zuwanderern gekommen ist, wie sie ansonsten in Deutschland in den vergangenen Jahren immer stärker um sich gegriffen hat.

Übrigens ist es auch in Israel zu keinem Zeitpunkt zu einer Abwehrhaltung der Alteingesessenen gegenüber den Zuwanderern gekommen, obwohl in den letzten sechs Jahren die Bevölkerung um etwa 15 Prozent zugenommen hat.

KAPITEL 14

GEWALT VON RECHTS

ROSTOCK

Fremdenfeindlichkeit und Antisemitismus, Gewalt und der geistige Nährboden, dem sie entspringt – das sind die Themen, über die ich, kaum zum Vorsitzenden des Zentralrats gewählt, in ungezählten Interviews, Fernsehauftritten und öffentlichen Veranstaltungen immer wieder gesprochen habe. Denn erst drei Wochen vor meiner Wahl hatten die Bilder des brennenden Asylbewerberheimes in Rostock die ganze Welt erschüttert und beunruhigt.

In Rostock handelte es sich um gezielte Mordversuche. Auf offener Straße versammelten sich fünf Nächte lang, vom 22. bis zum 27. August 1992, Horden von Jugendlichen in kaltem Haß vor einem ganz bestimmten Haus. Sie wußten, daß darin vor allem Vietnamesen wohnten, und sie wußten, als sie dann begannen, Molotowcocktails zu werfen, genau, was sie taten. Ich entsinne mich noch gut an die Demonstrationen im Frankfurt der 70er Jahre, wo kein Auto am Weg verschont und keine Fensterscheibe ganz blieb. Das waren wütende Menschenmengen, die durch die Straßen liefen, die Stadt tyrannisierten und sich an sich selbst berauschten, aber sie waren doch völlig frei von entseelten Wünschen nach Lynchjustiz. Nein, Rostock war etwas unerhört Neues. Ich mußte sofort an das Pogrom von Kielce denken, als ich davon erfuhr. Auch hier richtete sich der Haß gegen eine bestimmte Gruppe von Menschen nur deshalb, weil sie Fremde, weil sie anders waren.

Es war eine meiner ersten Reisen als Vorsitzender des Zentralrates, die mich wenige Wochen nach den blutigen Ausschreitungen nach Rostock führte. Ich wollte dort zweierlei: Ich wollte zum einen den aufrechten Einwohnern der Stadt Mut machen, die ebenso fassungs- wie hilflos die Faust in der Tasche geballt hatten. Es ist wahr, niemand hatte Zivilcourage gezeigt, niemand hatte versucht, sich den Tätern in den Weg zu stellen. Ich weiß nur zu gut, wohin das Wegschauen und das Sichfernhalten führen und daß sich dadurch immer die Falschen ermutigt fühlen. Es ist eine Frage des Bürgersinns, dem Terror ein Ende zu bereiten. Dennoch: Nun zog alle Welt über Rostock her, als wäre man erleichtert, endlich die Buhstadt der Nation gefunden zu haben, um sich nicht um den eigenen Hinterhof scheren zu müssen. Ich glaube, es hat dem Oberbürgermeister Klaus Kilimann und den anderen Kommunalpolitikern, mit denen ich sprach, ganz gut getan, daß ausgerechnet so ein »Mahner und Warner« wie ich ihnen sagte, man dürfe nicht verallgemeinern und nunmehr Rostock pauschal schuldig sprechen.

Zum anderen wollte ich die nach Rostock zugewanderten Juden besuchen, um die jüdische Gemeinde wiederzubegründen. Sie war zu DDR-Zeiten aufgelöst worden, da keine Juden mehr in der Stadt lebten. Inzwischen siedelten sich jedoch wieder einige russische Familien an, um die sich die nicht-jüdische Samuel-Stiftung kümmerte und sie betreute. Mein Besuch war auch als Signal gedacht, eine jüdische Gemeinde wieder ins Leben zu rufen.

Als ich mir in Rostock-Lichtenhagen den Ort des Geschehens ansah, erkannte ich, wie gezielt der Angriff auf die dort lebenden Menschen organisiert worden war. In keinem der anliegenden Häuser mit ihren deutschen Bewohnern war auch nur eine einzige Fensterscheibe zu Bruch gegangen. Im Supermarkt direkt neben dem angegriffenen Haus war es weder zu Verwüstungen noch zu Plünderungen gekommen. Und die ganze Zeit über ging im unmittelbaren Umkreis die deutsche Bevölkerung ihrem normalen Alltag nach, als ob nichts geschehen wäre. In den Pausen zwischen den Angriffen wurde an die Umstehenden Schnaps, Bier und Würstchen verkauft.

Mich hat an den Rostocker Anschlägen besonders erschüttert, daß sie sich nicht nur auf eine Ursache, einen einzigen Täter (bzw. eine einzige Tätergruppe) zurückführen lassen. Hier sind vielmehr ganz unterschiedliche Faktoren zusammengekommen, die erst in ihrer Summe diese Ereignisse ermöglicht haben. Da gab es die wildgewordenen, rechtsextremistischen, meist jugendlichen Aktivisten; da gab es die Furchtsamen, die sich lieber heimlich davonstahlen; da gab es die teils gleichgültigen, teils anfeuernden Gaffer, die entweder »nur« an einem spannenden Ereignis teilnehmen oder aber ihre eigene Fremdenfeindlichkeit passiv ausleben wollten; da gab es eine Polizei, die angeblich nächtelang mit den Gewalttätern nicht fertig werden konnte und sich lieber zurückzog, als den angegriffenen Menschen Beistand zu leisten; und da gab es – später dann – eine Gerichtsbarkeit, die eine unerklärliche Milde walten ließ. Für meine Begriffe sind sie alle mitschuldig geworden.

Als die Journalisten einflogen, interessierten sie sich brennend für die Täter und für »die Stimme des Volkes«. Jeder O-Ton wurde auf die Goldwaage gelegt und Gegenstand hochsubtiler Interpretationen. Für die Opfer interessierten sich nur wenige. Sie hatten Todesangst ausgestanden, aber sie blieben namenlos. Soweit ich weiß, hatte sich nur ein Fernsehteam des ZDF in das brennende Haus begeben – und das wäre beinahe ebenfalls Opfer der Gewalttäter geworden.

Was Polizei und Justiz anbelangt, so habe ich nie zuvor, seitdem es die Bundesrepublik gibt, derart an diesen rechtsstaatlichen Institutionen gezweifelt wie während der und nach den Rostocker Ausschreitungen.

Ein paar Wochen später leistete sich die Polizei ein Nachspiel ganz eigener Art. Eine Gruppe französischer Juden wollte am Rostocker Rathaus eine Tafel anbringen, die an die Deportation von Sinti und Roma erinnern sollte. Die Polizei war hier natürlich sofort zur Stelle und verhaftete die harmlosen Demonstranten. Als absoluten Höhepunkt des indiskutablen Verhaltens der Polizei empfand ich jedoch deren Aufforderungen, daß die im Gefängnis einsitzenden Juden ihre Kippa lieber nicht tragen sollten. Man habe Angst, daß dies die in den Nebenzellen einsitzenden Skinheads provozieren würde, erklärte ein Sprecher der Gefängnisverwaltung. Das wirft noch einmal ein Schlaglicht auf die Geisteshaltung einer Polizei, die fünf Tage und Nächte zugesehen hatte, wie man versuchte, ein ganzes Wohnhaus mit Menschen in Brand zu stecken, aber auch der Justizverwaltung. Ich hatte den Eindruck, daß sie ihre Nachlässigkeit gegenüber den fremdenfeindlichen Gewalttaten nunmehr durch ihr hartes Vorgehen gegen die friedlichen Demonstranten wettmachen wollten.

200 Personen wurden damals nach den rechtsextremen Gewalttätigkeiten festgenommen, bei 32 reichte es zur Anklage, sechs bekamen Freiheitsstrafen bis zu zweieinhalb Jahren, die allerdings zum größten Teil zur Bewährung ausgesetzt wurden. Dafür fand der zu-

ständige Richter eine überraschend mitleidige Begründung: Angesichts der katastrophalen Zustände in den Gefängnissen von Mecklenburg-Vorpommern habe er es sich sehr genau überlegen müssen, ob er das jemanden antun könne.

SACHSENHAUSEN UND LÜBECK

Keine vier Wochen nach dem Anschlag in Rostock zerstörte im ehemaligen Konzentrationslager Sachsenhausen ein von Rechtsextremisten gelegtes Feuer die Baracke 38, eines der letzten im Original erhaltenen Gebäude auf dem Gelände der Gedenkstätte. In ihr hatte sich die Ausstellung über die jüdischen KZ-Häftlinge befunden.

Jetzt also hatte es uns, die Juden, getroffen. Das war zwar kein Mordanschlag, aber doch ein Anschlag auf unsere Geschichte – der Versuch, noch deren Spuren zu vernichten. Wer in Rostock noch mit überfüllten Asylbewerberheimen und mit zu hohen Ausländeranteilen zu argumentieren versucht hatte, mußte jetzt betreten schweigen. Sachsenhausen – das war eindeutig die Tat von Neonazis, die damit zeigen wollten, was sie umtreibt und gegen wen ihr Haß sich richtet. Ich war kaum im Amt – und schon mit dem klassisch-gewalttätigen Antisemitismus konfrontiert.

Politiker aller Parteien eilten sofort nach dem Anschlag nach Sachsenhausen, und der Landtag von Brandenburg forderte die »zügige Aufklärung und unnachgiebige Bestrafung der Täter«. Ich selbst flog zusammen mit Außenminister Klaus Kinkel und dem damaligen SPD-Vorsitzenden Björn Engholm am Tag nach dem Anschlag nach Sachsenhausen.

Was dann folgte, war ein Trauerspiel: eines der schlampigsten Ermittlungsverfahren gegen rechtsextreme Täter, die je durchgeführt wurden. Nur zwei von wahrscheinlich 15 bis 20 Verantwortlichen für den Brandanschlag wurden überhaupt namhaft gemacht. Ein Jahr später war noch nicht einer der Täter verurteilt. Und als es dann zum Urteil kam, verwarf der Jugendstrafsenat das Teilgeständnis eines der beiden Angeklagten und schloß sich dem Plädoyer der Verteidigung auf Freispruch an.

Ich war fassungslos und selten so empört wie am Tag dieses Urteils. Aber glücklicherweise ging es nicht nur mir so, es gab einen

Sturm der Entrüstung im ganzen Land. Der Bundesgerichtshof kassierte schließlich die Freisprüche, es kam zur Wiederaufnahme des Verfahrens, in deren Verlauf die Unterlassungen der Erstinstanz ohne Wenn und Aber gerügt wurden, und im Oktober 1995 wurden dann gegen die beiden Angeklagten Freiheitsstrafen verhängt, die inzwischen nach einem weiteren Berufungsverfahren rechtskräftig sind.

Nun könnte man sagen, daß schließlich doch die Gerechtigkeit gesiegt hat. Ich bin da sehr im Zweifel und finde den Brandanschlag nicht gesühnt. Drei Jahre hat es gedauert, zwei Verdächtige zu verurteilen, von denen einer sogar die Tat gestanden hat. Und trotz der jahrelangen Untersuchung ist es der Justiz nicht gelungen, die übrigen Täter zu finden.

Knapp zwei Jahre nach dem Anschlag auf unsere – sowohl die jüdische als auch die deutsche – Geschichte ereignete sich, in der Nacht zum 25. März 1994, ein Brandanschlag auf einen Inbegriff unseres religiösen Lebens. Es war der erste Versuch seit der Nazi-Zeit, eine Synagoge in Schutt und Asche zu legen, und für mich ist es eher ein Zufall, daß das in Lübeck geschah. Es hätte sonstwo passieren können, und ohne im geringsten ein Hellseher zu sein, muß ich sagen, daß ich seit längerem mit einem Anschlag wie diesem gerechnet hatte. So düster und pessimistisch es klingt: Irgendwie mußte man damit rechnen, daß es passieren würde. Die Rechtsextremisten erfreuten sich großer medialer Aufmerksamkeit, die zwar im Tonfall der Verurteilung daherkam, die aber immer die Gefahr von Wiederholungstaten mit sich brachte. Hier das richtige Maß zu finden, ist natürlich ein aussichtsloses Unterfangen.

Die Täter warfen Molotowcocktails in den Windfang der Synagoge, zwei Büroräume brannten völlig aus. Verletzt wurde nur deshalb niemand, weil die Bewohner, die im Obergeschoß wohnten, rechtzeitig das Feuer bemerkten und sich in Sicherheit bringen konnten. Weil zur Zeit der Tat in einem Zimmer sogar noch Licht brannte, mußten die Täter wissen, daß sich in der Synagoge Menschen aufhielten, und haben daher deren Tod billigend in Kauf genommen. Es war reine Glücksache, daß einer der Brandsätze im Flur nicht zündete, sonst hätten die Bewohner das Gebäude nicht mehr verlassen können.

Die kleine Gemeinde von Lübeck hatte damals nur 27 Mitglieder. Berthold Katz, ihr Kantor, ist einer von zwei Lübecker Juden, die schon vor dem Krieg hier lebten und die ihn überlebten. Am 9. November 1938 war auch diese Synagoge geplündert und verwüstet worden, jedoch wagten die Nazis nicht, sie anzuzünden. Sie hatten Angst, daß in der engen Altstadt das Feuer auf die angrenzenden Häuser übergreifen könnte. So rücksichtsvoll waren diesmal die Brandstifter nicht.

Als ich tags darauf in Lübeck eintraf, lag in der St. Annenstraße immer noch ein Brandgeruch. Feuerwehrmänner trugen verkohltes Holz und angesengte Stoffreste in den Hof. Den vielen Menschen, die hierher kamen und nicht fassen konnten, was geschehen war, bot sich ein Bild der Verwüstung.

Die Reaktion der Bevölkerung war beispielhaft, viel eindeutiger als die in Rostock: offenes Entsetzen, niedergelegte Blumen, ernstgemeinte Tränen. Es kam zu Kundgebungen, an denen sich auch viele Schulklassen beteiligten. Die Ministerpräsidentin von Schleswig-Holstein, Heide Simonis, meinte vor Ort: »Der Symbolwert eines solchen Angriffs ist noch viel schrecklicher als der materielle Schaden.« Auch Lübecks Bischof Karl Ludwig Kohlwage informierte sich selbst an der Brandstelle über das Ausmaß der Zerstörung.

Anfang Mai 1994 verhaftete die Polizei vier junge Männer, zwischen 19 und 24 Jahren alt, die der Tat verdächtigt wurden. Natürlich konnten die fadenscheinigen Argumente nicht ausbleiben, die Täter seien gar keine echten Antisemiten, sondern nur verzweifelte, arbeitslose Jugendliche, die mit dem Anschlag auf die Synagoge hofften, in die Schlagzeilen zu kommen. Ich sehe das anders. Das war kein Lausbubenstreich, das war ein gezielter Mordversuch. Ich frage mich, wie muß heutzutage ein Antisemit beschaffen sein, um als »echt« zu gelten. Auch die SA hatte sich zu großen Teilen aus arbeitslosen Jugendlichen rekrutiert. Schließlich stehen in Lübeck Tausende von Häusern, Kirchen und Geschäften – und nur eine Synagoge. Und ausgerechnet diese eine Synagoge haben die Täter sich als Objekt ausgesucht.

Im April 1995 wurden die Täter zu Strafen von zweieinhalb bis viereinhalb Jahren verurteilt. Ihre Motive, soweit sie sich zu ihnen bekannten, waren diffus. Keiner der Angeklagten wußte angeblich, daß es sich bei dem Tatort um eine Synagoge handelt. Das Haus habe »irgend etwas mit Juden zu tun«. Das war alles, doch es reichte aus, um einen Brandanschlag mit möglicherweise tödlichen Folgen zu verüben. Und die Richter – typisch für die ersten Prozesse gegen rechtsextremistische Gewalttäter – verneinten auch diesmal die Frage, ob es sich um einen Mordversuch gehandelt hatte. Die Urteile richteten sich nach dem Strafrahmen bei einfacher bzw. schwerer Brandstiftung.

Als wäre es eine Antwort auf diese Verurteilung, ereignete sich im Mai 1995 ein zweiter Brandanschlag gegen die Synagoge in Lübeck, der bis heute nicht aufgeklärt ist.

Inzwischen geht die Justiz mit den extremistischen Gewalttätern härter um. Ich war immer ein Gegner von schärferen Gesetzen. Die vorhandenen reichen aus. Wir brauchen keine Sonderrechte, um mit diesen Leuten fertig zu werden. Man sollte aber endlich erkennen, daß gegen die rechtsextremistischen Gruppen ebenso vorgegangen werden muß wie einst gegen die linksradikalen Organisationen. Aus den Zeiten der RAF stammt der Begriff der »kriminellen Vereinigung«, der es bis zu Strafgesetzbuchwürden gebracht hat. Er wird nur nicht angewandt. Mich wird gewiß niemand linker Neigungen verdächtigen, aber als ausgemachter Liberaler begreife ich einfach nicht, daß der Staat sein gesamtes Arsenal gegen den Terror von links in Stellung bringt, aber gegen den von rechts den Anschein erweckt, als sei er wehrlos. Letztendlich wollen beiden Richtungen den demokratischen Staat zerstören und einen anderen etablieren.

BEWAFFNUNG DER JUDEN

Eine völlig unnötige Eskalation der Diskussion um das Problem Antisemitismus erreichte der Schriftsteller Ralph Giordano mit seinem Offenen Brief an Bundeskanzler Kohl. Giordano kritisierte den Kanzler wegen der Gewaltakte gegen Asylsuchende, Ausländer und Juden. Er selbst bekam in dieser Zeit viele anonyme Morddrohungen, so unter anderem folgende »Anzeige«: »Am 30.4.1993 verstarb erwartet der Nestbeschmutzer Ralph Giordano. Durch seinen Tod wurde Köln ein wenig sauberer. Statt Spenden erbittet der Jude sein Vermögen zugunsten der PLO zu verwenden und ihn in Auschwitz beizusetzen, wo er hingehört.« Auch ich habe täglich Drohungen bekommen, sie aber in den Papierkorp geworfen. Giordano schrieb nun, er hätte nach den »jüngsten Morden den Glauben verloren, daß dieser Staat wirksamen Schutz gewähren kann«. Der Vorschlag Giordanos war, daß sich die Juden in der Bundesrepublik von nun an selbst bewaffnen müßten, wenn sie sich denn wirksam schützen wollten.

Ich war sehr verärgert über diesen Brief und bezeichnete ihn, gefragt oder ungefragt, als völligen Unsinn. Es zielte auf das Gegenteil dessen, was wir erreichen wollten. Niemand konnte sich doch ernsthaft nach einer bürgerkriegsähnlichen Situation in Deutschland sehnen. Ich halte das staatliche Gewaltmonopol für eine wichtige demokratische Errungenschaft, die die Stabilität und die Sicherheit der Gemeinschaft zu garantieren hat. Es geht nicht an, daß einzelne Gruppen sich selbst davon ausnehmen und bewaffnen. Man stelle sich bloß vor, die Kurden in Deutschland, die Türken, die Bosnier, die Serben oder auch die Obdachlosen und die Landwirte würden sich nicht mehr hinreichend geschützt fühlen und zu den Waffen greifen: Mord und Totschlag wären die Folge. Nein, man kann es drehen und wenden, wie man will: Giordanos Brief mit seinem Selbstverteidigungsappell war ein gefährlicher Schritt in eine falsche Richtung, dessen Folgen nicht abzusehen wären.

Berechtigt war natürlich seine Kritik an der einäugigen Laxheit der deutschen Vollzugsorgane. Niemand hatte anfänglich die Gefahr des Rechtsextremismus richtig eingeschätzt, und selbst die Gewerkschaft der Polizei kritisierte mittlerweile Versäumnisse und Nachlässigkeiten bei der Bekämpfung rechtsextremistischer Gewalttäter.

Ich kenne Giordano persönlich und schätze ihn auch, ohne aber bis dahin je zu ihm besondere Kontakte gehabt zu haben. Daß ich mich öffentlich von seinem Brief distanzierte, war nicht nur meine eigene Meinung, sondern entsprach auch der des Zentralrats und der überwältigenden Mehrheit der jüdischen Gemeinschaft.

BERLIN

Anfang November 1992 kam es zur größten Demonstration gegen den Rechtsextremismus, die je in Deutschland stattgefunden hatte. Mehr als 300.000 Menschen versammelten sich in Berlin unter dem Motto: »Die Würde des Menschen ist unantastbar.« Die Demonstration war ein großer Erfolg, obwohl es ein paar hundert Chaoten gelang, die anschließende Kundgebung zu stören, und der einzige Redner des Tages, Bundespräsident Richard von Weizsäcker, durch eine

Wand aus Polizeischildern vor Steine- und Eierwerfen geschützt werden mußte.

Ich stand etwa zwanzig Meter von der Tribüne entfernt, als die Steine und Eier flogen. Ohne lange zu überlegen, stieg ich auf die Tribüne und stellte mich in die Nähe des Bundespräsidenten, was zuvor schon Hans-Dietrich Genscher und Manfred Stolpe getan hatten. Als nach Weizsäckers Ansprache das Gejohle nicht aufhörte, griff ich spontan nach dem Mikrophon und versuchte, den vielen Menschen, die ein gutes Anliegen hier zusammengebracht hatte, Mut zu machen. Ich rief den Chaoten zu, daß wir nicht das Jahr 1938 hätten, sondern 1992, und daß sie es der heutigen Demokratie verdankten, daß sie hier stehen und demonstrieren dürften. Dennoch hat auch mich das aggressive Auftreten der Störer irritiert. Einerseits wünschte ich mir ein Eingreifen der Polizei, andererseits dachte ich mir, wie es wohl wirken würde, wenn eine solche Kundgebung nur unter starkem Polizeischutz ruhig ablaufen könnte.

Wenn ich sage: Die Demonstration war ein großer Erfolg, dann zum einen ihrer schieren Größenordnung wegen und zum anderen für die allermeisten derer, die daran teilgenommen und von den Chaoten kaum etwas mitbekommen haben. Erst in den Tagen danach trübte sich das Bild, weil in Zeitungen und Fernsehen kaum noch von den 300.000 Demonstranten, sondern fast nur von den vielleicht 500 Störern die Rede war. Der Zweck der Kundgebung drohte nachträglich nicht nur im Hagel der Eier, die dem Bundespräsidenten gegolten hatten, sondern auch in den anschließenden Kommentaren der Medien unterzugehen. Es war anscheinend in Deutschland nicht möglich, ohne Abstriche ein machtvolles Zeichen gegen den Rassismus zu setzen.

In diesem Zusammenhang wurde ich in einer Sendung der Tagesthemen von Ulrich Wickert gefragt, woran es denn wohl läge, daß sich in Frankreich nach einer schrecklichen Friedhofsschändung der Präsident und das gesamte französische Kabinett zusammen mit 500.000 Franzosen spontan auf den Champs Elysee versammelten und daß das hierzulande undenkbar sei. Ich antwortete damals: »Den Bundespräsidenten und das Kabinett kriegen Sie auch in Deutschland auf die Straße, aber 500.000 Bürger spontan zusammenzubringen, ist in Deutschland schon schwieriger. Bei uns muß alles organisiert werden.« Ich habe das auch deshalb gesagt, weil diese Demonstration erst nach 14tägiger Vorbereitung und hitzigen Diskussionen am 8. November 1992 zustandegekommen ist.

Es zeigte sich dann glücklicherweise, daß auch in Deutschland so etwas möglich war. Eine kleine Gruppe junger Leute, zu der auch der bekannte Journalist Giovanni di Lorenzo sowie Gil Bacharach gehörten, beide gute Bekannte von mir, arrangierte in München eine Protestaktion in Form einer Lichterkette, an der sich ebenfalls mehr als 300.000 Menschen beteiligten. Diese Form des Protestes war etwas völlig Neues, so etwas hatte es noch nicht gegeben, und die Lichterketten mobilisierten bald darauf in vielen Städten der Bundesrepublik Zigtausende von ebenso friedlichen wie entschlossenen Menschen, die dem Beispiel von München folgten und eindrucksvoll gegen Fremdenfeindlichkeit und Gewalt demonstrierten.

Ich habe in dieser Zeit auf vielen Veranstaltungen über das Thema Rechtsextremismus und Gewalt gesprochen und mich dabei in erster Linie mit bestimmten Vorurteilen auseinandergesetzt, die in prekärer Weise die öffentliche Diskussion beherrschten und noch heute bestimmen.

Eines dieser Vorurteile besteht darin, daß die Gewalttäter angeblich dem Rand der Gesellschaft zuzuordnen sind. Man geht allgemein davon aus, daß es sich dabei um Menschen ohne Arbeit, ohne Ausbildung und ohne Hoffnung handelt. Nach den mir vorliegenden Zahlen aus dem Jahr 1993 waren jedoch 43 Prozent der jugendlichen Gewalttäter Schüler, Lehrlinge oder Studenten, 34 Prozent Angestellte – hingegen nur ein Prozent ungelernte Arbeiter und neun Prozent Arbeitslose. Damit liegt der Anteil der Arbeitslosen an den Gewalttätern noch unter der Arbeitslosenquote insgesamt. Diese und die anderen Zahlen machen deutlich, daß die Gewalttäter aus der Mitte der Gesellschaft kommen.

Ein weiteres Vorurteil ist in meinen Augen die angebliche Bereitschaft der Jugend zur Gewalt. 90 Prozent der Gewalttäter sind zwar tatsächlich Jugendliche, trotzdem zeigen Umfragen, daß Fremdenfeindlichkeit, Rassismus oder Antisemitismus unter den jungen Menschen weitaus weniger verbreitet ist als unter Älteren. Es gibt also bei den Älteren eine viel ausgeprägtere Fremdenfeindlichkeit und mehr Rassismus sowie Antisemitismus als unter Jugendlichen. Und diese passive Unterstützung oder Sympathie darf man nicht unterschätzen, weil nur deshalb der kleine Prozentsatz der gewalttätigen Jugendlichen so aktiv und gefährlich ist. Diese 15- bis 20jährigen fallen auf Parolen herein, die sie den »geistigen Brandstiftern« verdanken. Sie sind es, die seit Ende der 80er Jahre den Boden für rechtsextremistische Ausschreitungen bereitet haben. Dazu gehören, wenn auch mit unterschiedlicher Intensität und Wirkung, rechte Parteien wie die Republikaner, die DVU, FAP und NPD ebenso wie diejenigen der Historiker und Sozialwissenschaftler, die die Verbrechen des Nationalsozialismus zu relativieren versuchen.

Gegen Gewalttäter vorzugehen ist eine überschaubare, organisatorisch durchaus mögliche Aufgabe von Justiz, Verwaltung und Polizei. Mit den rechtsextremistisch Denkenden muß man sich auseinandersetzen und mit ihnen auch diskutieren. Das ist wesentlich komplizierter. Ich habe die geistige Auseinandersetzung nie gescheut, sie muß allerdings mit der gleichen Konsequenz geführt werden.

KAPITEL 15

GEISTIGE BRANDSTIFTER

HISTORIKERSTREIT

Am 6. Juni 1986 veröffentlichte die *Frankfurter Allgemeine Zeitung* einen Artikel des Historikers Ernst Nolte mit dem Titel »Vergangenheit, die nicht vergehen will«. Es war der Text eines Vortrags, den Nolte zu den Römerberggesprächen vorbereitet, dort aber nicht gehalten hatte. Mit der Veröffentlichung begann eine Debatte um die Neu-Interpretation der nationalsozialistischen Vergangenheit und die Einzigartigkeit des Holocaust, die als »Historikerstreit« bekannt geworden ist und bis heute ihre Nachwirkungen zeigt. Die Relativierung der NS-Verbrechen, vorgetragen von seriösen Wissenschaftlern, bezeichnet den Anfang einer Entwicklung, die das Klima der Gewalttaten mitbestimmte.

Nolte, der mit seinem Buch *Der Faschismus in seiner Epoche* eines der besten Werke auf diesem Gebiet verfaßt hat, stellte in diesem Artikel die These auf, daß Hitlers Verbrechen eine Folge vorhergegangener Verbrechen waren. Es gebe eine unmittelbare Verbindung zwischen dem Archipel GULag und Auschwitz: »Aber gleichwohl muß die folgende Frage als zulässig, ja unvermeidbar erscheinen: Vollbrachten die Nationalsozialisten, vollbrachte Hitler eine ›asiatische‹ Tat vielleicht nur deshalb, weil sie sich und ihresgleichen als potentielle oder wirkliche Opfer einer ›asiatischen‹ Tat betrachteten? War nicht der ›Archipel GULag‹ ursprünglicher als Auschwitz? War nicht der ›Klassenmord‹ der Bolschewiki das logische und faktische Prius des ›Rassenmords‹ der Nationalsozialisten?«

Mit Noltes Thesen werde die Judenvernichtung als das bedauerliche Ergebnis einer immerhin verständlichen Reaktion auf das, was Hitler als Vernichtungsdrohung empfinden mußte, dargestellt – so eröffnete der Frankfurter Philosoph Jürgen Habermas die Kontroverse, die in den folgenden Monaten in den Feuilletons und Leserbriefseiten der überregionalen Zeitungen ausgetragen wurde. Micha Brumlik konstatierte in der *tageszeitung* den »Niedergang deutscher Geschichtswissenschaft auf das Niveau von Landserheftchen« und wertete das Erscheinen von Andreas Hillgrubers Buch *Zweierlei Untergang* als »das Umschwenken deutscher Konservativer zum aggressiven Nationalismus«. Zum ersten Male gebe ein angesehener Historiker öffentlich zu Protokoll, »daß die Ausrottung der Juden und Sinti unter gewissen Umständen, wenn schon nicht gebilligt, so doch legitimerweise billigend in Kauf genommen werden durfte«.

Nolte behauptete unter anderem auch, daß man den Holocaust nicht als »Systematik« bezeichnen könne. Systematik hätte man ihn nur dann nennen können, wenn die Vernichtung von Hitler oder Himmler per Weisung, per Gesetz verordnet worden wäre. Er meinte so ungefähr, Hitler und Himmler hätten von dem, was in Auschwitz, Majdanek oder Treblinka geschah, gar nichts gewußt, das wären nur Auswüchse von einigen Verrückten gewesen. Damit fing Nolte an, den Nationalsozialismus als eine nicht abwegige Idee hinzustellen, die nur von einigen seiner Verteter pervertiert worden wäre.

Zu den Kontrahenten Noltes und Hillgrubers – um nur die bekanntesten »Revisionisten« zu nennen – gehörten unter anderem die Historiker Hans Mommsen, Eberhard Jäckel – von dem an anderer Stelle noch die Rede sein wird – und Martin Broszat. Doch der Historikerstreit war mehr als ein Disput unter Wissenschaftlern um die Deutung historischer Ereignisse oder Epochen. »So harmlos ist die Sache nicht«, stellte der Politikwissenschaftler Kurt Sontheimer in einem Aufsatz fest, der im November 1986 in der *Welt* erschien: »Für mich stellt sich die Sache folgendermaßen dar. Einige deutsche Historiker sind dabei, dem durch das Klima der herrschenden Politik favorisierten Versuch, Geschichte für politische oder nationale Interessen zu instrumentalisieren, die Argumente zu liefern. Sie nehmen eine Tradition der deutschen Nationalhistoriographie der vordemokratischen Ära auf, um am Geschichtsbewußtsein der Nation zu arbeiten.«

Ich habe diese Kontroverse intensiv verfolgt. Besonders treffend hat in meinen Augen der Historiker Dan Diner, mit dem ich auch befreundet bin, die Debatte in ihren politischen Aspekten in einer Reihe von Veröffentlichungen kommentiert, und ich kann mich seinen Ausführungen nur anschließen. Diner schrieb in seinem 1987 erschienenen Buch *Ist der Nationalsozialismus Geschichte?*: »Seit längerem läßt sich in diesem Lande eine Entwicklung registrieren, in der nationale Bezüge und nationale Perspektiven von der Peripherie immer mehr ins Zentrum langfristiger Politik gerückt werden.« In diesem Zusammenhang stellt der Historikerstreit für Diner eine »hochpolitische und dramatische Auseinandersetzung um den zukünftigen historischen Ort der Bundesrepublik« dar. Allen Versuchen, Deutschland zu einer positiv besetzten »nationalen Identität« zu verhelfen, habe bislang immer ein Ereignis im Wege gestanden, »das sich jeglicher Integration versperrt: ›Auschwitz‹«. Und deshalb sei »die professionelle Relativierung von ›Auschwitz‹ ... Bedingung für den Prozeß zunehmender Renationalisierung deutschen Bewußtseins und zukünftiger deutscher Politik«.

SCHÖNHUBER UND DIE REPUBLIKANER

Ich habe nie ein Hehl daraus gemacht, wer in meinen Augen mitverantwortlich für die Welle der Gewalt ist, die nicht erst mit Rostock begann. Nach dem Brandanschlag auf die Synagoge in Lübeck habe ich die rechtsextremistischen Parteien als »geistige Brandstifter« bezeichnet, die ungehindert mit Hetz- und Haßparolen die Stimmung schüren. Erst mit ihren fremdenfeindlichen und teilweise antisemitischen Parolen haben sie den Boden für das bereitet, was in Rostock, Mölln, Solingen und Lübeck geschehen ist.

Die Gewalttäter waren in den meisten Fällen Jugendliche, doch die Parolen, auf die sie hereingefallen, und die Ideologie, der sie nachgelaufen sind, stammen von Leuten wie dem DVU-Vorsitzenden Gerhard Frey, der später auch Kontakte mit dem russischen Faschisten Wladimir Schirinowski pflegte, dem NPD-Chef Günter Deckert oder dem damaligen Republikaner-Vorsitzenden Franz Schönhuber. Sie haben die Feindbilder geliefert, die Sündenböcke, die angeblich schuld seien an den Verhältnissen, an Arbeitslosigkeit und Armut: Ausländer, Juden, Zigeuner, Afrikaner, kurz die »Fremden«. Die führenden Figuren dieser Parteien oder auch solcher Gruppierungen wie Nationale

Front, Deutsche Liga für Volk und Heimat und viele andere haben es dabei immer verstanden, ihre Äußerungen so zu formulieren, daß sie juristisch schwer angreifbar waren. Das verdankten sie nicht zuletzt ihren Rechtsberatern, etwa Theodor Maunz, dem Berater von Frey.

Nachdem ich nach dem Anschlag von Lübeck öffentlich von den »geistigen Brandstiftern« gesprochen hatte, erstattete Schönhuber am 4. März 1993 tatsächlich Strafanzeige gegen mich wegen »Volksverhetzung und Verleumdung«. Die Staatsanwaltschaft hat dieses Verfahren nicht eröffnet: Der Vorwurf sei völlig »abwegig«. Schon am Tag nach dem Brandanschlag auf die Synagoge in Lübeck verkündete Schönhuber bei einer Pressekonferenz in Erding: »Derjenige, der in Deutschland für den Antisemitismus sorgt, ist der Bubis!« Er hat diesen absurden Vorwurf später bei vielen Gelegenheiten wiederholt.

Es gelang ihm damit natürlich, bundesweit in sämtliche Schlagzeilen zu kommen. »Konkurrenzlos unverschämt«, titelten die Journalisten, und quer durch alle Parteien erhob sich ein Sturm der Entrüstung. Der Ruf nach dem Staatsanwalt wurde laut, und die SPD-Bundestagsabgeordnete Herta Däubler-Gmelin forderte beispielsweise: »Schönhuber hinter Gitter«.

Die Staatsanwaltschaft hätte gegen Schönhuber nur vorgehen können, wenn ich damals Anzeige erstattet hätte. Darauf habe ich jedoch bewußt verzichtet. Gegenüber Journalisten erklärte ich, daß Schönhuber für mich »nicht satisfaktionsfähig« sei. Es ist klar, daß ich ihn damit besonders treffen wollte: Wenn ein Jude einen ehemaligen Offizier der Waffen-SS für nicht satisfaktionsfähig erklärt, dann mußte das einem Mann wie Schönhuber stärker zu schaffen machen als jede andere Auseinandersetzung. Außerdem hätte ein Prozeß Schönhuber noch mehr Publicity verschafft, und ich wollte ihm einfach nicht die Gelegenheit bieten, sich öffentlich in Szene zu setzen und seine Hetzparolen zu verbreiten.

Bevor er zu den öffentlichen Anfeindungen und Verleumdungen überging, hatte Schönhuber versucht, über verschiedene Mittelsmänner zu mir Kontakt zu knüpfen, unter anderem über den Schriftsteller Ephraim Kishon, der seine Bücher seinerzeit im selben Verlag publizierte wie Schönhuber, bei Herbert Fleissner im Ullstein-Propyläen-Verlag. Aus welchen Gründen auch immer hat Schönhuber inzwischen seinen Verlag gewechselt. Ephraim Kishon sprach mich an, ob ich bereit wäre, mich mit Schönhuber zu treffen. Ich lehnte ab, denn es ging ihm in meinen Augen keineswegs um ein Gespräch mit mir, sondern darum, damit »beweisen« zu können: »Sehr her, ihr verteufelt mich, aber der Bubis kommt, um mit mir zu reden!«

Zwischen den rechtsextremistischen Ausschreitungen der Jahre 1992 und 93 und den Ideologien der rechtsextremistischen Parteien haben offenbar auch viele andere Bürger Zusammenhänge erkannt. Das Wahljahr 1994 hat gezeigt, daß rechtsradikale Parteien beim Wähler nicht ankamen, sie verloren vielerorts Stimmen. Also kein Grund zur Beunruhigung? Mitnichten. Bei einer Umfrage im Jahr 1995 gaben immerhin 17 Prozent der Befragten an, sie könnten sich vorstellen, »irgendwann einmal« ihre Stimme »einer rechtsextremen Partei« zu geben. Im europäischen Durchschnitt ist das keine Besonderheit, im Gegenteil. In vielen anderen Ländern Europas sitzen die Rechtsextremen im Parlament bzw. erzielen regelmäßig Wahlergebnisse zwischen 15 und 20 Prozent. Im Vergleich dazu ist die Situation in Deutschland sogar besser. Einen ähnlich hohen Prozentsatz ergab auch eine Umfrage bezüglich des Antisemitismus: Demzufolge sind mehr als 15 Prozent der Bevölkerung manifest und weitere 15 Prozent latent antisemitisch eingestellt. Auch dieses Ergebnis unterscheidet sich nicht von anderen Ländern in Europa. Sogar in Staaten, in denen keine Juden mehr leben, fand man einen vergleichbar hohen Anteil von Antisemiten.

Ich bin weit davon entfernt, jeden potentiellen Wähler der rechtsextremen Parteien gleich als Neonazi zu bezeichnen. Der Nationalsozialismus war und bleibt in seiner Ideologie unvergleichbar. Auch wenn jede Form des Faschismus verachtenswert ist, so dürfen Faschismus und Nationalsozialismus meiner Meinung nach nicht gleichgesetzt werden. Wer den Nationalsozialismus als Faschismus bezeichnet, verharmlost den Nationalsozialismus.

Ich halte auch ein Verbot rechtsextremer Parteien für den falschen Weg. Nur ein Beispiel: Von 82 im Verfassungsschutzberichtz aufgeführten rechtsextremen Gruppierungen wurden 1993 drei verboten, aber im nächsten Jahr waren fünf neue hinzugekommen. Sie wechseln nur den Namen. Im Umgang mit den »geistigen Brandstiftern« plädiere ich von jeher für eine politische Auseinandersetzung und eine gesellschaftliche Ächtung. Wenn Politiker demokratischer Parteien meinen, sie könnten mit den Republikanern oder mit NPD-Mitgliedern reden, dann halte ich das für einen Trugschluß. Notwendig ist es allerdings, mit der Wählerschaft dieser Parteien zu diskutieren und sie zu überzeugen.

»BERUF NEONAZI«

Das veränderte Klima, das seit Beginn der 90er Jahre immer stärker spürbar wurde, konnte ich im wahrsten Sinne des Wortes auch an den Briefen ablesen, die mich in dieser Zeit erreichten. Kamen Droh- und Schmähbriefe zuvor meist anonym, so waren sie nun immer häufiger mit vollem Namen und Absenderangabe versehen.

Im Jahr 1993 geschah allerdings etwas, was ich bis dahin nicht für möglich gehalten hätte: In einem sogenannten »Dokumentarfilm« mit dem Titel *Beruf Neonazi* durfte der Neonazi Ewald Bela Althans vor laufender Kamera die Auschwitz-Lüge verbreiten. Unkommentiert, ohne daß ihm widersprochen wurde. Althans bezeichnet sich in diesem Film selbst als »orthodoxen Nationalsozialisten«, und Regisseur Winfried Bonengel beschränkte sich in seiner »Dokumentation« darauf, Althans in Großaufnahme seine Hetzparolen verbreiten zu lassen. Von der »Ausbildung« im Büro des deutsch-kanadischen Obernazis Ernst Zündel, der mit antisemitischen Büchern und Videos handelt, bis hin zum Auftritt vor einer Fan-Gemeinde in Cottbus darf Althans für sich und seine neonazistischen Gesinnungsgenossen werben. Sogar die Telefonnummer Zündels ist deutlich zu lesen. In Bonengels Film fehlt dafür jeglicher Bezug auf historische, politische oder soziale Hintergründe des Neonazismus, jeglicher relativierender Kommentar oder andere Formen der Distanzierung von Althans.

Im Mittelpunkt steht eine Szene, in der Althans ausgerechnet in Auschwitz eine Gelegenheit zum Großauftritt geboten wird: An einem Ort, an dem Hunderttausende ermordet wurden, darf Althans gegenüber zufällig anwesenden Besuchern die sogenannte »Auschwitz-Lüge« verbreiten, die Anlage als »Attrappe« bezeichnen, in der nur »Lügen verbreitet« würden, und die Pseudo-Argumente des sogenannten »Leuchter-Reports« oder des englischen Antisemiten David Irving ausbreiten. Diese Szene war die dreisteste und ungeheuerlichste Tabuverletzung. Und der angeblich linke Regisseur Bonengel will in seiner angeblichen »Harmlosigkeit« diese Szene ganz »zufällig« aufgenommen haben, ohne sie dann im geringsten zu kommentieren. Dabei ist es für jeden Filmfachmann ersichtlich, daß für die Aufnahmen der Raum zuvor ausgeleuchtet wurde.

Und mehr noch: Dieser Film beleidigte in meinen Augen nicht nur aufs Schwerste das Andenken der Ermordeten und Überlebenden, sondern erfüllte auch klar den Straftatbestand der Volksverhetzung. Inzwischen war offenbar wieder möglich geworden, was lange Zeit als undenkbar galt: offen nationalsozialistisches Gedankengut zu verbreiten. Ich habe nie verstanden, warum dieser Film nicht kurzerhand verboten wurde.

Erstmals aufgeführt wurde der Film schon im Juni 1993, doch erst eine Kritik im *Spiegel* entfachte einige Monate später die Diskussion. Der Spiegel-Rezensent stellte fest, »ein Regisseur schlichten Gemüts« mache Propaganda für einen Münchner Neonazi und seine Gesinnungsgenossen.

Immerhin vier Landesregierungen – Hessen, Mecklenburg-Vorpommern, Brandenburg und Hamburg – hatten diesen Film mit rund 370.000 Mark gefördert. In der Öffentlichkeit distanzierten sie sich später: Bonengel habe die erwartete kritische Aufarbeitung des Neonazismus nicht geleistet, und es bestünde sogar die Gefahr, daß die beabsichtigte Wirkung sich ins Gegenteil verkehre, schrieben die Kulturverantwortlichen dieser vier Länder in einer gemeinsamen Erklärung. Regisseur Winfried Bonengel galt in der Öffentlichlichkeit als Linker, und vermutlich ist darin der Grund zu finden, warum unter dem Deckmantel der Kunst bzw. des Dokumentarfilms ungestraft Nazi-Parolen verbreitet werden durften. Wäre beispielsweise dieser Film nur von der bayerischen Landesregierung gefördert worden und hätte ihn Leni Riefenstahl gedreht, wäre er längst verboten worden. Zuweilen erinnerten mich die Auseinandersetzungen um *Beruf Neonazi* an den Streit um das Fassbinder-Stück. Auch dort wurde mit der »Freiheit der Kunst« argumentiert, um ein antisemitisches Stück öffentlich aufzuführen. Auch diesmal beeindruckten mich die Hinweise auf die Person des Autors nicht – mir geht es darum, welche Wirkung von einem solchen Werk ausgeht.

Am 6. Dezember 1993 erstatteten Hermann Alter und ich im Auftrage des Zentralrats beim Frankfurter Amtsgericht Strafanzeige gegen den Produzenten und Regisseur, vor allem gegen den Protagonisten des Films, den Neonazi Althans. Der Film sollte in Frankfurt aufgeführt werden, und unser Ziel war es, jede Ausstrahlung zu verhindern, ob gekürzt oder ungekürzt, ob mit oder ohne kommentierenden Vorspann. Unsere Klage wurde abgewiesen. Die Frankfurter Richter schlossen sich damit den Urteilen der Landgerichte Berlin und Dresden an. Beim Landgericht in Berlin, dem Sitz der Produktionsfirma Unidoc, waren Ende 1993 bereits Klagen eingegangen, die ebenfalls abgewiesen wurden. In der Begründung vom 22. Dezember 1993 hieß es: »Der Film sei trotz des Verzichts auf erläuternde Kommentare und eine ausdrückliche Distanzierung von den dargestellten Thesen nicht als unkritisches Propagandawerk anzusehen, sondern als eine kritisch-realistische Darstellung aktueller neonazistischer Bestrebungen.« Auch das Landgericht Dresden sah dies ähnlich. Der Film stelle die Personen und deren Ideologie »in einem kritischen Licht« dar und präsentiere die nationalsozialistischen Ansichten »nicht in einer unterstützenden und beifälligen Art und Weise«. Die Frankfurter Richter stimmten uns zwar zu, daß Althans' Aussagen den Straftatbestand der Volksverhetzung und der Beleidigung des Andenkens Verstorbener erfüllten und daß dies in *Beruf Neonazi* dokumentiert sei; jedoch werde diese Dokumentation dem Zweck der politischen Aufklärung gerecht und falle deshalb unter den sogenannten »Geschichts- und Wissenschaftsvorbehalt« des Paragraphen 86, der diesen Tatbestand regelt.

Am 19. März 1994 sendete der Privatsender VOX in seiner Sparte »Spiegel-TV« eine gekürzte Fassung des Filmes zusammen mit einer Dokumentation fremdenfeindlicher Anschläge und deren rechtsextremer Hintergründe. Stefan Aust, der Moderator der Sendung, lud mich ein, an einer Diskussionsrunde teilzunehmen, zu der auch der Regisseur Winfried Bonengel eingeladen werden sollte. Ich habe zunächst abgelehnt. Alexander Kluge überredete mich dann, wenigstens ein Statement dazu abzugeben, das in der Sendung ausgestrahlt wurde. Ursprünglich sollte die Diskussion im Vordergrund stehen und der Film in einzelnen Sequenzen dazu eingeblendet werden. Doch es wurde dann anders gehandhabt und eine gekürzte Version des Films gesendet. Bonengel verteidigte sein Machwerk in der Sendung als »besten antifaschistischen Film seit Jahren« und verurteilte die Kritik daran als »Frechheit«, als »verlogen« und »haarsträubend«. Von Nachdenklichkeit oder gar Verständnis für meine Position – und die vieler anderer – war nichts zu spüren.

Heute glaube ich sogar, daß Bonengel diesen Film bewußt gemacht hat und sich auch zu den Äußerungen von Althans bekennt. Es war in meinen Augen nicht, wie zunächst angenommen, ein mißglückter Versuch von Bonengel, sondern schon ein sehr bewußt gewollter Film in dieser Form. Inzwischen wurde Althans wegen Volksverhetzung rechtskräftig verurteilt. Der Film *Beruf Neonazi* ist mittlerweile verboten worden.

»Es sieht so aus, als passe Bonengels pseudokritische und oberflächliche Beschäftigung mit dem heikelsten Gegenstand deutscher Geschichte durchaus in eine Entwicklung, die nicht nur bei vielen Kulturschaffenden zu beobachten ist«, schrieb Rolf Seubert in einem längeren Beitrag für die Zeitschrift *medium*. Er diagnostizierte eine »neue Unbefangenheit im Umgang mit der nationalsozialistischen Erblast« und bezeichnete Althans als Bindeglied zwischen einer jugendlichen Gewaltbereitschaft und einem kleinbürgerlichen Milieu, »das sich offener denn je nach Entlastung vom Makel der deutschen Geschichte sehnt«. Seubert stellt in seiner Analyse richtig fest: »Die Forderung dieses Milieus, es müsse doch endlich Schluß sein mit dem ›ewigen Gerede‹ von der deutschen Schuld, stellt die objektive Basis für den heute offener agierenden Antisemitismus dar.«

So sehr ich für Meinungsfreiheit bin: Ich bin der Ansicht, daß die Freiheit dort ihre Grenzen hat, wo die Würde anderer Menschen verletzt wird. Das gilt auch für Tote. Ich habe es deshalb begrüßt, daß die Bundesregierung und der Bundestag das Leugnen von Nazi-Verbrechen unter Strafe gestellt haben, und ich wünschte, daß auch andere Länder, insbesondere in der Europäischen Gemeinschaft, so eindeutige Gesetze hätten. Lediglich die Schweiz hat noch ein ähnliches Gesetz verabschiedet, und in Frankreich ist ein solches in Vorbereitung. Hier ist die Bundesrepublik Vorbild – vielleicht auch deshalb, weil der Völkermord an Juden von Deutschland ausging. Aber daß selbst in Ländern, die unter der Nazibesetzung gelitten haben, ein solches Gesetz nicht existiert, erstaunt mich. Das ermöglicht es den Neonazis und Holocaust-Leugnern, ihre Pamphlete in Ländern wie Dänemark, England, Spanien, Kanada, den USA und Schweden zu produzieren und sie von dort aus nach Deutschland millionenfach zu versenden. Das Nichtvorhandensein solcher Gesetze macht es möglich, daß Leute wie Thies Christophersen in Dänemark, Ernst Zündel in Kanada und Ernst-Otto Remer in Spanien frei herumlaufen, obwohl sie in Deutschland zu Freiheitsstrafen verurteilt wurden.

Parallel zum Rückgang der Wählerschaft der rechtsextremen Parteien hat sich ein intellektueller Rechtsextremismus entwickelt, der viel differenzierter auftritt. Während die »herkömmlichen« Rechtsextremisten die Morde von Auschwitz-Birkenau leugnen, versucht diese »neue Rechte« eine Art Mittelweg zu gehen. Sie lehnt Gewalt ab und verurteilt den Nationalsozialismus, versucht jedoch gleichzeitig, über eine sogenannte »nationale Schiene« einen, wie sie meinen,

»demokratischen Nationalismus« in die Köpfe der Menschen zu bringen. Für sie hat Auschwitz existiert, sie betrachtet das als bedauerlich und falsch. Bei aller Ablehnung des Nazitums spielen Begriffe wie »Nation« und »Volk« aber wieder eine prominente Rolle. Die Rede ist von einer »nationalen Gemeinschaft, die es zu verteidigen gilt«, die man vor »Überfremdung« bewahren muß. In dieser Argumentation sind beispielsweise in der Bundesrepublik lebende Türken oder andere Gruppen, die von der »neuen Rechten« als fremd angesehen werden, auch noch in der dritten Generation keine Deutschen.

Mir sind solche Denkweisen sehr suspekt. Nicht, weil ich grundsätzlich etwas gegen nationales Denken einzuwenden hätte. Meine Befürchtung ist jedoch, daß das Argumentieren mit Begriffen wie »Nation« und »Volk« sehr leicht in Nationalismus und völkisches Denken umschlagen kann. Diese Entwicklung muß sehr sorgfältig beobachtet werden.

FREMDENFEINDLICHKEIT UND ANTISEMITISMUS

Wann immer ich mich nach rechtsextremen Gewalttaten in der Öffentlichkeit zu Wort meldete, erhielt ich regelmäßig Briefe, in denen ich, durchaus freundlich und wohlmeinend, gefragt wurde: »Was gehen Sie eigentlich die Türken, Afrikaner oder Vietnamesen an?!« In der Diskussion um Fremdenfeindlichkeit und die Hintergründe rechtsextremistischer Gewalttaten versuchte ein Teil der Gesellschaft, Fremdenfeindlichkeit von Antisemitismus zu trennen. Tatsächlich sind auf den ersten Blick das Problem der Fremdenfeindlichkeit und das des Antisemitismus völlig verschieden. Der Antisemitismus hat eine fast 2.000 Jahre alte Tradition und stützt sich auf den christlichen Antijudaismus.

Das Problem der sogenannten Ausländerfeindlichkeit liegt auf einer anderen Ebene. Schon der Begriff »Ausländerfeindlichkeit« ist in diesem Zusammenhang falsch. Nach meiner Auffassung gibt es in Deutschland nämlich kaum oder gar keine Ausländerfeindlichkeit: Niemand ist einem Schweizer, Österreicher oder Australier gegenüber feindlich eingestellt. Das, was als »Ausländerfeindlichkeit« bezeichnet wird, ist genau genommen eine Fremdenfeindlichkeit, die sich gegen Menschen richtet, die uns fremd vorkommen, sei es, weil sie einer fremden Kultur angehören, eine fremde Sprache sprechen oder sich äußerlich unterscheiden. Ob es sich hier um Deutsche oder Ausländer handelt, spielt überhaupt keine Rolle. Für einen Teil der Gesellschaft zählen auch Behinderte zu den »Fremden«, die man nicht mag, weil sie anders sind. Ein Beispiel, das ich immer wieder gern zitiere, ist die Überschrift einer Zeitungsmeldung, die ich irgendwo einmal gelesen haben. Sie lautete: »Zwei Ausländer überfielen einen Franzosen«.

Im Gegensatz zum Phänomen des Antisemitismus ist das Problem der Fremdenfeindlichkeit, wie sie sich in den vergangenen Jahren in Deutschland ausgebildet hat, neu. Fremdenfeindlichkeit hat es in dieser Form in früheren Zeiten nicht gegeben, und zwar aus dem einfachen Grund, weil nur wenige Fremde hierher kamen.

Bei dieser Unterscheidung zwischen Fremdenfeindlichkeit und Antisemtismus geht es mir nicht um einen moralischen Unterschied, denn beides ist in meinen Augen menschenfeindlich. Ich will damit nur auf die unterschiedlichen Traditionen hinweisen. Antisemitismus und Fremdenfeindlichkeit haben sich inzwischen jedoch vermengt, denn Juden wurden und werden von der Mehrheit der Bevölkerung als »Fremde« angesehen. Eine Zunahme der Fremdenfeindlichkeit bedeutet daher auch einen Anstieg des Antisemitismus.

Wie sehr Juden in Deutschland als Fremde gelten, zeigt schon die Sprache. Anders als zum Beispiel in Frankreich spricht man hierzulande von »Deutschen *und* Juden« – eine Trennung, die es in anderen Ländern so gar nicht gibt. In Frankreich oder England ist es selbstverständlich, daß Juden *auch* Engländer oder Franzosen sind. In Deutschland sieht die Mehrheit der Bevölkerung in einem Juden einen »Ausländer«. Und das hat die verschiedensten Gründe.

Ein Grund ist, daß die Ideologie des Nationalsozialismus in vielen Köpfen bis heute ihre Spuren hinterlassen hat. Nach der Rassentheorie der Nazis kann ein Jude gar kein Deutscher sein. Ein solches Denken findet sich heute keineswegs nur in den Köpfen einiger Rechtsextremisten und Neonazis. Noch in den 80er Jahren gab es im Auswärtigen Amt einen Beamten namens Schüler, der in einem Gutachten genau dies behauptete. Es ging in diesem Fall darum, daß ein russischer Jude als Spätaussiedler nach Deutschland einwandern wollte. In seinem Paß stand der Eintrag »Jude«, und er behauptete, deutscher Abstammung zu sein. Besagter Schüler stellte in seinem Gutachten fest, daß jemand, der von sich behaupte, Jude zu sein, gar kein Deutscher sein könne, und verweigerte deshalb die Genehmigung zur Einreise nach Deutschland. Zweck des Gutachtens war es auch, Entscheidungshilfe bei der Einbürgerung von Volksdeutschen aus den Ländern des ehemaligen Ostblocks zu leisten. Als Kriterium für ein »glaubwürdiges Bekenntnis zum deutschen Volkstum« wurde unter anderem angeführt, daß zumindest eine Mitgliedschaft in einer deutschen Organisation wie zum Beispiel der NSDAP oder der SS vorliegen müßte. Natürlich war das für einen Juden unmöglich, und infolgedessen konnte er auch kein Deutscher sein. Ein (nachgewiesener) Besuch der deutschen Schule galt nichts, ebensowenig wie deutsche Sprachkenntnisse.

Als ich von diesem skandalösen Gutachten erfuhr, wandte ich mich sofort an den damaligen Außenminister Hans-Dietrich Genscher und bat ihn um Aufklärung der Angelegenheit. Ich habe zwar keine Antwort bekommen, später aber erfahren, daß dieser Beamte nach London versetzt wurde. Von dort aus schrieb er allerdings immer noch Briefe an die Ämter, die sich mit der Frage der deutschen Volkszugehörigkeit befassen, und er bot sogar an, weiterhin entsprechende Gutachten zu liefern.

Ein zweiter Grund für die Wahrnehmung des Juden als Fremden ist, daß die Mehrheit der Bevölkerung überhaupt keine Juden kennt und auch nichts über Juden weiß. Seit 1.600 Jahren leben Juden in Deutschland, und es erstaunt mich immer wieder, wie wenig von dieser jahrhundertealten Tradition jüdischen Lebens bekannt ist. In Gesprächen mit jüngeren wie auch mit älteren Menschen stelle ich oft fest, daß das Judentum in Deutschland ausschließlich mit der Zeit von 1933 bis 45 in Verbindung gebracht wird. Ich würde mir wünschen, daß zum Beispiel in den Schulen nicht nur das Wissen über den Holocaust vermittelt wird, sondern auch das über die Tradition jüdischen Lebens in Deutschland.

Eine wichtige Rolle spielen natürlich auch Vorurteile. In einem Brief erzählte mir jemand einmal eine Begebenheit, die sich an seinem Stammtisch zugetragen hatte. Als das Gespräch auf Juden kam, habe einer in die Runde gefragt: »Kennt jemand von euch einen anständigen Juden?« Da schüttelten alle den Kopf. Auf seine Frage, ob jemand von ihnen überhaupt einen Juden kenne, war die Antwort allerdings die gleiche: Keiner der Anwesenden kannte einen.

Es gibt jedoch noch einen dritten Grund, der dazu beiträgt, daß

Juden von vielen Menschen heute als »Ausländer« betrachtet werden. Die Gründung des Staates Israel hat offensichtlich in weiten Kreisen der Bevölkerung den Eindruck vermittelt, jeder Jude sei nun automatisch ein Israeli. Ich will in diesem Punkt sehr deutlich unterscheiden zwischen denjenigen, die aus antisemitischen Gründen Juden nicht als Deutsche sehen wollen, und anderen, die dies aus schlichter Unwissenheit tun. Zu ersteren gehört etwa der Verfasser eines Briefes, den ich nach einem Fernsehauftritt erhielt. Der Mann schrieb mir, er habe mich im ZDF gesehen habe und für das, was ich dort gesagt hätte, allergrößte Hochachtung empfunden – bis ihm eingefallen sei, daß ich ja »andersrassig« sei und deshalb offensichtlich alles, was ich sage, »nichts als Lug und Trug« sei.

Es gibt aber auch viele Menschen, die überhaupt nicht antisemitisch denken und vielleicht sogar Juden mögen, aber in ihrem Unterbewußtsein doch davon ausgehen, daß Juden keine Deutschen sind. Fast täglich begegne ich dieser Auffassung, und ich begegne ihr sogar bei Menschen, die mich seit Jahren kennen und wissen, daß ich in Deutschland geboren bin, daß ich deutscher Staatsbürger bin, daß ich keine doppelte Staatsbürgerschaft habe, daß ich ein Mitglied dieser Gesellschaft bin, einer deutschen politischen Partei angehöre, am kulturellen Leben teilnehme – auch des nicht-jüdischen. Und dennoch bin ich in ihren Augen ein Ausländer. Ein Israeli. Die folgenden Beispiele stehen stellvertretend für viele ähnliche Situationen.

Auf dem Höhepunkt der Welle fremdenfeindlicher Gewalttaten engagierten sich zahlreiche Organisationen, Vereine und Privatinitiativen in symbolischen Aktionen gegen Gewalt und Ausländerhaß. Auch der Fußballverein Eintracht Frankfurt, bis vor kurzem in der Bundesliga vertreten, gehörte dazu. Matthias Ohms, der damalige Präsident der Eintracht, mit dem ich seit Jahrzehnten bekannt bin, schrieb mir in meiner Eigenschaft als Vorstandsvorsitzender der Jüdischen Gemeinde einen freundlichen Brief. Er kündigte an, daß die Eintracht in ihrem nächsten Spiel – Gegner war der Hamburger Sportverein, daran kann ich mich heute noch erinnern –, genauso wie bei allen anderen Bundesligaspielen an diesem Tag, ein Zeichen gegen Ausländerfeindlichkeit setzen wolle. In diesem Zusammenhang habe die Eintracht für mich und meine Landsleute ein Kontingent von 150 Freikarten zur Verfügung gestellt. Zwei Tage vor dem Spiel bekam ich einen Anruf von Ohms Sekretärin: Es seien bisher noch keine Karten abgeholt worden, informierte sie mich. »Das kann ja wohl nicht stimmen«, antwortete ich ihr, »ich habe heute in der Zeitung gelesen, daß meine Landsleute bereits 30.000 Karten im Vorverkauf erworben haben!«

Nun bin ich seit vielen Jahren auch Honorarkonsul der Côte d'Ivoire, der Elfenbeinküste. Und das weiß Ohms. Flugs zog er sich mit der Erklärung aus der Affäre: Er habe »meine Landsleute« aus der Côte d'Ivoire gemeint! Ach so. Blieb nur noch die Frage, warum das Schreiben bei der Jüdischen Gemeinde in Frankfurt einging und nicht beim Konsulat der Côte d'Ivoire.

Auch politisch sensible und hochgebildete Menschen sind vor diesem Irrtum nicht gefeit. Kein geringerer als der Präsident der Bundeszentrale für politische Bildung meinte mir bei einem Staatsbankett, das Bundespräsident Roman Herzog für den israelischen Staatspräsidenten Ezer Weizman gab, versichern zu müssen, daß der Staatspräsident wirklich eine hervorragende Tischrede gehalten habe. Ich erlaubte mir die Bemerkung, daß Bundespräsident Herzog immer hervorragende Reden halte, worauf er mir antwortete: »Ich meine *Ihren* Staatspräsidenten!« Übrigens war die Tischrede von Weizman an diesem Abend, im Gegensatz zu seiner Rede im Bundestag, ganz miserabel gewesen. Aber der Präsident der Bundeszentrale für politische Bildung wollte mir offensichtlich ein Kompliment machen.

Wie fest verankert die Vorstellung ist, ich müsse Israeli, »mein Land« müsse Israel sein, merke ich auch daran, daß ein ironischer Wink von mir diesen Glauben manchmal nicht im mindesten zu erschüttern vermag. Nach einer gemeinsamen Veranstaltung in Baden-Baden saß ich beim Abendessen mit dem Journalisten Werner Höfer zusammen, der jahrzehntelang den Internationalen Frühschoppen in der ARD geleitet hatte. Er fragte mich, wie denn in meiner Heimat die Reaktion auf die ausländerfeindlichen Ausschreitungen sei? Ich antwortete ihm, daß die in Hessen nicht anders ausfiele als in Baden-Württemberg. Darauf Höfer: »Aber Sie sprechen doch Hebräisch?« Ich sagte ja, das sei richtig, aber ich spräche auch Italienisch und Russisch. Worauf sich seine Frau einschaltete und meinte, daß ich doch Ausländer sei. Ich erwiderte, daß die einzige Staatsangehörigkeit, die ich je besessen hätte bzw. noch besäße, die deutsche sei. Und um ihre nächste Frage vorwegzunehmen, fügte ich hinzu, daß ich auch keine doppelte Staatsbürgerschaft hätte, wenngleich mir die Schweizer als zweite sehr willkommen wäre. Zum Schluß verabschiedete er mich mit den Worten: »Trotzdem alles Gute für Sie und Ihr Land!« Ich habe mich im Namen der Bundesrepublik Deutschland höflich bedankt.

Bei diesen drei Beispielen handelt es sich ganz eindeutig um Reaktionen, die nicht einmal in Ansätzen antisemitisch gemeint sind. Aber so denkt halt die Mehrheit in diesem, unserem Land.

Ich verkenne nicht, daß manche der in Deutschland lebenden Juden es sogar ähnlich sehen. Ihr schlechtes Gewissen, trotz des Holocaust in Deutschland geblieben und nicht nach Israel gegangen zu sein, bringt bei ihnen eine besondere Identifikation mit Israel hervor. Auch dazu ein Beispiel. Nach der Ermordung des israelischen Ministerpräsidenten Jitzhak Rabin veröffentlichte die Jüdische Gemeinde Bad Nauheim eine Annonce mit dem Text: »Der Vorstand der jüdischen Gemeinde trauert um unseren Ministerpräsidenten.« Es sind keineswegs nur Nicht-Juden, sondern auch Juden, die diese Identifikation mit Israel vornehmen. Bezeichnend ist jedoch, daß dies hauptsächlich in Deutschland geschieht. Ich habe damals in meinen Briefen an Rabins Witwe Lea und an den israelischen Staatspräsidenten Weizman meine Trauer »um den großen Staatsmann, israelischen Ministerpräsidenten und Sohn des jüdischen Volkes« zum Ausdruck gebracht.

KAPITEL 16

ISRAEL

EMPFOHLENE HEIMAT

Als ich im September 1992 aufgrund der nächtelangen Ausschreitungen nach Rostock fuhr, gab ich dort auch eine Pressekonferenz. Am Ende meldete sich ein Mann aus dem Publikum und erklärte: »Ich bin eigentlich kein Journalist. Mein Name ist Karl-Heinz Schmidt. Ich bin der Vorsitzende des Innenausschusses der Bürgerschaft. Darf ich auch eine Frage stellen?« »Bitte sehr!«, sagte ich zu ihm. »Sie bezeichnen sich als deutschen Staatsbürger jüdischen Glaubens. Ist das richtig?« »Ja«, antwortete ich. »Aber Ihre Heimat ist doch Israel! Was halten Sie denn von den Gewalttaten zwischen Israelis und Palästinensern?« Ich erwiderte in ziemlich scharfem Ton, daß seine Aussagen geradezu implizierten, daß ich als Jude hier in Deutschland nichts zu suchen hätte.

Ob er mich nun provozieren wollte oder sich dabei weiter nichts gedacht hat: Der Mann wäre sicherlich sehr erstaunt gewesen, wenn ich ihm erklärt hätte, daß zwischen seinem Salon-Antisemitismus und dem Geschrei der Rechtsextremisten wenig Unterschied besteht. Die Selbstverständlichkeit, mit der er vor der versammelten in- und ausländischen Presse diese Frage an mich richtete, ist das, was mich so verwundert. Er tat es wahrscheinlich gar nicht in diskriminierender Absicht und hielt sich vielleicht eine intelligente Form der Ausgrenzung zugute.

Nachdem dieser Wortwechsel durch die Presse publik geworden war, erreichten mich zahlreiche Anrufe und Briefe, daß der Mann doch nicht so unrecht hätte. Ein Jude könne eben kein Deutscher sein. Und wenn mir jemand Fragen zu den Auseinandersetzungen zwischen Israelis und Palästinensern stelle, dann gehe es lediglich um das Thema Gewalt. Ich frage dann zurück: »Haben Sie auch Fragen zu Chile, Südafrika oder Ruanda?«

Es sind neuerdings die sogenannten »akademischen« Anfragen und Kommentare, mit denen ich mich beschäftigen muß. Ich merke das am Stil.

Ich sehe es den Briefen an, wenn ich sie bekomme. Zum Beispiel: »Warum müssen sich Juden überall einmischen?« Eine harmlose Frage, nichts Diskriminierendes, kein faschistoides Argument, keine rassentheoretische Unterstellung, nichts als nur eine Frage. Das sind keine rechtsradikalen frechen Beschimpfungen, da wird auch nicht Auschwitz in Frage gestellt oder der Holocaust verleugnet, das ist im engsten Sinne des Wortes nicht einmal antisemitisch. Das sind Briefe, die ich von sogenannten Normalbürgern bekomme. Vor keinem Richter würde ich mit einer Klage gegen den Briefeschreiber durchkommen. Und trotzdem sind es tägliche Verletzungen, Nadelstiche von Menschen, die mit ihren eigenen Vorurteilen nicht fertig werden.

Ich höre es am Tonfall einer Frage, die mir zum Beispiel ein Talkmaster in einer TV-Show stellte: »Wie fühlt man sich eigentlich so als reicher Mann?« Ich weiß nicht, wie viele Leute in seiner Show schon eingeladen waren, die sicherlich viel mehr Geld haben als ich. Aber *mir* stellte er diese Frage, und natürlich wollte er gleich danach wissen, wie ich in den »wilden Nachkriegsjahren die Grundlage meines Vermögens geschaffen« habe. Dabei schwingt für mich immer ein gewisser Unterton mit, als ob der unausgesprochene Gedanke hinter dieser Frage lauten würde: Wenn jemand 1945 aus dem KZ gekommen ist und nichts besessen hat, dann kann es wohl nicht mit rechten Dingen zugegangen sein, daß er im Laufe von 50 Jahren ein vermögender Mann geworden ist. Auch mein Einwand, daß ich erst in den 70er Jahren mit Immobilien mein Vermögen stabilisiert habe, beeindruckte ihn wenig.

Auf der gleichen Linie liegt auch die gut gemeinte Beteuerung mancher Menschen, daß sie, ihre Eltern oder Großeltern schon immer jüdische Freunde gehabt hätten. Das ist sicherlich gut gemeint. Trotzdem kann ich es nicht lassen, manchmal zurückzufragen: »Ich weiß nicht, ob Sie katholisch sind. Aber wenn Sie's wären, würden Sie dann auch zu einem Protestanten sagen, daß Sie, Ihre Eltern oder Großeltern trotz des Dreißigjährigen Krieges schon immer evangelische Freunde hatten?«

Manchmal bin ich es müde und würde am liebsten überhaupt nicht reagieren. Aber man muß sich verteidigen gegen solch dumme Fragen und die kleinen Angriffe, man muß antworten, manchmal mit einer spöttischen Bemerkung, manchmal mit einer Gegenfrage, aber dabei immer die Ruhe bewahren. Es ist die Dummheit, die Ignoranz, die Gleichgültigkeit und das ewige Vorurteil, das einem zu schaffen macht, und ich denke oft: Wir werden als Juden hier für die Mehrheit immer die Fremden bleiben.

Die Angelegenheit »Schmidt« in Rostock hatte jedoch noch ein Nachspiel und zeigte mir, daß doch nicht jede Frechheit erlaubt ist und unbemerkt bleibt. Der Vorsitzende der CDU-Fraktion in der Rostocker Bürgerschaft distanzierte sich von den Aussagen seines Parteikollegen und entschuldigte sich bei mir. Auch der israelische Botschafter in Bonn, Benjamin Navon, meldete sich zu Wort und sagte: »Wenn Herr Schmidt als Ablenkungsmanöver zum Thema Ausländerfeindlichkeit und Antisemitismus in Deutschland und in Mecklenburg-Vorpommern nichts anderes einfällt, als Israel zu kritisieren, ja zu diffamieren, finden wir das äußerst besorgniserregend. Mit solchen Aussagen wird man die jüngsten Ausschreitungen und die rechtsradikalen Tendenzen und Erscheinungen in all ihren Formen sicherlich nicht unter Kontrolle bringen, vielleicht sogar das Gegenteil erreichen!« Rostocks Oberbürgermeister Klaus Kilimann entschuldigte sich ebenfalls bei mir und betonte, daß die Stadt Rostock besonders stolz darauf sei, daß sich hier wieder eine jüdische Gemeinde bilde.

Der Abgeordnete Schmidt wird sich sicherlich sein Leben lang über diese Frage ärgern. Nicht, weil er sie für falsch hielte, sondern, weil er sie gestellt hat. Er mußte sein Mandat zurückgeben.

DEUTSCHE DIASPORA

Die rechtsextremistischen Ausschreitungen in Deutschland ließen auch die jüdischen Organisationen im Ausland nicht unbeeinflußt. Ende 1992 kritisierte mich die Jewish Agency, die für die Einwanderung der Juden aus aller Welt nach Israel verantwortlich ist. Sie fragte mich, ob ich nicht begreifen würde, was derzeit in Deutschland vorgehe, und warum ich nicht die Juden auffordern würde, Deutschland zu verlassen. Die Jewish Agency behauptete auch, daß die Auswanderungswelle aus der Bundesrepublik ansteigen würde. Ich widersprach dem, die Zahlen hatten sich kaum verändert. 1991 – vor Rostock und Lübeck – sind 110 Juden aus Deutschland nach Israel ausgewandert; 1992 waren es 146, darunter einige Israelis, die in der Bundesrepublik geheiratet hatten und sich hier nie auf Dauer ansässig machen wollten.

Ich habe die Lösung des Antisemitismusproblems noch nie in der Flucht aus Deutschland gesehen. Natürlich akzeptiere ich die Grundhaltung der Israelis, daß alle Juden nach Israel einwandern sollten, aber das ist nicht mein Standpunkt, und es ist auch nicht der jener Millionen anderer Juden, die nicht in Israel leben. Sowohl die meisten religiösen Juden als auch die modernen Zionisten sehen in der Gründung des Staates Israel das Ende der Diaspora des Judentums, die mit der Zerstörung des Zweiten Tempels im Jahre 70 und der späteren Vertreibung aus dem Heiligen Land begann. Sie meinen, daß nach der Wiederbegründung eines jüdisches Staates alle Juden nach Israel kommen sollten. Daß in den 2.000 Jahren der Vertreibung tiefe Bindungen an die neuen Heimatländer entstanden sind, die nicht mir nichts dir nichts abgebrochen werden können, glauben sie nicht akzeptieren zu können. Und so gilt seit dem 15. Mai 1948, dem Tag der Gründung des Staates Israel, dort nur der als Zionist, der auch nach Israel einwandert.

Erst in den letzten Jahren ist die Haltung vieler Israelis in dieser Frage liberaler geworden. Früher waren sie der Meinung, es könne sich niemand als Zionist bezeichnen, der nicht in Israel lebt. Heute gestehen sie zu, man könne den Zionismus auch anderswo vertreten. Ich verstehe den Zionismus als Wunsch nach einem eigenen jüdischen Staat – und in diesem Sinne bin ich Zionist. Aber Israel ist nicht meine Heimat. Und ich hoffe sehr, daß ich nicht eines Tages dorthin flüchten muß. Es sollte jedem Juden selbst überlassen bleiben, diese Entscheidung für sich zu fällen. Man kann nicht von mir erwarten, daß ich als Werber für die Jewish Agency auftrete, während ich selbst in Deutschland leben will.

Im Februar 1993 fuhr ich als Leiter einer Delegation des Zentralrats zu einem offiziellen Besuch nach Israel. Es war der erste derartige Besuch seit zwei Jahrzehnten. Als ich bei einer privaten Reise Ende 1992 festgestellt hatte, wie sehr die Ereignisse in Deutschland das Bild der Bundesrepublik in Israel bestimmten, schlug ich meinen

Kollegen im Direktorium vor, diesen offiziellen Besuch bald zu unternehmen. Zwar hatte jeder von uns seine direkten oder indirekten Kontakte, aber das allein genügte jetzt nicht mehr. Die Reise organisierte ich über die israelische Botschaft in Bonn, und während unseres Aufenthalts betreute uns das israelische Außenministerium zusammen mit der deutschen Botschaft in Israel.

Juden aus Deutschland haben es nicht leicht in Israel, manchmal noch schwerer als deutsche Nicht-Juden. Es gibt kaum ein Gespräch mit Israelis, in dem nicht die beiden Fragen gestellt werden: Wie kannst du im Land der Mörder der Juden leben? Warum lebst du nicht in Israel? Aber nach den Gewalttaten in Rostock, Hoyerswerda und Mölln wurde der Druck auf die in Deutschland lebenden Juden noch stärker. In Israel wußte man genau, was in Deutschland geschehen war. Deutsche Fernsehberichte über Ausschreitungen der Rechtsextremisten wurden im israelischen Fernsehen gezeigt. Bilder von geschändeten Friedhöfen, beschmierten Synagogen und brennenden Asylbewerberhäusern hatten ein besonders negatives antideutsches Klima geschaffen.

Spürbar war in diesem Februar 1993 auch noch der bittere Nachgeschmack, den der Golfkrieg hinterlassen hatte. Die deutschen Waffenlieferungen in den Irak, ob legal oder illegal, und vor allem die Bilder der sogenannten »Friedensdemonstrationen« gegen den Kriegseinsatz der Amerikaner und ihrer verbündeten Truppen haben nicht dazu beigetragen, daß sich die Stimmung gegenüber Deutschland verbesserte. Als junge Deutsche mit Transparenten durch die Straßen liefen, auf denen »Amis raus aus dem Irak« oder »Kein Blut für Öl« stand, und zur gleichen Zeit irakische Raketen auf Israel fielen, waren zu Recht viele Israelis erzürnt. Dieser falsch verstandene Pazifismus, der keinen Unterschied zwischen Aggressor und lebensrettender Verteidigung macht, ist noch gefährlicher als die Gleichgültigkeit. Nimmt man die Theorie der Pazifisten ernst, hätte es letzten Endes auch keine Befreiung der Konzentrationslager gegeben.

Bei meinem ersten Besuch als Vorsitzender des Zentralrates in Israel mußte ich – im Gegensatz zu meinem Verhalten in Deutschland – versuchen, auf die Öffentlichkeit beruhigend zu wirken, und auf die Stabilität der deutschen Demokratie verweisen. Ich beschönigte nichts, widersprach jedoch jenen Kritikern, die bereits einen Vergleich mit den 30er Jahren zogen. »Bonn ist nicht Weimar!«, versuchte ich meinen israelischen Gesprächspartnern zu erklären. Ob ich sie überzeugte, weiß ich nicht.

Weitaus persönlicher waren die Diskussionen um die Frage, warum Juden heute noch in Deutschland leben. Ich sprach damals mit Minsterpräsident Jitzhak Rabin, Außenminister Schimon Peres, Josef Burg von der Nationalreligiösen Partei, dem damaligen Oppositionsführer und früheren Ministerpräsidenten Jitzhak Shamir und mit Teddy Kollek, dem Bürgermeister von Jerusalem. Alle fünf kannte ich schon von früheren Besuchen. Vor allem mit Teddy Kollek verbindet mich eine enge Freundschaft. Dennoch verliefen die Gespräche mit den Politikern zu Beginn nicht unbedingt in einer sehr gelösten Atmosphäre.

Bei der Frage nach der Heimat der Juden antwortete ich den israelischen Kritikern: »Es gibt ein Diaspora-Judentum, und so lange es ein Judentum in der Diaspora gibt, wird es und soll es auch eines in Deutschland geben.« Es sei auch unangemessen, eine »Klassifizierung« von Juden vorzunehmen und zu meinen, daß die in Deutschland lebenden Juden zweitklassig seien. Josef Burg, der 1972 als erster israelischer Minister Deutschland besucht hatte, erwiderte darauf: »Wie kommen Sie auf zweitklassig? Drittklassig!« Burg, 1909 in Dresden geboren, scheute sich nicht, die in Deutschland lebenden Juden als »Dritte-Klasse-Juden« zu bezeichnen. Für ihn gab es sogar noch eine Steigerung: Als »Vierte-Klasse-Juden« beschrieb er jene Israelis, die nach Deutschland auswanderten. Auszuwandern sei schon ein logischer und psychologischer Widerspruch zur Existenz Israels, meinte er und fügte hinzu: »Doch diese Antithese wird gröber und größer, wenn Juden nach Deutschland auswandern!« Ich antwortete ihm, daß es keinen Sinn habe, für jeden einzelnen in Deutschland lebenden Juden eine Erklärung zu finden, warum er dort lebe. Es gäbe sicherlich 40.000 individuelle Begründungen. Für die einen seien es die Sprache oder das Klima, für die anderen die Kultur oder die Lebensgewohnheiten. »Heimat«, sagte ich, »bedeutet für mich der Ort, an dem ich lebe, Freunde habe und mich wohl fühle. Und das ist in Frankfurt.«

Sowohl Peres als auch Rabin waren meinen Gedankengängen am nächsten. So meinte Peres zu meiner Bemerkung, daß es ein Diaspora-Judentum sowohl in Deutschland als auch in der übrigen Welt geben wird und soll: »Wird? Ja. Soll? Muß nicht unbedingt sein.« Später suchten wir Rabin auf. Als ich mich für den Empfang bedanken wollte, unterbrach er mich und meinte, es sei ein Gebot der Höflichkeit, daß er uns zuerst begrüße. Er freue sich, daß der Zentralrat Israel einen offiziellen Besuch abstatte, und er sei der Auffassung, »daß es ein Diaspora-Judentum in Deutschland und anderswo immer geben wird und soll«. *Auch* in Deutschland. Rabin hatte sich ganz offensichtlich über die vorangegangenen Gespräche informiert.

An einem Nachmittag während dieser Reise trat ich im israelischen Fernsehen auf. Ich wurde zu Deutschland interviewt, und mein Gesprächspartner zeigte sich ziemlich beeindruckt von meinen Hebräischkenntnissen. Später im Hotel riefen mich 40 oder 50 Zuschauer an und gratulierten mir zu meinen Aussagen. Der stellvertretende Bürgermeister von Tel Aviv schickte mir ein herzliches Fax und beglückwünschte mich zu der gelungenen Sendung. All das freute mich sehr und zeigte mir, daß es doch auch in Israel Menschen gab, die meinen Standpunkt verstanden und ihn für richtig hielten.

Mit der Frage der Diaspora bin ich Jahre später noch einmal in Deutschland konfrontiert gewesen. Während seines letzten Besuches, im Januar 1996, sagte der israelische Staatspräsident Ezer Weizman das, was er überall sagt: Juden sollten nur in Israel leben und sonst nirgendwo auf der Welt. In keinem Land hat man sich jedoch so über die Äußerung des israelischen Präsidenten aufgeregt wie in der Bundesrepublik. Man interpretierte seine Worte so, daß in Deutschland, und vor allem in Deutschland, keine Juden leben dürften. Teilweise war eine regelrecht beleidigte Haltung zu spüren, und für mich hatte es den Anschein, als ob manche meinten: Wenn seit 50 Jahren Juden in Deutschland nicht mehr umgebracht werden und ihnen kein Unrecht zugefügt wird, dann darf man doch eine gewisse Dankbarkeit erwarten.

Ich respektiere die Meinung von Weizman, der in Israel geboren, Staatspräsident und Zionist ist, aber ich teile sie nicht. Bei dem Gespräch, daß das Direktorium des Zentralrats mit Weizman während seines Besuches führte, habe ich ihm meine Haltung erklärt und ihm gesagt: Für den Fall, daß er gemeint haben sollte, im heutigen Deutschland können oder dürfen – 50 Jahre nach dem Holocaust – keine Juden leben, müsse ich ihm widersprechen. Das wäre einerseits eine Verharmlosung der NS-Zeit, andererseits aber eine Beleidigung der heutigen demokratischen Bundesrepublik, die in keiner Weise mit dem »Dritten Reich« verglichen werden dürfe. Weizman erwiderte, daß meine Ausführungen sehr schön und philosophisch seien, aber er darauf eine simple Antwort habe: »Sie, Herr Bubis, kommen sehr viel in der Welt herum. Ob in Dresden, Leipzig, Whitechapel oder sonstwo in der Welt, es ist Ihnen doch sicherlich schon begegnet, daß Ihnen das Schimpfwort ›verfluchter Jude‹ hinterhergerufen wurde. Kommen Sie nach Israel, dort wird Ihnen das garantiert nicht passieren!«

In der israelischen Zeitung *Haaretz* erschien dazu ein interessanter Kommentar. Darin meinte der Autor unter anderem, Weizman habe eines mit den deutschen Rechtsextremisten gemeinsam, die Bubis anonyme Briefe schrieben und ihn aufforderten, sein Land zu verlassen: »Beide meinen, besser zu wissen, wo Bubis leben soll und wo seine Heimat ist.« Der Kommentator schloß seinen Artikel mit der Feststellung, daß Weizman vielleicht der Staatspräsident aller Israelis, aber ganz sicher nicht aller Juden sei.

MEIN EIGENER WEG

Meine erste Reise hatte mich nach Israel geführt, als ich selbst noch daran dachte, vieleicht hier leben zu wollen. Damals, im Jahr 1951, konnte ich noch kein Hebräisch und mich schreckte schließlich die Vorstellung ab, wieder ganz von vorne beginnen zu müssen. Für einen Europäer war das Leben dort nicht einfach, und nach all den Jahren im Arbeitslager sehnte ich mich nach einem Dasein mit der Möglichkeit, in einer gewohnten Umgebung zu leben. Natürlich gibt es auch in mir dieses schlechte Gewissen, das wahrscheinlich jeder Jude in der Welt hat. Man fühlt sich diesem Land doch in besonderer Weise verpflichtet, und ein ganz klein wenig schämt man sich auch, daß man den einfacheren Weg gewählt hat und nicht nach Israel gegangen ist. Jedenfalls kam ich damals unentschlossen zurück.

Mein Herz schlägt auch für Israel, wo die Wurzeln des Judentums herkommen und wo ein unabhängiger, mehrheitlich jüdischer Staat mit Schweiß und Blut erkämpft und aufgebaut wurde. Dieser Respekt, aber auch meine Bindung an das Judentum allgemein bringen es mit sich, daß ich so denke und fühle. Und nicht zuletzt damit hängt es zusammen, daß ich mich in Israel geschäftlich engagiert habe.

Aber zurück zu unserem offiziellen Zentralratsbesuch im Februar 1993. Anders als unsere Gespräche mit Politikern gestalteten sich die Gespräche mit der Jewish Agency noch aus einem anderen Grund besonders schwierig. Der Vorsitzende des Board of Governors, mein Freund Mendel Kaplan, zeigte sich enttäuscht darüber, daß eine nicht unbedeutende Anzahl der aus Rußland ausreisenden Juden nach Deutschland emigrierte. »Wenn Juden unter Druck geraten und darauf reagieren, indem sie nach Israel auswandern, dann ist das die einzig richtige Entscheidung!«, sagten er und Simcha Dinitz, der damalige Vorsitzende der Jewish Agency, während der Gespräche, die zu Beginn in einer etwas kühlen Stimmung verliefen.

Ich versuchte ihnen zu erklären, daß wir als Zentralrat nicht die Absicht hätten, von der Bundesregierung Zuzugssperren gegen russische Juden zu erbitten. Es wäre doch paradox, wenn deutsche Juden ihre Regierung auffordern würden, keine Juden nach Deutschland einwandern zu lassen. In der Zeit des Kalten Krieges appellierten Juden in aller Welt, nicht nur in Israel, an den Kreml, das Auswanderungsverbot aus der Sowjetunion aufzuheben – nach dem Motto: »Laß mein Volk ziehen!« Und das kann nicht nur gelten, wenn es um Israel geht. »Wir bemühen uns nicht um diese Menschen und freuen uns, wenn sie nach Israel gehen. Die Auswanderung nach Israel wird sogar vom Zentralrat gefördert und unterstützt«, versicherte ich. »Aber wenn sie zu uns kommen wollen, dann ist es auch unsere Pflicht, ihnen bei der Integration zu helfen.«

Als mich im Anschluß an das Gespräch mit der Jewish Agency die Journalisten fragten, wie es gelaufen sei, versuchte ich die Stimmung folgendermaßen zu beschreiben: »Erst haben wir uns angeschwiegen. Aber zum Schluß waren wir doch noch freundschaftlich zueinander.« Ich habe das Gefühl, daß diese Reise damals viele Mißverständnisse ausgeräumt und daß sich auch die Haltung der Israelis gegenüber Deutschland und den in Deutschland lebenden Juden verändert hat.

Einige meiner mitreisenden Zentralratsmitglieder zeigten sich nicht sehr begeistert, als ich die kurz zuvor gefällte Entscheidung der israelischen Regierung kritisierte, 418 Palästinenser auszuweisen. Nach der Entführung und Ermordung eines israelischen Grenzpolizisten hatten die Behörden diese Palästinenser Ende Dezember 1992 in den Südlibanon abgeschoben – eine höchst umstrittene Maßnahme, die aber das Oberste Gericht umgehend für rechtens erklärte. Die libanesischen Soldaten ließen die Palästinenser nicht passieren, und so mußten sie im Niemandsland zwischen den Grenzen wochen- und monatelang in bitterer Kälte ausharren.

Ich gehe hier meinen eigenen Weg. Ich war immer der Überzeugung, daß ich mich nicht aufspalten und etwa als Politiker die Ungerechtigkeiten in Südafrika kritisieren kann, nur um mich dann als Zentralratsvorsitzender bei heiklen Ereignissen in Israel zurückzuhalten. Nur eines habe ich immer vermieden: anderen Regierungen – egal welchen – Ratschläge zu erteilen. Und ich bin auch in Israel nie mit Vorschlägen aufgetreten, wie dort Konflikte gelöst werden könnten. Da käme ich mir lächerlich vor. Manche zeigen gerne mit Fingern auf Dritte, um von eigenen Ungerechtigkeiten abzulenken, und insbesondere freuen sich viele, wenn sie auf Israel zeigen können. Dabei verwechseln sie dann oft Ursache und Wirkung. Der Terror, der von Hamas oder Hisbollah ausgeht, wird einfach negiert, und es wird ebenso übersehen, daß es sich vielfach um Anschläge handelt, die darauf angelegt sind, den Friedensprozeß zu stören, weil sie zwangsläufig israelische Reaktionen hervorrufen. Daß die Israelis verpflichtet sind, genauso wie andere Staaten, gegen Terroristen im eigenen Land vorzugehen, um der eigenen Bevölkerung ein sicheres Leben zu ermöglichen, wollen viele nicht wahrhaben.

Ich unterstütze den Friedensprozeß, weil ich ihn für notwendig halte und weil er ohne Alternative ist – sofern es denn gelingt, den ersehnten Frieden mit den für Israel notwendigen Sicherheitsgarantien zusammenzubringen. Meine politischen Meinungen stimmen in diesem zentralen Punkt weitgehend mit denen der Arbeiterpartei überein. Zugleich hatte ich immer Verbindungen zu den Liberalen, die zum Likud gewechselt sind, und versuche sie dahingehend zu beeinflussen, auf den Likud mäßigend einzuwirken. Doch auch bei all den Diskussionen um die Einzelheiten des Friedensprozesses hielt und halte ich mich stets zurück, wenn es um Ratschläge geht. Wer bin ich schon, daß ich von Deutschland aus den israelischen Politikern erklären könnte, wie sie ihre Politik machen sollen!

Besonders wichtig ist für mich bei jeder Reise nach Israel ein Besuch in Yad Vashem, der Holocaust-Gedenkstätte. Wenn ich die schrecklichen Bilder sehe, die unvorstellbaren Zahlen der Opfer und die Gedenktafel mit den zerstörten jüdischen Gemeinden in Europa, überkommt mich eine unendliche Trauer. Dieses Museum ist eine Gedenkstätte meiner eigenen Geschichte. Hier sind die Orte genannt, in denen ich aufgewachsen und zur Schule gegangen bin, wo ich mit meiner Familie lebte. Eine Welt wird dokumentiert, die einst eine heile war und mit Gewalt und durch Mord vernichtet bzw. zerstört wurde. Jeden Schritt des Wahnsinns kann man nachvollziehen.

Für mich bedeuten das Erinnerungen, die mich mein Leben lang verfolgen.

Hier an diesem Ort, der auch die Vernichtung meiner Familie dokumentiert, stelle ich mir jedes Mal die Frage, ob ich richtig gehandelt habe, als ich nach dem Krieg in Deutschland geblieben bin. Hier war es auch, daß ich nach einem Besuch dort sagte: »In Frankfurt bin ich zuhause, aber beerdigt möchte ich in Israel werden. Hier habe ich wenigstens die Sicherheit, daß mein Grab nicht wegen meines Jude-Seins einmal geschändet wird.«

Wenn ich das Museum verlasse, ist es wie eine Flucht aus der Vergangenheit, so wie ich vor der Antwort, ob Deutschland die richtige Entscheidung war, immer geflüchtet bin. Die Bewegung, die mich am Leben hält, der Terminkalender, die wenigen Stunden Schlaf, die Einladungsliste mit Interviews, Vorträgen, Symposien, Kongressen ergeben eine ständige Erschöpfung, in der ich immer noch gut funktioniere, doch eben keine Zeit zum Nachdenken habe. Das Holocaust-Museum in Israel ist das grausamste Gegenargument meiner Verteidigung der Heimat Deutschland.

KAPITEL 17

POLITIK IN DEUTSCHLAND

DEUTSCHE EINHEIT

Als am 9. November 1989 die Mauer fiel, wurde in vielen Synagogen in Deutschland der Pogromnacht von 1938 gedacht. Der 9. November ist sowohl in der deutschen als auch in der jüdischen Geschichte ein schicksalsträchtiges Datum: Am 9. November 1918 wurde die Weimarer Republik ausgerufen, am 9. November 1923 fand der Marsch der Nationalsozialisten auf die Feldherrnhalle in München statt, und am 9. November 1938 war die Pogromnacht. In der jüdischen Geschichte wurden sowohl der erste Tempel als auch der zweite Tempel am 9. Tag des elften Monats jüdischer Zeitrechnung zerstört.

Ich kam aus der Synagoge, wo wir die Gedenkstunde zur Erinnerung an den 9. November 1938 veranstaltet hatten, als die ersten Meldungen über den Fall der Mauer übers Fernsehen liefen. Damit hatte ich ebenso wenig gerechnet wie viele andere auch, und ich hatte damals durchaus gemischte Gefühle, ob das Ende des sozialistischen Systems wirklich friedlich ablaufen würde.

Als es später darum ging, den »Tag der deutschen Einheit« als Feiertag einzuführen, schlug Hans-Jochen Vogel spontan den 9. November vor – und er stand damit nicht allein. Wir hielten das jedoch, bei allem Verständnis für den historischen Augenblick, für keine gute Wahl, sondern waren der Auffassung, daß das bei vielen zu Konfusionen führen würde. Daher wurde der Zentralrat bei der Bundesregierung vorstellig. Die Bundesregierung hat sich schließlich für den 3. Oktober entschieden, den Tag der offiziellen Wiedervereinigung.

Am 8. Mai 1991 fand in Jerusalem eine Tagung des Jüdischen Weltkongresses statt. Es war eine hochrangige Tagung im Zeichen des gerade zu Ende gegangenen Golfkrieges und auch der gerade abgeschlossenen deutschen Einheit, zu der eine vierköpfige Delegation aus der BRD anreiste. Als Heinz Galinski im letzten Moment wegen einer Krankheit seine Teilnahme absagen mußte, übernahm ich es, an seiner Stelle vor dem Kongreß eine Rede zu halten.

Breiten Raum nahmen in dieser Rede meine Ausführungen zur deutschen Einheit ein, die weltweit nicht nur positiv aufgenommen worden war. Auch in Israel gab es starke Vorbehalte gegen ein wiedervereinigtes Deutschland – Vorbehalte, die ich nicht teilte und von denen ich mich öffentlich distanzierte, indem ich für ein anderes Bild der Bundesrepublik warb. Ich versuchte zu erklären, daß ein undemokratischer Staat – ein Staat, der bis zuletzt arabische Terroristen ausgebildet hat – untergegangen und daß das demokratische Deutschland dabei größer geworden ist. Ich konnte dabei nicht zuletzt auf die kurz zuvor bekannt gewordene Tatsache verweisen, daß selbst noch nach den ersten freien Wahlen in der DDR im Juni 1990 dort weiterhin palästinensische Terroristen ausgebildet worden waren. Der damalige DDR-Verteidigungsminister (und heutige CDU-Bundestagsabgeodnete) Pastor Rainer Eppelmann hatte auf eine entsprechende Frage erklärt, es handele sich dabei um alte zwischenstaatliche, noch von der kommunistischen DDR abgeschlossene Verträge, und im übrigen könne von Terroristen keine Rede sein: »Sie lernen bei uns nur, wie man Häuser sprengt.«

Ich betonte, ich könne mir nicht vorstellen, daß man in Israel einer größer gewordenen und wirtschaftlich starken Bundesrepublik einen zweiten solchen deutschen Staat vorzöge. Zumindest von den anwesenden Teilnehmern bekam ich viel Applaus, und auch die israelische Presse hat über meine Rede ausführlich, teilweise auch wohlwollend berichtet.

Nach dem Fall der Mauer wurde uns im Westen eine besondere Tragik offenbar: der Verlust des jüdischen Eigentums in der ehemaligen DDR. Nichts wurde jenen zurückgegeben, die ihr Hab und Gut durch die Arisierung verloren hatten. Große Unternehmen, Immobilienbesitz und privates Eigentum blieben nach der Gründung der DDR enteignet.

Nur den jüdischen Gemeinden wurden 1948, auf Befehl der sowjetischen Militäradministration, Synagogen und Friedhöfe zurückgegeben. Gleichzeitig übten jedoch die Behörden Druck auf die Gemeinden aus, das gerade zurückerhaltene Eigentum zu einem Spottpreis an die Kommunen oder staatliche Institutionen zu verkaufen. Das führte dazu, daß in den DDR-Jahren viele jüdische Friedhöfe überbaut worden sind, obwohl das Überbauen von Friedhöfen für Juden ein schlimmer Frevel ist. Friedhöfe sind im Judentum für die Ewigkeit angelegt, Ausnahmen undenkbar. Selbst wenn Umbettungen vorgenommen werden, so bleibt der Boden dennoch heilig. In der Bundesrepublik ist nach 1945 lediglich ein einziger derartiger Fall bekannt geworden, als die JRSO mit Zustimmung der Jüdischen Gemeinde in Hamburg-Ottensen den dortigen Friedhof verkaufte und darauf ein Kaufhaus errichtet wurde. Der Skandal ist bis heute virulent.

Im Augenblick finden Verhandlungen zwischen der Claims Conference, den jüdischen Gemeinden und der Bundesregierung statt über die Rückgabe der quasi unter Zwang verkauften Friedhöfe und Synagogen. Dazu zählt auch die Görlitzer Synagoge – eine der schönsten, inmitten eines herrlichen Parks gelegenen Synagogen Deutschlands –, die mit einem Aufwand von bis jetzt fünf Millionen Mark von der Stadt Görlitz restauriert wurde, wobei noch weitere erhebliche Investitionen notwendig sind. Im Kulturdenkmal Synagoge soll später ein europäisches Kulturzentrum entstehen.

In den ersten Jahren nach der Wiedervereinigung wurde immer wieder über die Frage diskutiert, ob während der kommunistischen Diktatur in der ehemaligen DDR antisemitische Vorurteile sich verstärkt oder abgeschwächt artikuliert haben. Als ich die ersten Jahre nach dem Krieg im Osten Deutschlands verbrachte, spielte das Judesein keine besonders wichtige Rolle – die Menschen hatten andere Sorgen, als sich mit Vorurteilen zu beschäftigen. Sie konzentrierten sich auf die Gründung einer Existenz, und es war ihnen ziemlich egal, wo der andere herkam oder welche Religion er hatte. Es war eine Toleranz, die der Gleichgültigkeit entsprang. Das hing nicht zuletzt damit zusammen, daß sich die Bürger der DDR selbst als Unterdrückte sahen.

Im kommunistischen Sprachgebrauch gab es keinen Antisemitismus, denn Antisemitismus wäre gleichbedeutend mit Rassismus gewesen, also durfte es ihn offiziell nicht geben. Die Machthaber in der DDR haben sich jedoch umso williger auf den Zionismus gestürzt, um diesen als rassistisch anzuprangern. So konnte praktisch jeder Antisemit offen als Antizionist auftreten, denn man brauchte nur das Halbwort »-semitismus« in »-zionismus« zu ändern.

Antisemitische Vorurteile wurden schon in den 50er Jahren geschürt, als Stalin glaubte, von jüdischen Ärzten vergiftet zu werden. 1952, zur Zeit des Prozesses gegen den »staatsfeindlichen Verschwörer« und »Zionisten« Rudolf Slansky in der Tschechoslowakei, war diese antizionistische Stimmung in der DDR am intensivsten. Die ostdeutschen Machthaber waren immer mit die besten Schüler Stalins, und bis heute fehlt die formelle Distanzierung der PDS von der damaligen antizionistischen Stimmungsmache. Es darf jedoch nicht übersehen werden, daß der Antisemitismus in der DDR tatsächlich weit weniger präsent war als in der Bundesrepublik. Allerdings muß man berücksichtigen, daß es in der DDR kaum Juden gab, und wenn, dann handelte es sich dabei in der Mehrzahl um Atheisten. Zum Zeitpunkt der deutschen Einheit waren insgesamt nur 400 Personen, davon 250 in Ost-Berlin, als Mitglieder der jüdischen Gemeinden registriert.

Wenn ich über den Antisemitismus im Gewande des Antizionismus spreche, reagieren meine Zuhörer oft erstaunt. Während eines Vortrages in Lichtenberg über den staatlichen Antizionismus in der ehemaligen DDR widersprach mir eine Frau aus dem Publikum. Um meine Argumente zu entkräften, erzählte sie mir ein Erlebnis, das sie vor ein paar Jahren hatte: Sie sei nach Israel zu einem Vortrag eingeladen, ihr Ausreiseantrag jedoch abgelehnt worden. Daraufhin habe sie dem zuständigen Minister einen Brief geschrieben, und nur wenige Wochen später habe sie nicht nur reisen, sondern auch noch ihren Mann auf diese Reise mitnehmen dürfen. Das sei doch ein Indiz dafür, daß von einem offiziellen Antizionismus keine Rede sein könne. Die Frau brachte dem damaligen Regime gegenüber vielmehr ihre Dankbarkeit zum Ausdruck.

Was sollte ich ihr darauf antworten? Ohne sie verletzen zu wollen, fragte ich sie, warum sie nicht einfach ins nächste Reisebüro gegangen sei, um ein Ticket für sich und ihren Mann zu kaufen. Diese Art von Dankbarkeit für etwas so Selbstverständliches wie Reisen ist mir fremd, und so konnte ich die besondere Geste des Ministers nicht würdigen. Im weiteren Verlauf der Diskussion stellte sich heraus, daß die Frau als politischer Häftling in einem Konzentrationslager gewesen war.

Viele Prominente jüdischer Herkunft wie zum Beispiel Stefan Heym oder Micha Wolf waren genauso erklärte Antizionisten, wie es die offizielle Staatsdoktrin verlangte. Sie verstanden sich als Atheisten, und Religion war ihnen fremd. Sie haben sich zu keinem Zeitpunkt zum Judentum bekannt und wollten damit nichts zu tun haben. Wie sie heute dazu stehen, weiß ich nicht. Zumindest betreiben sie keine weitere antiisrealische Hetze.

Ich habe Stefan Heym das erste Mal 1986 als Teilnehmer der Römerberggespräche in Frankfurt persönlich erlebt. Es handelte sich übrigens um dieselbe Veranstaltung, mit der der Historikerstreit seinen Anfang nahm. Heym erklärte damals vom Podium herunter, wie vorbildlich die DDR den Faschismus aufgearbeitet habe. Ich saß im Publikum. Nach seinen Ausführungen meldete ich mich zu Wort und sagte, die DDR tue immer so, als ob dieser Teil Deutschlands nie Teil des Dritten Reiches gewesen sei. Sie war zu keinem Zeitpunkt bereit, Wiedergutmachung zu leisten, und zählte sich selbst zu den Befreiern. Als ob die Synagogen 1938 nur in Frankfurt am Main und nicht auch in Frankfurt an der Oder angezündet worden wären! Heym ging mit keinem Wort auf meine Kritik ein.

Direkt habe ich damals mit ihm kein einziges Wort gewechselt. Das hat ihn allerdings 1995 nicht daran gehindert zu erklären, daß *ich* ihm geraten haben soll, wegen seines Judeseins nicht in den Bundestag zu gehen. Er bestätigte später, mit mir tatsächlich nie gesprochen, aber meinen sonstigen Äußerungen entnommen zu haben, daß es für einen Juden nicht opportun sei, sich politisch zu betätigen.

Das sehe ich nicht so.

PARTEIPOLITIK

Meine politische Betätigung begann nicht erst mit meiner Wahl zum Vorsitzenden des Zentralrats. Gerade angesichts meiner Vergangenheit hatte ich die politische Entwicklung in Deutschland immer schon mit besonderer Wachsamkeit beobachtete. Am Anfang war ich zunächst auf keine Partei festgelegt, und in meinen Augen genossen Politiker ganz unterschiedlicher Parteizugehörigkeit hohes Ansehen: vor allem Konrad Adenauer, Fritz Erler, Thomas Dehler und Carlo Schmid.

In den Jahren, als ich in Pforzheim lebte, lernte ich insbesondere die dortige FDP schätzen, damals noch die DVP-FVP. Die Geschichte von Johann Peter Brandenburg habe ich bereits an anderer Stelle erzählt, und es was nicht zuletzt dieses Erlebnis, durch das ich auch auf FDP-Politiker wie Reinhold Maier und Wolfgang Haußmann aufmerksam wurde. Schon in Dresden zu DDR-Zeiten hatte mir der LDP-Politiker und damalige Justizminister Hermann Kastner imponiert.

Als ich dann 1956 nach Frankfurt zog, lernte ich auch Heinz-Herbert Karry kennen, und seit dieser Zeit habe ich hauptsächlich, aber nicht ausschließlich FDP gewählt. Wäre es ohne die FDP in den ersten Jahren der Bundesrepublik nicht zur Westbindung gekommen, so war es in den Jahren 1968/69 der FDP zu verdanken, daß die Öffnung Richtung Osten erfolgte – beides Gründe, weshalb ich diese Partei favorisierte. In all diesen Jahren habe ich dabei nicht übersehen, daß es in der FDP zum Teil auch rechtskonservative Politiker mit stark ausgeprägten nationalen Zügen gegeben hat.

Meine endgültige Hinwendung zur FDP begann, als in Nordrhein-Westfalen die sogenannten »Jungtürken« unter Führung von Walter Scheel und Wolfgang Döring die Öffnung nach Osten unterstützten und in diesem Bundesland 1966 die erste Koalition mit der SPD eingingen. Auch Willy Weyer, Gerhart Baum und Burkhard Hirsch gehörten zu dieser Bewegung. Als dann auch noch die Rechtskonservativen und insbesondere Siegfried Zoglmann, ein früherer HJ-Führer, nach der Bildung der sozialliberalen Koalition die FDP verlassen hatten, sagte ich eines Tages zu Heinz-Herbert Karry: »Nun könnte sogar ich in die FDP eintreten!« Schon am nächsten Tag kam Karry mit einem Beitrittsformular zu mir, und so wurde ich Mitglied der FDP.

Ich nahm von Anfang an aktiven Anteil am Geschehen innerhalb der Partei, wenn auch nur auf Kreisebene. Irgendwann nach nicht allzu langer Zeit wurde ich Landesparteitagsdelegierter, und Mitte der 70er Jahre wurde ich in den Frankfurter Kreisvorstand gewählt. Die nächsten Schritte waren meine Wahl in den Landesvorstand, und ich wurde auch Bundesparteitagsdelegierter.

Obwohl ich wegen der Bildung der sozialliberalen Koalition in die FDP eingetreten war, gehörte ich Anfang der 80er Jahre innerhalb der FDP zu denjenigen, die für die »Wende« hin zu einer Koalition mit der CDU plädierten. Auf dem Parteitag der Wende, im November 1982 in Berlin, habe ich jedoch sowohl für Hans-Dietrich Genscher und Otto Graf Lambsdorff als auch für Gerhart Baum und Burkhard Hirsch gestimmt. Ich war für die notwendigen Änderungen in der Wirtschaftspolitik, nachdem die SPD Helmut Schmidt auf dem Münchner Parteitag 1982 im Stich gelassen hatte, wollte aber sicher sein, daß in einer Koalition mit der CDU die FDP weiterhin ihre sozialliberale Rechts- und Innenpolitik im Bereich des Rechtsstaates verfolgen würde. Genscher, Lambsdorff, Baum und Hirsch waren für mich gleichermaßen Vorbilder – was viele in der Partei nicht verstehen konnten. Sie sahen nicht, daß es sowohl in der Wirtschafts- als auch in der Bürgerrechtspolitik zwischen diesen vier Politikern kaum Unterschiede gab. Auch die Haltung von Wolfgang Mischnick hat mir immer Respekt abgenötigt. Wir stellten später fest, daß wir beide Ende der 40er Jahre in Dresden lebten und beide Mitglieder der SG Friedrichsstadt waren, ohne daß wir uns damals kennengelernt hätten.

In den vergangenen zwei Jahren regten sich innerhalb der FDP Bestrebungen – insbesondere in Berlin, aber auch andernorts –, die Partei rechts von der CDU zu etablieren. Ich habe nie einen Zweifel daran gelassen, was ich von dieser Bewegung, wie sie Alexander von Stahl, Rainer Zitelmann, Heiner Kappel und andere vertreten, halte. Sollte diese Gruppe irgendwann in der FDP die Oberhand gewinnen, hätte ich in dieser Partei nichts mehr verloren. Angezogen von Zitelmann und seinen Freunden, ist in den Berliner Landesverband bereits eine ganze Reihe früherer Republikaner eingetreten.

Ich habe Alexander von Stahl bei einer Diskussion über das Asylrecht und die zunehmende Fremdenfeindlichkeit auf Schloß Hambach kennengelernt, zu der wir beide als Diskutanten eingeladen waren. Von Stahl hatte kurz zuvor wegen der Vorkommnisse in Bad Kleinen als Generalbundesanwalt zurücktreten müssen. Ich kannte ihn bis dahin nur dem Namen nach und hielt ihn für ein »Bauernopfer«, dem man Unrecht getan hatte – und bevor ich zu der Veranstaltung fuhr, sagte ich das auch zu meiner Frau.

Auf dem Bahnhof von Bad Kleinen in Mecklenburg-Vorpommern war es am 27. Juni 1993 zu einer blutigen Polizeiaktion gekommen, in deren Verlauf der mutmaßliche Terrorist Wolfgang Grams und der GSG-9-Beamte Michael Newrzella getötet wurden. Zwei weitere Personen wurden bei der Schießerei verletzt, Grams' Begleiterin Birgit Hogefeld verhaftet. Monatelange Mutmaßungen, ob Grams gezielt erschossen worden sei, gelten zwar offiziell als widerlegt, aber der amtliche Zwischenbericht führte doch gravierende polizeiliche Fehlleistungen auf. Von Stahl wurde daraufhin in den einstweiligen

Ruhestand versetzt, und Innenminister Rudolf Seiters nahm seinen Hut – was ich sehr bedauerte, denn er war zu Unrecht zum Opfer geworden.

Auch ich selbst hatte einige Zeit später, wenn auch indirekt, mit den Ereignissen von Bad Kleinen zu tun. Nach dem RAF-Anschlag auf die gerade fertiggestellte Justizvollzugsanstalt Weiterstadt im Oktober desselben Jahres rief mich Christian Ströbele an, einer der Anwälte der RAF-Terroristen. Er sagte mir, daß unter den in Celle einsitzenden RAF-Mitgliedern einige zu einem »Friedensschluß« bereit wären. Eine solches Bekenntnis war Voraussetzung für eine Begnadigung. Zu diesen RAF-Gefangenen gehörte auch die in Bad Kleinen verhaftete Terroristin Birgit Hogefeld. Ströbele ging davon aus, daß ich von beiden Seiten als Vermittler akzeptiert werden würde. Als weiterer Vermittler war auch der damalige Vorstandsvorsitzende der Daimler-Benz AG, Edzard Reuter, im Gespräch. Nach Rücksprache mit dem FDP-Vorsitzenden und Außenminister Klaus Kinkel sowie der Justizministerin Sabine Leutheusser-Schnarrenberger habe ich für eine kurze Zeit daran gedacht, diese Aufgabe zu übernehmen, um der Gewalt ein Ende bereiten zu helfen. Doch als durch eine gezielte Indiskretion die ganze Geschichte publik wurde, wollte ich mich nicht mehr zur Verfügung stellen und habe mich auch mit Ströbele nicht mehr getroffen. Die RAF-Gefangene Brigitte Mohnhaupt hatte in einer auch für zehn andere Häftlinge abgegebenen Erklärung die »Geheimverhandlungen« als Versuch verurteilt, »die RAF und die Gefangenen abzuwickeln«. Ihre Erklärung wurde in der *Frankfurter Rundschau* abgedruckt.

Zurück zur FDP: Als ich damals von der mehrstündigen Veranstaltung mit Alexander von Stahl zurückkam, wußte ich, daß dieser Mann niemals Generalbundesanwalt hätte werden dürfen. In seiner Haltung zu Ausländerfragen sowie zu Bürgerrechten unterschied er sich meiner Ansicht nach in nichts von den Republikanern. Ich verfolge seit damals seine Tätigkeit innerhalb der Partei mit ganz anderen Augen.

Auch gegen seinen Mitstreiter, den Journalisten und Historiker Rainer Zitelmann, habe ich öffentlich Stellung bezogen. Zitelmann hatte Anfang 1995 ein Buch mit dem Titel *Wohin treibt unsere Republik?* veröffentlicht, in dem er unter anderem schrieb: »Der scheinbar selbstzerknirschte, in Wahrheit jedoch stets das eigene Volk um die Geschichte dieses Volkes anklagende Tonfall ist charakteristisch nicht nur für die Reden Weizsäckers, sondern auch für jene von Rita

Süßmuth. Das Eintreten für Minderheiten und Unterprivilegierte, also für Ausländer, Homosexuelle, Frauen, Kriminelle, Behinderte und AIDS-Kranke« – man beachte die Zusammenstellung! – »wirkt höchst moralisch, und doch ist die gegen die Bevölkerungsmehrheiten, gegen die Stammtische, gegen politisch Andersdenkende oder auch nur Andersfühlende gerichtete Aggressivität deutlich spürbar. Die Intoleranz im Gewande der Hypertoleranz, die Ergebenheit gegenüber dem Zeitgeist im Gewand kritischer Aufklärung, die mit Entschiedenheit vorgetragenen Wortschaumphrasen der Betroffenheit, all dies macht die Reden von Weizsäckers und Süßmuths für manche so schwer erträglich.«

Bei einer Rede am 14. Juni 1995 in der Paulskirche, wo ich auf Einladung der Bundesarbeitsgemeinschaft Werkstätten für Behinderte sprach, habe ich dieses Zitat mit den Worten kommentiert: »Ich hoffe, dieser Autor wird auch meine Rede schwer erträglich finden, und ich werde mich geehrt fühlen, wenn er bei seinem nächsten Buch mich in die gleiche Kategorie einreihen würde.«

Ich sehe inzwischen allerdings nicht mehr die Gefahr, daß diese Gruppe in der FDP mehrheitsfähig werden wird. Dies hat mir unter anderem der Bundesparteitag im Juni 1995 in Mainz gezeigt. Bei diesem Parteitag kandidierten Heiner Kappel und ich im gleichen »Paket« für den Bundesvorstand »auf der freien Wildbahn«. Zur Erläuterung: Es gibt bei den FDP-Bundesvorstandswahlen ingesamt drei Wahlgänge. Zuerst kandidieren nur so viele Kandidaten, wie die Partei Landesverbände hat, und wenn aus einem Landesverband zwei Kandidaten antreten, so kandidieren nur diese zwei gegeneinander. Auf diese Weise soll verhindert werden, daß ein kleiner Landesverband aufgrund seiner wenigen Delegierten nicht im Bundesvorstand vertreten ist. In einem sogenannten »zweiten Paket« kann jeder frei kandidieren. Auch hier wird zwar versucht, einen gewissen Proporz der Landesverbände einzuhalten, und jeder Landesverband nennt einige Kandidaten, aber darüber hinaus können weitere Nennungen erfolgen.

Ich wollte nicht auf dem hessischen Ticket kandidieren, um nicht meinen hessischen Freunden einen Platz streitig zu machen, und hatte vor, auf »freier Wildbahn« anzutreten. Allerdings wurde ich dann vom Hamburger Landesverband nominiert, der dafür sogar auf einen eigenen Kandidaten verzichtete. Im gleichen Paket kandidierte auch Heiner Kappel, der von Alexander von Stahl vorgeschlagen worden war – nicht vom hessischen Landesverband. Für die meisten Delegierten war klar, daß es hier um eine Bubis- oder Kappel-Wahl handelte, auch wenn Kappel von sich aus erklärte, daß er gegen niemanden und für niemanden kandidiere, außer für sich selbst. Ich hatte den Delegierten gesagt, daß ich zwar mit Sicherheit, wie schon zwei Jahre zuvor, in den Bundesvorstand kooptiert werden würde, aber dieses Mal das Votum des Parteitages haben wolle, um zu wissen, wo die Partei steht. Das Ergebnis war eindeutig: Mit 471 Stimmen bekam ich die meisten Stimmen dieses Pakets, während Kappel sich mit 106 Stimmen begnügen mußte.

Für die nächsten Kommunalwahlen in Hessen, die am 2. März 1997 stattfinden werden, habe ich mich breitschlagen lassen, als Frankfurter Spitzenkandidat der FDP anzutreten. Seit vielen Jahren schon haben prominente Parteifreunde immer wieder versucht, mich zu einer Kandidatur für die Stadtverordnetenversammlung in Frankfurt zu überreden. Das begann eigentlich schon mit Karry, wobei ich damals natürlich nicht als Spitzenkandidat aufgestellt worden wäre. Ich habe aber bislang stets abgelehnt, weil ich mich nicht in das Getümmel der Kommunalpolitik begeben, sondern mir meine Unabhängigkeit bewahren wollte.

Daß ich jetzt dennoch antrete, hat vor allem drei Gründe. Vor 15 Jahren ist die FDP nicht zuletzt aufgrund interner Streitigkeiten an der Fünf-Prozent-Hürde gescheitert, und es ist uns seither nicht gelungen, wieder in das Stadtparlament zu kommen. Für eine liberale Stadt wie Frankfurt kann ich das nur bedauern. Durch meine Spitzenkandidatur bekommt die FDP vielleicht 1997 eine Chance, die Frankfurter Kommunalpolitik als Fraktion im Stadtparlament wieder mitzugestalten. Hinzu kommt, daß ich mich meiner Heimatstadt verbunden fühle und die Entwicklungen der vergangenen Jahre – insbesondere die Querelen der Kulturpolitik sowie der sich abzeichnende Vertrauensschwund in den Standort Frankfurt – mir Sorgen machen. Ich verhehle aber auch nicht – und das ist der dritte Grund –, daß ich sehr gerne meinen politischen Abend noch als ehrenamtlicher Stadtrat meiner Heimatstadt verbringen möchte. Ob das so eintreffen wird, hängt natürlich vom Wähler ab.

Nicht unwesentlich für meine Entscheidung ist auch meine Freundschaft mit Wolfgang Gerhardt, dem früheren Landes- und jetzigen Bundesvorsitzenden der FDP, und Ruth Wagner, der derzeitigen Landesvorsitzenden. Deren Überredungskünste haben letztlich den Ausschlag für meine Kandidatur gegeben.

HELMUT KOHL

Als Vorstandsvorsitzender der Jüdischen Gemeinde Frankfurt und auch durch meine Tätigkeit in der FDP bin ich schon seit langem in die Kommunal- und Landespolitik eingebunden. Als Mitglied im Direktorium des Zentralrats, dem ich seit 1978 angehöre, bin ich darüber hinaus mit der Bundespolitik in Berührung gekommen, ohne daß ich jedoch mit den Bonner Parlamentariern und Amtsträgern direkt zu tun gehabt hätte. Das änderte sich erst 1989 nach meiner Wahl zum stellvertretenden Vorsitzenden. Seit damals habe ich an den offiziellen Gesprächen des Zentralrats mit der Bundesregierung teilgenommen.

Den Bundeskanzler lernte ich 1990 persönlich kennen, und zwar bei einer offiziellen Unterredung, in der es um die Zuwanderung der Juden aus der ehemaligen Sowjetunion ging. An diesem Gespräch nahm auf Regierungsseite auch Wolfgang Schäuble, der damalige Innenminister, teil, während für den Zentralrat Heinz Galinski, Max Willner, der damalige Generalsekretär Micha Guttmann und ich gekommen waren.

Bei diesem Gespräch habe ich einen ganz anderen Eindruck vom Bundeskanzler gewonnen, als ich ihn bis dahin hatte. Vor unserer ersten persönlichen Begegnung war es ein leicht gespanntes Verhältnis, das für mich durch Kohls Auftritt in Bitburg 1985 und durch seine Formulierung von »der Gnade der späten Geburt« entstanden war und für ihn durch ein paar flapsige Bemerkungen, die ich damals darüber gemacht hatte. Mit der berühmt gewordenen »Gnade der späten Geburt« wollte Kohl gewiß nur zum Ausdruck bringen, daß er nicht wisse, wie er sich damals verhalten hätte. Insofern mag die Formulierung gut gemeint gewesen sein – glücklich gewählt war sie allerdings nicht.

Nun aber habe ich meine Meinung über ihn geändert. Er hat viel mehr Verständnis für die Situation der Schwachen in der Gesellschaft, als gemeinhin angenommen wird, und ich halte Helmut Kohl für historisch viel sensibler als die meisten anderen Politiker. Ich bin seit 1990, also in den vergangenen sechs Jahren, oft mit dem Kanzler zusammengekommen und verstehe ihn immer mehr und immer besser. Auch seine Haltung zu innen- und außenpolitischen Fragen ist mir im Laufe der Jahre immer verständlicher geworden. Meinen offiziellen Antrittsbesuch als Vorsitzender des Zentralrats habe ich Helmut Kohl am 14. Oktober 1992 abgestattet.

DER KANDIDAT

Anfang 1993 überraschte mich der frühere parlamentarische Staatssekretär im Bundesverteidigungsministerium und CDU-Bundestagsabgeordnete Willy Wimmer, den ich bis dahin nicht einmal namentlich kannte, mit einer unerwarteten Initiative: Er schlug mich als Kandidaten für die bevorstehende Bundespräsidentenwahl vor. Dieser Vorschlag wurde von der gerade gegründeten Zeitschrift *Die Woche* aufgegriffen, die dieses Thema zu einem Aufhänger ihrer ersten Ausgaben machte.

Ich habe vom ersten Tag an deutlich gemacht, daß ich für eine Kandidatur auf keinen Fall zur Verfügung stehe. Dabei hatte ich zwei Motive, die jedes für sich schon ausreichend waren, um meine Ablehnung zu begründen. Erstens hielt ich und halte ich mich nicht für befähigt, ein solches Amt zu bekleiden. Und zweitens ist die Zeit noch nicht reif dafür, daß ein Jude Bundespräsident werden könnte.

Seit Gründung der Bundesrepublik hat es nur einen einzigen Deutschen jüdischer Abstammung gegeben, den ich mir im höchsten Staatsamt hätte vorstellen können: Und das war Herbert Weichmann, der frühere erste Bürgermeister von Hamburg. Sonst niemanden. Denn weil die Mehrheit in Deutschland – wie ich bereits ausführlich dargestellt habe – die Juden als Fremde ansieht, würde sie auch nicht akzeptieren können, daß ein Fremder zum Bundespräsidenten gewählt würde. Eine solche Wahl würde unweigerlich eine Spaltung der Gesellschaft nach sich ziehen, so daß ich nach wie vor die Auffassung vertrete: Um diese Spaltung zu vermeiden, kann und darf ein Deutscher jüdischen Glaubens – noch – nicht für das höchste Staatsamt kandidieren. Für andere politische Positionen allerdings schon.

Zur gleichen Zeit, als die Debatte um meine mögliche Kandidatur begann, konstituierte sich ein Kreis von Bürgern, dem Mitglieder aller demokratischer Parteien angehörten, von den Grünen bis zur CDU, der bei der anstehenden Wahl ein Zeichen setzen wollte: Der Bundespräsident sollte nicht aus den Reihen der Parteien vorgeschlagen werden, sondern aus der Mitte der Gesellschaft kommen. Ich habe diesem Kreis ebenfalls angehört und seine Idee unterstützt, allerdings geltend gemacht, daß man mit den Parteivorsitzenden sprechen und sich mit ihnen abstimmen müsse, weil sonst dieser Vorschlag zum Scheitern verurteilt sei. Und ich habe auch gesagt, daß ich mich für den Fall einer Kandidatur Hans-Dietrich Genschers an diesem

Kreis, soweit es die Initiative für die Bundespräsidentenwahl betraf, nicht mehr beteiligen könnte. Genscher lehnte eine Kandidatur jedoch ab. Es wurden einige Namen genannt, und am Ende einigte sich der Kreis auf den ehemaligen DDR-Bürgerrechtler und Wissenschaftler Jens Reich, einen Mann mit tadelloser Biographie, der bewiesen hat, daß er sich in der Politik auskennt, der aber sozusagen noch nicht von der Politik verdorben war. Seine Kandidatur sollte dazu beitragen, die Kluft zwischen Politik und Gesellschaft zu überbrücken.

Wir führten als erstes ein Gespräch mit Graf Lambsdorff, an dem auch ich teilnahm. Lambsdorff meinte, daß er sich, falls Genscher wirklich nicht zu einer Kandidatur bereit wäre, Jens Reich durchaus vorstellen könnte. Nach weiteren Gesprächen auch mit Vertretern der SPD und der CDU machte unsere Gruppe ihren Vorschlag auf einer Pressekonferenz in Bonn öffentlich – zu einem Zeitpunkt, als es noch keine anderen Kandidaten gab. Die weitere Geschichte ist allgemein bekannt: Die CDU nominierte zunächst den damaligen sächsischen Justizminister Steffen Heitmann, die SPD Johannes Rau und die FDP Hildegard Hamm-Brücher.

Ich habe mich damals öffentlich gegen eine Kandidatur von Heitmann ausgesprochen. Ausschlaggebend dabei waren für mich einige Äußerungen von ihm, die er in einem Interview mit der *Süddeutschen Zeitung* gemacht hatte. Dort sprach er von der deutschen Geschichte, die man »einordnen« müsse, und für mich ist »einordnen« gleichbedeutend mit »in einen Ordner tun und diesen wegstellen«. Als Heitmann einmal darauf angesprochen wurde, was ihm bei seinem ersten Besuch nach der deutschen Einheit in Stuttgart aufgefallen wäre, meinte er: »Die vielen Ausländer auf der Straße.« Er sprach auch im Zusammenhang mit der »Ausländerproblematik« von »Enttabuisierung«, ein Begriff, der für mich eindeutig negativ besetzt ist.

Auf Wunsch von Heitmann habe ich mich zweimal mit ihm getroffen, wobei unsere erste Begegnung im Frankfurter Hof wegen einer Flugverspätung nur zehn Minuten dauerte. Später kamen wir zu einem längeren persönlichen Gespräch unter vier Augen im Steigenberger-Hotel in Berlin zusammen. Heitmann sprach von einem »Mißverständnis«, was meine Interpretation seiner Aussagen angehe, aber ich habe nicht verstanden, wie er seine Äußerungen anders gemeint haben könnte, als ich sie auffaßte.

Ich bekam in dieser Zeit viele Anrufe von prominenten Politikern, die mich baten, meine ablehnende Haltung nicht aufzugeben; es meldeten sich aber auch seriöse Anrufer, die für Heitmann warben – und natürlich trafen wieder einmal viele antisemitische Briefe ein. Verschiedentlich wurde mir unterstellt, daß ich entweder mich selbst immer noch in Reserve halten wollte oder etwas gegen einen konservativen CDU-Politiker hätte und deshalb Heitmann ablehnte. In einem Interview antwortete ich darauf: Wenn die CDU einen eigenen Kandidaten wolle, der wegen seiner konservativen Haltung bekannt sei, so könne sie doch zum Beispiel Roman Herzog oder Walter Wallmann vorschlagen.

Das Thema Bundespräsidentenwahl blieb für mich bis zum Schluß aktuell, denn die hessische FDP hatte mich unerwartet als Wahlmann für die Bundesversammlung vorgeschlagen, und ich wurde vom Hessischen Landtag delegiert, am 23. Mai den Bundespräsidenten mitzuwählen.

»SUPERWAHLJAHR« 1994

Mit großer Spannung wurde das »Superwahljahr« 1994 mit seinen 19 Kommunal-, Landtags- und Bundestagswahlen sowie den Wahlen zum Europaparlament erwartet. Bei allen Diskussionen und Prognosen im Vorfeld dieses Wahljahrs stand das voraussichtliche Abschneiden der rechtsextremistischen Parteien im Vordergrund. Auch im Ausland fragte man sich, ob die blutigen Ausschreitungen gegen Fremde in den Jahren 1992/93 und die vielen Protestaktionen gegen Gewalt und Fremdenfeindlichkeit nun ein parlamentarisches Echo finden würden. Erfreulicherweise konnte aber bei keiner der 94er-Wahlen eine der rechtsextremistischen Parteien die Fünf-Prozent-Hürde überspringen; erst 1996 gelang den Republikanern der Wiedereinzug in den baden-württembergischen Landtag. Ich persönlich führe dieses Ergebnis auch darauf zurück, daß die überwältigende Mehrheit der Wähler erkannt hat, daß die »geistigen Brandstifter« in den rechtsextremistischen Parteien mit dafür verantwortlich waren, was in Rostock, Mölln, Solingen oder Lübeck geschah.

Zu Beginn des Jahres 1994 hatte ich mich an die beiden großen Kirchen mit dem Vorschlag gewandt, gemeinsam mit allen demokratischen Parteien ein Fairneßabkommen für den bevorstehenden Wahlkampf abzuschließen.

Zuletzt war ein solches Fairneßabkommen im Jahre 1980 zustandegekommen, und ich weiß sehr wohl, daß es damals wenig bewirkt hat. Die Parteien machten die Arbeit der Schiedskommission, der sie doch alle angehörten, selber zum Wahlkampfthema: Jede warf der anderen vor, die Sitzungen der Kommission nur dazu zu nutzen, um die kritisierten Verstöße zwar der Form nach abzumildern, der Sache nach aber zu wiederholen. So führte etwa der damalige CDU-Generalsekretär Heiner Geißler aus, den auf Bundeskanzler Helmut Schmidt gemünzten Begriff »Rentenbetrüger« im politischen, nicht im juristischen Sinne gemeint zu haben, und SPD-Finanzminister Hans Matthöfer mußte nicht weiter erklären, wen er denn mit »Pack« gemeint hatte.

Mir ging es jetzt bei meiner Initiative um die »Solidarität der Demokraten« gegen Rechts- wie Linksradikale. »Schlammschlachten« zwischen den großen Parteien würden in dieser Situation nur den Extremisten nützen, so wie es auch 1932, am Ende der Weimarer Republik, der Fall gewesen war. Ich wollte auch die damals aktuelle Asylrechtsdiskussion soweit wie möglich aus den Wahlkämpfen heraushalten, denn harte Auseinandersetzungen über dieses Thema wären bloß für die Republikaner von Vorteil gewesen. Das Fairneßabkommen sollte, so schlug ich vor, von einem Schiedsgericht überwacht werden, dem keine Parteienvertreter angehören dürften und daß in der Lage wäre, Verstöße zu rügen und Sanktionen zu verhängen.

Ich traf mich schließlich zu einer Sitzung mit dem Vorsitzenden der deutschen Bischofskonferenz, Karl Lehmann, für die Katholische Kirche und dem Ratsvorsitzenden der Evangelischen Kirche, Klaus Engelhardt. Obwohl die Parteispitzen ihre Bereitschaft mehr oder minder stark signalisierten, ist es aber zu einem regelrechten Fairneßbündnis letztendlich nicht gekommen. Die Wahlkämpfe nahmen dennoch einen fairen Verlauf. Ich habe den Eindruck, daß alleine schon die Diskussion über das Fairneßabkommen zu einer gewissen Beruhigung beigetragen hat. Gerade die von mir so stark bekämpfte Asylrechtsdiskussion, bei der ich keine großen Erfolge verbuchen konnte – auch nicht in der eigenen FDP –, wurde im Wahlkampf nicht herausgestellt.

Eine Aushöhlung des Asylrechts habe ich immer abgelehnt. Die ganze Debatte setzte für mich, im Zusammenhang mit den fremdenfeindlichen Gewalttaten, die falschen Signale. In meinen Augen war keine Änderung des Gesetzes notwendig, sondern eine seiner Durchführung. Ich habe nie verlangt, daß jeder, der *behauptet*, Asyl in Deutschland zu suchen, auch hier Aufnahme finden sollte, und mir ist auch immer klar gewesen, daß es Menschen gibt, die das Asylrecht mißbräuchlich in Anspruch nehmen. Allerdings war für mich der ursprüngliche Artikel 16 – wonach jeder, der aus politischen, rassischen oder religiösen Gründen in seinem Lande verfolgt wird, in Deutschland Asylrecht genießt –, immer eine »Zierde des Grundgesetzes«, und ich habe wiederholt darauf hingewiesen, daß der Artikel 16 als Folge des Nationalsozialismus in die Verfassung aufgenommen wurde. Schließlich weiß ich aus eigener Erfahrung, daß viele Juden und andere Verfolgte ihr Leben verloren haben, weil es ein solches Asylrecht 1933 in anderen Ländern nicht gegeben hat.

UNTERWEGS MIT POLITIKERN

Das Jahr 1995 war für mich ein besonderes Reisejahr. Es begann am 26. Januar, als ich im Gefolge von Bundespräsident Roman Herzog als offizielles Mitglied der deutschen Delegation an den Gedenkfeiern in Auschwitz teilnahm – darauf komme ich noch zu sprechen. Im März folgte eine Reise nach Israel, Gaza, Jordanien und Syrien zusammen mit dem damaligen Bundesratspräsidenten und nordrhein-westfälischen Ministerpräsidenten Johannes Rau. Im Juni 1995 begleitete ich den Bundeskanzler auf seiner Reise nach Ägypten, Israel, Jericho und Jordanien – und Ende Oktober den SPD-Vorsitzenden Rudolf Scharping nach Israel. Ich glaubte bis dahin, durch meine vielen Besuche in Israel eine Menge über den Nahen Osten zu wissen, mußte aber feststellen, daß das nicht der Fall war. Auf diesen Reisen habe ich soviel gelernt, wie ich es mir zuvor kaum hätte vorstellen können.

Zur Delegation von Johannes Rau gehörten, neben einigen Mitgliedern seiner Landesregierung sowie einer ganzen Reihe nordrhein-westfälischer Industrieller, auch Hans-Jürgen Wischnewski, in arabischen Kreisen Ben Wisch genannt, und Klaus Schütz, der frühere Botschafter der Bundesrepublik in Israel. In Israel hatten wir Gespräche mit dem Staatspräsidenten Weizman, dem damaligen Ministerpräsidenten Rabin, Außenminister Peres, dem Handelsminister und israelischen Industriellen. Am letzten Abend unseres Israel-Besuches fuhren wir nach Gaza – und dort begegnete ich zum ersten Mal dem Palästinenserführer Jassir Arafat.

Das Erledigen der Formalitäten an der Grenze zwischen Israel und Gaza dauerte länger als eine Stunde. Als wir endlich Arafat gegenüberstanden, stellte Abdallah Frangi, der PLO-Vertreter in Bonn, unsere Delegation vor und erläuterte Arafat auch die jeweilige Funktion der einzelnen Teilnehmer. Nachdem Arafat mir zunächst flüchtig die Hand gereicht hatte, sagte ihm Frangi, daß ich der Vorsitzende des Zentralrats der Juden in Deutschland sei. Arafat sah mich daraufhin an und begrüßte mich freudestrahlend als seinen »Cousin«. Diese Bezeichnung behielt er von da an bei – in allen seinen Ansprachen, bei seiner offiziellen Begrüßung und auch später beim Abendessen. Immer wieder betonte er, wie glücklich er sei, daß eben sein »Cousin« ihn im Gaza besuche. Insgesamt verliefen die Gespräche in einer sehr freundlichen Atmosphäre.

Nächste Station dieser Nahost-Reise war Syrien. Bereits bei der Landung der Delegation in Damaskus kam eine gewisse Mißstimmung auf, die mit meiner Person zusammenhing. Wir hatten zuvor für mich um einen zusätzlichen Besuch bei der Jüdischen Gemeinde in Damaskus gebeten. Auf dem Flughafen empfing uns Thomas Trömel, der deutsche Botschafter in Syrien, zusammen mit Suleyman Haddad, seinem Amtskollegen, dem syrischen Botschafter in Bonn. Dieser berichtete freudestrahlend, daß für mich ein Besuch bei der Jüdischen Gemeinde bereits fest arrangiert sei. Auf die Bemerkung Raus, daß das nur zwischen den politischen Gesprächen stattfinden könne, meinte Haddad: Seiner Auffassung nach sei ich lediglich mitgekommen, um die Jüdische Gemeinde zu besuchen; nicht, um an den politischen Gesprächen teilzunehmen. Rau verwies auf das vorab übersandte Telegramm mit der namentlichen Zusammenstellung der Delegation und erklärte, daß diese Zusammenstellung für ihn, Rau, eine *conditio sine qua non* sei. Er fragte unseren Gastgeber, den syrischen Parlamentspräsidenten, wie dieser das sehe. Dessen Antwort war, daß die Zusammenstellung der Delegation allein Raus Angelegenheit sei.

Der erste Gesprächstermin sollte am nächsten Morgen um 9 Uhr beim syrischen Außenminister stattfinden. Rau bestand auf meiner Anwesenheit, andernfalls werde er selber auch nicht teilnehmen. Ich bat ihn, daraus keine Staatsaffäre zu machen, aber er blieb dabei. Um 1 Uhr nachts wurden wir jedoch davon verständigt, daß der Außenminister zur vorgesehenen Zeit leider den libanesischen Präsidenten empfangen und deshalb den Termin absagen müsse. Um 11 Uhr war ein Empfang bei dem stellvertretenden Vorsitzenden der Baath-Partei vorgesehen, anschließend ein Gespräch mit dem Parlamentspräsidenten. An diesen beiden Terminen wollte ich aus eigenen Stücken nicht teilnehmen, sondern stattdessen um diese Zeit die Jüdische Gemeinde besuchen.

Für 12.30 Uhr war ein Termin beim syrischen Staatspräsidenten Assad angesetzt, an dem ohnehin nur Rau, der nordrhein-westfälische Minister Wolfgang Clement und Hans-Jürgen Wischnewski sowie die beiden Botschafter teilnehmen sollten. Später erzählte mir Wischnewski, daß Suleyman Haddad das Thema »Bubis« bei Assad angesprochen und von dem Mißverständnis über meinen Status berichtet habe. Assad soll sich daraufhin nach meiner Staatsangehörigkeit erkundigt haben. Als er erfuhr, daß es die deutsche sei, habe er gesagt: »Und was geht Sie das an, wie Rau seine Delegation zusammensetzt?!«

Als wir dann anschließend zum Mittagessen mit Parlamentariern und anderen geladenen Gästen zusammenkamen, hat sich Haddad vor Freundlichkeit bald überschlagen. Besonders besorgt war er, daß ich bloß nicht den vorgesehenen Termin um 17 Uhr bei dem syrischen Ministerpräsidenten versäumen würde, und während ich bereits im Auto saß, suchte er noch verzweifelt in der Hotelhalle nach mir.

Der Besuch der Jüdischen Gemeinde in Damaskus hat mich tief beeindruckt. Es ist eine der ältesten jüdischen Gemeinden der Welt, und in Damaskus steht die Synagoge, in der der Prophet Elias vor mehr als 3.000 Jahren gebetet haben soll. In den letzten Jahren haben etwa 3.500 Gemeindemitglieder Damaskus verlassen, was ohne amerikanische Intervention nicht möglich gewesen wäre, so daß dort heute nur noch 350 Juden leben. Dennoch sind vier Synagogen in Gebrauch, und es gibt für die knapp mehr als 50 Kinder (einst waren es 900) eine Talmudschule mit Hebräischunterricht. Hat die Jüdische Gemeinde in den vergangenen Jahrzehnten in einer Art Ghetto gelebt, so gibt es in Damaskus heute tatsächlich ein freies jüdisches Leben. Selbst diejenigen Juden, die Syrien Richtung USA verlassen haben und nun dort leben, dürfen frei ein- und ausreisen. Daß es für die Juden in diesem arabischen Land keine religiösen Beschränkungen mehr gibt, war für mich eine große Überraschung. Ich habe den Vorsitzenden der Gemeinde in Damaskus nach Frankfurt eingeladen, und er hat mich inzwischen auch besucht. Beruflich ist er als Unternehmer tätig, er besitzt ein kleines Kaufhaus mit Textilien und hat geschäftliche Verbindungen bis in die USA, wo auch zwei seiner Söhne leben.

Im Anschluß an unseren Aufenthalt in Syrien besuchten wir auch Jordanien und kamen dort mit König Hussein, dem Ministerpräsidenten Scharif Zeid Ben Shaker und einige Male mit dem Außenminister Abdul Karim Al-Kabariti zusammen. Dabei stellten wir beide fest, daß nicht nur ich ein Hotel in Eilat gebaut habe, sondern auf der gegenüberliegenden Seite die Familie des Außenministers ebenfalls ein Hotel besitzt. Und beide Gesellschaften tragen den Namen »Coral Beach«. Mittlerweile verbindet mich eine Freundschaft mit Al-Kabariti. Als ich im Juni, drei Monate nach der Reise mit Rau, mit dem Bundeskanzler in Jordanien war, haben wir sogar Bruderküsse ausgetauscht.

Der Besuch von Helmut Kohl in Israel war der erste nach zehn Jahren. Auch der Kanzler wurde von einer hochrangigen Wirtschaftsdelegation begleitet. Neben Gesprächen mit israelischen Spitzenpolitikern stand auch ein Besuch im israelischen Parlament auf dem Programm, wo wir uns unter anderem mit dem außenpolitischen Ausschuß zusammensetzten. Dabei kam es zu einem Treffen mit dem damaligen Oppositionsführer und heutigen Ministerpräsidenten Benjamin Netanyahu. In seiner Begrüßung betonte Netanyahu, wie sehr er sich über das Zusammentreffen mit dem Bundeskanzler freue, und er tue dieses sowohl im Namen der Likud-Fraktion als auch im Namen der Heruth-Gruppe, die die Wurzel des Likud stelle. Netanyahu war Vorsitzender beider Organisationen.

Nun muß man wissen, daß sich der Likud-Block aus mehreren Parteien zusammensetzt, darunter eben auch dem Heruth, dessen erster Vorsitzender Menachim Begin war. Der Heruth kämpfte bis zum Schluß gegen die Aufnahme diplomatischer Beziehungen mit der Bundesrepublik. Bei der Bestätigung dieser Beziehungen ebenso wie bei der Ratifizierung des zwischen Adenauer und Ben Gurion abgeschlossenen Wiedergutmachungsabkommens veranstaltete der Heruth im Parlament Tumulte und Schlägereien.

Als ich nach diesem Besuch den Bundeskanzler auf die Bedeutung von Netanyahus Begrüßung aufmerksam machte, erwiderte er, daß ihn bereits die Protokollchefin und frühere Gesandte Israels in Bonn,

Frau Shomrat, auf diese Tatsache hingewiesen habe. Im Vergleich zu Kohls Israel-Reise 1985 fand dieser Besuch in einer völlig anderen Atmosphäre statt. Bei jeder Begegnung war die freundschaftliche Stimmung spürbar, und beim Abendbankett, das Rabin für den Kanzler gab, sangen die Gäste spontan die Lieder mit, die die israelische Sängerin vortrug. Helmut Kohl war von der lockeren Atmosphäre, die an diesem Abend herrschte, offenkundig sehr beeindruckt.

Vier Monate später flog ich wieder nach Israel, diesmal zusammen mit Rudolf Scharping. Es war Scharpings erste Israel-Reise überhaupt. Und Scharping war zugleich einer der letzten ausländischen Besucher, die Jitzhak Rabin empfangen hat. Scharping traf Rabin am 2. November 1995. Am Samstag, dem 4. November, wurde Rabin ermordet. Zwei Tage später, am 6. November, saßen wir alle – Roman Herzog, Helmut Kohl, Johannes Rau, Klaus Kinkel, Rudolf Scharping und Joschka Fischer, der Fraktionsvorsitzende von Bündnis 90/Die Grünen – in der Maschine des Bundespräsidenten auf dem Flug nach Jerusalem zur Beerdigung von Rabin.

Ich hatte Jitzhak Rabin bereits Anfang 1974 kennengelernt. Es war damals Verteidigungsminister, und ich traf ihn kurz nach dem Jom-Kippur-Krieg in Eilat. Ich habe bereits geschildert, daß ich in Eilat federführend an einem Hotelneubau beteiligt war und daß dieses Hotel ausgerechnet 14 Tage vor Ausbruch des Oktoberkrieges 1973 eröffnet wurde, weshalb es schon eine Woche später gleich wieder geschlossen werden mußte. Erst Ostern 1974 kam es dann zur regulären Eröffnung. Allerdings rief im Januar mein israelischer Partner an und schlug mir vor, doch ein paar Tage in Eilat zu verbringen. Das Wetter war zwar sehr schön, aber wer hat schon Lust, sich für ein Wochenende zu viert in einem leerstehenden 600-Betten-Hotel einzuquartieren? Mein Partner erwähnte eher beiläufig, daß auch das Ehepaar Rabin das Wochenende in Eilat verbringen würde. Dann wäre es doch nett, wenn wir uns zusammentun könnten; das Hotel war nicht völlig verwaist, es gab dort immerhin einen Koch, ein Zimmermädchen und einen Manager.

Als wir im Hotel eintrafen, fanden wir dort erwartungsgemäß Rabin und seine Frau vor. Sonst niemanden. Das leere Hotel machte durchaus keinen sonderlich einladenden Eindruck. Wir aßen gemeinsam zu Abend – Herr und Frau Rabin, mein Partner und ich mitsamt unseren Ehefrauen. Es gab chinesische Küche. Rabin sprach kaum und wenn, dann nur ganz allgemeine Belanglosigkeiten. Es sollte ein erholsames Wochenende werden mit Spaziergängen und Sonnenbaden.

Am Morgen, als wir zum Frühstück herunterkamen, war Rabin verschwunden. Seine Frau Lea sagte, er habe eine Ausfahrt aufs Meer gemacht. Nun verstand ich, worum es ging. Damals hat tatsächlich ein geheimes Treffen auf dem Meer stattgefunden, wahrscheinlich mit dem jordanischen König Hussein. Ich sah Rabin erst am Nachmittag wieder. Er ließ sich lediglich zu der Bemerkung hinreißen, daß er hatte fischen gehen wollen und deshalb schon sehr früh aufgestanden sei. Inzwischen ist bekannt, daß Rabin sich mehrmals an verschiedenen Orten mit König Hussein bzw. dessen Bruder Prinz Hassan getroffen hatte.

Seit damals verfolgte ich den Werdegang von Rabin mit großer Aufmerksamkeit und bin viele Male mit ihm zusammengetroffen. Als er ermordet wurde, war es so, wie wenn man einen alten Freund verliert.

KAPITEL 18

VERGANGENHEIT UND GEGENWART

ERINNERN

Im Umgang mit der nationalsozialistischen Vergangenheit lassen sich drei zeitlich aufeinanderfolgende Phasen unterscheiden: Die erste begann gleich nach 1945 und dauerte etwa bis Ende der 60er Jahre. Der Mehrheit der Bevölkerung waren die Verbrechen der Nazizeit mehr oder weniger bekannt. Die meisten konnten oder wollten sich aber nicht damit auseinandersetzen, sei es aus der Unfähigkeit heraus, die eigene Schuld zu akzeptieren, sei es aus dem schlechten Gewissen, Mitläufer gewesen zu sein oder unbeteiligt zugesehen zu haben, oft aber auch aus Scham wegen des Geschehenen. Die Täter lebten unter uns.

Danach kam die Zeit der 68er Generation, die ihre Väter und Großväter fragte: Wie war das damals? Warum sprecht ihr nicht darüber? Die 68er erhoben den Vorwurf: Ihr wollt nicht daran rühren, weil ihr selbst schuldig seid.

Etwa Mitte der 80er Jahre begann eine dritte Periode, die Zeit derjenigen, die fragten: Wie lange sollen wir noch darüber reden? Was hat das mit mir zu tun? Es war die Zeit des Historikerstreits über die Einzigartigkeit der nationalsozialistischen Judenverfolgung, die Zeit, in der sich eine »neue Rechte« formierte, und schließlich die Zeit derjenigen, die Auschwitz relativierten, damit sich niemand mehr schämen muß, ein Deutscher zu sein. Erst die nächste oder übernächste Generation wird sich wirklich mit Auschwitz auseinandersetzen, wenn es die Täter-Opfer-Beziehung nicht mehr geben wird. Die Generation der Zeitzeugen wird dann nicht mehr am Leben sein, und es werden die Gedenkstätten, Mahnmale und Museen sein, die die Erinnerung an die nationalsozialistischen Verbrechen für die nachfolgenden Generationen bewahren.

In den USA haben Sozialwissenschaftler festgestellt, daß etwa ein Viertel der Jugendlichen nichts vom Holocaust weiß oder die Realität dessen, was in den Geschichtsbüchern darüber zu lesen ist, in Frage stellt – und zwar deshalb, weil sich diese Jugendlichen das Ausmaß der nationalsozialistischen Verbrechen nicht mehr vorstellen können. In Amerika leben einige hunderttausend Überlebende des Holocaust und viele, die Angehörige in dieser Zeit verloren haben. Die Untersuchungen haben auch ergeben, daß oft sogar die eigenen Nachkommen an der Realität des Holocaust zweifeln, weil für eine Generation, die in Frieden aufgewachsen ist, diese Grausamkeiten immer unverständlicher werden.

Es hat daher gute Gründe, weshalb in den vergangenen Jahren in den USA einige Holocaust-Museen errichtet wurden bzw. in der Planung sind. Neben dem Museum of Tolerance der Simon-Wiesenthal-Stiftung in Los Angeles entstand das zentrale Holocaust-Museum in Washington, Museen in New York und Philadelphia sind in Planung. Die Generation der Überlebenden hielt es für ihre Pflicht, ihren Nachkommen zu sagen und zu zeigen, was geschehen ist. Niemand kann sicher sein, daß sich Geschichte nicht wiederholt. Und sie kann sich überall wiederholen – auch in Amerika. Die Überlebenden und ihre Nachkommen wollten deshalb zumindest ihren Anteil an dem Versuch leisten, durch Information eine Wiederholung so weit wie möglich auszuschließen.

Das Holocaust-Museum in Washington ist inzwischen das meistbesuchte Museum in den USA. Schulklassen müssen sich bis zu einer Woche vor der Besichtigung anmelden, weil nur eine beschränkte Anzahl Besucher pro Tag zugelassen werden kann. Die modernen Einrichtungen der Lernzentren versorgen Tausende von Schulen und Universitäten mit Informationsmaterial. Wer sich einmal die Zeit genommen hat, in Ruhe die ebenerdige Ausstellung für Kinder durchzugehen und die Briefe der Schüler zu lesen, die sie im Anschluß an einen Rundgang schreiben, wird kaum ohne Tränen in den Augen das Museum verlassen.

Das Museum ist keineswegs so angelegt, daß nur die Verantwortung der Deutschen sichtbar wird. Es dokumentiert auch die Mitläufer und Kollaborateure, die Letten, Ukrainer, Franzosen, Holländer, Polen und vielen anderen, die mit den Nationalsozialisten zusammengearbeitet haben, und es werden auch die Fehler der Alliierten nicht unerschlagen. Dokumentiert ist beispielsweise die Geschichte der St. Louis, eines Schiffs, das mit 800 jüdischen Flüchtlingen an Bord nach Amerika kam. Keinem der Flüchtlinge wurde Asyl gewährt. Das Schiff mußte umkehren, und nur wenige von ihnen haben überlebt. Es findet sich im Museum auch der Brief des Jüdischen Weltkongresses an dem amerikanischen Präsidenten Franklin D. Roosevelt, mit der Bitte, die Zufahrtswege nach Auschwitz zu bombardieren, sowie das Antwortschreiben des damaligen Unterstaatssekretärs und späteren Hochkommissars John McCloy. Trotz der Dokumente, die aus Auschwitz hinausgeschmuggelt werden konnten und belegten, was dort geschah, hielt McCloy das Bombardieren nicht für opportun. Auch der deutsche Widerstand hat seinen Platz in diesem Museum.

Hier wurde Großartiges geleistet, und das Holocaust-Museum in Washington hat mit Recht einen ganz besonderen Stellenwert. Es ist ein großartiger Verdienst der Überlebenden und ihrer Kinder, daß sie die notwendigen Mittel für diese Einrichtung selbst aufgebracht haben. Die amerikanische Regierung hat lediglich das Grundstück zur Verfügung gestellt, die gesamten Baukosten von etwa 100 Millionen Dollar sind von den Gründern des Museums, meist Überlebenden des Holocaust, finanziert worden. Hier werden noch ganze Generationen von Amerikanern lernen, was Menschen anderen Menschen antun konnten, und das heißt: Sie werden aus der Geschichte lernen.

Ob die amerikanischen Holocaust-Museen ein Modell für Deutschland sein können, war im September 1993 Thema einer Veranstaltung in Sachsenhausen, initiiert von der dortigen Gedenkstätte. Teilnehmer waren unter anderem Romani Rose, der Vorsitzende des Zentralrats der Roma und Sinti, Mordachay Lewy, der israelische Generalkonsul in Deutschland, der damalige Berliner Kultursenator Ulrich Roloff-Momin und ich. In meinen Beiträgen habe ich nicht verschwiegen, daß ich von den verschiedenen amerikanischen Projekten sehr beeindruckt bin; doch ich glaube nicht, daß diese Modelle nach hier übertragbar sind.

In Deutschland braucht die Geschichte des Nationalsozialismus und des Holocausts nicht musealisiert zu werden. Wir haben die authentischen Orte wie Bergen-Belsen, Dachau, Sachsenhausen, Ravensbrück und Buchenwald – um nur einige zu nennen – vor unserer Haustür, und wir haben die einmalige Möglichkeit, die vielen Gedenkstätten gleichzeitig zu Lernorten auszubauen, anstatt sie verfallen zu lassen und für teures Geld ein Museum zu planen. Derzeit sind die Gedenkstätten teilweise in einem unbefriedigenden Zustand.

Ob Museum oder Gedenkstätte: Wichtig ist nicht nur, das Geschehene zu dokumentieren und den Schrecken spürbar werden zu lassen, sondern auch zu zeigen, wie es dazu kam, wer dafür verantwortlich war, warum es niemand verhindert und wer alles davon gewußt hat. Ein gelungenes Beispiel für eine Gedenkstätte, die gleichzeitig Lern- und Informationszentrum ist, ist für mich das in Planung befindliche Dokumentationszentrum »Topographie des Terrors« auf dem ehemaligen Gestapo-Gelände in Berlin. Ich wünsche mir in Deutschland mehr Dokumentationszentren dieser Art, keine Museen. Die Gedenkstätten könnten ideale Orte für solche Dokumentations- und Lernzentren sein. Auch Jugendbegegnungsstätten gehören dazu. Lernen heißt für mich immer, sich mit einem Thema auseinandersetzen und es nicht nur im Gedächtnis »abzulegen« oder »einzuordnen«.

In Deutschland werden die Verbrechen der Nazizeit in den Schulen sicherlich ausführlich behandelt. Ich teile nicht den Vorwurf, daß hier zu wenig getan wurde, ich frage mich nur, ob es immer die richtige Methode war, mit der die Lehrer versuchten, diese Periode in der Geschichte Deutschlands den Schülern nahe zu bringen. Pädagogische Methoden haben sich im Laufe der Jahre verändert. Neben der Behandlung der Geschichte des Nationalsozialismus und der Judenvernichtung halte ich es für wichtig, daß an den Schulen (und zwar nicht nur im Fach Religion) die Geschichte des Judentums in Deutschland vermittelt wird – und diese Geschichte beinhaltet nicht nur die Jahre 1933 bis 1945. Kaum einer der jungen Menschen – aber auch von den Älteren nur eine kleine Minderheit – weiß, daß Juden schon seit dem Jahr 321 ununterbrochen in Deutschland leben. Sie waren mit den Römern gekommen und blieben hier trotz aller Diskriminierungen und Verfolgungen, die sie in den Jahrhunderten erleiden mußten. Wenige bekannt sind zum Beispiel die Pogrome der Kreuzfahrer gegen die Juden vor 900 Jahren. Es gab aber auch Zeiten des freien und emanzipierten Zusammenlebens von Juden und Nicht-Juden in Deutschland. Aber welcher Primaner wüßte auf Anhieb, daß die Juden im Jahr 1812 zum ersten Mal die Bürgerrechte verliehen bekommen haben?

»NEUE WACHE«

In vielen Städten und Gemeinden gibt es Denk- oder Mahnmale, die an jüdische Menschen erinnern, die in diesen Orten gelebt haben, und an deren Tod. Das ersetzt allerdings nach meiner Meinung nicht die Notwendigkeit, ein zentrales Mahnmal zur Erinnerung an das ermordete europäische Judentum zu errichten. Die ersten Vorschläge für ein solches zentrales Mahnmal wurden etwa 1986 ins Gespräch gebracht.

Schon zuvor, in den ersten Jahren der christlich-liberalen Koalition, war die Errichtung einer zentralen Gedenkstätte für alle Opfer der Kriege diskutiert worden. Sämtliche im Bundestag vertretenen Parteien waren sich einig, daß eine solche Gedenkstätte notwendig sei. Uneinig war man sich jedoch über die Inschriften, die dort angebracht werden sollten. Die CDU/CSU-Fraktion plädierte dafür, die Inschrift des Mahnmals auf dem Bonner Friedhof zu übernehmen: »Den Opfern von Krieg und Gewaltherrschaft«. Die SPD-Fraktion schlug vor, Zitate aus der berühmten Rede des Bundespräsidenten Richard von Weizsäcker vom 8. Mai 1985 zu verwenden, in der einzelne Opfergruppen aufgezählt wurden. Die FDP-Fraktion war in dieser Frage gespalten.

Der Zentralrat sprach sich gegen eine verallgemeinernde Inschrift ohne Nennung der Opfergruppen aus, denn die Inschrift »Den Opfern von Krieg und Gewaltherrschaft« wäre sowohl den umgebrachten Häftlingen als auch ihren SS-Bewachern bzw. ihren Peinigern und Mördern gewidmet. Ein Täter, der möglicherweise durch einen Bombenangriff ums Leben gekommen oder an der Front gefallen war, wäre mit seinen Opfern gleichgesetzt worden. Eine Einigung kam damals nicht zustande, und die Sache verlief im Sande.

Nach der deutschen Einheit schlug Bundeskanzler Helmut Kohl als Standort für ein solches Mahnmal Schinkels Neue Wache auf dem Boulevard Unter den Linden in der neuen deutschen Hauptstadt Berlin vor. Dagegen war nichts zu sagen. Dort sollte eine vergrößerte Figur von Käthe Kollwitz' »Mutter und Kind«-Skulptur aufgestellt werden. Nicht bei allen stieß dieser Vorschlag auf Begeisterung, und auch der Streit um die Inschrift entbrannte aufs Neue. Mir und dem Zentralrat ging es bei diesem Streit nicht so sehr darum, ob die sogenannte »Pieta« von Käthe Kollwitz das Richtige sei, sondern vor allem wiederum um die Inschrift.

Ich signalisierte, daß für den Zentralrat die anzubringenden Inschriften an der Neuen Wache dann weniger bedeutsam sein würden, wenn in Berlin auch das »Mahnmal zur Erinnerung an das ermordete europäische Judentum« entstünde. In einem Gespräch im Mai 1993 sagte mir der Bundeskanzler auch zu, sich für ein solches Mahnmal einsetzen zu wollen. Was die fraglichen Inschriften an der Neuen Wache anbelangte, bekräftigte ich meine Haltung, daß ich es für angebracht hielte, die Opfergruppen, wie in der Weizsäcker-Rede geschehen, einzeln aufzuführen. Ich bat Helmut Kohl, dies noch einmal zu überdenken.

Etwa vierzehn Tage später, bei der Besichtigung des Platzes, an dem das Mahnmal für das ermordete europäische Judentum errichtet werden sollte, überbrachte mir Anton Pfeiffer, Staatsminister im Bundeskanzleramt, die Nachricht des Bundeskanzlers: Neben der geplanten Käthe-Kollwitz-Figur und der geplanten Inschrift sollten zwei weitere große Platten aufgestellt werden. Auf der ersten würde die Geschichte der Neuen Wache zu lesen sein, auf der anderen Platte würden die Opfergruppen aus der Weizsäcker-Rede aufgeführt. Ich bin dem Kanzler bis heute sehr dankbar dafür. An der Einweihungsfeier der Neuen Wache am 14. November 1993 habe ich auch teilgenommen.

DAS MAHNMAL FÜR DAS ERMORDETE EUROPÄISCHE JUDENTUM

Im Januar des folgenden Jahres wurde der Wettbewerb für die Gestaltung des Mahnmals für das ermordete europäische Judentum ausgeschrieben. Als Standort stellte die Bundesregierung ein Gelände von etwa zwei Hektar Größe südlich des Brandenburger Tores (an den sogenannten »Ministergärten«) zur Verfügung. In meinen Augen eine prominente Lage: in Sichtweite des Brandenburger Tores, gegenüber dem geplanten Gebäude, in dem der Bundesrat residieren wird, und in unmittelbarer Nachbarschaft sowohl der Landesvertretungen als auch der neuen amerikanischen und britischen Botschaft.

An der offenen Ausschreibung konnte sich jeder, der in Deutschland ansässig war und sich dazu berufen fühlte, beteiligen, und aus dem Ausland wurden zusätzlich zwölf renommierte Künstler zur

Wettbewerbsteilnahme eingeladen. Auslober waren der Bund, das Land Berlin und der Förderkreis für die Errichtung eines Mahnmals zur Erinnerung an das ermordete Judentum – eine Initiative, die im wesentlichen auf die Journalistin Lea Rosh zurückging. Nach Ablauf der Frist waren insgesamt 528 Arbeiten eingegangen. Die Jury vergab zwei erste Preise, sechs weitere Preise und neun Prämierungen.

Der Förderkreis favorisierte von Anfang an den Entwurf der Berliner Architekten- und Künstlergruppe Christine Jacobs-Marks, Hella Rolfes, Hans Steib und Reinhard Stange. Der Entwurf sah eine Art schräg angelegter Grabplatte in einer Größe von 100 mal 160 Meter vor. Die sieben Meter dicke Platte sollte aus dem Boden heraus auf eine Höhe von elf Meter ansteigen, und auf diese Platte sollten etwa 4,2 Millionen Namen jüdischer Opfer eingraviert werden.

Die Finanzierung sollte zu je einem Drittel durch die Auslober erfolgen, und dazu hatte der Förderkreis eine reichlich obskure Idee: die Namen quasi zu verkaufen. Für eine Spende von zehn Mark pro Namen sollten diese »adoptiert« werden – in meinen Augen war das ein Handel mit Ermordeten. Nach meinem lauten Aufschrei wurde dieser Vorschlag jedoch schnell wieder zurückgezogen. Auch von anderen Seiten gab es, aus unterschiedlichen Gründen, Proteste gegen dieses Vorhaben, unter anderem äußerte sich auch Bundeskanzler Helmut Kohl negativ dazu.

Zum künstlerischen Wert der prämierten Entwürfe wollte ich selbst kein Urteil abgeben, weil ich mich dazu auch nicht berufen fühlte. Am besten gefiel mir jedoch der Entwurf des Kölner Architekten Simon Ungers, der von der Jury genauso viele Stimmen bekam wie der von Christine Jacobs-Marks. Ungers' Konzept sah einen großen quadratischen, von sechs Meter hohen Stahlträgern umgebenen Platz vor. Das war zwar ebenfalls ein monumentales Werk, zugleich aber auch ein filigranes. Es war in meinen Augen monumental, ohne zu erschrecken. Außerdem bedurfte es bei Ungers' Entwurf keiner Erläuterungen, denn es sollten die Orte der Konzentrationslager angegeben werden.

Bei dem vom Förderkreis bevorzugten Werk richteten sich meine Bedenken in erster Linie gegen das Eingravieren der Namen. Im Judentum ist es zwar ganz wichtig, die Erinnerung an Tote durch Namen wachzuhalten, und jeder der Ermordeten *hatte* einen Namen. Wenn ich mir aber vorstelle, daß auf der Berliner Mahnmal-Platte dann mindestens 500mal nur der Name Jacob Lewy stehen wird und 1.000mal Abraham Cohen und x-mal Moses Rabinowitsch, dann ist das für mich keine Invidualisierung der Opfer, sondern eher das Gegenteil. Ohne daß kenntlich gemacht würde, wer diese Personen waren, das heißt ohne Angabe von Geburtsort und -datum, blieben diese Namen gleichsam blind und die Ermordeten weiterhin anonym. Es entstünde vielmehr der Eindruck eines Registers. Für die zusätzlichen Angaben wäre aber gar kein Platz mehr auf dieser Platte.

Es gibt in der Bundesrepublik einige Mahnmale, bei denen die Namen der Ermordeten aufgeführt sind, zum Beispiel in Hannover, Berlin-Steglitz oder Frankfurt. Am Börneplatz haben wir 11.057 Namen von Frankfurter Juden in die Friedhofsmauer eingefügt, mit Geburts-, Todes- oder Deportationsdatum. Dadurch sind hier die Menschen eindeutig kenntlich gemacht, und das macht den Unterschied zu einer bloßen Auflistung von Namen.

Mit der Diskussion um die Gestaltung des Mahnmals entzündete sich auch eine Auseinandersetzung darüber, ob denn das Gelände nicht zu groß für das Mahnmal, ob der Standort der richtige und ob ein solches Mahnmal überhaupt notwendig sei. Es gab und gibt hierzu die unterschiedlichsten Argumente, und ich respektiere die Begründungen eines jeden einzelnen. Ich bin jedoch dagegen, daß nach einem neuen Standort und/oder mit einer neuerlichen Ausschreibung und einer eventuell neuen Jury gesucht werden sollte. Meiner Meinung nach ist der Standort der richtige, und eine andere Jury mit einer neuen Ausschreibung dürfte kaum zu anderen Ergebnissen kommen, nachdem eine prominent besetzte Jury 528 Arbeiten begutachtet hat. Hinzu kommt, daß die Planungen um Jahre zurückgeworfen würden und zu befürchten wäre, daß die ganz Angelegenheit am Ende versandet.

Inzwischen hat sich auch der Bundestag eingeschaltet, und es gibt einen Kompromißvorschlag: Die drei Auslober sollen weitere, noch nicht näher bestimmte Persönlichkeiten und Organisationen hinzuziehen und unter den ersten acht Preisträgern – gegebenenfalls bei einer Überarbeitung der einzelnen Entwürfe – zu einem Ergebnis kommen. Die Grundsteinlegung für das Mahnmal ist für den 27. Januar 1999 vorgesehen. Bis Ende 1999 soll es fertiggestellt werden.

Es ist der Initiative von nicht-jüdischen Bürgern wie zum Beispiel Willy Brandt, Lea Rosh, Edzard Reuter, Eberhard Jäckel und vielen anderen zu verdanken, daß die Idee zu diesem Mahnmal entwickelt und so weit vorangetrieben wurde. Den Anstoß gaben nicht zuletzt Lea Rosh und Professor Jäckel, die seinerzeit das Buch *Der Tod war ein Meister aus Deutschland* veröffentlicht haben.

Mit Jäckel hatte ich Anfang 1994 eine peinliche Auseinandersetzung, und seine Haltung bzw. Einstellung begreife ich bis heute nicht. Als in den neuen Bundesländern Gedenkstätten-Stiftungen eingerichtet wurden, habe ich in Verhandlungen mit den betreffenden Ministerpräsidenten erreicht, daß in den Stiftungsräten, die sich in der Regel aus Vertretern des Landes, des Bundes und der Kommunen zusamensetzen, auch ein Vertreter des Zentralrats der Juden in Deutschland einen Sitz haben sollte. Jäckel, damals designierter Beiratsvorsitzender der Stiftung der Thüringischen Gedenkstätten, fand dies »absurd«.

Er schrieb mir am 31. Januar 1994 einen Brief, in dem er ausführte: »Neben den vier Gebietskörperschaften (Bund, Land, Kreis und Stadt), die der Stiftung Liegenschaften und Vermögensgegenstände übertragen und jährlich Zuwendungen leisten, steht also ein einziger Verband, der überdies nichts dergleichen tut.« Das könne »nicht im Interesse der Juden in Deutschland« liegen, vielmehr sei zu befürchten, daß eine solche Vertretung in den Stiftungsräten »Mißfallen auslösen wird und sogar zu jenem neuartigen Antisemitismus beitragen kann«. Wenn er selbst danach gefragt werde, könne er nur sagen, daß er »die Struktur absurd und anmaßend finde, daß sie unter Druck zustandegekommen ist und so weiter«. Und um das nicht tun zu müssen, bat er mich, auf die Vertretung des Zentralrats im Stiftungsrat zu verzichten.

Ich beantwortete den Brief am 2. Februar: Ich sei es zwar gewohnt, bei meinen Äußerungen immer wieder darauf hingewiesen zu werden, daß diese zum Antisemitismus führen könnten. Neu sei mir allerdings, daß der Wunsch des Zentralrats, dem Stiftungsrat einer Gedenkstätte anzugehören, ebenfalls Antisemitismus auslösen würde. Ich bestätigte Jäckel, es sei richtig, daß Land und Bund finanzielle Leistungen erbringen, es sei ebenso richtig, daß die Stadt und der Landkreis das KZ-Gelände einbringen, auf dem die Gedenkstätten errichtet worden sind. Aber wir Juden hätten gerne auf das KZ verzichtet, und deshalb übersehe er den jüdischen Beitrag, den wir bereits geleistet hätten. Und ich erinnerte Jäckel daran: »Wir haben nämlich die Opfer geliefert.«

Auch als mich der Berliner Senat einlud, im Kolloquium zur Ausschreibung für das Mahnmal in Berlin einen einführenden Vortrag zu halten, hielt Jäckel das nicht für angebracht. Das, worum es gehe, sei keine Angelegenheit der Juden, sondern der Historiker. Obwohl ich tatsächlich wegen eines anderen Termins am selben Tag Schwierigkeiten hatte, die Einladung anzunehmen, bin ich ihr gefolgt und habe die Einführungsrede gehalten. Der Senat sorgte dafür, daß ich vom Veranstaltungsort mit einem Hubschrauber direkt nach Berlin-Tegel gebracht wurde, um von dort zu meinem nächsten Termin nach Hannover zu fliegen. Professor Jäckel ist meiner Einführungsrede ferngeblieben. Ich konnte es mir nicht verkneifen, in meiner Rede auf die ganze Geschichte einzugehen.

Ich habe die Tatsache gewürdigt, daß es Nicht-Juden sind, die sich für die Errichtung des Mahnmals für das ermordete europäische Judentum eingesetzt haben und sich weiterhin einsetzen. Besonderer Dank gebühre natürlich dabei den Initiatoren, zu denen auch Professor Jäckel gehöre. Aber es könne nicht angehen – ob es sich jetzt um einem Gedenkstätten-Stiftungsrat oder um die Errichtung eines Mahnmals für das ermordete Judentum handele –, an den Juden vorbei zu planen. Denn letztendlich sind sie in diesen Fällen die betroffenen Opfer.

AUSCHWITZ

Was bei der Frage der Gestaltung des Mahnmals in Berlin möglich war – sich Zeit zu nehmen, um eine für alle akzeptable Lösung zu finden –, das ist bei der Gestaltung einer Gedenkfeier natürlich schwieriger. Am 27. Januar 1995 jährte sich zum 50. Mal der Tag der Befreiung von Auschwitz, das zum Synonym für die Vernichtung der Juden geworden ist. Lange vor der offiziellen Veranstaltung begannen die Auseinandersetzungen zwischen Vertretern jüdischer Organisationen, mich eingeschlossen, und den Veranstaltern auf der polnischen Seite.

Die Diskussionen um Auschwitz hatten bereits 1989, nach der Machtübernahme durch die Solidarnocs, begonnen. Die damalige Kulturministerin, Izabella Cywinska, berief einen internationalen Museumsrat ein, um den Streit zwischen Vertretern der Katholischen Kirche in Polen und den verschiedenen jüdischen Organisationen zu schlichten. Im Mittelpunkt standen die unterschiedliche Interpretationen der Opferrolle der in Auschwitz umgebrachten Menschen. Bei den geplanten Veranstaltungen sollte weder ein Vertreter des Jüdischen Weltkongresses auftreten noch wollte der damalige Präsident Lech Walesa in seiner Ansprache ein Wort über die Juden verlieren. Daß in Auschwitz Juden verschiedener Nationalität nur aus dem Grunde ermordet worden waren, weil sie Juden waren – ganz egal, ob es sich dabei um Männer oder Frauen, Kinder oder Greise gehandelt hat –, wurde in keiner Weise berücksichtigt. Nicht, daß es einen Unterschied zwischen Toten und Toten geben sollte, aber gerade Auschwitz ist zum Synonym geworden für die Vernichtung des gesamten europäischen Judentums. Ähnliches haben die Nazis noch mit den Sinti und Roma geplant.

Im Jahr 1994 ließ Staatsminister Andrzej Zakrzewski, der von Walesa mit der Organisation der Gedenkfeier zum 50. Jahrestag der Befreiung beauftragt worden war, eine Umfrage durchführen, bei der die Bürger nach ihrer Meinung zu Auschwitz befragt wurden. Das Ergebnis war erschütternd: Rund 47 Prozent der Befragten betrachteten das Konzentrationslager als einen Ort der Ermordung von Polen. Nur 8 Prozent sahen Auschwitz als Symbol für den Holocaust und die Ermordung der Juden.

Richtig ist, daß die ersten Häftlinge in Auschwitz Polen waren, und es ist auch richtig, daß etwa 65.000 Angehörige der polnischen Führungsschicht in den Konzentrationslagern umgebracht wurden. Richtig ist aber ebenso, daß von polnischer Seite versucht wurde, das Martyrium der Juden in Auschwitz herunterzuspielen. Die Befragung sollte dazu dienen, dies deutlich zu machen.

Andrzej Zakrzweski beeilte sich, nach der Veröffentlichung seiner Umfrage zu versichern, daß die Ergebnisse keineswegs ein Spiegelbild der antisemitischen Haltung der Polen seien. Sie seien vielmehr ein Indiz für die fortdauernden Unterschiede in der Geschichtsauffassung des jüdischen und des polnischen Volkes. Die besondere Würdigung des kommunistischen Widerstandes und die genaue Erfassung der Verfolgung der Widerstandskämpfer in der Zeit des Kommunismus hätten zu einer fast nebensächlichen Bewertung des Holocaust geführt. Diese Haltung sei eben auch jetzt noch sehr verbreitet unter den Polen, meinte Zakrzewski.

Bei der Gedenkfeier zum Jahrestag der Befreiung sollte weniger der kommunistische Widerstand, dafür besonders der katholische und nationale Widerstand der Polen hervorgehoben werden. Die offiziellen Veranstalter waren das internationale Auschwitz-Komitee und der polnische Staat.

Es kam während der Vorbereitungen zu teilweise peinlichen Auseinandersetzungen. So ließen während der Treffen die polnischen Delegierten diskriminierende Äußerungen fallen und monierten, daß da »zu viele Juden« sprechen würden. Nicht nur von verschiedenen jüdischen Organisationen und aus Deutschland wurde Kritik am Verhalten der polnischen Veranstalter laut, auch aus Rußland: Die Polen weigerten sich schlicht, bei der Gedenkfeier auch einen russischen Vertreter zu Wort kommen zu lassen. Sowohl der Jüdische Weltkongreß als auch der Europäisch-Jüdische Kongreß wurden völlig ausgeschaltet.

Das Auschwitz-Komitee wurde, als Mitveranstalter, vor vollendete Tatsachen gestellt. Die Polen hatten Fakten geschaffen, indem sie Uhrzeiten und Rednerlisten selbstherrlich aufstellten, ohne das Komitee zu informieren oder sich mit ihm zu beraten. Alles war katastrophal organisiert, erst Mitte Januar wurden beispielsweise die Einladungen verschickt. Als ich am 21. Dezember 1994 im Auftrage des Europäisch-Jüdischen Kongresses zu Besprechungen mit den Vertretern der Regierung nach Polen kam, hatte ich noch immer keine Ahnung vom vorgesehenen Ablauf der Gedenkfeier.

Während der Gespräche in Polen kam es zu keiner Einigung. Die Polen weigerten sich, den Präsidenten des World Jewish Congress, Edgar Bronfman, zu Wort kommen zu lassen, und sie verlangten auch, daß die Totengebete der Juden am Abend zuvor in der Synagoge in Krakau gesprochen werden sollten. In Auschwitz war nur ein ökumenischer Gottesdienst geplant. Das war natürlich nicht akzeptabel für uns. Zakrzewski sagte damals zu mir: »Ach, Herr Bubis, warum regen wir uns so über diese Veranstaltung auf? Die wird in einem Monat vorbei sein, und die nächste ist erst in 50 Jahren. Dann gibt es uns beide nicht mehr!« »Da kennen Sie die Juden schlecht«, antwortete ich ihm, »wir trauern und fasten heute noch nach mehr als 1.900 Jahren seit der Zerstörung des zweiten Tempels in Jerusalem. Und wir fasten jedes Jahr, nicht nur alle 50 Jahre!«

Höhepunkt der irritierenden Argumentation von Walesas Fachmann für die Auschwitz-Feiern war jedoch dessen Behauptung, daß es in Polen vor dem Krieg keinen Unterschied zwischen Polen und polnischen Juden gegeben habe. Er hatte es anscheinend unterlassen, sich anhand eines normalen Geschichtsbuches zu informieren. Der Antisemitismus der Polen wurde ihnen nicht erst von den Deutschen aufgezwungen. Ich habe darüber auch im polnischen Hörfunk mit Zakrzweski diskutiert. Die Sendung war zunächst für eine Stunde angesetzt, wurde dann aber stillschweigend verlängert.

Am Nachmittag des 26. Januar lud Staatspräsident Walesa die zu den Feierlichkeiten angereisten Staatsoberhäupter und Nobelpreisträger zu einer Aussprache ein. Danach hat sich zwar die Stimmung gebessert, aber dennoch kam es letztlich zu zwei Gedenkveranstaltungen. Der Jüdische Weltkongreß veranstaltete zusammen mit dem Europäisch-Jüdischen Kongreß am 27. Januar vormittags eine Gedenkstunde in Auschwitz-Birkenau, an der neben Bundespräsident Roman Herzog auch der tschechische Staatspräsident Vaclav Havel sowie weitere Staatsoberhäupter und neben Elie Wiesel auch andere Nobelpreisträger teilnahmen. Es war eine beeindruckende Gedenkstunde, und ich bin dem Bundespräsidenten und den internationalen Persönlichkeiten dankbar, daß sie daran teilgenommen haben, obwohl Walesa das nicht gern gesehen hat.

Bei der anschließenden Hauptfeier sprach dann Walesa doch über die jüdischen Opfer. Elie Wiesel hatte noch am Abend zuvor ein längeres Gespräch mit ihm geführt und ihn offensichtlich überzeugen können. Noch im offiziellen Text der Rede, der an die Zuhörer verteilt wurde, war kein Wort über die Juden zu lesen; Walesa hatte anscheinend erst in letzter Minute seine Meinung geändert. Auch diese Gedenkstunde, bei der unter anderem noch Elie Wiesel, der Präsident des Internationalen Auschwitzkomitees, und der polnische Außenminister Wlodzimierz Bartoszewski, selbst ein früherer Auschwitzhäftling, gesprochen haben, war überaus eindrucksvoll. Elie Wiesel sprach den jüdischen Teilnehmern aus dem Herzen, als er sagte: »Nicht alle Opfer waren Juden, aber alle Juden waren Opfer.«

Es war ein kalter, ein unfreundlicher Tag, dieser 27. Januar. Der Rabbiner, der das Totengebet sprach, verließ sofort nach dem Gebet die Stufen, auf denen die Vertreter der anderen Religionen warteten. Für mich waren die Feierlichkeiten in Auschwitz eine schwere Belastung. Gegenüber den vielen Überlebenden dieses Vernichtungslagers, die zu der Gedenkstunde gekommen waren, fühlte ich mich in einer besonderen Rolle: Mein persönliches Schicksal während des Krieges, so schrecklich es war, konnte man mit den Erlebnissen dieser Menschen nicht vergleichen. Die beiden Lager, in denen ich den Holocaust überlebt hatte, waren keine Vernichtungslager. Die Deutschen brauchten teilweise noch unsere Arbeitskraft, und um diese möglichst lange zu nutzen, bekamen wir ein Minimum an Essen und auch eine Chance, länger zu leben. Selbst in den letzten sechs Monaten, als ich in der Munitionsfabrik arbeitete, war mein Schicksal nicht mit dem der Häftlinge von Auschwitz, Majdanek oder Treblinka gleichzusetzen. Zugleich mußte ich daran denken, daß mein Vater, meine Schwester, mein Bruder, meine Schwägerin und Nichte ermordet wurden. Ich teile jedoch meine Erinnerungen mit allen Überlebenden, und dadurch fühlte ich mich mit den ehemaligen Häftlingen von Auschwitz verbunden.

Es kommt noch ein zweites hinzu. Viele Überlebende fragen sich, ob sie genügend Widerstand geleistet haben oder ob nicht zu viele zu freiwillig, ohne sich zu wehren, wie die Schafe zur Schlachtbank in den Tod gegangen sind. Es gab zwar Widerstand, aber doch nur vereinzelt und zu spät. Diesen Teil der Geschichte der Juden aufzuarbeiten, fällt besonders schwer. Wenn es nämlich einen breiteren jüdischen Widerstand gegeben hätte, wie zum Beispiel jenen der Baum-Gruppe in Berlin, hätten möglicherweise mehr überlebt. Aber es blieb bei einzelnen Ereignissen, vor allem dem Aufstand im Warschauer Ghetto oder im Ghetto von Vilnius. Auch in Auschwitz gab es Widerstandszellen, und sowohl in Sobibor als auch in Treblinka kam es zu Aufständen. Es waren allerdings eher Verzweiflungsakte, und sie haben in keinem der Fälle zu einer Befreiung geführt. Nur einzelne Häftlinge konnten dabei fliehen, und nur wenige der Geflohenen überlebten die Zeit.

Eine ähnliche Auseinandersetzung wie die um die Gestaltung der Gedenkfeier zum 50. Jahrestag der Befreiung von Auschwitz hatte sich schon einmal im Jahr 1993 bei den Vorbereitungen zur Gedenkfeier des 50. Jahrestages des Warschauer Ghetto-Aufstandes entzündet. Es sollte eine deutsch-israelische Veranstaltung werden, wobei wiederum die Polen mehr oder weniger die Redner vorschreiben wollten.

So sollte zum Beispiel am Mahnmal lediglich Marek Edelman sprechen, der zwar tatsächlich ein Überlebender des Warschauer Ghettos, aber zugleich auch ein Solidarnosc-Anhänger war und sich öffentlich teilweise sehr kritisch zu Israel geäußert hatte. Der Vorsitzende des Weltverbandes der Ghetto-Überlebenden, Stefan Grajek, durfte bei der Hauptgedenkfeier ebenso wenig reden wie die Vertreter des europäischen Judentums. Am Ende gab es auch damals zwei Gedenkveranstaltungen, deren erste am Vorabend im Staatstheater stattfand und wo neben Grajek und anderen auch ich selbst zu Wort kam.

BERGEN-BELSEN

Drei Monate nach der Gedenkstunde in Auschwitz veranstaltete der Zentralrat der Juden in Deutschland am 27. April 1995 eine zentrale Gedenkfeier zur Erinnerung an die Shoa und die Befreiung. In Bergen-Belsen versammelten sich Überlebende, Vertreter verschiedener Regierungen und Religionen. Die deutsche Delegation war sehr prominent besetzt: Bundespräsident Roman Herzog war anwesend, Bundeskanzler Helmut Kohl und auch Bundestagspräsidentin Rita Süßmuth sowie die Fraktionsvorsitzenden der im Bundestag vertretenen Parteien.

Besonders beeindruckend waren die Erinnerungen des ehemaligen israelischen Staatspräsidenten Chaim Herzog. Er gehörte als junger Soldat zu den Befreiern des Lagers, und die Erinnerungen an diesen schrecklichen Augenblick würden ihn nie verlassen, sagte Herzog. Er schloß seine Rede mit den Worten: »Ihr, meine Brüder und Schwestern, deren Überreste hier liegen, habt unserem Volk den Lebensgrundsatz, das Gebot des Lebens hinterlassen, sicherzustellen, daß niemals wieder der Jude ein hilfloses Opfer sei und daß niemals wieder Holocaust und Zerstörung das Schicksal Israels seien. Ihr habt ein Testament hinterlassen, die Zukunft des jüdischen Volkes in seinem eigenen Land zu bauen, stolz und frei. Ein Volk, das stark ist in seinem moralischen Recht und seiner moralischen Kraft, ebenso wie in seiner Fähigkeit, sich zu verteidigen; ein Volk, das auferstand aus der Asche des Holocaust zu einem konstruktiven kreativen Leben. Die Trauer um Euren Tod wird ewig bei uns sein. Nicht als ewiger Haß, nicht als unfruchtbare, lähmende Feindschaft, sondern als ein Ruf nach Kraft und Standfestigkeit. Ein Ruf, der versteht, wie tief die menschliche Seele sinken kann, und ein Ruf, der sich darüber erhebt. Um mit unserer ganzen Kraft den Gegensatz des Bösen, des Übels zu erfüllen: ›Wende Dich vom Übel ab und tue Gutes. Strebe nach Frieden und verfolge ihn!‹ Im Namen des jüdischen Volkes und im Namen des Staates Israel wiederhole ich unseren Schwur, Euch niemals zu vergessen und Eurem Vermächtnis stets treu zu bleiben – dem Gebot des Lebens!«

Bundespräsident Herzog erinnerte an die Verantwortung des einzelnen Bürgers in einer Gesellschaft, selbst in einer Diktatur: »Auch das ist eine Lektion von Bergen-Belsen: Man ist nicht nur verantwortlich für das, was man tut, sondern auch für das, was man geschehen läßt. Wer es zuläßt, daß anderen die Freiheit geraubt wird, verliert am Ende die eigene Freiheit. Wer es zuläßt, daß anderen die Würde genommen wird, verliert die eigene Würde.« Und er fuhr fort: »Nicht alle haben weggesehen. Es gab den Widerstand Dietrich Bonhoeffers, der Geschwister Scholl, des 20. Juli. In Bergen-Belsen büßten Rudolf Küstermeier und Heinrich Jaspers für ihre Opposition gegen die Nazidiktatur. Es gab auch Menschen, die im Alltag ihren Anstand bewahrten. Es gab den Wissenschaftler, der seine Freundschaft zum plötzlich geächteten Kollegen nicht auf staatlichen Befehl aufgab. Es gab die Familie, die es sich nicht nehmen ließ, ihre jüdischen Freunde zu Hause zu besuchen. Es gab die Hausfrau, die des Berufs beraubte Nachbarn mit Lebensmitteln versorgte. Und es gab Menschen, die, obwohl es mit höchstem Risiko verbunden war, Juden aufnahmen und versteckten. Sie waren Helden, aber sie waren wenige, und sie allein konnten das Unheil nicht mehr abwenden.«

Sam E. Bloch, der Präsident des Weltverbandes der ehemaligen Bergen-Belsen-Häftlinge, mahnte gegen das Vergessen: »Heute, am 50. Jahrestag der Befreiung, sagen uns manche, daß es an der Zeit sei, zu vergessen, an der Zeit, alte Wunden zu heilen. Wir lehnen diese Auffassung ab, da sie nicht nur historisch falsch ist, sondern auch das Andenken unserer Märtyrer schädigt und in einer Welt voller Unruhe, Konflikte, Haß und Terrorismus die Gefahr der Wiederholung der Geschichte in sich birgt.«

Ich selbst erinnerte in meiner Rede auch an die deutsche Nachkriegsgeschichte. Bei der zweiten niedersächsischen Landtagswahl im Mai 1951 erhielt die Sozialistische Reichspartei des Nazigenerals Ernst-Otto Remer in Bergen 31,7 Prozent der Stimmen. Als diese Partei kurz darauf verboten wurde, trat die Deutsche Reichspartei ihre Nachfolge an und wurde bei den Landtagswahlen 1955 in Bergen immer noch klarer Sieger. Sie war mit dem »Programm der 10 Gebote« angetreten. Das vierte Gebot lautete damals: »Du sollst Dich zum Deutschen Reich und den echten Werten seiner ganzen Geschichte bekennen. Nur Emporkömmlinge leugnen ihre Vergangenheit.« Ihren Erfolg bei den Wahlen erzielte sie in unmittelbarer Nähe eines der schlimmsten KZs Deutschlands – zu einer

Zeit, als die Bevölkerung längst wußte und niemand mehr leugnen konnte, was hier geschehen war.

Ich habe an diesem Tag auch die Forderung aufgestellt, einen Gedenktag in Deutschland einzuführen, an dem aller Opfer der nationalsozialistischen Gewaltherrschaft gedacht werden sollte. Inzwischen ist das auch geschehen, und seit 1996 ist der 27. Januar, der Tag der Befreiung von Auschwitz, als ein solcher Gedenktag eingeführt. Der Zentralrat versucht zur Zeit über den Europäisch-Jüdischen Kongreß und das Europaparlament in Straßburg zu erreichen, daß alle europäischen Länder diesen Gedenktag übernehmen.

1995 fanden noch viele weitere Gedenkfeiern zur Befreiung der verschiedenen Konzentrations- und Zwangsarbeitslager statt. An einigen davon habe ich teilgenommen: in Ravensbrück, in Sachsenhausen, in Mittelbau Dora. Zusammen mit meiner Frau Ida war ich bei der Gedenkfeier in Dachau, wo sie befreit worden war, zugegen und habe dort auch gesprochen. Mit meiner Familie war ich in Buchenwald dabei, wo mein Schwager Izio als 10jähriger befreit worden und wo mein Schwiegervater wenige Wochen nach der Befreiung im Alter von 40 Jahren an den Folgen des KZ-Haft verstorben war, weil er keine Nahrung mehr zu sich nehmen konnte.

Auf einer Fahrt nach Dachau, einige Tage nach der Gedenkfeier in Bergen-Belsen, habe ich meine Frau gefragt: »Warum bist du nicht mit nach Bergen-Belsen gekommen?« Sie, die mit mir in Deblin und Czestochowa und dann in Bergen-Belsen und Dachau war, sah mich nur an und antwortete: »Du hast gar nichts erlebt im Krieg. Bergen-Belsen war die Hölle.« Es war das einzige Mal, daß sie überhaupt etwas zu Bergen-Belsen gesagt hat.

50 JAHRE KRIEGSENDE

In den Wochen vor dem 8. Mai 1995, dem 50. Jahrestag der Befreiung, begann in Deutschland eine Diskussion über die Frage, ob das Ende des Krieges als Tag der Befreiung oder als Tag der Niederlage zu sehen sei. In einigen großen Tageszeitungen war Anfang April in Form einer Großanzeige ein Aufruf erschienen mit der Überschrift »Wider das Vergessen«. Dieser Aufruf war von den FDP-Politikern Rainer Zitelmann und Alexander von Stahl verfaßt und von rund 300 Personen unterzeichnet worden – darunter eine Reihe aktiver Politiker der CDU/CSU wie Carl-Dieter Spranger, der ehemalige bayerische Umweltminister Peter Gauweiler und der Ehrenvorsitzende der CDU/CSU-Bundestagsfraktion Alfred Dregger, ferner Mitglieder der FDP sowie der Republikaner. Mitinitiatorin des Aufrufs war unter anderem die stellvertretende Bundesvorsitzende der Republikaner, Ingeborg Seifert. Der ehemalige Verteidigungsminister Hans Apel (SPD) hatte ebenfalls unterschrieben, zog allerdings später seine Unterschrift wieder zurück, als er auf die republikanischen Mitunterzeichner aufmerksam gemacht wurde. In diesem Aufruf wurde der 8. Mai 1945 als der *Beginn* eines »Vertreibungsterrors« und der Teilung Deutschlands bezeichnet.

Die *Bild am Sonntag* lud mich und Alfred Dregger zu einem Streitgespräch über den Inhalt dieses Aufrufs ein, das am 7. Mai veröffentlicht wurde. Wir sprachen zunächst darüber, wie wir diesen Tag erlebt hatten, und ich erzählte von meinem Schicksal als befreiter KZ-Häftling und von meiner Erleichterung über das Ende des Krieges. Anschließend berichtete Dregger. Er war damals 24 Jahre alt und stand als Hauptmann mit seinem Bataillon bei Marklissa in Schlesien. Am 8. Mai legte er seine Waffen ab und versuchte sich in seine westfälische Heimat durchzuschlagen. Es gelang ihm, »dank einer Reihe von Wundern« trotz einer Beinverletzung, Marburg zu erreichen, während die meisten seiner Kameraden in russische Gefangenschaft gerieten. Die Frage »befreit oder besiegt« habe sich ihm damals nicht gestellt, und von der Ermordung der Juden habe er als Soldat an der Front nie etwas erfahren, sagte Dregger. Er verteidigte die Behauptung, daß die Vertreibung von 14 Millionen Deutschen nach dem Krieg ein Verbrechen war.

Ich widersprach ihm in diesem Punkt gar nicht und verstand auch, daß ein junger deutscher Soldat damals nicht unbedingt das Gefühl der Befreiung haben mußte, wenn er zum Beispiel in russische Gefangenschaft geriet. Als ich am 16. Januar 1945 befreit worden war, mußte ich feststellen, daß weder mein Vater noch meine Schwester noch mein Bruder mit seiner Frau und Tochter überlebt hatten, um nur von nahen Verwandten zu sprechen. Sollte dieser Tag etwa für mich ein Tag der Freude sein?

In der Frage »befreit oder besiegt« kamen wir uns nicht viel näher. Natürlich ist der 8. Mai 1945 ein Datum mit Symbolcharakter. An diesem Tag wurde die Niederlage des Nationalsozialismus schriftlich besiegelt. Eindeutig war dieser Tag der Tag der Befreiung der Welt vom Nationalsozialismus.

Wer diesen Tag als den Tag der Niederlage Deutschlands sieht, der sollte sich bewußt machen, was aus Deutschland geworden wäre, wenn der Nationalsozialismus gesiegt hätte. Eine Verfolgung von Minderheiten hätte es kaum noch geben können, denn es gab keine Minderheiten mehr. Die Vernichtung von »minderwertigem Leben« wäre weitergeführt worden. Die Kirchen hätten weiter an Einfluß verloren und wären vielleicht eines Tages ganz verboten worden. Der Nationalsozialismus hätte keinen anderen Glauben neben seiner Ideologie geduldet. Diejenigen, die immer noch glauben, es sei keine Befreiung gewesen, sollten sich einmal ihr Leben heute vorstellen, wenn die Nationalsozialisten weiterregiert hätten. Ein Leben in Freiheit konnte nur möglich werden, nachdem der Nationalsozialismus vernichtet wurde.

Mir ging es bei diesem Aufruf aber in erster Linie um etwas ganz anderes: Ich sah darin einen Versuch, die Geschichte zu verfälschen bzw. umzudeuten. Unbestritten ist, daß es einen Vertreibungsterror nach 1945 gegeben hat, und unbestritten ist auch, daß die Teilung Deutschlands nach dem 8. Mai 1945 besiegelt wurde. Doch nicht dieser 8. Mai war der Beginn des Vertreibungsterrors, sondern bereits der 30. Januar 1933. Damals wurden Deutsche wegen ihrer Glaubenszugehörigkeit, oder weil sie politisch anders dachten, aus Deutschland mit Terrormethoden vertrieben, und ich selbst und meine Familie zählten zu diesen Vertriebenen. Ich will das hier gar nicht weiter ausführen, denn ich bin in diesem Buch bereits an anderen Stellen darauf eingegangen. Das gleiche gilt auch für die Teilung Deutschlands: Die Teilung Deutschlands war das Ergebnis des 30. Januar 1933, auch des 1. September 1939, dem Tag des Überfalls auf Polen, und nicht zuletzt des 22. Juni 1941, dem Tag des Überfalls auf die Sowjetunion.

Das waren die Gründe, weshalb ich diesen Aufruf mißbilligt habe. Und was ich insbesondere Dregger vorwarf, war, daß er und andere gemeinsam mit Vertretern von Rechtsextremisten diesen Aufruf unterschrieben hatten.

Aus welchen Gründen auch immer, jedenfalls zog Alfred Dregger seine Zusage zurück, als Hauptredner bei der geplanten Kundgebung zum 8. Mai in München aufzutreten. Die Veranstaltung wurde daraufhin abgesagt.

KAPITEL 19

SPURENSUCHE

VERDRÄNGEN UND VERGESSEN

In all meinen Vorträgen und Reden habe ich immer wieder davor gewarnt, die Vergangenheit zu vergessen, zu verdrängen oder »einzuordnen« und »abzulegen«. Oft genug habe ich anderen Vorhaltungen gemacht, wenn ich sah, daß sie der Auseinandersetzung mit dem Nationalsozialismus und dem Holocaust aus dem Weg gehen wollten, aus welchen Gründen auch immer das im Einzelfall geschah. Und ich? Ich selbst habe jahrzehntelang genau das getan, wogegen ich mich in der Öffentlichkeit immer gewandt habe. Ich selbst verdrängte meine Geschichte.

In den Nachkriegsjahren habe ich ausschließlich in der Gegenwart gelebt. Ich wollte mich über die Zeit der Verfolgung nicht unterhalten, ich las jahrzehntelang weder Bücher noch schaute ich mir Filme über die NS-Zeit an. Ich habe mich weder mit Dokumenten noch mit künstlerischen Bearbeitungen der Ereignisse der Nazizeit belastet, weil ich davon ausging, daß ich aufgrund meiner Erlebnisse wußte, was passiert war. Ich hatte meine eigenen Erfahrungen, und das genügte mir. Das Material über den Holocaust, ob dokumentarisch oder künstlerisch, war für mich ein Lehrbuch für die »anderen«, die eben meine Erfahrungen nicht hatten. Die einzigen Filme, die ich bis heute zu diesem Thema gesehen habe, waren die amerikanische Fernsehserie *Holocaust*, der Film *Shoa* von Claude Lanzman und jüngst *Schindlers Liste* von Steven Spielberg. Weder mit meiner Familie noch mit meinen Freunden habe ich über die Vergangenheit gesprochen.

In all diesen Jahren besuchte ich auch keine Gedenkstätten. Obwohl ich sehr oft in München war, ging ich nie nach Dachau, obwohl ich sehr oft in Hannover war, nie nach Bergen-Belsen. In Bergen-Belsen war ich zum ersten Mal 1985, zum 40. Jahrestag der Befreiung des Konzentrationslagers. Ich fuhr auch nicht zu den Gedenkstätten der Vernichtungslager in Polen. Auschwitz habe ich zum ersten Mal 1982 besucht.

Obwohl ich seitdem öfter in Polen war und dabei immer wieder Auschwitz und Majdanek besucht habe, ging ich nie nach Treblinka, dem Ort, an dem mein Vater umgebracht worden war. Ich nahm es mir zwar jedesmal vor, wenn ich nach Polen fuhr, doch es gab immer wieder ausweisbare Gründe, warum ich es am Ende doch nicht tat. In Wirklichkeit war es vielleicht eine Art »innerer Sperre«, die mich davon abhielt, dort hinzugehen. Im nachhinein glaube ich, daß es so etwas wie ein Selbsterhaltungstrieb war, nicht daran zu denken, daß mein Vater in Treblinka ermordet wurde. Von meinem Bruder, meiner Schwester, Schwägerin und Nichte – ohne auf die vielen anderen Verwandten einzugehen –, weiß ich nicht einmal, wo sie umgebracht wurden. Wenn ich ständig mit diesen Gedanken gelebt hätte, hätte ich vielleicht gar nicht weiterleben können – und schon gar nicht in Deutschland. Wie mir ging es vielen Überlebenden und deren Nachkommen. Das Verdrängen des Erlebten, das Schweigen, wurde für sie zum vermutlich überlebensnotwendigen Selbstschutz.

YAD VASHEM

Es waren zwei Einschnitte, die meine Haltung verändert haben. Im Sommer 1989 war ich zum ersten Mal in Treblinka. Treblinka war für mich wie der Besuch einer Hölle, und ich weiß nicht, ob ich dort je wieder hingehen werde. Aber seit dieser Zeit bin ich überhaupt erst in der Lage, über meine eigene Vergangenheit zu sprechen und mich mit meiner eigenen Geschichte auseinanderzusetzen.

Der zweite Einschnitt liegt noch nicht lange zurück. Es geschah am 28. Juli 1995. Ich war in Israel und fuhr an diesem Tag nach Yad Vashem, wo sich auch das Zentralarchiv der ermordeten Juden befindet. Jeder kann dort ein »Zeugnis-Formular«, eine Art Fragebogen über seine umgebrachten oder verschollenen Familienangehörigen, abgeben. Ich hatte irgendwann ein solches Blatt ausgefüllt, war mir aber nicht mehr sicher, ob ich es damals auch abgegeben hatte, und fragte also in Yad Vashem nach.

Ich bekam die Auskunft, daß es dort Unterlagen über 266 Personen mit dem Namen Bubis gebe, jedoch nichts über meinen Vater, meinen Bruder oder meine Schwester. Auf meinen Wunsch erhielt ich einen Ausdruck mit den Namen der 266 Personen. Als ich diese Liste durchsah, stellte ich fest, daß nur einige wenige meiner Verwandten dort aufgeführt waren. Dann fiel mir der Name Dina Bubis auf – so hieß meine Schwägerin. Ich bat um diesen Fragebogen, und tatsächlich: Da stand, daß sie mit einem Jakob Bubis verheiratet gewesen war. Die Angaben ließen keinen Zweifel daran, daß es sich wirklich um die Frau meines Bruders Jakob handelte. Der Fragebogen war von einem gewissen Professor Bernardo Beiguelman aus São Paulo ausgefüllt worden. Seine Adresse war angegeben, jedoch keine Telefonnummer.

Noch am selben Abend versuchte ich von Tel Aviv aus, über die Auskunft seine Telefonnummer zu erfahren. Als das nicht klappte, probierte ich es über die deutsche Auskunft. Auch dort kam ich nicht weiter. Ich rief schließlich direkt die Information in São Paulo an, und schon nach wenigen Minuten bekam ich die Telefonnummer des Professors. Ich rief sofort an. Es meldete sich eine männliche Stimme, und ich fragte zunächst, ob ich mit ihm auch Englisch sprechen könnte. Als ich ihm meinen Namen nannte, fragte er zurück: »Der Bruder von Jakob Bubis?«

Ich war verblüfft und wollte von ihm wissen, wie er denn so schnell darauf käme. Er erzählte mir, daß eine Cousine von ihm in Argentinien einen Zeitungsartikel über mich gelesen und bei ihm nachgefragt hätte, ob das nicht ein Verwandter von Jakob Bubis sein könnte. Er selbst wußte es auch nicht, fragte aber seinen Onkel. Dieser Onkel habe ihm sofort gesagt: Nach der Biographie, die in diesem Artikel beschrieben wird, kann es sich nur um den Bruder von Jakob Bubis handeln.

Nun stellte sich heraus, daß ich durch diesen Zufall auf einen Teil der Familie meiner Schwägerin gestoßen war. Der Onkel des Professors sowie sein Vater waren Brüder meiner Schwägerin Dina. Dinas Mädchenname war Bajgelman, und sie hatte mehrere Brüder und Schwestern. Schon Ende der 20er Jahre gingen zwei ihrer Brüder nach Brasilien, eine Schwester wanderte nach Argentinien aus. Bernardo Beiguelman war der Sohn eines dieser beiden Brüder Dinas, der inzwischen verstorben war, während der zweite Bruder, Salvadore Beiguelman, noch lebte. Dinas Schwester Rachel, genannt Ruchcja, war in Argentinien inzwischen ebenfalls gestorben, und es war ihre Tochter, die den erwähnten Zeitungsartikel geschickt hatte. Salvadore Beiguelman war mittlerweile 85 Jahre alt und herzkrank, wie mir Bernardo erzählte. Ich habe mich an diesem Abend lange mit Bernardo unterhalten, und er versprach mir, die Telefonnummer seines Onkels nachzusenden. Er wollte nicht, daß ich unvorbereitet mit dem Onkel spreche, wegen dessen Herzkrankheit.

Zwei Wochen später erhielt ich von Bernardo einen Brief mit der Adresse des Onkels und seiner Telefonnummer sowie den Adressen der Kinder seiner nach Argentinien ausgewanderten Tante Rachel. Ich rief Salvadore sofort an und sprach mit ihm fast eine Stunde am Telefon. Er konnte mir Geschichten über meinen Bruder und über meine Eltern erzählen, die ich noch nie gehört hatte, und ich beschloß, so bald wie möglich die Verwandtschaft meiner Schwägerin in São Paulo zu besuchen. Da ich ohnehin die Absicht hatte, Anfang 1996 nach Amerika zu fliegen, wollte ich von dort aus nach Brasilien reisen. Am 2. Januar rief ich Salvadore und Bernardo an, um ihnen anzukündigen, daß ich am 18. Februar nach São Paulo kommen werde. Am 9. Januar 1996 bekam ich einen Anruf von Bernardo: Er sagte mir, daß sein Onkel Salvadore leider am 8. Januar verstorben sei.

Zeitlebens wußte ich nichts von der Existenz dieser Menschen, und nun, als ich jemanden gefunden hatte, der wie kein anderer meinen Bruder und meine Eltern kannte, starb dieser, sechs Wochen, bevor ich ihn besuchen konnte. Bernardo selbst, 1932 in São Paulo geboren, hatte meinen Bruder bzw. meine Schwägerin persönlich nicht mehr gekannt.

REISE NACH SÃO PAULO

Als ich am 18. Februar in São Paulo ankam, holten mich Bernardo und seine Frau am Flughafen ab. Ich blieb zwei Tage dort und führte lange Gespräche mit Bernardo und seinen Kindern und Enkelkindern. Der verstorbene Salvadore war zwar dreimal verheiratet gewesen, hatte jedoch keine Kinder. Unter seinen Papieren habe ich einige

Fotos und Schriftstücke gefunden, darunter die Heiratsanzeige meines Bruders, auf der als Datum der Hochzeit der 15. Oktober 1930 angegeben war – damals war ich noch nicht einmal vier Jahre alt. Ich wußte bis zu diesem Tag nicht, wann mein Bruder geheiratet hatte.

Viele Fotos, auf denen mein Bruder, meine Schwägerin sowie andere Verwandte zu sehen waren, kamen zum Vorschein, aber es war vor allem ein Bild, das mir seit Brasilien keine Ruhe mehr läßt: Ein kleines Mädchen steht auf einer Wiese. Im Hintergrund ein paar Bäume. Es muß Sommer sein. Sie ist vielleicht fünf oder sechs Jahre alt, lächelt in die Kamera und hält mit den Fingerspitzen die Ränder ihres hellen Kleides. Es ist meine Nichte Rachel. Der Blick dieses Mädchens verfolgt mich ständig. Es ist, als würde sie mich fragen, warum ich in dem Land geblieben bin, das für ihren Tod und den Tod ihrer Eltern verantwortlich ist. Dieses Bild meiner Nichte hat mich aus der Fassung gebracht. Was hatte dieses kleine Mädchen den Deutschen getan? War sie der Feind des deutschen Volkes, daß sie deswegen ermordet wurde? Ein kleines Mädchen an einem Sommertag in einem Wald in Polen, in den 30er Jahren fotografiert vielleicht von einem stolzen Vater, neben ihm eine fröhliche Mutter, die versucht, die Tochter zu einem Lächeln für die Kamera zu überreden. Wenige Jahre später sind sie alle tot. Gedemütigt, gequält und zuletzt ermordet, und ich weiß nicht einmal, wo und wann. Wie hätte ich mich wohl verhalten, wenn ich unmittelbar nach dem Ende des Krieges dieses Foto gesehen hätte? Wäre ich in Deutschland geblieben? Hätte ich vielleicht versucht, wie die Brüder und die Schwester meiner Schwägerin in einem neuen Land eine Zukunft aufzubauen?

Viele Deutsche reagieren betroffen, wenn sie mit Israelis oder mit Juden aus irgendeinem anderen Land zusammentreffen, die nicht verstehen können, daß es wieder jüdisches Leben in Deutschland gibt und geben soll. Wir müssen endlich begreifen, daß die deutsche Vergangenheit die Überlebenden emotional so belastet, daß sie sich mit der Entscheidung über Heimat, Familiengründung und Zukunft der eigenen Kinder schwertun.

Anders die Beiguelmans in São Paulo: Sie waren aufgewachsen in einer Gemeinschaft von 100.000 Juden, mit eigenen Kulturzentren, Sportanlagen und Konzertsälen. Hier gibt es ein Dutzend jüdischer Schulen, unzählige Synagogen für alle religiösen Richtungen, und jeder Tempel hat seine eigene Gemeinde. Diese Einrichtungen haben sich im Laufe der Zeit von selbst entwickelt. Die ehemals osteuropäischen Juden sind vollständig integriert und fühlen sich als Brasilianer. Eigentlich nicht anders als im Deutschland der 20er Jahre. Doch in Brasilien hat kein Holocaust diese Entwicklung abbrechen lassen, und niemand dort hat ein ständiges Problem mit seiner Identität wie wir hierzulande, wo ein Jude kaum weiß, ob er sich nun als deutscher Jude, als Jude in Deutschland oder als Deutscher mit jüdischem Glauben fühlen soll. Seit der Generation der Geschwister meiner Schwägerin wuchsen hier drei weitere Generationen auf, ohne sich verteidigen zu müssen, im Land der Mörder ihrer Eltern und Verwandten zu leben.

Ich verbrachte diese Zeit im Februar in São Paulo bei Familien, die mit mir zwar verschwägert, aber eigentlich nicht verwandt waren. Und dennoch fühlte ich mich ihnen sehr verbunden. Mir haben Verwandte immer gefehlt. Der Bruder, die Schwester, die mit ihm umgekommen ist, der Vater, der vor meinen Augen abgeführt wurde. Es gab in meinem Leben bis auf meine frühe Kindheit keine Geschwister, keine Onkel und Tanten, deren Kinder oder Enkel, die in Freiheit überlebt hätten. Es gab keine Feste, an denen sich ein Dutzend Familienangehöriger um den Tisch setzen, keine Abende, an denen drei Generationen gemeinsam essen, lachen, streiten und beten, ohne gleich an den Holocaust denken zu müssen. Wie hätte wohl mein Leben ausgesehen, wenn meine Eltern oder Geschwister mit den Beiguelmans ausgewandert wären? Wie hätte es ausgesehen, wenn ich nach der Befreiung nach Kanada, in die USA oder nach Israel gegangen wäre? Würde ich meine Zeit mit Vorträgen vor einem deutschen Publikum verbringen und es als meine Aufgabe ansehen zu erklären, daß ich kein Fremder in Deutschland bin? Mein Leben wäre sicherlich anders verlaufen.

Noch viele Wochen nach meiner Rückkehr mußte ich an Brasilien denken. Selbst an den Wohnungseinrichtungen der verschiedenen Generationen der Beiguelmans kann man den Grad der Integration erkennen: Bernardo, der erste direkte Nachkomme der Einwanderer hat noch Möbel, die, wenn auch schon aus späterer Produktion, im Aussehen doch sehr denen der Vorkriegszeit ähneln und auf die europäischen Wurzeln hindeuten. Seine Kinder und Enkel sind bereits echte Brasilianer. Nichts, keiner ihrer Einrichtungsgegenstände erinnert mehr an die alte Heimat des Urgroßvaters.

Nach dieser Reise auf den Spuren der Vergangenheit holte mich die Gegenwart schnell wieder ein. Von São Paulo aus flog ich nach

Miami und blieb zwei Tage bei meinem Freund Henry Rakowski und seiner Frau, mit denen ich die Kriegsjahre gemeinsam erlebt und überlebt habe. Dann mußte ich weiter zu einem Vortrag im Goethe-Institut in Atlanta und von dort aus nach New York zu einer Sitzung der Executive der Jewish Claims Conference, deren Vizepräsident ich bin. In dieser Sitzung ging es um erbenloses jüdisches Vermögen in der Schweiz, aber auch um bislang nicht entschädigte Gruppen der Nazi-Zeit. Mein Stundenplan war angefüllt mit Terminen, Verabredungen, Vorträgen, so daß kaum ein Augenblick zum Nachdenken blieb.

Natürlich hat mich die Vergangenheit schon oft aus dem Alltag herausgerissen, zum Beispiel während meines ersten Besuches in Treblinka, oder wenn ich nach Deblin fahre und das Grab meiner Mutter aufsuche. Ich gehe über alte jüdische Friedhöfe, besuche ehemalige Konzentrationslager und Orte, in denen die Synagogen, wenn sie nicht zu Supermärkten umgebaut wurden, mit einer Gedenktafel versehen sind oder als Museum fungieren. Juden gibt es an diesen Orten keine mehr. Fast immer geht es um Tote, fast nie um Lebende. Das ist der große Unterschied zu meiner Reise nach Brasilien.

Nach meiner Rückkehr wurde ich wieder mit Erinnerungen an Tote konfrontiert, als ich vom Heimatmuseum Berlin-Hohenschönhausen von einen nicht mehr lebenden Halbbruder meines Vaters, Leib Bubis, erfuhr. Auch hier gibt es keine Nachkommen mehr. Die Nachforschungen über meinen Onkel Leib vermittelten mir Erkenntnisse, die zwar mit den Kriegsereignissen nichts zu tun hatten, wohl aber mit meiner Familie. Ich wußte immer, daß mein Vater noch einen Bruder David hatte und daß seine Mutter früh verstorben war. Als der Großvater wieder heiratete, verließ mein Vater, zusammen mit seinem Bruder, das Elternhaus, ging erst nach Brjansk, dann nach Witebsk zu einem Onkel und 1919 nach Deutschland. Ich wußte auch, daß mein Großvater danach noch mehrere Kinder hatte. Aber daß eines dieser Kinder, also ein Halbbruder meines Vaters namens Leib, in Berlin gelebt hatte, habe ich erst über das Heimatmuseum Hohenschönhausen erfahren.

Ich glaubte immer, daß Jakob, geboren 1906, mein ältester Bruder gewesen sei. Ich wußte, daß ich drei weitere Brüder hatte, die im Kindesalter schon vor meiner Geburt verstorben waren, kannte aber deren Vornamen nicht. Heute weiß ich, daß einer dieser Brüder ebenfalls Leib hieß und schon 1905, also noch ein Jahr vor meinem Bruder Jakob, auf die Welt gekommen war. Um das in Erfahrung bringen zu können, mußte ich erst in den Geburtsort meines Vaters fahren.

EIN BRIEF AUS DER SCHWEIZ

Ich habe die weitere Suche nach Angehörigen meiner Familie bis heute noch nicht aufgegeben, nicht zuletzt, weil ich Ende April 1996 aus der französischen Schweiz den Brief einer Madame Boubisse bekommen habe. Sie fragte mich, ob ich ihr vielleicht behilflich sein könne, etwas mehr über die Familie ihres Vaters zu erfahren. Ihr Vater hieß Leib Aaron Bubis und wurde 1888 in Kiew geboren, kam zum Studium nach Deutschland und ging 1913 in die Schweiz. Als er zum Katholizismus konvertierte, änderte er seinen Namen in Leon Boubisse. Die Mutter und die Schwester dieses Leib Aaron Bubis bzw. Leon Boubisse lebten nach dem Krieg noch in Moskau, und ich habe mir vorgenommen, noch in diesem Jahr dorthin zu fahren und weitere Spurensuche zu betreiben, zumal ein Teil meiner Geschwister in Witebsk geboren wurde. Vielleicht werde ich bei dieser Gelegenheit auch noch etwas über den Bruder meines Vaters, David, erfahren, von dem wir zuletzt 1936 aus Krementschuk in der Ukraine gehört hatten. Es ist sehr wahrscheinlich, daß der Vater der Madame Boubisse ein Cousin meines Vaters war, der Sohn eines Bruders meines Großvaters. Mein Großvater väterlicherseits hatte mehrere Brüder, die teilweise in Rußland und teilweise in Litauen lebten. Der Vorname Leib war offensichtlich in meiner Familie weit verbreitet.

Das kleine Foto meiner Nichte hat viel in mir verändert, und ich gehe heute mit meiner Vergangenheit anders um, als ich es über Jahrzehnte hinweg getan habe. Ich hatte plötzlich die Vorstellung, daß alles anders hätte verlaufen können – anders vielleicht schon vor dem Krieg, auf jeden Fall jedoch danach. In den 50er Jahren war es meine Entscheidung, in Deutschland zu bleiben, und ich will sie auch nicht wieder in Frage stellen. Obwohl mir seit meinem Brasilien-Besuch manchmal danach ist.

***

Vor allem seit den Ereignissen im ehemaligen Jugoslawien bin ich auch nicht mehr so optimistisch, wie ich es einmal gewesen bin, was die Entwicklung der Demokratie in Europa angeht. Wenn dieser Massenmord in Europa nur 50 Jahre nach den Ereignissen in der Zeit des Nationalsozialismus möglich war, ohne daß die Nachbarn ihn verhinderten – wer kann dann noch ruhig und zufrieden in die Zukunft sehen?

In diesen Jahren seit der Auflösung des sogenannten Ostblocks ist es leider weltweit zu ähnlichen Ereignissen gekommen wie in Jugoslawien, ob nun in Armenien, Tschetschenien, in Somalia oder Ruanda – zu bedrückenden Ereignissen. Ich war immer ein Realist und kein Utopist. Meine Meinung bilde ich mir nach den politischen Realitäten. Wenn diese sich ändern, verändert sich auch meine Einstellung zu den prinzipiellen Fragen der Demokratie heute. Das vereinte Europa ist die Hoffnung für die Zukunft, aber die Ereignisse im ehemaligen Jugoslawien haben uns gezeigt, wie zerrissen das politische Denken der Europäer trotz aller Fortschritt immer noch ist. Die Europäer müssen noch einen weiten Weg gehen, bevor Menschen wie ich sich einfach zurücklehnen und still sein können.

Die demokratische Stabilität in Deutschland wird immer davon abhängen, wie die Mehrheit der Bevölkerung reagiert. Schon einmal ging in Deutschland die Gewalt von einer Minderheit aus, und sie konnte sich durchsetzen. Die Zukunft wird zeigen, was 50 Jahre Demokratie in Deutschland mit zwei Generationen, die darin geboren, erzogen worden und aufgewachsen sind, wirklich bewirkt haben. Ich persönlich glaube an eine demokratische und friedliche Zukunft Deutschlands und Europas.

Was bleibt mir sonst übrig?

PERSONENVERZEICHNIS